PRACTICE MAKES PERFECT

Spanish Vocabulary

Dorothy Richmond

McGraw
Hill

New York   Chicago   San Francisco   Lisbon   London   Madrid   Mexico City
Milan   New Delhi   San Juan   Seoul   Singapore   Sydney   Toronto

To Lily Solveig Richmond

4 5 6 7 8 9 10 11 12 13 14 15 16 17 18 19 20 21 22 23 24 25 26 27   QPD/QPD   0 9 8

ISBN 978-0-07-145806-1
MHID   0-07-145806-9
Library of Congress Control Number: 2006931534

Interior design by Village Typographers, Inc.

McGraw-Hill books are available at special quantity discounts to use as premiums and sales promotions, or for use in corporate training programs. For more information, please write to the Director of Special Sales, Professional Publishing, McGraw-Hill, Two Penn Plaza, New York, NY 10121-2298. Or contact your local bookstore.

This book is printed on acid-free paper.

Contents

Preface

Language, like all forms of art and beauty, is about making connections and enhancing life. Any human action, from writing a novel to taking a walk, can be raised to the level of art. It can also be reduced to mechanics: functional, but lifeless.

As you study Spanish, you can choose to approach it as an art form or as a practical tool for communicating with others, or anything in between. The language itself and its various opportunities do not change—they are there for the taking. What you come away with is based on your choice of orientation.

Both approaches—artistic and utilitarian—require diligence and hard work, with attention paid to both grammar and vocabulary. A lopsided approach, however, can greatly diminish your enjoyment and success.

Language is like a house

Think of learning a language the way a fine house is built. First comes the foundation. The structure must be solid, well thought out, of quality material and craftsmanship. Measurements must be exact, lines straight, surfaces level. Laying a foundation is serious business, and structure, rules, and formulae tried and true—not originality—reign. In language, this foundation is called *grammar,* a feature as necessary as architectural footings, even though it has been unconscionably discounted in recent years.

Imagine what a building would look like if its foundation were not solid. This is exactly what happens to language when the grammatical structure is shaky: It crumbles. Where the careless builder now has a pile of rubble, the inattentive student of language is surrounded by a mountain of words, each potentially useful, some even complex and beautiful, but rendered useless in the absence of structure.

Thus it is that this book—a text designed to build your vocabulary—begins not with a flurry of words, but with a solid introduction to Spanish grammar. The words will come because we need them—grammar is pointless without vocabulary—but words remain rootless and adrift without the glue of grammatical structure.

Purpose and organization of this book

Practice Makes Perfect: Spanish Vocabulary offers you the maximum amount of vocabulary with the minimum amount of grammar needed to give the words life. The nitty-gritty technical and grammatical aspects of the language—which are endless and will be debated long after we're all gone—are not included. Instead, you are given all the tools any student needs to speak, hear, understand, and create Spanish at a conversational level. This book is a marvelous companion to every classroom text on the market.

The book is presented entirely in the present tense, so that you can focus on the words being introduced, and you can keep the necessities of grammar in the picture without complicating it. When historical figures are mentioned, you are asked to imagine that they are still alive.

In the unit "Preliminary matters," the basics are given: the Spanish alphabet, a pronunciation guide, numbers, punctuation, word recognition, common greetings—a kindergarten of sorts for a Spanish student of any age.

The main body of the text includes ten units, each covering hundreds of new vocabulary words, along with the grammatical structures that give them life. As you work through the text, you will sense the intimate connection between grammar and vocabulary: Each needs the other to be meaningful.

Working through this book

There are more than 250 exercises, one at each step of the way, from beginning to end. It is important to work through every exercise. Some exercises, given your personal tastes and interests, may be more fun than others, but all will reward you by furthering your knowledge of Spanish with regard to both vocabulary and grammar.

While it is important to do all the exercises, learning each and every word presented need not be your goal; indeed, it is unrealistic to set your sights on this. Do, however, allow yourself to be exposed to every word and pay special heed to those that you will use in your own life. Some lists and categories may be especially useful to you, while others may include words that you would have no reason to utter, even in English. Take what you need and leave the rest, but be aware of what you've passed by. You may develop an interest in a topic down the road that today leaves you cold.

Practice Makes Perfect: Spanish Vocabulary offers well over ten thousand vocabulary words. Which is the best approach for studying them? The answer is simple: If it works, it is good. Pragmatism is the key here. Use the method—flash cards, rote memorization, mnemonics, you name it—that has served you in the past.

Memorizing individual words is something you can choose to do on your own. Learning a language, however, is a social proposition, and it makes no sense to do it in isolation. Language is the vehicle of thought and social interaction, and you'll need to find a variety of Spanish "partners." Having a good teacher is like playing tennis with a pro: Fine points can be explained and practice will be very helpful. But you also need to create a personal library of resources that serve your learning style. The Internet is a gold mine for further exploration: You'll be able to find countless readings and learning opportunities on the Web.

Finally, get out of the house! Go to restaurants, clubs, stores, churches, theaters, beaches, rallies, street fairs, festivals—anywhere that Spanish is spoken—and speak Spanish with others. This is your chance to go to Acapulco or Sevilla for "scholarly reasons." It's delicious fun to experience the fruits of your hard work. Your greatest reward will be connecting with other individuals in ways that would have been impossible if you hadn't studied Spanish. And when you make a mistake, be assured that the listener is not put off by your error, but is charmed and complimented by your efforts.

I sincerely wish that this book will help those who are studying Spanish, at any level, to reach their goals of speaking, writing, and reading this beautiful language with greater competence, confidence, and enjoyment.

Acknowledgments

Many exceptional people contributed to the making of this book in both tangible and intangible ways, and I want each to know that I am grateful for his or her talent, wisdom, and friendship.

A few stand out. Archie Givens, Jr., explained jazz to me in a way that mirrored the construction of anything that requires many parts to create a whole. That one conversation formed the seed of this book's message—that language is a system of mutually integral parts—and this idea is found throughout.

Mr. Fred Rogers—yes, *that* Mr. Rogers—came into my life when I least expected it and changed my life in ways I couldn't imagine. Every afternoon during the two years it took to write this book, I watched his program with my preschool-aged daughter Lily. Every day, Mr. Rogers taught us about life, love, honor, the value of hard work, and the importance of fun. His genius and level of curiosity inspired me to broaden the scope of this book far beyond my original ideas.

My husband, Martin Richmond, M.D., advised me on many of the medical and scientific words that you will discover as you work through these pages. Our daughters, Daisy and Lily, brought and continue to bring endless joy to my life.

Alina Parzyck proved invaluable to our family by helping with the girls and always improving our home by her delightful presence.

Debra Saidel gave unconditional love and support while I worked on this book, as she always has. Debra is a rare family treasure.

Finally, I had the considerable good fortune to work with Christopher Brown, language publisher for McGraw-Hill. Christopher oversaw the development and production of this book every step of the way. He granted me enormous leeway in creative preparation and organization of the text, and at the same time managed to maintain an attention to detail and to its academic nature that I will find forever astonishing. And Christopher was always, always pleasant.

The contributions of these unique individuals and many, many friends turned the preparation of this book into a marvelous journey.

Preliminary matters

¡Bienvenidos! Welcome to the world of Spanish! No one, unless forced, begins the study of another language without a deep, perhaps unconscious, desire for new relationships. Connecting with others, and ultimately with one's self—whether through speaking, writing, reading, or thinking—is the sole purpose of language.

Because this text is primarily devoted to building your vocabulary, you will be exposed not only to many words, but also to methods for learning words, remembering words, and—yes—creating words.

Learning these words will always be coupled with gaining a thorough mastery of grammatical structure—the glue of language. Without the underlying structure, your lovely words will sit on the page, lifeless—all dressed up with nowhere to go. This is why you will be working with vocabulary and grammar in tandem. Only by studying them together will you understand and learn the beautiful Spanish language. Once that is accomplished, let the friendships begin!

THERE ARE A FEW THINGS you need to grasp before diving into the formal study of Spanish—or any language, for that matter. First, you need to be familiar with the letters of the alphabet because of the pronunciation and spelling tricks that come into play. Second, you need to be aware of the accent and diacritical marks and how these affect pronunciation and meaning. Third, you need to understand the punctuation—a bugaboo in any language.

Once these topics have been covered, you will find out how much Spanish you already know or can figure out on your own. You'll also learn some basic greetings, because language is, after all, motivated by social needs. And finally, before we sit down to the nuts-and-bolts work of the text, you'll find a helpful list of what I call "highly useful data" (numbers and calendar words, for instance) that will come in handier than you can imagine.

This material is included in the *Preliminary matters* unit, as opposed to the actual text, because you will need it every time you open your mouth, put pen to paper, or fingers to keyboard.

There are exercises along the way, with answers at the back of the book so that you can track your progress. Always remember that these exercises are only a helpful tool. The real goal is to communicate with other people in Spanish. At each

1

stage, it's a good idea to leave the house and go somewhere where Spanish is spoken—which is increasingly easy to do—order **un café** or **una cerveza** and strike up **una conversación**.

There's nothing like the kick you'll get from trying out another language and discovering that it really works. Have fun!

The Spanish alphabet and its pronunciation

In Spanish, unlike English, what you see is what you get. Gone is the spelling circus that English writers and readers must involve themselves in every day. Each Spanish vowel has only one sound—no long, short, schwa, or anything else. And when a consonant is silent, like the Spanish *h*, it is always silent. No more *i* before *e* (or is it *e* before *i*?). The *ph* is gone, rendering every *f* word a true *f* word. Double consonants barely exist. It's like going back to the comfort and simplicity of first grade—when "sounding it out" actually worked—and staying there.

Once you know the sounds and occasional quirks the Spanish alphabet produces, you will be able to spell competently and confidently almost any word you want. I'm not saying you'll never make a mistake. However, I can guarantee that you'll be using your dictionary for definitions far more often than for spelling.

Following is the Spanish alphabet: each letter, its pronunciation, and any pertinent information regarding that letter.

LETTER	PRONUNCIATION	PERTINENT INFORMATION
a	ah	always produces the *a* sound in "father"
b	bay	
c	say	*k* sound before *a, o, u*; *s* sound before *e, i*
ch	chay	considered one letter
d	day	
e	ay (*long* a)	always produces the long *a* sound
f	áy-fay	
g	hay	*g* sound (as in "go") before *a, o, u*; *h* sound before *e, i*
h	áh-chay	
i	ee (*long* e)	always produces the long *e* sound
j	hota	always produces the *h* sound
k	kah	not used in true Spanish words (see the letter *c* above)
l	áy-lay	
ll	áy-yay; áy-jay	*y* in Latin America; *j* in Spain
m	áy-may	
n	áy-nay	
ñ	áyn-yay	produces the *ny* sound (as in "canyon")
o	oh	always produces the long *o* sound
p	pay	
q	coo	
r	áyr-ray	the *r* you don't trill
rr	áyrrrr-rrrray	the *r* you do trill
s	áy-say	
t	tay	
u	ooh	always produces the long *u* sound
v	bay	pronounced identically to *b* (as in "baby")
w	dóblay-bay	not used (*oe* produces the *w* sound)
x	áy-kees	
y	ee gree-áy-gah	
z	sáy-tah	pronounced identically to *s* (as in "sin")

Our English alphabet has 26 letters; the Spanish alphabet has 30. The four additional letters are:

1 **ch** (considered one letter), which produces the *ch* sound in "cha cha"

2 **ll** (considered one letter), which produces the *y* sound (in Latin America) or the *j* sound (in Spain)

3 **ñ**, which produces the *ny* sound heard in **señor** (recall Curly's repeated snarl from *The Three Stooges*). That little squiggly on top is called a *tilde*.

4 **rr** (considered one letter), which produces the highly trilled–sounding *r* (think of Charo strutting across the stage).

Spanish vowels, which give many English speakers—native and nonnative alike—a headache, are without nuance. Each has one pronunciation—period. Repeat the following list ten times and you will have mastered Spanish vowels:

a   ah (as in "Mama")
e   ay (as in "pay")
i   ee (as in "eek")
o   oh (as in "oh")
u   ooh (as in "oops")

Stress and accent marks

When it comes to spelling a word, you need to know the correct letter sequence. With pronunciation, you need to know where the stress, or accent, goes. If the word has only one syllable, you have nothing to worry about. If there are two or more syllables, one syllable in the word receives a heavier stress.

In English, this can drive people to the madhouse. For starters, there are few absolute rules when it comes to stress, at best only tendencies. Next, there are many words which, while spelled exactly the same, can be pronounced differently, depending on meaning. These delightful creatures are called *heteronyms*. A few examples follow:

sewer   what Betsy Ross was OR where Ed Norton worked
shower an item connected to your bathtub OR a demonstrative person

Several heteronyms have only one syllable. Just for fun, pronounce the following words in different ways:

bow   what you tie OR what you do after a performance
do   verb of action OR first note of the musical scale
does more than one female deer OR third-person singular form of "to do"
read what you are doing now OR what you did yesterday
row   a nice, even line OR a spat
sow   to plant OR a female hog

Other heteronyms vary the pronunciation by changing the stressed syllable.

STRESS ON THE FIRST SYLLABLE		STRESS ON THE FINAL SYLLABLE	
compact	small, a small item	*compact*	to make small, smash together
contract	legal document	*contract*	to make smaller
entrance	where you enter	*entrance*	to hold someone spellbound
perfect	what each of us wants to be	*perfect*	to make as good as possible

Heteronyms don't exist in Spanish, because the rules of pronunciation are hard and fast (actually, they're simple and fast). There are only three rules to learn, and once you've mastered them (along with the sounds of the letters of the Spanish alphabet), you will never, ever mispronounce a Spanish word again.

1 If a word ends in a vowel, *n*, or *s*, the natural accent falls on the penultimate (second-to-last) syllable. This includes the vast majority of all Spanish words of two syllables or more.

Even if you do not know the meaning of some of the following words, you can now pronounce them (please do so):

coche	profesora	regla
conejo	toro	llave
almendra	casa	mosquito
mesas	papas	moscas
computadora	rancho	moscas
leche	ranchero	araña
comen	hablan	garaje
		vives

2 If a word ends in a consonant other than *n* or *s*, the natural accent falls on the final syllable. Pronounce the following (don't worry about meaning . . . yet):

corral	eficaz	comunidad
hablar	juventud	collar
ciudad	reloj	merced

3 Whenever there is an exception to either of the two rules above, you will use an accent mark. It's like admitting you're wrong when you make a mistake or break a rule.

The accent mark, which is always written from top-right to bottom-left, goes on the dominant vowel of the accented syllable.

It is crucial that you use the accent mark whenever it is needed. The accent mark changes not only the pronunciation, but frequently the meaning of the word as well. Pronounce the following:

José	fantástico	televisión
árbol	narigón	japonés
carnívoro	hablé	sillín

NOTE There are a few one-syllable words that take accents. For these words, the pronunciation does not change, but the meaning does, giving you another reason to pay close attention to accent marks and recognize that they are never frivolous. There are no accented one-syllable words without nonaccented counterparts.

WITHOUT THE ACCENT		WITH THE ACCENT	
de	*from; of*	dé	*give!* (informal command)
el	*the* (masc. sing.)	él	*he*
mi	*my*	mí	*me* (object pronoun)
que	*that; than*	¿qué?	*what?* (interrogative)
se	*self* (reflexive pronoun)	sé	*know!* (informal command)
te	*you* (object pronoun)	té	*tea*
tu	*your* (informal sing.)	tú	*you* (informal sing.)
ve	*he/she sees*	vé	*look!* (informal command)

Plurals

Making a word plural in English usually involves adding -*s* to the word (dog/dogs, house/houses, shirt/shirts, and so on). There are, however, exceptions: We usually add -*es* to words ending in *sh* or *ch* (dish/dishes, witch/witches), we change the *y* to *i* and add -*es* to words ending in *y* (baby/babies, lady/ladies), and we change the ending of words derived directly from Latin or Greek to -*i* (octopus/octopi), or sometimes -*ae* (formula/formulae, patella/patellae). And then sometimes we make no change at all: deer/deer, fish/fish (unless, of course, you prefer to say *fishes*, which is fine, too).

(Are you beginning to understand how crazy learning English as a second language must feel?)

Spanish has its own rules regarding changing a singular word to a plural one. These are a walk in the park compared to the rigmarole of English plurals.

1 If a word ends in a vowel, add -*s*.

la casa	*house*	las casas	*houses*
el chico	*boy*	los chicos	*boys*
el dedo	*finger*	los dedos	*fingers*

2 If a word ends in a consonant, add -*es*.

el árbol	*tree*	los árboles	*trees*
la ciudad	*city*	las ciudades	*cities*
el olivar	*olive grove*	los olivares	*olive groves*

3 If there is an accent mark on the final vowel of a word that ends in a consonant, drop the accent mark and add -*es*.

el camión	*truck*	los camiones	*trucks*
el japonés	*native of Japan*	los japoneses	*natives of Japan*
la televisión	*television*	las televisiones	*televisions*

4 If a word ends in the consonant *z*, change the *z* to *c* and add -*es*.

la luz	*light*	las luces	*lights*
el pez	*fish*	los peces	*fish*
la vez	*time, instance*	las veces	*times, instances*

EJERCICIO
P·1

Write the plural form of each of the following Spanish words.

EJEMPLOS   la vega (*meadow*)   <u>las vegas</u>

el ángel (*angel*)   <u>los ángeles</u>

SINGULAR	PLURAL
1. el barco (*boat*)	los barcos
2. la uña (*fingernail*)	las uñas
3. el bocón (*big-mouthed person*)	los bocones
4. la pintura (*picture*)	las pinturas
5. el brazo (*arm*)	los brazos

6. la cruz (*cross*)   *las cruces*

7. el reloj (*clock, wristwatch*)   *los relojes*

8. el fantasma (*ghost*)   *los fantasmas*

9. la nuez (*walnut, nut*)   *las nuecas*✗ *nueces*

10. el diente (*tooth*)   *los dientes*

Diphthongs

A diphthong is a linguistic phenomenon, in no way unique to Spanish, in which two vowels together form more than one—but fewer than two—syllables (although technically a diphthong is considered one syllable). It's something of a slur to produce these sounds. We are considering it now because it has to do with pronunciation.

In Spanish, diphthongs are formed when a *soft* vowel immediately precedes or follows a *hard* vowel or another *soft* vowel. Think of hard vowels as bullies and soft vowels as their victims: The hard vowel always gets a full syllable, whereas the soft vowel (which, if alone, would receive full-syllable status) shrinks in the presence of the hard vowel and attaches itself to it—a sort of linguistic abuse.

Vowels are considered hard or soft only in this two-vowel context and are distinguished as follows:

HARD VOWELS   a, e, o
SOFT VOWELS   i, u

Here are some tips for recognizing and pronouncing diphthongs:

1   A diphthong is produced when a hard and soft vowel occur together. Pronounce each of the words below with someone who speaks Spanish and can guide you. Don't worry about the meaning of the words.

ai	aire, ailanto, caigo		**io**	estudio, Julio, mercurio
au	pausa, caudal, caucáseo		**oi**	Tolstoi
ei	hablaseis, hicieseis		**ou**	bourel
eu	deuda		**ua**	Guatemala, guarda, cacahuate, guacamole
ia	estudia, farmacia, piano, iglesia		**ue**	abuelo, bueno, revuelto, habichuela
ie	pierdo, entiendo, bien		**uo**	cuota, duodenal

2   A diphthong is produced when two soft vowels occur together.

iu	ciudad		**ui**	fluimos, destruimos

3   When two hard vowels occur together, there are two distinct syllables—thus no diphthong:

ae	cae, trae		**eo**	paseo, empleo
ao	cacao		**oa**	Samoa
ea	teatro, brea		**oe**	oeste, poeta

4   An accent mark added to a soft vowel—whether it occurs with a hard vowel or with another soft one—gives it a distinct syllable of its own, and the two-vowel combination is thus not a diphthong. Some examples are listed below:

aí	país, aínas		**ió**	televisión, camión
aú	aún, aúnas		**oí**	oído

eí	increíble, leímos, leído	úa	continúa, actúa
ía	droguería, día	úe	continúe
ié	miércoles	uí	Luís
ío	río, frío, Pío	úo	continúo

Punctuation marks

We use punctuation marks in written language to separate words into sentences, clauses, and phrases in order to clarify meaning. In many cases, the rules you learned in elementary school dealing with English punctuation apply to Spanish as well. However, some will differ. Note the following:

- The use of the period, comma, colon, semicolon, and hyphen translate tit for tat from English to Spanish and back again.

- When you write a question or an exclamatory remark, you use the question mark or exclamation mark as in English, as well as the upside-down version of that mark at the beginning of the question or exclamatory remark.

    ¿Cómo estas?   *How are you?*
    ¡Esto es fantástico!   *This is fantastic!*

- When you write out large numbers or prices, the decimals and commas are typically used in exactly the opposite position in Spanish from what you are used to seeing in English:

	ENGLISH	SPANISH
one thousand	1,000	1.000
one million	1,000,000	1.000.000
twenty dollars and fifty cents	$20.50	$20,50
five thousand dollars	$5,000.00	$5.000,00
one million dollars	$1,000,000.00	$1.000.000,00

EJERCICIO P·2

Write the following numbers and prices as they would appear in Spanish.

1. three thousand _____ 3.000,00 _____
2. nine thousand fifty _____ 9.050,00 _____
3. eighty-three million _____ 83.000.000,00 _____
4. two billion _____ 2.000.000.000 _____
5. seventeen trillion _____ forget it _____
6. fifty dollars _____ $50,00 _____
7. five thousand dollars _____ $5.000,00 _____
8. ten dollars and seven cents _____ $10,07 _____
9. three million dollars _____ 3.000.000,00 _____
10. twenty-seven dollars and two cents _____ 27,02 _____

- Quotation marks, used to report what someone else has said, can appear as " " (the same as in English), which is more contemporary, or as « », the more classical Spanish usage. It doesn't matter which marks you use as long as you are consistent in a given project:

Juan me dijo "Ella es una bruja". }
Juan me dijo «Ella es una bruja». }   *John said to me, "She is a witch."*

- Last, and in this case the very least, is the apostrophe. In English, we use the apostrophe to denote possession (*Horatio's* car) and in the contraction of two words (*They're* in the wine cellar.). In Spanish, the apostrophe does not exist.

el coche de Horacio	*Horatio's car*
la opción de Sofía	*Sophie's choice*
Ellos están en la bodega.	*They're in the wine cellar.*
Él es idiota.	*He's an idiot.*

You'll learn later how to get around in Spanish without using an apostrophe. For now, relax.

Cognates

A cognate is a word in one language that is identical (this is rare) or, for one reason or another, so similar to a word in another language that it would be difficult *not* to know what it means.

elefante
problema
diccionario

Of course, these Spanish words mean "elephant," "problem," and "dictionary," respectively—so easy to translate that, as they say, a trained seal could do it.

Looking further into cognates reveals some interesting information. The word *cognate* comes from the Latin *co-* ("together") + *gnatus* ("born"—think *natal* or *nativity*). Cognates share linguistic DNA: There is a crossover of sorts going on between the languages in question.

There are four categories of words to consider:

1 **Pure cognates.** These words are identical in spelling and meaning from one language to another and change only in pronunciation. Pronounce these words in Spanish:

el actor	*actor*	natural	*natural*
el cereal	*cereal*	el numeral	*numeral*
el doctor	*doctor*	particular	*particular*
el error	*error*	el radio	*radio*
el folio	*folio*	el rector	*rector*
el hospital	*hospital*		

2 **Near cognates.** These words, though not identical, are close enough in spelling that, with just a bit of effort, you can discern the meaning without diving into the **diccionario**. Anything that keeps you away from the dictionary while learning a language will inspire you, save you time, and keep you committed to the task at hand. There are zillions of near cognates for English speakers learning Spanish. Here are a few:

el artista	*artist*	la comunidad	*community*
el béisbol	*baseball*	el estéreo	*stereo*
la biología	*biology*	la explosión	*explosion*
la cebra	*zebra*	inteligente	*intelligent*
la computadora	*computer*	magnífico	*magnificent*

el número	*number*	el teléfono	*telephone*
el refrigerador	*refrigerator*	el vinagre	*vinegar*
la residencia	*residence*	el xilófono	*xylophone*

The reason there are so many English-Spanish near cognates is that, while English technically is a Germanic language, the lion's share of its words come from Latin, mostly through French. Spanish, like French a Romance language, is derived directly from Latin, the language of the Roman Empire. Here is a rough derivational breakdown for English:

Latin (and French)	60%
Germanic	25%
Greek	5%
Other	10%

The five living Romance languages are Spanish, French, Italian, Romanian, and Portuguese.

3 **False cognates.** These are the fakers. Look like, sound like—but aren't. These are the words that drive people mad. All you can do is learn them. Below is a sample:

SPANISH WORD	WHAT YOU MAY THINK IT MEANS	WHAT IT REALLY MEANS
actualmente	*actually*	*presently, nowadays*
el colegio	*college*	*high school*
la dirección	*direction*	*address*
la discusión	*discussion*	*argument*
embarazada	*embarrassed*	*pregnant*
emocionado	*emotional*	*excited*
el fútbol	*football*	*soccer*
la librería	*library*	*bookstore*
sensible	*sensible*	*sensitive*

4 **Adopted words.** Technically, these aren't cognates, because they don't change in any way—not in spelling, not in pronunciation, not a bit. They are what they are in any language. Everyone understands them and usually tries to pronounce them correctly. Does it surprise you that they're often (though certainly not always) names for foods? The following are Spanish words adopted into English:

el burrito	*burrito*
la margarita	*margarita* (the cocktail; as a flower, it translates as "daisy")
la quesadilla	*quesadilla* (the root is **el queso**, which means "cheese")
la sangría	*sangria* (a drink made with red wine; **la sangre** means "blood")
el taco	*taco*

A note on suffixes

As mentioned above, most English-Spanish cognates belong to the group called near cognates. Of these, many are nearly identical to English words, differing only in their respective suffixes (the endings attached to the root words). An awareness of Spanish suffixes and how they relate to English ones will facilitate your study of the Spanish language.

Throughout this text you will be exposed to a variety of Spanish suffixes, each of which will greatly increase your vocabulary. When an English counterpart is obvious, you may be expected to figure out the Spanish suffix. However, sometimes you will need clues to a suffix's use, and these will be provided. You will get plenty of practice in exercises.

To start you off, a list of common and readily recognizable suffixes is included below.

1 Common noun endings

In each case, gender is noted: *m.* = masculine, *f.* = feminine.

SPANISH SUFFIX	ENGLISH EQUIVALENT	SPANISH EXAMPLE	ENGLISH EQUIVALENT(S)
-aje (*m.*)	*-age*	el garaje	*garage*
-ancia (*f.*)	*-ance*	la ambulancia	*ambulance*
-ante (*m./f.*)	*-ant*	el/la participante	*participant*
-ario (*m.*)	*-ary*	el seminario	*seminary*
-ción (*f.*)	*-tion*	la petición	*petition*
-dor (*m.*)/-dora (*f.*)	*-er*	el matador / la matadora	*matador, killer*
-encia (*f.*)	*-ence, -ency*	la emergencia	*emergency*
-ente (*m.*)/-enta (*f.*)	*-ent*	el presidente / la presidenta	*president*
-ero (*m.*)/-era (*f.*)	*-er*	el barbero / la barbera	*barber*
-ez (*f.*)	*-ity*	la lucidez	*lucidity*
-eza (*f.*)	*-ity*	la pureza	*purity*
-icia (*f.*)	*-ice*	la avaricia	*avarice*
-icio (*m.*)	*-ice*	el artificio	*artifice*
-idad (*f.*)	*-ity*	la infinidad	*infinity*
-ismo (*m.*)	*-ism*	el materialismo	*materialism*
-ista (*m./f.*)	*-ist*	el/la dentista	*dentist*
-or (*m.*)/-ora (*f.*)	*-or*	el inventor / la inventora	*inventor*
-orio (*m.*)	*-ory*	el directorio	*directory*
-sión (*f.*)	*-sion*	la televisión	*television*
-tad (*f.*)	*-ty*	la dificultad	*difficulty*
-tud (*f.*)	*-tude*	la amplitud	*amplitude*

2 Common adjective endings

SPANISH SUFFIX	ENGLISH EQUIVALENT	SPANISH EXAMPLE	ENGLISH EQUIVALENT(S)
-able	*-able*	probable	*probable*
-az	*-acious*	audaz	*audacious*
-cial	*-cial, -tial*	especial, residencial	*special, residential*
-ente	*-ent*	existente	*existent*
-és/-esa	*-ese*	japonés/japonesa	*Japanese*
-ible	*-ible*	convertible	*convertible*
-il	*-ile*	servil	*servile*
-ino/-ina	*-ine*	florentino/florentina	*Florentine*
-ivo/-iva	*-ive*	defensivo/defensiva	*defensive*
-orio/-oria	*-ory*	circulatorio/circulatoria	*circulatory*
-oz	*-ocious*	feroz	*ferocious*

Write the English equivalent for each of the following words, all of which are near cognates. Some are obvious; others require that you think a bit. Each word's part of speech is given in brackets.

1. el agente [*n.*] _____
2. tremendo [*adj.*] _____
3. el carpintero [*n.*] _____
4. serio [*adj.*] _____
5. refrescar [*v.*] _____
6. el tren [*n.*] _____
7. el maniático [*n.*] _____
8. la mayonesa [*n.*] _____
9. eficiente [*adj.*] _____
10. vender [*v.*] _____

11. la farmacia [*n.*] _____
12. probablemente [*adv.*] _____
13. la dinamita [*n.*] _____
14. la flor [*n.*] _____
15. el vómito [*n.*] _____
16. la virilidad [*n.*] _____
17. certificar [*v.*] _____
18. el optimista [*n.*] _____
19. la actriz [*n.*] _____
20. naturalizar [*v.*] _____

Match each word on the left with the appropriate definition on the right. Almost all of the Spanish words on the left have cognates in English.

1. __J__ el adversario
2. __H__ la farmacia
3. __I__ el italiano
4. __G__ el narcisista
5. __B__ la cucaracha
6. __A__ el presidente
7. __F__ el museo
8. __E__ la actriz
9. __D__ el diccionario
10. __C__ la neurosis

A. el líder de Los Estados Unidos
B. un insecto impopular en muchos restaurantes
C. un problema psicológico
D. una colección de palabras del lenguaje
E. una persona en un drama
F. un sitio con una colección de arte magnífico
G. un ego maniaco
H. un sitio que vende drogas y medicinas
I. una persona de Italia
J. un antagonista, oponente, enemigo

Basic greetings

Listed below are several basic greetings. At this point, you probably can pronounce them clearly. Get out of the house! Go try these on someone who speaks Spanish—he or she will be delighted.

Hola.	*Hi. / Hello.*
Buenos días.	*Good day. / Good morning.*
Buenas tardes.	*Good afternoon.*
Buenas noches.	*Good evening. / Good night.*
Adiós.	*Good-bye.*
Adiosito.	*Bye-bye.*
Chau.	*Bye. / Ciao.*
Hasta luego.	*Until later. / See you later.*
Hasta mañana.	*Until tomorrow. / See you tomorrow.*
¿Qué tal?	*What's up?*
¿Qué pasa?	*What's happening? / What's up?*
¿Qué es nuevo?	*What's new?*
Nada mucho.	*Nothing much.*
¿Cómo estás?	*How are you? (informal sing.)*
¿Cómo está?	*How are you? (formal sing.)*
¿Cómo están?	*How are you? (pl.)*
Bien, gracias.	*Fine, thanks.*
Más o menos.	*So-so. / OK.*
Así así.	*So-so. / OK.*
¿Cómo te llamas?	*What is your name? (informal sing.)*
¿Cómo se llama?	*What is your name? (formal sing.)*
Me llamo _____.	*My name is _____.*
Se llama _____.	*His/Her name is _____.*

EJERCICIO
P·5

Translate the following dialogues into Spanish.

1. *Two old friends, Rana and Sapo, run into each other at the university.*

    RANA *Hi, Sapo!* _____

    SAPO *Hi, Rana! How are you?* _____

    RANA *Fine, thanks. How are you?* _____

    SAPO *So-so.* _____

    RANA *What's up?* _____

    SAPO *Nothing much.* _____

    RANA *See you later. Good-bye.* _____

    SAPO *Bye-bye.* _____

2. *Two very formal women, Delilah and Rosa, meet at a flower show luncheon.*

    DELILAH *Good day.* _____

    ROSA *Good afternoon.* _____

DELILAH	*My name is Delilah. What is your name?*	_____
ROSA	*My name is Rosa.*	_____
DELILAH	*How are you?*	_____
ROSA	*Fine, thank you. How are you?*	_____
DELILAH	*Fine, thank you. Good-bye.*	_____
ROSA	*Good-bye.*	_____

Highly useful data

This section is devoted to words you will use over and over: the names for days, months, and numbers. Memorize them now, and you will save yourself a good deal of time later. Otherwise, remember where these words are in this book. You'll be using them forever.

Los días de la semana (*The days of the week*)

Monday	**el lunes**	Friday	**el viernes**
Tuesday	**el martes**	Saturday	**el sábado**
Wednesday	**el miércoles**	Sunday	**el domingo**
Thursday	**el jueves**		

NOTE Monday, **el lunes**, is considered the first day of the week on the Spanish calendar. The days of the week are masculine nouns (meaning they are preceded by the masculine article **el**), and they aren't capitalized. You will learn all there is to know about masculine and feminine nouns in the next unit.

EJERCICIO
P·6

Write the appropriate day of the week for each of the following descriptions.

1. para muchas personas, el día del matrimonio _____

2. el día favorito en la oficina _____

3. el día número cuatro (4) en el calendario español _____

4. el día de votar _____

5. para los cristianos, el día tradicionalmente más solemne _____

6. el día en medio de la semana en la oficina _____

7. el día terrible en la oficina _____

Los meses del año (The months of the year)

January	**enero**	July	**julio**
February	**febrero**	August	**agosto**
March	**marzo**	September	**septiembre**
April	**abril**	October	**octubre**
May	**mayo**	November	**noviembre**
June	**junio**	December	**diciembre**

NOTE The months of the year, like the days of the week, are not capitalized in Spanish.

EJERCICIO
P·7

Write the appropriate month of the year for each of the following descriptions.

1. el mes con la celebración de Halloween _____

2. el mes con el Día de la Madre _____

3. el mes del Hanukkah y la Navidad _____

4. el mes del día de independencia para Los Estados Unidos _____

5. el mes con el primer día de béisbol profesional en Los Estados Unidos _____

6. en Los Estados Unidos, el mes del "día de gracias" _____

7. el mes con los "días del perro" _____

8. el mes del día de San Valentín y de los presidentes Washington y Lincoln _____

9. normalmente, el mes con el primer día de la universidad _____

10. el primer mes del año _____

The numbers 0 to infinity

cero	0		
uno	1	once	11
dos	2	doce	12
tres	3	trece	13
cuatro	4	catorce	14
cinco	5	quince	15
seis	6	dieciséis	16
siete	7	diecisiete	17
ocho	8	dieciocho	18
nueve	9	diecinueve	19
diez	10	veinte	20

Match each phrase on the left with the appropriate number on the right.

Número de...

1. _____ personas en un equipo de béisbol

2. _____ océanos en el mundo

3. _____ lados en un octógono

4. _____ planetas del universo del nombre Júpiter

5. _____ presidentes de México del nombre Cucaracha

6. _____ un "perfecto" en gimnásticas en las Olimpiadas

7. _____ el uniforme de Babe Ruth

8. _____ estaciones en un año

9. _____ presidentes de Los Estados Unidos del nombre Adams

10. _____ lados en un hexágono

11. _____ continentes en el mundo

A. cero

B. uno

C. dos

D. tres

E. cuatro

F. cinco

G. seis

H. siete

I. ocho

J. nueve

K. diez

Match each phrase on the left with the appropriate number on the right.

Número de...

1. _____ tradicionalmente, el número horrible

2. _____ personas en tres equipos de básquetbol

3. _____ años cuando un adolescente recibe la licencia de carro

4. _____ ocho y nueve

5. _____ veinte menos uno

6. _____ personas en un equipo de fútbol americano

7. _____ diez y diez

8. _____ una docena

9. _____ días en dos semanas

10. _____ años cuando una persona vota por primera vez

A. once

B. doce

C. trece

D. catorce

E. quince

F. dieciséis

G. diecisiete

H. dieciocho

I. diecinueve

J. veinte

Beginning with 20, the numbers follow a pattern.

veinte	20	treinta	30
veintiuno	21	treinta y uno	31
veintidós	22	treinta y dos	32
veintitrés	23	treinta y tres	33
veinticuatro	24	treinta y cuatro	34
veinticinco	25	treinta y cinco	35
veintiséis	26	treinta y seis	36
veintisiete	27	treinta y siete	37
veintiocho	28	treinta y ocho	38
veintinueve	29	treinta y nueve	39

The pattern repeats itself through 99: **cuarenta, cuarenta y uno,** etc.

cuarenta	40
cincuenta	50
sesenta	60
setenta	70
ochenta	80
noventa	90
cien	100

NOTE Only the number 100 is simply **cien**. After that, it becomes **ciento**.

cien	100	doscientos	200
ciento uno	101	trescientos	300
ciento dos	102	cuatrocientos	400
ciento veinte	120	quinientos	500
		seiscientos	600
		setecientos	700
		ochocientos	800
		novecientos	900

mil	1.000	millón	1.000.000
dos mil	2.000	billón	1.000.000.000
tres mil	3.000	trillón	1.000.000.000.000
		la infinidad	∞

Remember that in Spanish, a period is used to mark large numbers where English uses a comma. Conversely, for a decimal point, you use a comma (instead of the period used in English). Thus your grade point average—in Spanish—is no doubt 4,0!

EJERCICIO
P·10

Select the correct answer from the choices given.

1. _____ número de colores primarios
   a. cinco
   b. siete
   c. tres
   d. cuatro

2. _____ cada cuatro años, número de días en el mes de febrero
   a. veintisiete
   b. veintiocho
   c. veintinueve
   d. treinta

3. _____ número de centavos en un dólar
   - a. cincuenta
   - b. doscientos
   - c. mil
   - d. cien

4. _____ número de planetas tradicionalmente en el sistema solar
   - a. nueve
   - b. once
   - c. ocho
   - d. quince

5. _____ número de días en un año
   - a. trescientos setenta y cinco
   - b. trescientos cincuenta y seis
   - c. trescientos sesenta y cinco
   - d. trescientos sesenta y tres

6. _____ número de esposos de Elizabeth Taylor (incluso Richard Burton dos veces)
   - a. cinco
   - b. ocho
   - c. trece
   - d. mil

7. _____ número de emergencia por teléfono
   - a. nueve dos dos
   - b. novecientos uno
   - c. nueve uno uno
   - d. noventa y nueve

8. _____ número de cuartos en un galón
   - a. ocho
   - b. seis
   - c. cuatro
   - d. sesenta y cuatro

EJERCICIO
P·11

Write out the correct number in Spanish for the following items. The answers range from 0 to infinity.

1. amigos de Blancanieves (*Snow White*) _____

2. colonias originales en Los Estados Unidos _____

3. días (normalmente) en el mes de febrero _____

4. vuelta completa de golf _____

5. días en una semana _____

6. días en un año regular _____

7. calorías en una Coca-Cola de dieta _____

8. número de Oscars en la posesión de Sir Alec Guinness _____

9. número del agente James Bond _____

10. año cuando Cristóbal Colón descubre América _____

¡Bravo! You've completed the preliminary part of this book. Everything you've studied and mastered so far will reappear in virtually every unit of the text that follows: pronunciation, spelling, accents, plurals, punctuation, basic greetings, calendar words, numbers, and countless cognates. You're on your way to experiencing the wonderful adventure of the Spanish language. **¡Buena suerte!**

The basics

No matter what great endeavor a person takes on—whether it's building a house, starting a new company, going on a space mission, or learning a foreign language—that person must, before anything else, deal with the basics. That is what we are going to do in this unit.

It's only much later in the process that a person can get creative and put his or her personal stamp on something. Even the most abstract painter—think of Jackson Pollock—must start out with a fundamental understanding of art, balance, line, and color. Albert Einstein had to learn basic algebra like everyone else (he just did it a lot faster). And Shakespeare had to learn to spell C-A-T along with the rules of grammar.

Somewhere along the line, hucksters and charlatans have tried to sell us on the idea that learning a foreign language is easy and fast: Stick a language CD into your car's stereo system and by New Year's Eve you can party with the locals in Acapulco!

This simply isn't the case. Learning Spanish (or any foreign language) is a lengthy and arduous process that requires great commitment. It is also enormously rewarding, with both short-term and long-term benefits—the latter being your ability to navigate with ease those places and situations that require speaking Spanish. Short-term rewards include your ability to pop into Spanish-speaking situations, as well as understanding and appreciating your native language in a new and brilliant light. These rewards increase with each word you learn.

To converse in any language, you can't start speaking unless you have something of common interest—to you *and* your listener—to talk about. Thus, we'll start with you, your family, your friends, animals, your house, and many of the things in it.

This unit will also offer grammatical concepts—the adhesive that holds words together—including the "is" of location, several prepositions and expressions of location, a marvelous word for expressing existence, a commonly used suffix (word ending), and everything there is to know about gender differences (grammatically, not physically).

And so, as Maria sang in *The Sound of Music*, "Let's start at the very beginning. . . ."

Definite articles

It is nearly impossible to string together even three sentences without using the word "the." Try it. This is why the Spanish words for "the" comprise the first lesson in this book—"the" is *the* foundation of *the* language's foundation.

Grammatically speaking, "the" is a definite article. There are four definite articles in Spanish, each corresponding to the single English word "the." Definite articles are used to denote specific items: *the* fork, *the* boats, *the* tooth.

The definite article is determined by both the gender (masculine or feminine) and number (singular or plural) of the noun the article precedes.

	SINGULAR	PLURAL
MASCULINE	el	los
FEMININE	la	las

el chico	*the boy*	**los** chicos	*the boys*
la chica	*the girl*	**las** chicas	*the girls*

Every noun is either masculine or feminine. With living beings, this is easy: You're either a girl (*f.*) or a boy (*m.*), a cow or a bull, a ewe or a ram, a witch or a warlock. The list goes on. . . .

With inanimate objects, such as cars, tables, and leashes, you have to know that object's grammatical gender. Determining the gender of a noun is crucial to speaking and writing Spanish because definite and indefinite articles (which, because they describe and/or limit a noun, are adjectives) rely on the noun's gender for their formation.

In this unit, you will learn many clues to help you determine if a noun is masculine or feminine. For most nouns, once you understand the clues, you can figure it out. Still, for some nouns you just have to memorize the gender. You'll get used to it.

At the end of this unit, there is a list of clues for determining the gender of a noun. These will help you greatly. In the examples given above, you already have experienced the simplest and most common clue: Usually, though not always, if a noun ends in **-o**, it is masculine, and if it ends in **-a**, it is feminine.

Our first vocabulary group involves family and friends. These words have inherent (natural) gender, and you will see this clue in frequent operation. Your first task will be to learn these words and be able to determine the appropriate definite article for each.

La familia y los amigos (Family and friends)

aunt	la tía	husband	el esposo
baby	el nene / la nena	mother, mom	la madre, la mamá
boy	el chico, el niño	mother-in-law	la suegra
boyfriend	el novio	neighbor	el vecino / la vecina
brother	el hermano	nephew	el sobrino
brother-in-law	el cuñado	niece	la sobrina
child	el niño / la niña	sister	la hermana
children	los hijos, los niños	sister-in-law	la cuñada
(m.pl./m.&f.pl.)		son	el hijo
children (f.pl.)	las hijas, las niñas	son-in-law	el yerno, el hijo
classmate	el compañero / la compañera		político
	de clase	uncle	el tío
cousin	el primo / la prima	wife	la esposa
daughter	la hija		

daughter-in-law	la nuera, la hija política	

Prefix indicating great-: bis-

daughter-in-law	la nuera, la hija política	great-granddaughter	la bisnieta
father, dad	el padre, el papá	great-grandfather	el bisabuelo
father-in-law	el suegro, el padre político	great-grandmother	la bisabuela
friend	el amigo / la amiga	great-grandson	el bisnieto
girl	la chica, la niña		
girlfriend	la novia		

Suffix indicating step-: -astro/-astra

goddaughter	la ahijada	stepbrother	el hermanastro
godfather	el padrino	stepdaughter	la hijastra
godmother	la madrina	stepfather	el padrastro
godson	el ahijado	stepgranddaughter	la nietastra
granddaughter	la nieta	stepgrandson	el nietastro
grandfather	el abuelo	stepmother	la madrastra
(grandpa)	(el abuelito)	stepsister	la hermanastra
grandmother	la abuela	stepson	el hijastro
(grandma)	(la abuelita)		
grandson	el nieto		

EJERCICIO 1·1

Write the correct definite article for each word below.

1. _____ padre

2. _____ madre

3. _____ chico

4. _____ chica

5. _____ amigo

6. _____ amiga

7. _____ abuelo

8. _____ abuela

9. _____ padres

10. _____ madres

11. _____ chicos

12. _____ chicas

13. _____ amigos

14. _____ amigas

15. _____ abuelos

16. _____ abuelas

Los misterios *Identify each of the following well-known, mysterious persons; some are fictional characters, and some are no longer living. Write complete sentences.*

VOCABULARIO   Yo soy   *I am*
               de   *of*

EJEMPLO   Yo soy la hermana de Serena Williams. __*Yo soy Venus Williams.*__

1. Yo soy el padre de Bart Simpson. _____

2. Yo soy el hijo de Andy Taylor (de Mayberry). _____

3. Yo soy la esposa de Arnold Schwarzenegger. _____

4. Yo soy el ex-esposo (el primer esposo) de Jennifer Aniston. _____

   _____

5. Yo soy el esposo de Hillary Rodham Clinton. _____

6. Yo soy la amiga de Tomás Sawyer. _____

7. Yo soy la abuela de los príncipes William y Harry. _____

8. Yo soy la hija de Elvis Presley. _____

9. Yo soy el primer presidente de Los Estados Unidos. _____

10. Yo soy el vecino y el amigo de Cosmos Kramer. _____

¿Sabes que...? (Do you know that . . . ?)

- Steven Spielberg es el padrino de Gwyneth Paltrow.
- Emilio Estévez es el hermano de Charlie Sheen.
- Arnold Schwarzenegger es el yerno de Eunice Shriver.
- Catherine Zeta-Jones es la nuera de Kirk Douglas.
- Diane Sawyer es la esposa de Mike Nichols.
- Camilla Parker-Bowles es la madrastra de los príncipes William y Harry.
- Jon Voigt es el padre de Anjolina Jolie.
- Drew Barrymore es la hija del actor John Drew Barrymore y la nieta del actor John Sidney Blyth Barrymore y la bisnieta del actor Maurice Barrymore.
- Justin Timberlake es el ex-novio de Britney Spears.
- Shirley MacClaine es la hermana de Warren Beatty y la cuñada de Annette Bening.
- Frank Sinatra es el ex-esposo de Mia Farrow.
- Blythe Danner (actriz) es la suegra de Chris Martin (del grupo Coldplay) y la abuela de Apple y Moses.
- Jennifer López es la ex-novia de Sean Combs ("P. Diddy").
- Dionne Warwick es la prima de Whitney Houston.
- Lyle Lovett es el ex-esposo de Julia Roberts.

Indefinite articles

Indefinite articles are used to indicate nonspecific persons or things.

a book   *some* toes
a flipper   *some* houses

In English, there are two indefinite articles: *a(n)* for singular nouns and *some* for plural nouns.

In Spanish, there are four indefinite articles, which (like definite articles) are determined by gender and number: **un, una, unos, unas.**

un gato   *a male cat*   **unos** gatos   *some male cats*
una gata *a female cat*   **unas** gatas   *some female cats*

VOCABULARIO

El reino de los animales (*The animal kingdom*)

En la granja y en la casa (*On the farm and in the house*)

bird	**el pájaro**	hen	**la gallina**
bull	**el toro**	horse	**el caballo**
cat	**el gato**	lamb	**el cordero**
chicken	**el pollo**	mare	**la yegua**
cow	**la vaca**	mouse	**el ratón**
deer	**el ciervo, el venado**	owl	**el búho**
dog	**el perro**	ox	**el buey**
duck	**el pato**	pig	**el cerdo**
gerbil	**el gerbo**	rabbit	**el conejo**
goat	**la cabra**	raccoon	**el mapache**
goldfish	**el pez de colores**	rat	**la rata**
goose	**el ganso**	rooster	**el gallo**
gopher	**el geomís**	sheep	**la oveja**
hamster	**el hámster**	skunk	**la mofeta**
hedgehog	**el erizo**	turkey	**el pavo**

En el mar (*In the sea*)

alligator	**el caimán**	seal	**la foca**
crab	**el cangrejo**	shark	**el tiburón**
crocodile	**el cocodrilo**	snail	**el caracol**
dolphin	**el delfín**	starfish	**la estrella de mar**
fish	**el pez**	turtle, tortoise	**la tortuga**
octopus	**el pulpo**	whale	**la ballena**
penguin	**el pingüino**		

En el zoológico (*In the zoo*)

(grizzly) bear	**el oso (gris)**	monkey	**el mono**
chimpanzee	**el chimpancé**	seal	**la foca**
elephant	**el elefante**	snake	**la culebra, la serpiente**
giraffe	**la jirafa**	tiger	**el tigre**
gorilla	**la gorila**	wolf	**el lobo**
kangaroo	**el canguro**	zebra	**la cebra**
lion	**el león**		

Los bichos y los insectos (Bugs and insects)

ant	**la hormiga**	grasshopper	**el saltamontes**
bedbug	**el chinche**	ladybug	**la mariquita**
(queen) bee	**la abeja (reina)**	locust	**la langosta**
beetle	**el escarabajo**	mosquito	**el mosquito**
butterfly	**la mariposa**	moth	**la polilla**
caterpillar	**la oruga**	scorpion	**el escorpión**
cockroach	**la cucaracha**	spider	**la araña**
cricket	**el grillo**	termite	**la termita**
dragonfly	**la libélula**	tick	**la garrapata**
flea	**la pulga**	worm	**el gusano**
fly	**la mosca**		

EJERCICIO 1·3

Write the correct indefinite article for each word below.

1. _____ toro

2. _____ vaca

3. _____ perro

4. _____ cerda

5. _____ cerdo

6. _____ toros

7. _____ vacas

8. _____ perros

9. _____ cerdas

10. _____ cerdos

11. _____ gallina

12. _____ pájaro

13. _____ gallo

14. _____ gata

15. _____ pez

16. _____ gallinas

17. _____ pájaros

18. _____ gallos

19. _____ gatas

20. _____ caballos

EJERCICIO 1·4

Translate each of the following nouns and its definite or indefinite article.

1. *the boy* _____

2. *a boy* _____

3. *the boys* _____

4. *some boys* _____

5. *the mother* _____

6. *the father* _____

7. *a girl* _____

8. *a cat* [m.] _____

9. *some dogs* [m.] _____

10. *the cousin* [f.] _____

11. *the aunt* _____

12. *an uncle* _____

13. *some tigers* [m.] _____

14. *some neighbors* [m.] _____

15. *the neighbors* [f.] _____

16. *the sisters* _____

17. *some brothers* _____

18. *the friends* [m.] _____

19. *some grandmothers* _____

20. *a grandfather* _____

¿Qué animal es esto? *Identify each of the animals described below. Don't use a dictionary; consider words listed above, as well as cognates.*

1. un animal en el océano con ocho piernas (*legs*) _____

2. un bicho (no un insecto) con ocho piernas _____

3. el adulto del animal que de niño es oruga _____

4. la madre del cordero _____

5. el "esposo" de la vaca _____

6. la "estrella" (actor principal) de la película *Liberad a Willy* (Free Willy) _____

7. un animal súper lento, especialmente contra el conejo _____

8. un animal horrible en restaurantes horribles _____

9. el padre del pollo _____

10. un insecto muy molesto a los perros _____

Unos misterios: ¿Quién soy? (Who am I?) *Identify each of the following persons or animals. Use the forms below, and write complete sentences.*

| VOCABULARIO | me llamo | *I am called* _____, *my name is* _____ |
| | se llama | *he/she is called* _____, *his/her name is* _____ |

1. Yo soy un pez. Mi padre se llama Marlin y mi madre se llama Coral. La amiga de mi padre es Dory. _____

2. Yo soy una perra. Mi amigo se llama Timmy. _____

3. Yo soy un chico. Mi hermano se llama Wally. Mi madre se llama June y mi padre se llama Ward. _____

4. Yo soy un elefante. Mi esposa (¡y mi prima!) se llama Celeste. _____

5. Yo soy un pájaro. Mi enemigo es Silvestre el gato. _____

6. Yo soy una chica. Yo soy el carácter principal en una historia con un lobo terrible y mi abuela. _____

7. Yo soy un cerdo. Mi amiga principal es Charlotte. Charlotte es una araña. Mi amigo Templeton es una rata. _____

8. Yo soy un ratón. Yo soy el carácter principal de Walt Disney. Mi amiga (¿y novia?) se llama Minnie. Mi perro es Pluto. _____

Yo tengo..., yo quiero...

The following statements (**las frases**) and questions (**las preguntas**) allow you to say and ask many fun things, even at this early point in studying Spanish. Remember that Spanish questions have a question mark both before (upside down) and after (right side up) them.

STATEMENTS	Yo tengo _____.	I have _____.
	Yo no tengo _____.	I don't have _____.
QUESTIONS	¿Tienes tú _____?	Do you have _____?
	¿Tienen ellos _____?	Do they have _____?

NOTE To negate a statement, simply add **no** directly before the verb.

Yo tengo una cocina en el apartamento.	I have a kitchen in the apartment.
Yo no tengo un garaje en el edificio.	I don't have a garage in the building.
¿Tienes tú un desván en el bungalow?	Do you have an attic in the bungalow?

Yo quiero _____.	I want _____.
Yo no quiero _____.	I don't want _____.
¿Quieres tú _____?	Do you want _____?

Yo quiero un comedor en la casa.	I want a dining room in the house.
Yo no quiero una lavandería en el desván.	I don't want a laundry room in the attic.
¿Quieres tú un clóset en el despacho?	Do you want a closet in the study?

VOCABULARIO

Por la casa (*Around the house*)

Dónde se vive (*Where one lives*)

apartment, flat	**el apartamento, el piso**	condominium	**el condominio**
building	**el edificio**	house	**la casa**
bungalow	**el chalet, el bungalow**		

Los cuartos y áreas de la casa (*Rooms and areas of the house*)

attic	**el desván**	landing	**el rellano, el descanso**
basement, cellar	**el sótano**	laundry room	**la lavandería**
bathroom	**el (cuarto de) baño**	library	**la biblioteca**
bedroom	**el dormitorio, la alcoba**	living room, parlor	**la sala, el salón, el living**
boiler (*furnace*) room	**la sala de calderas**	master bedroom	**el dormitorio principal**
		nursery	**el cuarto de (los) niños**
closet	**el clóset**	office, study	**el despacho**
den	**la guarida**	pantry	**la despensa**
dining room	**el comedor**	porch	**el porche, el pórtico**
entryway, foyer	**la entrada, el vestíbulo**	shower	**la ducha**
family room	**el cuarto de estar**	stairway	**la escalera**
garage	**el garaje**	supply room	**la sala de provisiones**
hall	**el pasillo**	utility room, supply room	**la trascocina**
kitchen	**la cocina**		

Unas palabras básicas (Some basic words)

and	**y**	of	**de**
for	**para**	on	**en**
from	**de**	or	**o**
in	**en**	with	**con**
my	**mi**	your	**tu**

EJERCICIO

¿Verdadero o falso? *Mark the following statements true (V) or false (F) as they apply to you.*

1. _____ Yo tengo un dormitorio en mi casa.

2. _____ Yo no tengo un conejo en mi garaje.

3. _____ Yo tengo un teléfono en mi baño.

4. _____ Yo quiero una lavandería en mi sótano.

5. _____ Yo tengo un vestíbulo en mi casa.

6. _____ Yo no quiero un baño en el garaje.

7. _____ Yo quiero un clóset en mi dormitorio.

8. _____ Yo no quiero una despensa en mi cocina.

9. _____ Yo no tengo una ducha en el baño.

10. _____ Yo quiero una sala de provisiones en mi casa.

EJERCICIO
1·7

Preguntas personales (Personal questions) *Answer the following questions so that they are true for you. Write complete sentences.*

EJEMPLOS

¿Tienes una cocina?   *Do you have a kitchen?*

Sí, yo tengo una cocina.   *Yes, I have a kitchen.*

¿Quieres un comedor?   *Do you want a dining room?*

No, yo no quiero un comedor.   *No, I don't want a dining room.*

1. ¿Tienes un sótano? _____

2. ¿Tienes un desván? _____

3. ¿Tienes una despensa? _____

4. ¿Quieres una casa en España? _____

5. ¿Quieres una trascocina? _____

6. ¿Tienes un gato? _____

7. ¿Quieres un perro en la casa? _____

8. ¿Tienes un despacho en la cocina? _____

9. ¿Quieres un teléfono en la sala? _____

10. ¿Quieres un baño en el garaje? _____

VOCABULARIO

How many?   **¿Cuántos?** (before a *masculine* noun)
How many?   **¿Cuántas?** (before a *feminine* noun)

Números 0–10 (*The numbers 0–10*)

0	**cero**		
1	**uno**	6	**seis**
2	**dos**	7	**siete**
3	**tres**	8	**ocho**
4	**cuatro**	9	**nueve**
5	**cinco**	10	**diez**

EJERCICIO
1·8

Más preguntas personales (More personal questions) *Answer the following questions so that they are true for you. Write complete sentences.*

1. ¿Cuántos sobrinos tienes tú? _____

2. ¿Cuántas hermanas tienes tú? _____

3. ¿Cuántos primos tienes tú? _____

4. ¿Cuántas sobrinas tienes tú? _____

5. ¿Cuántos nietos y nietas tienes tú? _____

6. ¿Cuántas hijas tienes tú? _____

7. ¿Cuántos cuñados y cuñadas tienes tú? _____

8. ¿Cuántas abuelas tienes tú? _____

9. ¿Cuántos tíos y tías tienes tú? _____

10. ¿Cuántas bisabuelas tienes tú? _____

Está, the "is" of location

| VOCABULARIO |

is (*of location*) **está**

(*This is the only one-word vocabulary list you'll see in this book!*)

A famous politician once reminded us that the word "is" depends on "what the meaning of the word 'is' is." The truth is, "is" *is* a mighty powerful word, like all words that indicate existence. The word "is" in Spanish (along with "am" and "are") will be discussed at length in Unit 5 (The verbs **ser** and **estar** (*to be*)). For now, we will consider only the "is" of location: **está**.

Note the accent mark on the word **está**. This is a perfect example of a word whose accent mark carries a lot of weight: Not only does the pronunciation change with the addition of the accent, so does the meaning. (Without the accent, **esta** means "this.")

Mi vaca está en el garaje.	*My cow is in the garage.*
París está en Francia.	*Paris is in France.*
Marco no está con Julia.	*Mark is not with Julia.*
Tu hermana no está en el baño.	*Your sister isn't in the bathroom.*

| VOCABULARIO |

Las palabras de ubicación (Words of location)

Preposiciones de ubicación (Prepositions of location)

above, on top of	**sobre, encima de**	in the middle of	**en (el) medio de**
across from	**a través de**	inside (of)	**dentro de**
ahead of	**delante de**	(to the) left of	**a la izquierda de**
at, in	**en**	near	**cerca de**
behind	**detrás de**	next to	**al lado de**
below	**debajo de**	on top of	**encima de**
beside	**al lado de**	outside of	**fuera de**
between	**entre**	(to the) right of	**a la derecha de**
far from	**lejos de**	under	**debajo de**
in	**en**	with	**con**
in front of	**enfrente de**		

Adverbios de ubicación (Adverbs of location)

here	**aquí**	upstairs	**arriba**
right here	**acá**	downstairs	**abajo**
there	**allí**	inside	**adentro**
over there	**allá**	outside	**afuera**

¿Verdadero o falso? *Mark the following statements true (**V**) or false (**F**) as they apply to typical floor plans.*

1. _____ La ducha está dentro del cuarto de baño.

2. _____ El comedor está al lado de la sala.

3. _____ La lavandería está detrás del garaje.

4. _____ La despensa está cerca de la cocina.

5. _____ El cuarto de niños está en el medio de la entrada.

6. _____ El desván está sobre los dormitorios.

7. _____ El sótano está abajo.

8. _____ Un rellano está entre las escaleras.

9. _____ La biblioteca está a través de la sala de calderas.

10. _____ Un clóset está en la alcoba.

¿Dónde está? (Where is it?) *Give the location of each city or landmark below, using **está**. Write complete sentences.*

EJEMPLO   Guadalajara   *Guadalajara está en México.*

1. Quebec   _____

2. Las Vegas   _____

3. El Louvre   _____

4. Disneylandia   _____

5. El Coliseo   _____

6. La Torre Sears   _____

7. Moscú   _____

8. Madrid   _____

9. Melbourne   _____

10. Beijing   _____

11. Bombay   _____

12. Dublín   _____

EJERCICIO
1·11

Translate the following sentences into Spanish.

1. My skunk is in the kitchen. _____

2. A pig is in the hall. _____

3. A rooster is not far from my garage. _____

4. The cockroach is not in the pantry. _____

5. Your brother is near the whale. _____

6. Las Vegas is not in California. _____

7. A bird is downstairs with the duck. _____

8. Your mother-in-law is not in the basement. _____

9. My neighbor is not upstairs. _____

10. The girl is to the right of the giraffe. _____

The use of hay

Hay (pronounced like "eye") is a wonderfully useful and hardworking word. It expresses all of the following:

Hay _____.	There is _____.
Hay _____.	There are _____.
¿Hay _____?	Is there _____?
¿Hay _____?	Are there _____?
No hay _____.	There isn't any _____.
No hay _____.	There aren't any _____.
¿No hay _____?	Isn't there any _____?
¿No hay _____?	Aren't there any _____?

Isn't this the most amazing word **en el mundo**!?

Hay un perro en el sótano.	There is a dog in the basement.
Hay tres dormitorios en la casa.	There are three bedrooms in the house.
¿Hay agua en el baño?	Is there water in the bathroom?
No hay agua en la cocina.	There isn't (any) water in the kitchen.

Los artículos en y por la casa (Items in and around the house)

Los aparatos eléctricos (Electrical appliances)

answering machine	la contestadora	ironing board	el burro de plancha
blender	la licuadora	microwave oven	el microondas
can opener	el abrelatas	mixer	la batidora
coffee grinder	el moledor	radio	el radio
coffeemaker	la cafetera	refrigerator	el refrigerador
compact disc (CD) player	el tocadiscos	stereo system	el estéreo
		stove (top)	la estufa
computer	la computadora	television set	el televisor, la televisión
dishwasher	el lavaplatos		
dryer (clothes)	la secadora	toaster	el tostador
DVD (digital videodisc) player	el tocador de DVD	vacuum cleaner	la aspiradora
		VCR	la videocasetera
freezer	el congelador	video recorder	la videocámara
hair dryer	la secadora (del pelo)	washing machine	la lavadora
iron	la plancha		

Los muebles (Furniture)

armchair	el sillón, la butaca	dressing table	el tocador
bed	la cama	easy chair	la butaca
bedside table	la mesa (de noche)	entertainment center	el centro de entretenimiento
bench	la banca		
bookcase	el estante	piano	el piano, el pianoforte
chair (dining room)	la silla		
chest of drawers	la cómoda	rocking chair	la mecedora
china hutch/cabinet	el gabinete, la vitrina	sideboard	el aparador
coffee table	la mesa de centro	sofa, couch	el sofá
cushion	el cojín	stool	el sillín
desk	el escritorio	table	la mesa
dresser, bureau	la cómoda		

Los objetos fijos (Fixtures)

back door	la puerta trasera	furnace	el horno
bathtub	la tina de baño	mantel	la repisa (de la chimenea)
boiler	la caldera		
cabinet	el gabinete	outlet (electrical)	el enchufe
ceiling	el techo	pipe	la pipa
countertop (kitchen)	la barra	radiator	el radiador
cupboard	la alacena, el armario	shower	la ducha
door	la puerta	sink (bathroom)	el lavabo
doorknob	el tirador de puerta, la manija de la puerta	sink (kitchen)	el fregadero, el lavabo
		toilet	el inodoro
		towel rack	el toallero
fireplace	la chimenea	wall (exterior)	el muro
floor (level of building)	el piso	wall (interior)	la pared
floor (standing surface)	el suelo, el piso	window	la ventana
front door	la puerta principal		

Los suministros básicos (Basic furnishings)

ashtray	el cenicero	painting, picture	el retrato, el cuadro
bedspread	la sobrecama	photo	la foto
blanket	la cobija, la manta	pillow	la almohada
candle	la vela	pillowcase	la funda
carpet (wall-to-wall)	la alfombra	placemat, tablemat	el tapete, el mantelito, el salvaplatos
curtain	la cortina		
dish	el plato	poster	el cartel, el póster
dishes (full set)	la vajilla, los platos	quilt	la colcha
faucet, tap	el grifo	rug (area)	la carpeta
faucet handle	la llave	sheet	la sábana
flatware, utensils	los útiles	spoon	la cuchara
fork	el tenedor	tablecloth	el mantel
frame (photo)	el marco	towel	la toalla
glass (drinking)	el vaso	vase	el florero
knife	el cuchillo	wastebasket	el cesto

EJERCICIO 1·12

¿Verdadero o falso? *Mark the following statements true (V) or false (F). Watch for helpful cognates.*

1. _____ Hay un tostador en el cuarto de baño.

2. _____ Hay muchos retratos en un museo de arte.

3. _____ Hay sábanas y almohadas encima de la cama.

4. _____ Hay toallas cerca del fregadero en la cocina.

5. _____ Con frecuencia, hay una mecedora en el cuarto de los niños.

6. _____ Hay un enchufe en la tina de baño.

7. _____ Hay un horno grande en la historia de Hansel y Gretel.

8. _____ En la historia de "Camelot", hay una Mesa Redonda.

EJERCICIO 1·13

*Complete the following sentences to make them true, using either **Hay** ("There is/are") or **No hay** ("There isn't/aren't").*

1. _____ un elefante en el zoológico.

2. _____ una mofeta debajo de mi casa.

3. _____ muchas ovejas en Australia.

4. _____ muchos animales (la vaca, el cerdo, el cordero, el pollo) representados en un restaurante vegetariano.

5. _____ muchos pisos, escaleras y ventanas en un apartamento grande.

6. _____ cucarachas, ratas, moscas, gusanos y abejas en un restaurante elegante.

7. _____ un vestíbulo grande y una escalera dramática en la casa de Scarlett O'Hara.

8. _____ chinches en los colchones y almohadas en el hotel Ritz-Carlton.

EJERCICIO

1·14

Translate the following sentences into Spanish.

1. *There is a hall to the left of the kitchen.* _____

2. *There isn't a basement in the building.* _____

3. *There are fleas on the dog.* _____

4. *I have a gopher under my condominium.* _____

5. *I don't want a bird in my house.* _____

6. *Do you have a tablecloth for the table?* _____

7. *I want sheets and pillowcases from Italy.* _____

8. *Are there windows in the bedrooms?* _____

9. *Your grandson is in the attic.* _____

10. *My stepmother is near the front door.* _____

EJERCICIO

Información personal (Personal information) *Complete each of the following sentences by writing out the number as it applies to you.*

1. Hay _____ personas en mi familia.

2. Yo tengo _____ coche(s).

3. Hay _____ silla(s) en mi comedor.

4. Hay _____ teléfono(s) en mi casa o apartamento.

5. Yo tengo _____ dormitorio(s) en mi casa o apartamento.

6. Hay _____ televisión(es) en mi casa o apartamento.

7. Yo tengo _____ sillón(es) en mi sala.

8. Hay _____ ventana(s) en mi dormitorio.

9. Hay _____ puertas en mi coche.

10. Yo tengo _____ almohada(s) encima de mi cama.

Read the following story for enjoyment. It contains many words you've already learned. Don't use a dictionary for words you don't know.

La historia de un oso muy popular

En la Inglaterra (en realidad, en todo el mundo) hay una historia (en realidad, una colección de historias) de un oso y sus amigos. El oso se llama Winnie the Pooh. Solamente un amigo del oso es una persona. Se llama Christopher Robin, un chico. El resto de sus amigos son animales. Hay un cerdo que se llama Piglet. Hay un burro que se llama Eeyore. Hay un tigre que se llama Tigger. Hay un conejo que se llama Rabbit. Hay dos canguros: La madre se llama Kanga y el hijo se llama Roo. Hay un búho (que es muy inteligente) que se llama Owl. Hay un elefante (que no existe en realidad) que se llama Heffalump. También en las historias hay abejas, un erizo y varios otros animales. El autor de todas las historias se llama A. A. Milne (en realidad, el padre de Christopher Robin).

la Inglaterra	England
que	that, who
se llama	he/she is named
son	are
su(s)	his/her
también	also

EJERCICIO
1·15

Responde en español, por favor.

1. ¿Cómo se llama el burro? _____

2. ¿Cómo se llama el búho? _____

3. ¿Cómo se llama el tigre? _____

4. ¿Cómo se llama el chico? _____

5. ¿Cómo se llama el oso? _____

6. ¿Cómo se llama el cerdo? _____

7. ¿Cómo se llama el conejo? _____

8. ¿Cómo se llama el elefante que no existe en realidad? _____

9. ¿Cómo se llaman los dos canguros? _____

10. ¿Cómo se llama el autor de la historia? _____

The diminutive suffixes -ito and -ita

When the suffix **-ito** or **-ita** is added to a base noun, the new meaning usually indicates a decrease in size, quantity, or quality of that noun. If the base noun is masculine, the suffix is **-ito**; if it is feminine, the suffix is **-ita**. If the base noun ends in a vowel, the vowel is dropped before the **-ito/-ita** is added. If the base noun ends in a consonant, the suffix is simply added to the noun.

el gato	cat	el gatito	kitten
el cerdo	pig	el cerdito	piglet
la casa	house	la casita	small house
la rama	branch	la ramita	sprig, twig
Daniel	Daniel	Danielito	Danny
Miguel	Michael	Miguelito	Mike, Mikey

**EJERCICIO
1·16**

*Write the Spanish words for the following phrases, using the suffix **-ito/-ita** with the vocabulary already presented.*

1. *small table* _____

2. *small mirror* _____

3. *little bed* _____

4. *puppy* _____

5. *little brother* _____

6. *little sister* _____

7. *little bird* _____

8. *small oven* _____

**EJERCICIO
1·17**

Write the diminutive of each of the following Spanish words.

IF	THEN
1. la señora = Mrs.	_____ = Miss
2. la estrella = star	_____ = little star
3. el pato = duck	_____ = duckling
4. el corral = enclosure, yard	_____ = playpen
5. el caballo = horse	_____ = pony
6. el pollo = chicken	_____ = chick
7. la cuchara = tablespoon	_____ = teaspoon
8. el abuelo = grandfather	_____ = grandpa, "gramps"
9. la abuela = grandmother	_____ = grandma, "nana"

Standard orthographic changes

The word "orthography" refers to spelling. As discussed earlier (in Preliminary matters), the Spanish alphabet remains constant. This means that each letter or combination of letters produces a particular sound, and if the context changes, then the spelling may change to accommodate that sound. Fortunately, these changes are both few and without exception:

        c before the letter **e** or **i** > **qu**
        g before the letter **e** or **i** > **gu**
        z before the letter **e** > **c**

Because the suffix -**ito**/-**ita** begins with the vowel *i*, adding it will change the spelling of many words. You will encounter this standard orthographic change many times in the course of this book and throughout your study of Spanish.

Note the following examples, then try some for yourself.

el amigo	*friend*	el amiguito	*pal, buddy*
el brazo	*arm*	el bracito	*small arm*
el chico	*boy*	el chiquito	*little boy*
la mosca	*fly*	la mosquita	*little fly*
un poco	*little bit*	un poquito	*tiny little bit*
la vaca	*cow*	la vaquita	*small cow*

EJERCICIO
1·18

Write the diminutive of each of the following Spanish words. Be careful to make the appropriate orthographic changes.

IF   THEN

1. la chica = *girl*   _____ = *little girl*

2. el mosco = *gnat*   _____ = *mosquito*

3. la hormiga = *ant*   _____ = *tiny ant*

4. el trago = *swallow*   _____ = *sip*

5. el pedazo = *piece*   _____ = *small piece*

6. el barco = *boat*   _____ = *small boat*

7. el borrego = *lamb*   _____ = *little lamb*

8. Paco = *diminutive of* Francisco   _____ = *Frankie*

9. la boca = *mouth*   _____ = *little mouth*

10. el mozo = *lad, waiter*   _____ = *young lad*

Read the following story for enjoyment. It contains vocabulary and grammatical points covered so far, as well as a smattering of cognates.

La reina de la cocina

La "Abeja Reina" de las casas americanas se llama Martha Stewart. La señora Stewart tiene varias casas en Los Estados Unidos y una granja. Probablemente su casa favorita está en Bedford, Nueva York, porque la casa es parte de una granja de ciento cincuenta y tres acres. Se llama Cantitoe Farm. En la granja hay ovejas, vacas, caballos, pollos, perros y varios otros animales. Dentro de la casa hay muchos cuartos: una sala enorme, un comedor formal, un sótano (probablemente hay mucho vino allí), baños y tres dormitorios.

la comida	*food*
otro, otra	*other*
porque	*because*
sin duda	*without doubt*
tiene	*has*
tipo	*kind, type*
todo	*all, every*

Sin duda, hay una cocina espléndida con estufa, refrigerador, congelador y lavaplatos fabulosos, y una despensa muy cerca. En la despensa hay platos, vasos, tenedores, cuchillos, cucharas, manteles, tapetes, candelabros, velas, todo tipo de aparato eléctrico (batidora, licuadora, moledor, microondas, cafetera, abrelatas, etcétera) y todo tipo de comida. Sin duda, Martha Stewart es la abeja reina (¡posiblemente la abeja empresa!).

Cracking the gender code

Many native English speakers feel utterly overwhelmed when they learn that every noun in Spanish not only has gender, but that its gender must be known in order to use it. They may be grateful for what appears—initially—to be the rational simplicity of English. After a while, however, when dealing with grammatical gender becomes second nature, these students usually come to accept and appreciate the subtleties and efficiency of inherent gender. No more of this "lady doctor" business—she is **la médica**. Nothing more need be said. Then they go on with their lives, richer for the experience and knowledge.

Still, it is a daunting task to determine the gender of all these nouns (we're not just dealing with puppies and pigs here). As with all things seemingly insurmountable, we will break it down and eat that elephant one bite at a time.

Below are several ways to determine at a glance if a particular noun is masculine or feminine (or both!).

1 **The noun's final letter**

Usually (almost always, but not guaranteed) you can depend on these clues:

- If a noun ends in **-a**, it is feminine.
- If a noun ends in **-o**, it is masculine.

There are exceptions to this strong tendency, but they are few (see below, under "The Rule Breakers").

2 The noun's ending

Spanish is rich in suffixes. Several are listed below, each of which has a specific meaning. Throughout this book, we'll look at several of them with regard to their meanings and various uses. For now, however, we will concern ourselves only with the gender that each denotes.

- ◆ **Endings that are always feminine.** A noun that ends in any of the following suffixes is feminine:

-aca	-ción	-enta	-ica	-ona	-ucha
-acha	-dad	-eña	-icia	-ora	-uela
-acia	-dora	-era	-ida	-osis	-ula
-ada	-dumbre	-ería	-idad	-ota	-umbre
-ana	-dura	-eriza	-illa	-sión	-ura
-ancia	-eda	-eta	-ina	-stad	-uta
-anza	-edad	-ez	-ita	-tad	-zuela
-aria	-eja	-eza	-itis	-teca	
-ava	-ena	-fobia	-itud	-triz	
-aza	-encia	-ía	-manía	-uca	

- ◆ **Endings that are always masculine.** A noun that ends in any of the following suffixes is masculine:

-aco	-ar	-dor	-ero	-ino	-uco
-acho	-ario	-edo	-estre	-ismo	-ucho
-acio	-asma	-ejo	-ete	-ito	-uelo
-ado	-asmo	-eno	-icio	-miento	-ulo
-aje	-ato	-ente	-ico	-ón	-uro
-ajo	-avo	-eño	-ido	-ora	-uto
-al	-azgo	-eo	-illo	-orio	-zuelo
-ano	-azo	-erizo	-ín	-ote	

- ◆ **Endings that can be either masculine or feminine.** Some suffixes indicate only persons. Whether the noun refers to a man or woman, the ending doesn't change, but the article does.

-ante	el estudiante / la estudiante	*student*
-arca	el monarca / la monarca	*monarch*
-ense	el londinense / la londinense	*native of London*
-ista	el dentista / la dentista	*dentist*

3 The Rule Breakers

Of course, there will always be exceptions that defy the tidiness and order of things. These fall into three categories.

- ◆ **Nouns that end in -*ma* but might be feminine or masculine.** The perfect word for this rule breaker is **el problema**. Almost all nouns that end in -**ma** (with -**a** nearly always being the marker for feminine nouns) turn out to be masculine. Why? Because they, unlike the majority of Spanish words that are derived from Latin roots, come directly from Greek roots.

  Just remember: **"*El problema* es un problema".**

MASCULINE		FEMININE	
el eczema	*eczema*	la chusma	*rabble, mob, scum*
el fantasma	*ghost, phantom*	la forma	*form, shape*
el miasma	*miasma*	la goma	*rubber, gum*
el plasma	*plasma*	la pluma	*feather, pen*
el problema	*problem*		
el programa	*program*		
el sistema	*system*		

◆ **Nouns that end in -*o* but are feminine.** Not a lot here, but they're worth noting.

la foto	*photo*
la mano	*hand*
la modelo	*female model*
la moto	*motorcycle*

◆ **Nouns that take the masculine singular article *el* or *un* but are feminine.** These appear to tempt madness, but there is a method: If a feminine noun ending in -**a** begins with an accented *a* (or has the *a* sound due to a silent *h*), the noun takes the masculine singular article. In the plural, all of these nouns are feminine.

el agua	*water*	las aguas	*waters*
el águila	*eagle*	las águilas	*eagles*
el ala	*wing*	las alas	*wings*
el alma	*soul*	las almas	*souls*
el arma	*weapon*	las armas	*weapons*
el arpa	*harp*	las arpas	*harps*
el hacha	*hatchet*	las hachas	*hatchets*

◆ **Just gotta learn 'em.** Finally, there are many words that defy categorization. You can stare at them, analyze them, or perform ritual dances around them, but in the end you simply have to learn and remember their gender. Relative to the total number of nouns in the Spanish language, these are very few. Still, relative to the average person's patience, there are enough to try souls. May you be blessed in your efforts. Here is a smattering:

el acorde	*chord*	la nave	*nave*
el barniz	*varnish*	la nieve	*snow*
el cobre	*copper*	el peltre	*pewter*
el cometa	*comet*	el pez	*fish* (living)
la cruz	*cross*	el pie	*foot*
la flor	*flower*	el reloj	*clock, wristwatch*
la frente	*forehead*	el sauce	*willow*
la gripe	*influenza, flu*	el taller	*workshop*
la leche	*milk*	la tos	*cough*
la liendre	*nit*	la ubre	*udder*
la matriz	*womb*	el yate	*yacht*
el mueble	*piece of furniture*		

Gender exercise *Determine the gender of each noun below, based on the information and clues presented above. Then write* **el** *or* **la** *before the noun. More than one answer is possible for some nouns; for words you don't recognize, consult a dictionary.*

1. _____ palacio

2. _____ matador

3. _____ muchedumbre

4. _____ lámpara

5. _____ artista

6. _____ vestido

7. _____ velocidad

8. _____ barrilete

9. _____ coche

10. _____ mantequilla

11. _____ apendicitis

12. _____ culebrón

13. _____ filmoteca

14. _____ sabor

15. _____ sacerdote

16. _____ hipnosis

17. _____ violín

18. _____ japonés

19. _____ actriz

20. _____ abejuela

Regular verbs

·2·

Grammar

Vocabulary

Vocabulary building

The primary purpose of this unit is to familiarize you with conjugation (modifying the verb to agree with the subject) to the point where this will be second nature to you. In the previous unit, we treated verb forms simply as vocabulary (**está, hay, soy, es**).

In this unit, you will learn that the infinitive—the verb in its pure form—is indeed a matter of vocabulary. However, in order to make a verb come alive, you must change it to accommodate its subject(s). This is called conjugation.

Much of what English speakers know about the conjugation of English verbs can be found in the children's ditty "Screaming for Ice Cream": "I *scream*, you *scream*, we all *scream* for ice cream." Not a lot going on.

Fully conjugated in English, the verb "to scream" looks like this:

I scream	*we scream*
you scream	*(all of) you scream*
he/she/it screams	*they scream*

The only conjugation change encountered in English verbs in the present tense (with the lone exception of the verb "to be"[1]), occurs in the third-person singular (*he/she/it*) form, where the letter *s* is added.

In Spanish, a good deal more is going on. However, the patterns of conjugation repeat themselves relentlessly, and what can at first seem like grueling work will evolve into delight when you can understand and use the perfect form of the verb.

---

[1]The exception is the verb "to be": I *am*, you *are*, he/she/it *is*, we *are*, (all of) you *are*, they *are*.

Conjugation of regular -ar verbs

Before learning the conjugations themselves, you need to learn the subject pronouns in Spanish. The subject pronoun refers to the actor (or agent or performer) of the verb's action. All pronouns replace the name of an understood noun; this is their one and only role. For example, instead of saying a person's name every time, you can simply say *she* (or *he*), and instead of referring to yourself by your own name, you say *I*.

Subject pronouns

	SINGULAR		PLURAL	
FIRST PERSON	yo	*I*	nosotros/nosotras	*we*
SECOND PERSON	tú	*you* (informal sing.)	vosotros/vosotras	*you* (informal pl.)
THIRD PERSON	él	*he*	ellos	*they* (masc., masc. & fem.)
	ella	*she*	ellas	*they* (fem.)
	usted	*you* (formal sing.)	ustedes	*you* (formal pl.)
		name of a person[a]		names of people[b]
		it[c]		*they* (inanimate objects)[d]

[a] The stated name of one person, such as Horatio or Penelope.

[b] The stated names of more than one person, such as Mickey and Minnie, Harold and Maude.

[c] The word "it" does not exist in Spanish as a subject. It is simply understood (there will be much more about "it" later in the book).

[d] As the plural of "it," "they" (referring to inanimate objects) does not exist. See the preceding note.

Note that there are four terms for "you" in Spanish:

1 **tú**: the informal singular *you*, used with a friend or child

2 **usted**: the formal singular *you*, used with someone unfamiliar to you or with someone of higher status

3 **vosotros** (**vosotras** when speaking to females only): the informal plural *you*, used with friends, people you're close to, or children

4 **ustedes**[1]: the formal plural *you*, used with people unfamiliar to you or with persons of higher status

EJERCICIO
2·1

Write the Spanish word for "you" that you would use to address the following persons.

1. *your best friend* _____

2. *your friend's grandmother* _____

3. *the King and Queen of Spain* _____

4. *a classroom filled with kindergartners* _____

5. *The President and First Lady* _____

---

[1] In much of Latin America, **ustedes** is used in both formal and informal situations, rendering **vosotros** unnecessary.

6. *Casper, the Friendly Ghost* _____

7. *your prospective employer* _____

8. *your best male friends* _____

9. *your grandchildren* _____

10. *your best girlfriends* _____

The infinitive

Learning infinitives (the verb in its unconjugated form) and choosing the appropriate infinitive to use are, in essence, basic vocabulary building. In English, any verb with the word "to" in front of it is in its infinitive form: "to love," "to run," "to live." There is no action in the infinitive form, only the *idea* of action. Not until the verb is conjugated, or changed to accommodate an actor, does anything happen.

English infinitives are made up of two words: the verb itself preceded by the word "to." The Spanish infinitive is just one word, and it will end in **-ar**, **-er**, or **-ir**—there are no exceptions.

There are many images you can conjure up with regard to verbs. Think of a verb in its infinitive form as a car with its engine turned off. The car exists and its purpose is to transport people and things, but it's not of much use sitting there in the garage. Conjugating a verb is like starting the engine and putting the car into drive—*now* there is action.

Or think of the Spanish infinitive as an article of clothing for sale with its price tag attached. You wouldn't buy clothing without a tag, because the tag gives you important information, such as price and size. But once it's been bought, you wouldn't wear the clothing without removing the tag. In the same vein, you can't use a verb without knowing first what type of verb it is: **-ar**, **-er**, or **-ir**. But once you know this, you throw away the ending, and you are left with the verb stem (or root or base, as some call it).

Let's consider the infinitive **hablar**, which means "to speak."

The verb **hablar** is an **-ar** verb because it ends in **-ar**. (How's that for simple?) If you remove the ending, you have **habl-** (interchangeably referred to as the *verb stem, root,* or *base*). Now your verb is ready for action.

Conjugation

Each subject pronoun takes its own conjugation ending. Because there are six subject pronoun types (first, second, and third person, each of which can be singular or plural), there are six conjugation endings. The trick to conjugating a verb properly is to attach the correct ending (corresponding to—or agreeing with—the subject pronoun) to the verb stem.

We are working only with regular verbs in this unit. A regular verb follows the neat, tidy conjugation pattern of its infinitive ending (**-ar**, **-er**, or **-ir**).

The endings for regular **-ar** verbs follow:

yo	**-o**	nosotros/nosotras	**-amos**
tú	**-as**	vosotros/vosotras	**-áis**
él	**-a**	ellos	**-an**
ella	**-a**	ellas	**-an**
usted	**-a**	ustedes	**-an**

The pattern for conjugating verbs is SUBJECT PRONOUN + VERB STEM + CORRECT ENDING. Thus, the fully conjugated, action-filled verb **hablar** looks like this:

yo hablo	*I speak*	nosotros/nosotras hablamos	*we speak*
tú hablas	*you speak*	vosotros/vosotras habláis	*(all of) you speak*
él habla	*he speaks*	ellos hablan	*they speak*
ella habla	*she speaks*	ellas hablan	*they* (fem.) *speak*
usted habla	*you speak*	ustedes hablan	*(all of) you speak*

EJERCICIO
2·2

Conjugate the verb **gritar** *("to scream").*

1. yo grit_____

2. tú grit_____

3. él grit_____

4. nosotros grit_____

5. vosotros grit_____

6. ellos grit_____

Write English translations for the six conjugated forms above.

7. _____

8. _____

9. _____

10. _____

11. _____

12. _____

Here is a list of commonly used regular **-ar** verbs.

VOCABULARIO

Common -ar verbs

actuar	to act	**llevar**	to carry
amar	to love	**mirar**	to watch, look (at)
bailar	to dance	**nadar**	to swim
caminar	to walk	**necesitar**	to need
cantar	to sing	**pagar**	to pay (for)
comprar	to buy, purchase	**practicar**	to practice
escuchar	to listen (to)	**preparar**	to prepare
estudiar	to study	**tirar**	to throw
ganar	to win, earn	**tocar**	to play (a musical instrument);
gritar	to scream, yell		to touch
hablar	to speak, talk	**tomar**	to take, drink, sip
limpiar	to clean	**trabajar**	to work
llegar	to arrive		

Some Spanish verbs, such as **escuchar**, **mirar**, and **pagar**, translate an English verb *plus* a preposition:

Yo **escucho** la música.	*I **listen to** the music.*
Ella **mira** la pintura.	*She **looks at** the picture.*
Ellos **pagan** los libros.	*They **pay for** the books.*

EJERCICIO
2·3

Write the correct ending for the following verb forms.

1. yo habl_____

2. tú cant_____

3. él estudi_____

4. nosotros nad_____

5. vosotros bail_____

6. ellos lleg_____

7. ella escuch_____

8. nosotras compr_____

9. vosotras camin_____

10. ellas am_____

EJERCICIO
2·4

Complete the following sentences with the correct subject pronoun. Some verb forms may have more than one correct pronoun.

1. _____ camino.

2. _____ hablamos.

3. _____ tomáis.

4. _____ practica.

5. _____ trabajas.

6. _____ compran.

7. _____ habla.

8. _____ cantamos.

9. _____ llego.

10. _____ estudian.

11. _____ nadamos.

12. _____ escuchas.

VOCABULARIO

Los lugares del empleo (Places of employment)

bank	**el banco**	plant	**la fábrica**
bar	**la taberna**	radio station	**la emisora**
branch office	**la sucursal**	restaurant	**el restaurante**
church	**la iglesia**	school	**la escuela**
company	**la empresa**	shoe store	**la zapatería**
construction site	**la obra**	shopping mall	**la zona comercial**
drugstore	**la droguería**	stadium	**el estadio**
factory	**la fábrica**	store	**la tienda**
farm	**la granja**	sweatshop	**el taller de trabajo afanoso**
foundry	**la fundición**		**y poco sueldo**
hospital	**el hospital**	swimming pool	**la piscina, la alberca**
library	**la biblioteca**	theater	**el teatro**
main office	**la oficina principal**	university	**la universidad**
mine	**la mina**	vineyard; winery	**la viña**
movie theater	**el cine**	warehouse	**el almacén**
museum	**el museo**	workshop; garage	**el taller**
office	**la oficina**		

EJERCICIO
2·5

Translate the following sentences into Spanish.

1. *I speak with Jorge at (in the) school.* _____

2. *You [informal sing.] buy some chairs in the store.* _____

3. *He works in a bank with my father-in-law.* _____

4. *We listen to the birds in the winery.* _____

5. *You [informal pl.] buy furniture in the shopping mall.* _____
   _____

6. *They speak English and Spanish in the church.* _____
   _____

7. *I swim in the pool, and my friend works in the foundry.* _____
   _____

8. *The seven friends of Snow White work and sing in a mine.* _____
   _____

9. *We [f.] study in the library of the university.* _____

10. *I work on the farm with horses, cows, geese, chickens, pigs, and ducks.* _____
    _____

¿Quién soy? (Who am I?) *Identify each of the persons described below. Some are living, some are not; all are famous.*

1. Soy profesor de la física en la universidad de Princeton. Soy originalmente de Ulm, Alemania. Soy inmigrante a Los Estados Unidos (1940). Yo tengo varios doctorados honorarios—en las ciencias, la medicina y la filosofía—de universidades en Los Estados Unidos y en Europa. Mi contribución más famosa a las ciencias es mi teoría de la relatividad.

   Me llamo _____.

2. Soy actor de Wellington, Nueva Zelanda, pero trabajo principalmente en Los Estados Unidos. Tengo una casa en Australia con mi esposa y los hijos. Tengo mucha fama por mi talento, y tengo un premio de Oscar y varias nominaciones. Mi Oscar es para mi trabajo en la película *Gladiador* (2001). Tengo problemas legales por mi obstinación y mi furor. En abril, 2006, yo fumo cigarrillos durante un concierto en Nueva Zelanda (es ilegal en Nueva Zelanda fumar durante un concierto), y en junio, 2005, yo tiro un teléfono a un empleado en un hotel en Manhattan, Nueva York. Soy un actor muy bueno, pero tengo más fama por mis problemas legales.

   Me llamo _____.

3. Yo trabajo en una viña con mi hermano Ernesto. Preparamos el vino todo el día. La viña que tengo con mi hermano es la viña más grande en Los Estados Unidos y está cerca de Modesto, California. Muchas personas trabajan en la viña: ¡más de cuatro mil seiscientas personas! Muchas personas de la familia trabajan con nosotros (sobrinos, sobrinas, cuñados, cuñadas, nietos, nietas y otras).

   Me llamo _____.

4. Soy muy famoso y popular con las chicas. Yo canto y bailo. Soy de Memphis, Tennessee. Originalmente, soy miembro del Club exclusivo "Mickey Mouse". Más tarde soy uno de los cinco miembros del grupo súper popular, NSYNC. Ahora, canto solo. Mi primera novia (pública) se llama Britney Spears. Más tarde mi novia se llama Janet Jackson. Más tarde mi novia se llama la actriz/modelo Cameron Diaz. ¿Hay otras?

   Me llamo _____.

Nearly every musical instrument listed below is a cognate of its English counterpart.

VOCABULARIO

Los instrumentos musicales (*Musical instruments*)

accordion	**el acordeón**	piano	**el piano**
cello	**el violoncelo**	saxophone	**el saxofón**
clarinet	**el clarinete**	trumpet	**la trompeta**
clavichord	**el clavicordio**	tuba	**la tuba**
drum	**el tambor**	vibraphone	**el vibráfono**
flute	**la flauta**	violin	**el violín**
guitar	**la guitarra**		

¿Qué instrumento musical toca él (o ella)? *Complete the following sentences, using the correct form of* **tocar** *("to play an instrument") and the name of the appropriate instrument.*

1. Yo-Yo Ma y Pablo Casals _____.

2. Wolfgang Amadeus Mozart _____.

3. Clarence Clemmons, Kenny G y Bill Clinton _____.

4. Louis Armstrong y Al Hirt _____.

5. Liberace, Arturo Rubinstein y Jerry Lee Lewis _____.

6. Isaac Stern, Itzhak Perlman y Joshua Bell _____.

7. Jimi Hendrix, Andrés Segovia y Keith Richards _____.

8. Tito Puente, Buddy Rich y Ringo Starr _____.

Deleting the understood subject pronoun

One of the nicer features of Spanish is its efficiency. This is demonstrated in the dropping of the understood subject pronoun. Since the verb ending -**o** is the exclusive bailiwick of **yo**, the sentence **yo hablo** is technically redundant, because the first-person singular (the *I* form) is indicated *twice* in the sentence (both by **yo** and by the -**o** verb ending). Because the verb ending is an integral part of the verb, what can be eliminated is the understood, and therefore unnecessary, subject pronoun.

This works best in the first and second persons, both singular and plural: the **yo, tú, nosotros,** and **vosotros** forms.

In the third-person singular (**él/ella/usted**) and plural (**ellos/ellas/ustedes**) forms, the verb can refer to a number of different people or things, making the pronoun (or name) necessary unless the context of the sentence makes the subject absolutely clear.

CLEAR	Juanita camina a la tienda y compra comida para la familia.	*Jane walks to the store and (she) buys food for the family.*
UNCLEAR	Camina a la tienda y compra comida para la familia.	*[?] walks to the store and [?] buys food for the family.*

NOTE While it is not wrong to use an understood pronoun, it can appear redundant, bordering on the clumsy—like choosing to haul around ten pennies instead of one thin dime. You can, however, use the understood pronoun when you want to emphasize and distinguish the person(s) performing the action: ***Yo toco la sierra, pero** **tú** **tocas la citara*** translates effectively and emphatically as "I play the saw, but *you* play the zither."

Translate the following sentences into one-word Spanish sentences. Only the first and second persons are used.

EJEMPLO   *I dance.* ___Bailo.___

1. *I speak.* _____

2. *You* [sing.] *arrive.* _____

3. *We work.* _____

4. *You* [pl.] *dance.* _____

5. *I practice.* _____

6. *We walk.* _____

7. *You* [sing.] *swim.* _____

8. *You* [pl.] *study.* _____

9. *I need.* _____

10. *We pay.* _____

11. *You* [sing.] *sing.* _____

12. *I work.* _____

13. *You* [pl.] *walk.* _____

14. *We watch.* _____

Match each description on the left with the appropriate person(s) on the right.

1. _____ nada en el océano.

2. _____ prepara muchas pizzas.

3. _____ hablan con actores en la televisión.

4. _____ canta en italiano.

5. _____ trabajan en la universidad.

6. _____ bailan y cantan en varios vídeos.

7. _____ toca el piano.

8. _____ escucha los problemas emocionales.

9. _____ habla ruso.

10. _____ tocan el violín.

A. Johnny Carson y David Frost

B. Léon Tolstoi

C. La Toya Jackson y Madonna

D. El profesor y la profesora

E. El pez Nemo

F. Sigmund Freud

G. Isaac Stern y Emily Erwin Robinson (Dixie Chicks)

H. Luciano Pavarotti

I. Liberace

J. Wolfgang Puck

Conjugation of regular -er verbs

Now that you've mastered the art of conjugating -ar verbs, conjugating -er verbs will be a snap. You've already learned that regular -ar verbs take the endings **-o, -as, -a, -amos, -áis, -an**.

Regular **-er** verbs take the endings **-o, -es, -e, -emos, -éis, -en**. Thus, **vender** ("to sell") is conjugated as follows:

yo vendo	*I sell*	nosotros vendemos	*we sell*
tú vendes	*you sell*	vosotros vendéis	*(all of) you sell*
él vende	*he sells*	ellos venden	*they sell*

Here is a list of commonly used regular **-er** verbs.

VOCABULARIO

Common -er verbs

aprender	to learn	**esconder**	to hide
beber	to drink	**leer**	to read
comer	to eat	**meter**	to put
cometer	to commit	**responder**	to answer, respond
comprender	to understand, comprehend	**romper**	to break
correr	to run	**suspender**	to suspend
creer	to believe	**vender**	to sell
deber	to owe		

EJERCICIO
2·10

Conjugate the verb **comer** *("to eat").*

1. yo _____

2. tú _____

3. él/ella/usted _____

4. nosotros/nosotras _____

5. vosotros/vosotras _____

6. ellos/ellas/ustedes _____

EJERCICIO
2·11

Translate the following sentences into Spanish. Consider "you" as informal singular unless otherwise noted.

1. *I learn a lot at (in) the university.* _____

2. *You drink wine in the restaurant.* _____

3. *He eats tortillas in the dining room.* _____

4. *We understand the program.* _____

5. *I don't understand the problem.* _____

6. *You [informal pl.] read a lot in the library.* _____

7. *I don't believe that you eat the raccoons.* _____

8. *They run near the school.* _____

9. *She hides the guitar next to the chair.* _____

10. *You read the programs in the office.* _____

EJERCICIO
2·12

¿Verdadero o falso? *Mark the following statements true (V) or false (F).*

1. _____ Estudio español porque no hablo perfectamente el español.

2. _____ Muchas personas comen hamburguesas en McDonald's.

3. _____ Mi primo trabaja en el planeta Saturno.

4. _____ Hay una puerta al frente de mi casa.

5. _____ No hay cortinas en la oficina del presidente de Los Estados Unidos.

6. _____ Un pájaro come los gusanos.

7. _____ Una persona compra los muebles en la droguería.

8. _____ Normalmente, hay una mesa y varias sillas en el comedor.

9. _____ Típicamente, hay muchos animales en una granja.

10. _____ Una persona italiana probablemente habla japonés.

VOCABULARIO

La comida y las bebidas (*Food and drink*)

La carne roja (*Red meat*)

bacon	**el tocino**	mutton	**la carne de cordero**
beef	**la carne de vaca**	pâté	**el paté**
chop	**la chuleta**	pork	**la carne de cerdo, el cerdo**
ham	**el jamón**	pork chop	**la chuleta de cerdo**
hamburger	**la hamburguesa**	rabbit	**el conejo**
hot dog	**el perrito caliente**	salami	**el salami**
kidney (kidneys)	**el riñón (los riñones)**	sausage	**la salchicha**
lamb	**el cordero**	sirloin	**el solomillo**
lamb chop	**la chuleta de cordero**	steak	**el filete**
liver	**el hígado**	stew	**el guiso, el estofado**
meat	**la carne**	veal	**la (carne de) ternera**
meatballs	**las albóndigas**		

La carne de ave (*Poultry*)

capon	**el capón**	goose	**el ganso**
chicken	**el pollo**	pheasant	**el faisán**
duck	**el pato**	quail	**la codorniz**
egg	**el huevo**	turkey	**el pavo**

Los mariscos (*Seafood*)

anchovy	**la anchoa**	salmon	**el salmón**
clam	**la almeja**	sardine	**la sardina**
cod	**el bacalao**	scallop	**la venera**
crab	**el cangrejo**	shellfish	**el crustáceo, los mariscos**
eel	**la anguila**	shrimp	**el camarón**
fish (*prepared*)	**el pescado**	snail	**el caracol**
herring	**el arenque**	squid	**el calamar**
lobster	**la langosta**	swordfish	**el pez espada**
mussel	**el mejillón**	trout	**la trucha**
octopus	**el pulpo**	tuna	**el atún**
oyster	**la ostra**		

Las verduras (*Vegetables*)

artichoke	**la alcachofa**	lentil	**la lenteja**
asparagus	**el espárrago**	lettuce	**la lechuga**
beans	**las judías, las habas**	mushroom	**el champiñón, el hongo**
beet	**la remolacha**	onion	**la cebolla**
broccoli	**el brócoli, el brécol**	parsley	**el perejil**
Brussels sprout(s)	**la col de Bruselas**	pea	**el guisante**
cabbage	**la col, el repollo**	pepper (red, green)	**el pimiento (rojo, verde)**
carrot	**la zanahoria**	potato	**la patata, la papa**
cauliflower	**la coliflor**	pumpkin	**la calabaza**
celery	**el apio**	radish	**el rábano**
corn	**el maíz**	spinach	**la espinaca**
cucumber	**el pepino**	tomato	**el tomate**
eggplant, aubergine	**la berenjena**	turnip	**el nabo**
French fries, chips	**las papas fritas**	watercress	**el berro**
garlic	**el ajo**	zucchini	**el calabacín**
leek	**el puerro**		

Los granos (*Grains*)

amaranth	**el amaranto**	buckwheat	**el trigo negro**
barley	**la cebada**	oat(s)	**la avena**
bran	**el salvado**	rice	**el arroz**
bread	**el pan**	wheat	**el trigo**

Las nueces (*Nuts*)

Brazil nut	**la nuez de Brasil**	nut	**la nuez**
cashew	**el anacardo**	peanut	**el cacahuete**
chestnut	**la castaña**	walnut	**la nuez**
hazelnut, filbert	**la avellana**		

Las frutas (*Fruit*)

apple	**la manzana**	melon	**el melón**
apricot	**el albaricoque**	olive	**la aceituna, el olivo**
avocado	**el aguacate**	orange	**la naranja**
banana	**el plátano**	peach	**el melocotón**
berry	**la baya**	pear	**la pera**
blackberry	**la mora, la zarzamora**	pineapple	**la piña**
cranberry	**el arándano**	plum	**la ciruela**
date	**el dátil**	pomegranate	**la granada**
fig	**el higo**	prune	**la ciruela seca**
grape	**la uva**	raisin	**la pasa**
grapefruit	**la toronja, el pomelo**	raspberry	**la frambuesa**
kiwi	**el kiwi**	rhubarb	**el ruibarbo**
lemon	**el limón**	strawberry	**la fresa**
lime	**la lima**	tangerine	**la mandarina**

Las bebidas alcohólicas (*Alcoholic drinks*)

beer	**la cerveza**	scotch	**el escocés**
brandy	**el brandy, el coñac**	sherry	**el (vino de) jerez**
champagne	**la champaña**	vodka	**la vodka**
cocktail	**el cóctel**	whiskey	**el whisky**
gin	**la ginebra**	wine	**el vino**
rum	**el ron**		

Las bebidas sin alcohol (*Nonalcoholic drinks*)

cider	**la cidra**	mineral water	**el agua mineral**
coffee	**el café**	orange juice	**el jugo de naranja, el zumo de naranja**
cola	**la cola**		
juice	**el jugo, el zumo**	soda	**la soda**
lemonade	**la limonada**	tea	**el té**
milk	**la leche**	tonic	**el tónico**
milkshake	**el batido, la malteada**	water	**el agua**

EJERCICIO
2·13

¿Verdadero o falso? *Mark the following statements true (**V**) or false (**F**).*

1. _____ En un restaurante que especializa en la filete, la carne de vaca es popular.

2. _____ El jamón es del ganso.

3. _____ En el estadio de béisbol, muchas personas comen perritos calientes y beben cerveza.

4. _____ La bebida "ginebra y tónico" es muy popular en diciembre y enero.

5. _____ Los vegetarianos creen que la carne (especialmente la ternera y el cordero) es muy deliciosa.

6. _____ Los estudiantes de la escuela "Cordon Bleu" aprenden mucho de las preparaciones de la carne y los mariscos.

7. _____ En una pizzería hay salchicha, hamburguesa, peperonio, aceitunas, cebollas, queso, salsa de tomate y mucho más.

8. _____ Las "perfeccionistas del comedor" absolutamente no comprenden por qué una persona toma el vino rojo con la carne de ave, o toma el vino blanco con el filete.

9. _____ El hígado, la espinaca, el espárrago y la col de Bruselas son comidas muy populares con los niños.

10. _____ El sándwich del tocino, la lechuga y el tomate es un "clásico" en Los Estados Unidos.

Translate the following sentences into Spanish.

1. *I prepare a salad with lettuce, tomatoes, cucumbers, red pepper, radish, and artichoke.*

   _____

   _____

2. *The pig eats the corn, the horses eat the oats, the deer eats the berries, and the rabbit eats the carrots and the celery.*

   _____

   _____

3. *I owe fifty dollars to the store because I buy (am buying) milk, soda, cider, five grapefruits, a peach, seven plums, strawberries, and tangerines.*

   _____

   _____

4. *I read here that we need fruits, vegetables, nuts, grains, and much (lots of) water every (cada) day.*

   _____

   _____

5. *In a burrito there are beans, cheese* (el queso), *chicken (or beef or pork), and, sometimes* (a veces), *onions or garlic.*

   _____

   _____

¿Sabes que...?

- Muchas personas creen que la alcachofa es un afrodisíaco.
- En la India las personas que creen que la vaca es sagrada no comen la carne roja.
- La nuez de Brasil es de Brasil y también de Bolivia y de Perú.
- La espinaca es la comida favorita de Popeye.
- El aguacate es el ingrediente principal en el guacamol.
- En la casa, Carmen Miranda no lleva el sombrero de fruta (solamente en las películas).
- Muchas personas con infecciones de las vías urinarias beben el jugo de arándano.
- Muchas personas creen que el ruibarbo es una fruta, pero técnicamente es un vegetal.

Una receta muy casual

En España muchas personas creen que una celebración no es una celebración sin la paella. La paella es un plato clásico de España y popular en los restaurantes españoles por todo el mundo. Importante: Necesitas (1) muchos ingredientes y (2) mucho tiempo. (¡McDonald's no sirve la paella!) Hay muchos mariscos en la paella, y la receta no es exacta (es similar a una pizza en Italia—unos ingredientes son absolutamente necesarios, y el resto es tu opción). Primero, necesitas el arroz (preparado con el azafrán). Entonces necesitas todos los mariscos que tú quieres: la langosta, los camarones, las almejas, los mejillones, el cangrejo, las veneras, y casi todo tipo de pescado. Encima de todo, hay limón o lima. Con la paella, muchas personas toman la sangría (un tipo de vino rojo) y escuchan la música de los Mariachis.

el azafrán	*saffron*
casi	*almost*
entonces	*next, then, later*
la receta	*recipe*
sin	*without*

EJERCICIO
2·15

¿Sí o no? *Indicate whether the following statements about* **la paella** *are accurate or not by marking an X in the appropriate column.*

	SÍ	NO
1. McDonald's sirve mucha paella.	_____	_____
2. El arroz es necesario.	_____	_____
3. La sangría es necesaria.	_____	_____
4. La preparación es rápida.	_____	_____
5. El tocino es popular en la paella.	_____	_____
6. El limón es popular encima de la paella.	_____	_____
7. Tú preparas el arroz con la especia azafrán.	_____	_____
8. La paella es para cada día.	_____	_____

Qualitative adjectives

Adjectives *describe* and *limit* nouns. When an adjective describes a noun, it tells what the noun is like: big, tall, green, funny, horrifying, phlegmatic, wretched, angelic, striped. When an adjective limits a noun, it tells us how many or how much of the noun there is: five eggplants, seventy-six trombones, many trucks, some tailors, much luck, few voters.

In English, adjectives—those that describe, as well as those that limit—nearly always precede the noun: rotten luck, Jolly Green Giant, contemporary furniture, three strikes, small yet powerful minority.

In Spanish, there are two rules of thumb, with stylistic exceptions:

- ◆ Quantitative (limiting) adjectives *precede* the noun.
- ◆ Qualitative (descriptive) adjectives *follow* the noun.

We discussed numbers, which are quantitative (limiting) adjectives (for example, "three strikes"), in the Preliminary matters unit of this book. There are other kinds of quantitative adjectives as well, and they will be covered later.

In this unit, we will be working with qualitative (descriptive) adjectives for the most part. With regard to qualitative adjectives, we must first distinguish between four-form and two-form types.

Qualitative (descriptive) adjectives: Four-form type

A four-form adjective, as it appears in a dictionary, ends in the letter **-o** (its masculine singular form). You need to change the ending to match the gender and number of the noun that the adjective describes.

rojo *red*

el libro rojo	*the red book*	los libros rojos	*the red books*
la casa roja	*the red house*	las casas rojas	*the red houses*

Note how the **-o** changes to **-a**, **-os**, or **-as** to agree with the noun.

EJERCICIO
2·16

*Translate the following phrases into Spanish, using the four-form adjective **rojo**. Be sure to make the adjective agree with the noun it modifies.*

1. *the red pepper* _____

2. *the red berry* _____

3. *the red peppers* _____

4. *the red strawberries* _____

5. *the red meat* _____

6. *the red cranberries* _____

7. *the red beets* _____

8. *the red wines* _____

9. *the red radish* _____

Qualitative (descriptive) adjectives: Two-form type

Two-form adjectives end in a letter other than **-o**. This adjective changes its ending in number, but not in gender.

verde *green*

el libro verde	*the green book*	los libros verdes	*the green books*
la casa verde	*the green house*	las casas verdes	*the green houses*

Listed below are several basic colors, a good place to start as we enter the world of adjectives.

VOCABULARIO

Los colores (*Colors*)

black	**negro**	pink	**rosado**
blue	**azul**	purple	**morado**
brown	**café**	red	**rojo**
gray	**gris**	white	**blanco**
green	**verde**	yellow	**amarillo**
orange	**anaranjado**		

EJERCICIO
2·17

¿De qué color es? (What color is it?) *Write the color of each of the following items. Be sure to take the noun's gender and number into account. If there is more than one noun, the adjective is plural.*

1. la berenjena _____

2. la fresa, la frambuesa y la remolacha _____

3. el jugo de tomate _____

4. la limonada _____

5. la calabaza y la naranja _____

6. las uvas _____

7. una ensalada de lechuga _____

8. el perejil, el brócoli y los guisantes _____

9. el albaricoque y el melocotón _____

10. la coliflor y una patata (adentro) _____

Translate the following phrases into Spanish. Remember that qualitative adjectives follow their nouns.

1. *the blue whale* _____

2. *the white house* _____

3. *a black squid* _____

4. *some purple eggplants* _____

5. *a blue bathroom* _____

6. *some yellow stores* _____

7. *the brown school* _____

8. *the white banks* _____

9. *a gray library* _____

10. *the pink kitchens* _____

VOCABULARIO

Common qualitative (descriptive) adjectives

Adjectives frequently used to describe people

attractive	**atractivo**	right-handed	**diestro**
average	**medio**	short	**bajo**
beautiful	**bello, hermoso**	slender, slim	**delgado**
blond	**rubio**	small	**pequeño**
fat	**gordo**	strong	**fuerte**
left-handed	**zurdo**	tall	**alto**
lovely	**lindo**	thin	**flaco, delgado**
nice, kind	**amable, simpático**	trendy	**moderno**
old	**viejo**	ugly	**feo**
plump	**rechoncho**	young	**joven**
pretty	**bonito**		

Adjectives frequently used to describe objects

bad	**malo**	good	**bueno**
big	**grande**	hard	**duro**
broad	**ancho**	light (*color*)	**claro**
cheap, inexpensive	**barato**	light (*weight*)	**ligero**
clean	**limpio**	little, small	**pequeño**
dark	**oscuro**	long	**largo**
dirty	**sucio**	new	**nuevo**
dry	**seco**	short (*length*)	**corto**
empty	**vacío**	soft, smooth	**suave**
expensive	**caro, costoso**	wonderful, marvelous	**maravilloso**
flat	**plano**		

Declaraciones personales *Mark the following statements true (V) or false (F) as they apply to you.*

1. _____ Estudio en una universidad grande.

2. _____ Mi madre es zurda y yo soy diestro/diestra.

3. _____ Bailo con amigos jóvenes en discotecas modernas.

4. _____ A la izquierda de mi casa hay una iglesia vieja.

5. _____ Mi color favorito es el azul claro porque es el color de mi refrigerador.

6. _____ Cada día miro muchos programas maravillosos en la televisión.

7. _____ Toco el acordeón al frente de varios grupos grandes.

8. _____ Tengo una casa absolutamente sucia y fea.

9. _____ Tomo solamente el té porque creo que el café es malo y diabólico.

10. _____ Debo mucho dinero a la Mafia.

Many Spanish adjectives are cognates of English words. A handful are listed below. As you continue your study of Spanish, always try to figure out a word that is not immediately familiar to you before you look it up in the dictionary. You will be surprised at how often you are able to figure out its meaning.

VOCABULARIO

Cognate adjectives

absurd	**absurdo**	obvious	**obvio**
circular	**circular**	rectangular	**rectangular**
comical, funny	**cómico**	regular	**regular**
elegant	**elegante**	ridiculous	**ridículo**
fantastic	**fantástico**	serious	**serio**
horrible	**horrible**	splendid	**espléndido**
magnificent	**magnífico**	terrible	**terrible**

Match each description on the left with the appropriate adjective(s) on the right.

1. ____ el profesional típico de básquetbol	A. grande
2. ____ la persona con el "IQ" de cien	B. baratos y casuales
3. ____ el estado de Tejas	C. delgada y alta
4. ____ el cerebro de un pájaro	D. alto y rápido
5. ____ Donald Trump	E. larga
6. ____ la nariz de Pinocho	F. pequeño
7. ____ los artículos de Wal-Mart	G. rico y egoísta
8. ____ un restaurante de cuatro estrellas	H. caro y elegante
9. ____ Metusalén en la Biblia	I. viejo
10. ____ una modelo profesional	J. media

Conjugation of regular -ir verbs

You're an old hand at conjugation by now. The third and final type of verb is the -**ir** verb. To conjugate regular -**ir** verbs, you drop the -**ir** ending and add the following endings: -**o**, -**es**, -**e**, -**imos**, -**ís**, -**en**.

	-ar	-er	-ir
yo	habl**o**	com**o**	vend**o**
tú	habl**as**	com**es**	vend**es**
él/ella/usted	habl**a**	com**e**	vend**e**
nosotros/nosotras	habl**amos**	com**emos**	vend**imos**
vosotros/vosotras	habl**áis**	com**éis**	vend**ís**
ellos/ellas/ustedes	habl**an**	com**en**	vend**en**

Note that the endings for -**ir** verbs are the same as for -**er** verbs, except in the **nosotros** and **vosotros** forms.

Here is a list of some commonly used regular -**ir** verbs.

VOCABULARIO			
Common -ir verbs			
abrir	to open	**escribir**	to write
admitir	to admit	**existir**	to exist
asistir (a)	to attend	**permitir**	to permit, allow
cubrir	to cover	**recibir**	to receive
decidir	to decide	**subir (a)**	to climb
describir	to describe	**sufrir**	to suffer
descubrir	to discover	**unir**	to unite, join
discutir	to argue, discuss	**vivir**	to live

NOTE Some verbs, such as **asistir** and **subir**, are followed by the preposition **a** in Spanish. (Other Spanish verbs may be followed by different prepositions.) While the preposition may not be translated directly into English, it is necessary for the Spanish speaker.

Asisto a las clases.   *I **attend** the classes.*
Subo a mi árbol.   *I **climb** my tree.*

EJERCICIO
2·20

Conjugate the verb **vivir** ("to live").

1. yo _____

2. tú _____

3. él _____

4. nosotros _____

5. vosotros _____

6. ellos _____

EJERCICIO

Frases personales   ¿Cuál es verdadero (**V**) o falso (**F**) para ti?

1. _____ Vivo en un apartamento.

2. _____ No recibo nada en diciembre de mi familia o de mis amigos.

3. _____ Sufro mucho en mi clase de español.

4. _____ Descubro el planeta número diez.

5. _____ Discuto mucho con mi familia.

6. _____ Existo solamente en la imaginación.

7. _____ Abro las ventanas en abril y en mayo.

8. _____ Asisto a mi clase de español cada mañana.

9. _____ Escribo muchos artículos para la revista *Cosmopolitan*.

10. _____ No permito las drogas ilegales en mi casa.

Dentro de y por la escuela (In and around the school)

Las etapas de la escuela (Educational levels)

play group	el grupo de juego	technical school	la escuela técnica,
nursery school	el preescolar		el colegio técnico
kindergarten	el jardín de infancia,	university	la universidad
	el kinder	further education	la formación profesional
elementary school	la escuela elemental	apprenticeship,	el aprendiz
middle school	la escuela media	internship	
high school	la escuela secundaria,	boarding school	el internado
	la escuela preparatoria		

Las clases (Classes)

art	el arte	literature	la literatura
biology	la biología	mathematics	la matemática,
business	los negocios		las matemáticas
chemistry	la química	medicine	la medicina
foreign language	el idioma extranjero	music	la música
geography	la geografía	philosophy	la filosofía
gymnastics	la gimnástica	physical education	la educación física
history	la historia	physics	la física
law	la ley	psychology	la psicología
linguistics	la lingüística	science	las ciencias

Los suministros del salón de clase (Classroom supplies/fixtures)

atlas	el atlas	glue; paste	la cola, el pegamento
backpack	la mochila	ink	la tinta
blackboard	la pizarra	locker	el ropero
book	el libro	map	el mapa
calculator	el calculador	notebook	el cuaderno
(swivel) chair	la silla (giratoria)	paper	el papel
chalk	la tiza	pen	el bolígrafo, la pluma
clock	el reloj	pencil	el lápiz
computer	la computadora	pencil case	el lapicero
desk	el escritorio	ruler	la regla
dictionary	el diccionario	scissors	las tijeras
eraser	el borrador	tape	la cinta
globe	el globo	tape measure	la cinta métrica

Los cuartos de la escuela (Rooms/areas in the school)

art room	el salón de arte	lab, laboratory	el laboratorio
bathroom, restroom	el baño, el cuarto	library	la biblioteca
	de baño	locker room	el vestidor
cafeteria	la cafetería	(main) office	la oficina (principal)
classroom	el salón de clase	playground	el patio de recreo
elevator	el ascensor	principal's office	la oficina del / de la
entryway, foyer	la entrada		principal
gym, gymnasium	el gimnasio	stage	el escenario
hall	el pasillo	staircase, stairwell	la escalera
kitchen	la cocina	swimming pool	la piscina, la alberca

Las personas en la escuela (*People in the school*)

cook	**el cocinero / la cocinera**	social worker	**el trabajador / la trabajadora**
custodian	**el custodio / la custodia**		**social**
nurse	**el enfermero / la enfermera**	student	**el/la estudiante**
principal	**el/la principal**	teacher	**el maestro / la maestra**
professor	**el profesor / la profesora**	teacher's assistant	**el/la asistente de**
secretary	**el secretario / la secretaria**		**maestro/maestra**

Los aspectos de enseñar (*Teaching basics*)

assignment	**la tarea**	quiz	**la prueba**
essay	**el ensayo**	report	**el informe, el reportaje**
grade	**la nota**	report card	**el reporte de calificaciones**
homework	**la tarea**	survey	**la encuesta**
letter	**la carta**	test	**el examen**

EJERCICIO
2·21

¿A, B o C? *Select the correct answer from the choices given.*

1. ____ Tú recibes tu reporte de calificaciones. ¿Qué nota quieres en español?
   a. A
   b. B
   c. F

2. ____ Tú nadas en _____.
   a. el patio de recreo
   b. la escalera
   c. la piscina

3. ____ Usas mucho la calculadora en _____.
   a. la psicología
   b. las matemáticas
   c. el idioma extranjero

4. ____ ¿Dónde comes en la escuela?
   a. la cocina
   b. la cafetería
   c. el comedor

5. ____ Hay un póster en el salón de clase de la filosofía. ¿Es de quién?
   a. Sócrates
   b. Caligula
   c. Jerry Garcia

6. ____ ¿Qué clase no es considerada una de las ciencias?
   a. la física
   b. la química
   c. el arte

7. _____ Tú entras en un salón de clase. En cada escritorio hay tijeras, papel y pegamento. ¿Dónde estás?
   a. en el salón de arte
   b. en el gimnasio
   c. en el cuarto de baño

8. _____ ¿Quién limpia la escuela?
   a. la enfermera
   b. el principal
   c. el custodio

EJERCICIO
2·22

Translate the following sentences into Spanish.

1. *I write a long letter* (la carta) *to my friend.* _____

2. *You* [sing.] *exist in a dark stairwell.* _____

3. *She describes the pink book.* _____

4. *We decide that we study in the lab.* _____

5. *You all cover the yellow desks.* _____

6. *They suffer a lot in the principal's office.* _____

7. *I open the big door to the cafeteria.* _____

8. *He writes short letters to my mother-in-law.* _____

9. *They don't permit dirty books in the elegant house.* _____

   _____

10. *We cover the clean sofa with a green quilt.* _____

EJERCICIO
2·23

¿En qué clase haces lo siguiente? (In which class do you do the following?) *Identify the class for each of the following activities.*

EJEMPLO   Estudio las pinturas de Pablo Picasso. ___*el arte*___

1. Estudio el mapa de los elementos. _____

2. Investigo los libros de Aristóteles y de Sócrates. _____

3. Leo los libros de Balzac y de Víctor Hugo. _____

4. Discuto varios casos legales. _____

5. Subo a una cuerda (*rope*). _____

6. Abro una rana con tijeras o un cuchillo. _____

7. Escribo papeles sobre las teorías de Freud. _____

8. Vivo por Rupert Murdoch y John D. Rockefeller. _____

9. Toco el piano, el violín y el trombón. _____

10. Visito un hospital y miro un trasplante. _____

¿Sabes que...?

- Un diccionario viejo no incluye el término "Internet".
- El presidente de Los Estados Unidos firma los documentos importantes con doce bolígrafos distintos (¡o más!).
- Una persona que habla muchos idiomas extranjeros es un(a) polígloto(-a).
- Jack St. Clair Kilby inventa la calculadora moderna en 1966 en Dallas, Tejas, y recibe el patente en 1974.
- Para protección, el calamar usa una tinta venenosa contra su enemigo.
- El astronauta necesita un bolígrafo especial (de antigravedad).
- Un mapa viejo (antes de 1959) no incluye (*include*) Alaska y Hawai en Los Estados Unidos.
- John Grisham escribe libros (novelas) sobre la ley.

EJERCICIO
2·24

¿Qué necesitas en las situaciones siguientes? (What do you need in the following situations?) *Identify the item required in each of the following situations. Write complete sentences.*

EJEMPLO Tienes problemas de matemáticas muy difíciles.

_____*Necesito una calculadora.*_____

1. Tu pluma está seca. _____

2. Cometes un error. _____

3. Quieres cortar (*to cut*) un papel. _____

4. Tienes muchos lápices. _____

5. Llevas muchos libros y cuadernos. _____

6. Quieres una colección de mapas. _____

7. Tu silla está dura y horrible. _____

8. Tu pegamento está seco. _____

9. Tu regla no está suficiente larga. _____

10. Tu computadora está en el suelo. _____

EJERCICIO
2·25

¿Verdadero o falso? *Mark the following statements true (V) or false (F).*

1. _____ La profesora de las matemáticas describe las teorías de Euclides, Pitágoras y Arquímedes.

2. _____ Los cocineros trabajan lejos de la cafetería.

3. _____ Los estudiantes de la gimnástica nadan en la piscina toda la clase.

4. _____ La biología, la química y la física son ejemplos de las "ciencias duras".

5. _____ En el jardín de infancia hay muchos exámenes, muchas pruebas y mucha tarea.

6. _____ Si (*if*) quieres asistir a la universidad, necesitas notas buenas.

7. _____ La oficina de la secretaria está cerca de la oficina de la principal.

8. _____ Hay un ascensor en un edificio de un piso.

9. _____ El custodio trabaja mucho en los pasillos, los salones de clase, los cuartos de baño, el gimnasio, las escaleras y la despensa.

10. _____ En una clase grande, con varios niños, un maestro probablemente necesita un asistente (de maestro).

Un cuento de la cultura popular de Los Estados Unidos

Hay un programa en la televisión estadounidense muy popular. El título es *El ídolo americano.* Es un concurso nacional y muchas personas compiten por fama, dinero y la oportunidad de vivir en Hollywood. Las personas cantan y bailan, pero principalmente ellos cantan. Unos cantantes son buenos y unos son malos. Muy malos. Horribles. ¡Repugnantes! A veces, el programa está cómico y a veces está triste. Cada noche los participantes cantan varias canciones. Millones de personas en Los Estados Unidos votan por teléfono, y al fin del programa, es "adiós" a un participante. El primer año, una muchacha de Tejas gana. Se llama Kelly Clarkson. Hay tres jueces: dos hombres y una mujer. Muchas personas creen que un juez en particular es un hombre cruel. Se llama Simón. El otro hombre se llama Randy. Ahora él no está gordo (está a dieta). La mujer se llama Paula. Paula canta y baila profesionalmente. Muchas personas creen que Paula es amable y bonita. La persona que gana la competición gana mucho: fama, dinero, ropa, limusinas, fiestas con celebridades, fotografías en *The National Enquirer,* un contrato con una compañía de discos y, posiblemente, ¡una visita de Oprah Winfrey!

ahora	*now*
el hombre	*man*
el juez	*judge*
la mujer	*woman*
otro/otra	*other*
la ropa	*clothing*
se llama	*he/she is named*

The suffix -ería

There are several words ending in **-ería** in this unit's vocabulary. Did you notice that those words referred to a type of store or shop? In Spanish, words naming types of stores frequently are formed simply by adding **-ería** to the word for the main item sold there.

We've seen **la zapatería** ("shoe store") from **el zapato** ("shoe"). There are also **la licorería** ("liquor store") from **el licor** ("liquor"), and **la droguería** ("drugstore") from **la droga** ("drug"). Think **pizzería** in any language.

As you can see, whether the gender of the base noun is masculine or feminine, the addition of the suffix **-ería** makes the newly created noun (the name of the type of store) feminine.

EJERCICIO
2·26

Write the English name for each of the following stores. Here's a clue: Determine the base noun for each Spanish noun.

1. la papelería _____

2. la lechería _____

3. la librería _____

4. la relojería _____

5. la vinatería _____

6. la pescadería _____

7. la ropería _____

8. la sombrerería _____

9. la frutería _____

10. la carnicería _____

VOCABULARIO

Las tiendas (*Stores*)

STORE	ENGLISH EQUIVALENT	BASE NOUN	ENGLISH EQUIVALENT
la boletería	ticket office	**el boleto**	ticket
la cafetería	coffee shop	**el café**	coffee
la carnicería	butcher shop	**la carne**	meat
la cervecería	bar	**la cerveza**	beer
la droguería	drugstore	**la droga**	drug
la dulcería	candy store	**el dulce**	candy
la especiería	spice shop	**la especia**	spice
la ferretería	hardware store	**el hierro**	iron
la floristería	flower shop	**la flor**	flower
la frutería	fruit store, fruit stand	**la fruta**	fruit
la jabonería	soap shop	**el jabón**	soap
la joyería	jewelry store	**la joya**	jewel

STORE	ENGLISH EQUIVALENT	BASE NOUN	ENGLISH EQUIVALENT
la juguetería	toy store	**el juguete**	toy
la lechería	milk/dairy store	**la leche**	milk
la librería	bookstore	**el libro**	book
la licorería	liquor store	**el licor**	liquor
la mueblería	furniture store	**el mueble**	furniture
la panadería	bakery	**el pan**	bread
la papelería	paper/stationery shop	**el papel**	paper
la pastelería	pastry shop	**el pastel**	pastry, pie
la peluquería	beauty salon	**el pelo**	hair
la pescadería	fish market	**el pescado**	fish
la platería	silversmith's shop	**la plata**	silver
la pollería	poultry shop	**el pollo**	chicken
la relojería	watch shop	**el reloj**	watch
la ropería	clothing store	**la ropa**	clothing
la sombrería	hat shop	**el sombrero**	hat
la tabaquería	tobacco shop	**el tabaco**	tobacco
la verdulería	produce market	**las verduras**	greens, vegetables
la vinatería	wineshop	**el vino**	wine
la zapatería	shoe store	**el zapato**	shoe

EJERCICIO
2·27

¿Dónde compras el producto? (Where do you buy the item?)
Write the Spanish name for the store at which each of the following items is sold.

EJEMPLOS   un sofá nuevo ___*la mueblería*___

una Barbie ___*la juguetería*___

1. un cigarro o un paquete de Marlboro _____

2. la hamburguesa y el bistec _____

3. un capuchino _____

4. una botella de aspirinas _____

5. un par de pantalones _____

6. una banana _____

7. un cartón de crema _____

8. un diccionario de español _____

9. las rosas, violetas y plantas bonitas _____

10. el chocolate elegante _____

11. un Rolex o un Timex _____

12. un croissant y una torta _____

La zona comercial más grande en Los Estados Unidos

En Los Estados Unidos hay muchas zonas comerciales. El estado de Minnesota tiene dos zonas comerciales especialmente famosas: (1) "Southdale" es la primera zona comercial de todo el país (1956). Southdale está en el suburbio de Minneapolis que se llama Edina, y su arquitecto se llama Víctor Gruen. (2) "La Mall de América", o "Megamall", es la zona comercial más grande.

Hay más de cuatrocientas tiendas (grandes y pequeñas) en la Megamall, con más o menos doce mil empleados. Entre treinta y cuarenta millones de personas visitan la Megamall cada año. Hay cuatro pisos de tiendas de todo tipo: roperías, joyerías, librerías, dulcerías, jabonerías, zapaterías, jugueterías, mueblerías, relojerías, peluquerías y más. También hay varios restaurantes, tabernas y cafeterías. Hay un cine con catorce pantallas. Hay varias fontanas, ascensores y escaleras.

la barba	*beard*
los caballitos	*merry-go-round*
el cine	*movie theater*
claro	*of course*
la montaña rusa	*roller coaster*
la pantalla	*screen*
el paseo	*ride*
el regalo	*gift, present*
la revuelta	*riot*
sacar	*to take out; to take (a photo)*
también	*also*

En diciembre la Megamall está totalmente loca, con visitantes de todo el mundo y personas locales que compran regalos para los días festivos. Claro, Santa Claus está en el centro. Los niños hablan con Santa Claus y los padres sacan fotos del hombre gordo con la ropa roja y la barba blanca. En el centro de la Megamall hay un patio de recreo. Hay paseos de todo tipo (caballitos para los niños, la montaña rusa para los adolescentes y adultos y mucho más).

A veces la policía visita la Megamall porque unos criminales creen que la Megamall es simplemente perfecta para una revuelta u otro tipo de fiesta disfuncional. La Megamall no permite las pistolas. La Megamall permite el dinero.

Asking questions

In this unit, we'll concentrate on asking questions—an important part of learning any language. Questions don't just lead to needed information ("What is your telephone number?"); they are the backbone of conversation and social skills.

We've all engaged in "conversations" that were, in reality, interviews. One person asks questions and the other person fills in details of his or her life, never once asking a question in return or demonstrating a mote of interest in the other person's life. This behavior is fine if the person asking the questions is Barbara Walters or David Frost and you're in front of a television camera. Otherwise, it's boorish.

When you've finished this unit—indeed, as you go through it—the best thing you can do is to leave your nest and go ask some questions where Spanish is spoken. At the deli, you can ask, "Do you sell chicken soup?" In the coffee shop, you can ask, "Where is the sugar?" At the party, you can ask a stranger, "What is your name?"

People often shy away from asking questions, especially in another language, because they're, well, shy. Even if you make a mistake, you're still making progress. First, you're trying something new and expanding your own world. Second, you're expressing interest in another person's life. A willingness to enter another person's world, if only in the form of a few questions, is the beginning of every friendship that has ever existed.

Simple questions

A simple question elicits a simple answer. The person asking a simple question is looking for a "yes" or a "no." That's all.

To ask a question in English, we normally precede a statement with the auxiliary (helping) verb "do" or "does," so that the statement "You work" becomes the question "Do you work?" Or "She plays the saxophone" becomes "Does she play the saxophone?"

In Spanish, there is no equivalent for the auxiliary verb "do/does." You simply move the subject pronoun so that it comes after the verb instead of before it.

STATEMENT	(Tú) gritas.	*You scream.*
QUESTION	¿Gritas (tú)?	*Do you scream?*
STATEMENT	Ella trabaja.	*She works.*
QUESTION	¿Trabaja ella?	*Does she work?*

NOTE Because the understood pronoun **tú** is not necessary in the statement form, it is also not necessary in the question form.

| Bailas. | *You dance.* |
| ¿Bailas? | *Do you dance?* |

In writing, the question marks tell you that a sentence is a question. In speaking, if you raise the pitch of your voice as you do when asking a question, your listener will understand your intent.

The pattern for asking a simple question is this: VERB + SUBJECT PRONOUN (IF NEEDED) + THE REST OF THE SENTENCE.

¿Viven ellos en un apartamento?	*Do they live in an apartment?*
¿Necesitas (tú) dinero?	*Do you need money?*
¿Vende ella libros en la librería?	*Does she sell books in the bookstore?*

EJERCICIO
3·1

Translate the following English questions into Spanish. Remember to place an upside-down question mark in front of the Spanish question.

EJEMPLO   *Do you swim?*   ¿Nadas? / ¿Nadas tú?

1. *Do you* [informal sing.] *study?* _____

2. *Do you* [informal sing.] *speak Spanish?* _____

3. *Do you* [informal sing.] *eat pizza?* _____

4. *Do you* [informal sing.] *drink milk?* _____

5. *Does he work in a bank?* _____

6. *Does she live in the White House?* _____

7. *Do they sell books in the library?* _____

8. *Do they scream a lot?* _____

9. *Do all of you* [informal] *buy books in a bookstore?* _____

10. *Do all of you* [formal] *eat tacos with salsa?* _____

La ropa (*Items of clothing*)

apron	**el delantal**	sandal	**la sandalia**
bathrobe	**la bata**	scarf	**la bufanda**
bikini	**el bikini**	shawl	**el chal, el mantón**
blazer	**el saco, la chaqueta**	shirt	**la camisa**
blouse	**la blusa**	shoe	**el zapato**
boot	**la bota**	shorts	**los pantalones cortos**
bowtie	**el moño**	skirt	**la falda**
bra	**el sostén**	slip; petticoat	**las enaguas, la combinación**
cap	**la gorra**	slipper	**la zapatilla**
cardigan	**la rebeca, el cárdigan**	sneakers	**los zapatos de lona,**
coat	**el abrigo**		**los zapatos deportivos**
dress	**el vestido**	sock(s)	**el calcetín (los calcetines)**
girdle	**la faja**	stocking(s)	**la(s) media(s)**
glove	**el guante**	suit	**el traje**
hat	**el sombrero**	sweater	**el suéter**
jacket	**la chaqueta**	sweatshirt	**la sudadera**
(blue) jeans	**el vaquero, los vaqueros,**	swimming trunks	**el bañador, el traje de baño**
	los blue jeans	swimsuit	**el traje de baño**
jumper	**el yérsey**	tie	**la corbata**
lingerie	**la lencería**	tights	**el panti, las medias**
mitten	**la manopla**	training shoes	**las zapatillas de deporte**
pajamas	**el/la pijama**	T-shirt	**la camiseta**
panties	**las bragas, las braguitas**	turtleneck sweater	**el suéter de tortuga**
pants, slacks,	**el pantalón,**	tuxedo	**el esmoquin**
trousers	**los pantalones**	underpants	**los calzoncillos**
pantyhose	**las pantimedias**	undershirt	**la camiseta**
parka, anorak	**el anorak, el chubasquero**	underwear	**la ropa interior**
raincoat	**el impermeable**	vest	**el chaleco**

Los accesorios (*Accessories*)

belt	**el cinturón**	ring	**el anillo**
bracelet	**la pulsera**	shoelace	**el lazo, el cordón**
earrings	**los aretes, los pendientes**	sunglasses	**las gafas de sol,**
glasses	**las gafas, las lentes**		**las lentes de sol**
handkerchief	**el pañuelo**	umbrella	**el paraguas**
necklace	**el collar**	wedding ring	**la sortija de boda**
purse	**la bolsa**		

¿Sí o no? *Answer* **Sí** *or* **No** *to the following questions.*

EJEMPLOS

_Sí._ ¿Lleva Michael Jackson solamente un guante en concierto?

_No._ ¿Lleva Santa Claus un traje azul?

VOCABULARIO

antes de	*before*
empacar	*to pack*
quemar	*to burn*

1. _____ ¿Lleva Santa Claus un cinturón negro?

2. _____ ¿Lleva la reina de Inglaterra blue jeans cada día?

3. _____ ¿Queman las mujeres liberadas los sostenes en los sesenta?

4. _____ ¿Necesita una persona la pijama en la noche?

5. _____ ¿Necesitas empacar un traje de baño para un viaje a la Antártica?

6. _____ ¿Es Mr. Rogers famoso por su rebeca?

7. _____ ¿Es una faja confortable?

8. _____ ¿Necesitan los rusos las manoplas y los guantes en Siberia?

9. _____ ¿Sube una persona normal a un árbol en una mini-falda?

10. _____ ¿Son "amigos" el impermeable y el paraguas?

¿Sabes que...?

- El paraguas de Mary Poppins es su moda principal de transportación.
- Allen Gant, de Norte Carolina, Estados Unidos, inventa las pantimedias en 1959.
- Richard Nixon en todas las fotos lleva una corbata.
- Los zapatillos de rubí de Dorothy Gale (*El mago de Oz*) están en la Institución Smithsonian en Washington, D.C.
- Anna Wintour (la editora de la revista *Vogue*) casi siempre lleva lentes de sol (¡adentro y afuera!).
- El carácter Stanley Kowalski (del dramaturgo Tennessee Williams) es famoso por su camiseta (y porque él siempre grita "Stella!").
- Varios hombres con mucho dinero llevan aretes enormes de diamante (no del circonio cúbico).
- Una bolsa de la tienda exclusiva Hermes cuesta siete mil dólares (¡o más!).

Negative responses

When you answer a question in the negative, you use the Spanish word **no** two times: The first time, it means "no"; the second time, it means "not."

¿Estudias español?	*Do you study Spanish?*
Sí, estudio español.	*Yes, I study Spanish.*
No, no estudio español.	*No, I do **not** (**don't**) study Spanish.*
¿Comes gusanos?	*Do you eat worms?*
Sí, como gusanos.	*Yes, I eat worms.*
No, no como gusanos.	*No, I do **not** (**don't**) eat worms.*

EJERCICIO
3·3

Answer the following questions in the negative.

1. ¿Llevas el saco con pantalones cortos? _____

2. ¿Escondes los calzoncillos en el refrigerador? _____

3. ¿Compras una bufanda en la floristería? _____

4. ¿Hay un pañuelo sucio en tu tarea? _____

5. ¿Compras la ropa en una ferretería? _____

6. ¿Lees un libro nuevo cada día? _____

7. ¿Lleva tu suegra un bikini en la iglesia? _____

8. ¿Llevas un yérsey dentro de la blusa? _____

9. ¿Fumas cigarrillos en el hospital? _____

10. ¿Vende Bloomingdale's el atún? _____

VOCABULARIO

Las telas y los materiales (*Fabrics and material*)

acrylic	**el acrílico**	muslin	**la muselina**
canvas	**la lona**	nylon	**el nilón, el nailon**
cashmere	**la cachemira, el cachemir**	paper	**el papel**
chenille	**la felpilla**	polyester	**el poliéster**
chiffon	**el soplillo**	rayon	**el rayón**
cotton	**el algodón**	rubber	**el caucho, la goma**
crepe	**el crespón**	satin	**el raso**
Dacron	**el dacrón**	silk	**la seda**
denim	**el dril (de algodón)**	taffeta	**el tafetán**
felt	**la felpa**	terry cloth	**la tela de toalla**
gauze	**la gasa**	tulle	**el tul**
leather	**el cuero, la piel**	velvet	**el terciopelo**
linen	**el lino, el lienzo**	viscose	**la viscosa**
moiré	**el moaré**	wool	**la lana**

¿Sabes que...?

- La seda es de los gusanos.
- El rayón, principalmente, es de un árbol.
- Joseph Priestley, el famoso químico de la Inglaterra, descubre el caucho el 15 de abril, 1770.
- La felpilla es de algodón, y si tocas la felpilla, es similar a una oruga.
- El lino es de una planta (la planta también se llama el lino).
- En realidad, el cachemir no es una forma de lana; es un material único de la cabra.
- El soplillo es un tejido de la seda o del rayón.
- Antes del nilón, los calcetines para las mujeres son de viscosa (una forma de rayón).

Noticias del mundo de la moda

En varias ciudades grandes por el mundo cada año hay una "semana de la moda". En Nueva York y en Londres, la Semana de la Moda ocurre en septiembre. En París, es en la primera parte de octubre. En Tokio es en octubre o en noviembre. En Milán es en septiembre y octubre. En Sydney (Australia) es en mayo.

La Semana de la Moda es una celebración de la ropa. No hay fin de los estilos. Para muchas personas, la ropa no es simplemente para protección (contra el frío y contra la desnudez)—es una *religión*. Hay exhibiciones para cada diseñador: vestidos de seda de Narciso Rodríguez, faldas de tafetán de Christian Lacroix, zapatos de raso de Manolo Blahnik, botas de cuero de Prada, suéteres de cachemir de Dolce y Gabbana, blusas de soplillo de Marc Jacobs, pantalones de terciopelo de Ralph Lauren y, claro, el traje clásico de lana de la Casa de Chanel—y más.

Muchas celebridades están en la audiencia. Ellos necesitan comprar la ropa fantástica antes del resto del mundo. Las modelos y supermodelos llevan ropa de todo tipo. Las personas en la audiencia gritan "Bravísimo". Las personas con muchísimo dinero y fama reciben invitaciones especiales, y también sillas en la frente. Hay muchos fotógrafos. Hay mucha champaña. Hay mucha intriga. Las personas allí creen que el significado de la vida existe en la ropa.

antes de	*before*
la ciudad	*city*
contra	*against*
la desnudez	*nudity*
el diseñador / la diseñadora	*designer*
el estilo	*style*
el fin	*end*
el frío	*cold*
la moda	*fashion*
las noticias	*news*
ocurrir	*to occur*
el otoño	*fall, autumn*
primero	*first*

Preguntas personales (Personal questions) No hay respuesta (*answer*) correcta ni incorrecta.

1. ¿Hay una televisión en tu casa? _____

2. ¿Compras la ropa en Macy's? _____

3. ¿Llevas calcetines en la cama? _____

4. ¿Tienes mucho dinero en el banco? _____

5. ¿Está limpia o sucia tu casa? _____

6. ¿Amas tú a Tony Blair? _____

7. ¿Tienes una sudadera de una universidad? _____

8. ¿Quieres una camiseta de Hooters? _____

9. ¿Nadas con los delfines? _____

10. ¿Escondes tu dinero en el colchón? _____

EJERCICIO
3·4

¿Quién soy? (Who am I?) *Identify each of the persons described below.*

1. VOCABULARIO   la barba   *beard*
                       la esclavitud   *slavery*
                       el perfil   *profile*

Soy el presidente de Los Estados Unidos (1861–1865) durante la Guerra Civil. Probablemente mi trabajo más famoso es en 1863 cuando escribo la Proclamación de la Emancipación. Soy contra la esclavitud. La esclavitud es terrible. Absolutamente barbárica. Soy Republicano. Tengo una barba, pelo oscuro, y soy un hombre serio. Mi perfil está en el centavo. Mi esposa se llama Mary Todd. Tenemos cuatro hijos. El catorce de abril, 1865, Mary y yo estamos en el teatro Ford (en Washington, D.C.). Miramos un drama, y un actor, John Wilkes Booth, tiene una pistola. El resto es la historia. Adiós.

       Me llamo _____.

2. VOCABULARIO   el cerebro   *brain*
                       el coraje   *courage*
                       el espantapájaros   *scarecrow*
                       el estaño   *tin*

Soy un hombre de metal. Precisamente, el metal es de estaño. El estaño es un metal común (especialmente en la cocina). Tengo tres amigos principales. Primero, una chica que se llama Dorothy. Ella es de Kansas, es muy amable y tiene un perrito que se llama Toto. Ella lleva un vestido azul y blanco, calcetines blancos y zapatos rojos de cristal. Su tía se llama Em y su tío se llama Henry. Un día hay un tornado enorme y—¡poof! Adiós, Kansas; Hola, Oz. Dorothy está muy triste. Necesita su casa. Otro amigo es Espantapájaros. Espantapájaros necesita un cerebro. Mi otro amigo es un león y se llama, simplemente, León. Él es un "pollo" y necesita coraje. Yo quiero un corazón.

       Me llamo _____.

Complex questions

A complex question seeks particular information beyond "yes" or "no." To elicit the desired information, the questioner uses the appropriate interrogative word.

The most basic police interrogator wants to know "Who?," "What?," "When?," "Where?," "Why?," and "How?" (Remember this the next time you're questioned under a bare lightbulb.)

In Spanish, these interrogatives are the following:

¿Quién? (*sing.*)	Who?
¿Quiénes? (*pl.*)	Who?
¿Qué?	What?
¿Cuándo?	When?
¿Dónde?	Where?
¿Por qué?	Why?
¿Cómo?	How?

NOTE The accents marks are absolutely necessary. Without the accent mark, each of these words means something else entirely or is used in a different context.

To form a complex question, place the appropriate interrogative word before a simple question, according to the following pattern: INTERROGATIVE + VERB + SUBJECT PRONOUN (IF NEEDED) + THE REST OF THE SENTENCE. (The exception to this pattern is a question beginning with **¿Quién?** or **¿Quiénes?** In such a question, the identity of the subject pronoun is precisely what the questioner is trying to find out.) Study the following examples.

¿Quién	está	—	en la panadería?
¿Quiénes	están	—	en la panadería?
¿Qué	fuman	Cheech y Chong?	
¿Cuándo	tomas	(tú)	el café?
¿Dónde	estoy	(yo)?	
¿Por qué	estudiáis	(vosotros)	español?
¿Cómo	trabajamos	(nosotros)	con los idiotas?

EJERCICIO
3·5

Translate the following complex questions into Spanish.

1. *Where do you* [informal sing.] *live?* _____

2. *What do you* [informal sing.] *eat in the restaurant?* _____

3. *When do you* [informal sing.] *study?* _____

4. *Where do they play the violin?* _____

5. *Who writes the long books?* _____

6. *Where is my pretty bird?* _____

7. *Why is the old pig in the living room?* _____

8. *How does the bird sing?* _____

9. *Where is the chimney in the new house?* _____

10. *Why do you* [informal sing.] *drink milk?* _____

EJERCICIO

Preguntas personales (Personal questions) Responde, por favor.

VOCABULARIO   el periódico   *newspaper*
              porque   *because*

1. ¿Dónde vives? _____

2. ¿Dónde trabajas? _____

3. Usualmente, ¿dónde compras la comida? _____

4. ¿Qué llevas a una fiesta formal? _____

5. En tu opinión, ¿qué periódico es fantástico? _____

6. ¿Dónde está tu computadora? _____

7. ¿Por qué estudias español? _____

8. ¿Quién es tu artista favorito/favorita? _____

9. ¿Cuándo lees el periódico? _____

10. ¿Estudias más en la biblioteca o en tu casa? _____

EJERCICIO

3·6

*Match each question on the left with the appropriate (possible) answer (**respuesta**) on the right.*

1. _____ ¿Qué bebe un infante?

2. _____ ¿Qué bebe Norm Peterson en el programa *Cheers*?

3. _____ ¿Quién escribe *Romeo y Julieta*?

4. _____ ¿Dónde trabaja el maestro?

5. _____ ¿Por qué comes pizza?

6. _____ ¿Por qué vende Macy's los blue jeans?

7. _____ ¿Cuándo trabaja Santa Claus?

8. _____ ¿Cuándo preparamos el café?

9. _____ ¿Cómo pagas la ropa (con frecuencia)?

10. _____ ¿Cómo aprendes el español?

A. en diciembre (principalmente)

B. porque es una ropería

C. la leche

D. porque es deliciosa

E. en la escuela

F. la cerveza

G. con tarjeta de crédito

H. William Shakespeare

I. en la mañana

J. estudio, estudio, estudio, estudio, estudio....

La ropa: las partes y las decoraciones (Clothing: parts and decorations)

bow	**el lazo**	ribbon	**la cinta**
button	**el botón**	sash	**la faja**
collar	**el collar**	seam	**la costura**
cuff	**el puño**	sleeve	**la manga**
earrings	**los aretes, los pendientes**	snap	**el broche**
heel	**el tacón**	strap	**la correa**
hem	**el dobladillo**	Velcro	**el velcro**
inseam	**la costura interior**	waistband	**la pretina**
pocket	**el bolsillo**	zipper	**la cremallera**

El suéter más famoso en todo el mundo

Hay billones, probablemente trillones, de suéteres en este mundo. Pero un suéter en particular es especialmente especial: Es el suéter de Mr. Rogers (su nombre completo es Fred McFeeley Rogers). ¿Miras tú el programa de Mr. Rogers? (En teoría, es un programa para los niños, pero muchos adolescentes y adultos también miran este programa.)

Cada día cuando Mr. Rogers entra en la casa, él lleva un traje (o pantalones con saco), una camisa (usualmente azul o blanca), una corbata (a veces un moño), calcetines y zapatos. Mientras que Mr. Rogers canta su canción famosa "Es un día hermoso en el vecindario", primero él anda al clóset, abre el clóset y adentro hay varios suéteres en perchas. Aquí, Mr. Rogers se quita el saco, escoge y se pone un suéter. Mr. Rogers tiene muchos suéteres de varios colores: rojo, azul, amarillo, verde, café, negro, gris, etc. Entonces, él se quita los zapatos regulares (café) y se pone los zapatos deportivos (azules).

la canción	song
el corazón	heart
el diseño	design
escoger	to choose
hacer	to make, knit
mientras (que)	while
muere	(he/she) dies
la percha	clothes hanger
que Dios le bendiga	may God bless him/her
se pone	(he/she) puts on
se quita	(he/she) takes off
siempre	always
la teoría	theory
el vecindario	neighborhood

Cada suéter, en diseño, es similar: Cada suéter (1) es de lana, (2) tiene mangas largas y (3) tiene una cremallera. Técnicamente, su suéter es una rebeca, pero no hay botones: Solamente (y ¡siempre!) hay una cremallera. Un secreto: ¡La madre de Mr. Rogers hace todos los suéteres que lleva Mr. Rogers! Es absolutamente verdadero. (Se llama Carolyn Rogers.) El suéter (cada suéter) de Mr. Rogers tiene (1) una cremallera y (2) el mágico de un hombre brillante.

Una nota triste: Ahora, Mr. Rogers vive solamente en la televisión y en los corazones de personas en todas partes. El veintisiete de febrero, 2003, Mr. Rogers muere. Ahora, su rebeca roja está en la Institución Smithsonian en Washington, D.C. Adiós a un buen amigo de todos. Que Dios le bendiga.

Responde a las siguientes preguntas con una frase completa.

1. ¿Qué tipo de suéter lleva Mr. Rogers? _____

2. ¿Quién hace los suéteres? _____

3. ¿En qué parte de la casa están los suéteres? _____

4. ¿Hay botones o una cremallera en el suéter? _____

5. ¿Es el programa de Mr. Rogers solamente para los niños? _____

   _____

6. ¿Cómo se llama la madre de Mr. Rogers? _____

7. ¿Cómo se llama la canción que Mr. Rogers canta cada día? _____

   _____

8. ¿De qué color es la rebeca de Mr. Rogers que está en la Institución Smithsonian?

   _____

Negative questions

Questions asked in the negative often have an added psychological component. Consciously or unconsciously, the questioner already knows (or suspects) that the answer is "no," and now wants the respondent either to admit his or her negligence with regard to the matter at hand (in the case of a simple question) or to offer some explanation (in the case of a complex question) as to why he or she didn't come through. Asking questions in the negative can get nasty!

There is a big difference between the following questions:

> *Do you read Shakespeare?*
> *Don't you read Shakespeare?*

The first question (unless accompanied by a surly tone and attitude) expresses curiosity. The questioner is seeking information or looking for common ground.

The second question assumes that the respondent not only *doesn't* read Shakespeare (the implied ignoramus!), but should. (You can just imagine the crinkled eyes on the questioner's face.)

Listen to how people ask questions, and be aware of negative implications.

To form a question in the negative in Spanish, whether simple or complex, simply place **no** directly before the conjugated verb.

¿No lees Shakespeare?	*Don't you read Shakespeare?*
¿Por qué no lees Shakespeare?	*Why don't you read Shakespeare?*
¿No cree él en fantasmas?	*Doesn't he believe in ghosts?*
¿Por qué no cree él en fantasmas?	*Why doesn't he believe in ghosts?*

Translate the following negative questions into Spanish. The first six are simple questions, the other six are complex questions.

1. *Don't you [informal sing.] study?* _____

2. *Doesn't she speak Spanish?* _____

3. *Don't they speak English?* _____

4. *Don't you [formal pl.] sell clothing here?* _____

5. *Doesn't he drink water?* _____

6. *Doesn't the dog run?* _____

7. *What doesn't he need?* _____

8. *Who doesn't eat the chocolate?* _____

9. *Who doesn't learn in the new school?* _____

10. *What doesn't exist in the world?* _____

11. *What don't they understand?* _____

12. *When don't we suffer?* _____

VOCABULARIO

Los sitios para los turistas: los edificios (*Tourist sites: buildings*)

abbey	**la abadía**	mansion	**la mansión**
amphitheater	**el anfiteatro**	monastery	**el monasterio**
aquarium	**el acuario**	museum	**el museo**
art gallery	**la gallería de arte**	opera	**(el teatro de) la ópera**
castle	**el castillo**	palace	**el palacio**
cathedral	**la catedral**	stadium	**el estadio**
chapel	**la capilla**	store	**la tienda**
church	**la iglesia**	temple	**el templo**
concert hall	**la sala de conciertos**	theater	**el teatro**
convent	**el convento**	tower	**la torre**
hotel	**el hotel**	town hall	**el ayuntamiento**
library	**la biblioteca**		

¿Sabes que...?

- La Torre de Londres originalmente es un palacio y una prisión. Ahora es un museo.
- La Catedral de Notre Dame (Nuestra Señora) es famosa por sus ventanas, y está en París.
- La Biblioteca del Congreso está en Washington, D.C. (Estados Unidos).
- El famoso Templo de Buda Reclinado está en Bangkok, Tailandia.
- El Estadio de los Yanquis (el equipo de béisbol) de Nueva York está en el Bronx, Nueva York.
- La abadía de Westminster es la iglesia principal de la monarquía de la Inglaterra.
- Muchos actores y actrices viven en mansiones en Beverly Hills, California.
- El Coliseo, en Roma, es el anfiteatro más famoso para los gladiadores.
- En Las Vegas hay muchas capillas en donde cantan representadores de Elvis Presley.
- Frankenstein, Drácula y Randolph Hearst viven en castillos.

EJERCICIO
3·9

Para traducir (To translate)

1. *A cathedral is a big church and a chapel is a small church.* _____

   _____

2. *The Queen of England lives in a palace.* _____

3. *Many people sing in the concert hall and the opera.* _____

   _____

4. *The convent is near the church and the abbey.* _____

5. *Many octopi swim in the aquarium.* _____

6. *My hotel is near the Tower of London.* _____

7. *Where is the theater?* _____

8. *Are there many paintings in the museum?* _____

9. *Is there a library in the temple?* _____

10. *The town hall is far from the art gallery.* _____

Questions of quantity and limitation

A fourth type of question is one that seeks specificity in either number or name. In English, the quantitative interrogatives are "How much?" and "How many?" The limiting interrogative is "Which?"

How much candy can you eat?	I can eat **three pounds**, and then I faint.
How many rabbits does she have?	She has **fifty**, and she's crazy.
Which tuxedo do you want?	I want **the light blue one**.
Which children are yours?	Ours are **Daisy and Lily**.

What distinguishes a question of quantity or limitation is that the questioner is stating the subject and asking the respondent to rein it in.

Spanish uses the following interrogative words to introduce such questions.

¿Cuánto?	How much?	followed by a masculine singular noun
¿Cuánta?	How much?	followed by a feminine singular noun
¿Cuántos?	How many?	followed by a plural noun, either masculine or masculine and feminine
¿Cuántas?	How many?	followed by a feminine plural noun
¿Cuál?	Which?	followed by a singular noun, masculine or feminine
¿Cuáles?	Which?	followed by a plural noun, masculine or feminine

To form questions with these interrogatives, the pattern is as follows: LIMITING INTERROGATIVE + NOUN + VERB + THE REST OF THE SENTENCE. Study the questions (**preguntas**) and answers (**respuestas**) below.

QUESTION	ANSWER
¿Cuánto dinero tienes?	Tengo tres dólares.
¿Cúanta leche quieres?	Quiero un galón.
¿Cuántos chicos hay en la clase?	Hay catorce.
¿Cuántas esposas viven en Stepford?	Dos mil esposas viven allí.
¿Cuál actor es tu favorito?	Mi favorito es Ed Flanders.
¿Cuáles revistas lees?	Leo *Time* y *Newsweek*.

EJERCICIO 3·10

Responde a las preguntas siguientes con una frase completa.

1. ¿Cuántas horas de la televisión miras cada día? _____

2. ¿Cuánto dinero necesitas por una camiseta (aproximadamente)? _____

_____

3. ¿Cuál ropería es tu favorita? _____

4. ¿Cuánta leche bebes cada día? Cuántos vasos? _____

5. Normalmente, ¿cuáles zapatos usas cuando trabajas? _____

_____

6. ¿Cuántos libros lees cada mes (más o menos)? _____

7. ¿Cuál museo de arte posee la pintura muy famosa la *Mona Lisa*? _____

_____

8. ¿Qué instrumento musical tocan Liberace y Vladimir Horowitz? _____

_____

9. ¿Cuántas personas hay en el mundo (más o menos)? _____

_____

10. ¿Cuántos sombreros hay en la cabeza de Bartolomé Cubbins (en el libro famoso por

Dr. Seuss)? _____

Match each question on the left with the appropriate number on the right.

VOCABULARIO la docena *dozen* el jugador *player*
el equipo *team* el lado *side*

1. _____ ¿Cuántos jugadores hay en un equipo de béisbol? A. cinco

2. _____ ¿Cuántas calorías hay en una Coca-Cola de dieta? B. cero

3. _____ ¿Cuántos jugadores hay en un equipo de básquetbol? C. mil una

4. _____ ¿Cuántos perros dalmáticos hay en la película y libro popular? D. cuatro

5. _____ ¿Cuántos lados hay en un octágono? E. ciento uno

6. _____ ¿Cuántas noches hay en las historias de los árabes? F. nueve

7. _____ ¿Cuántos huevos hay en una docena? G. tres

8. _____ ¿Cuántas personas hay en un cuarteto? H. ocho

9. _____ ¿Cuántos lados hay en un heptágono? I. siete

10. _____ ¿Cuántas personas hay en un trío? J. doce

VOCABULARIO

Más sitios de los turistas (*More tourist sites*)

arch	**el arco**	catacombs	**las catacumbas**
avenue	**la avenida**	cemetery	**el cementerio**
beach	**la playa**	countryside	**el campo**
boulevard	**el bulevar**	road	**el camino**
bridge	**el puente**	street	**la calle**

Translate the following questions into Spanish.

VOCABULARIO *so much* [m.] / *so much* [f.] tanto/tanta
so many [m.] / *so many* [f.] tantos/tantas

1. *What do you* [informal sing.] *have in the cemetery?* _____

2. *Where is the bridge?* _____

3. *Why does she work so much in Washington?* _____

4. *Why do you* [informal sing.] *eat so many tacos?* _____

5. *Who needs so much money?* _____

6. *When do we arrive at the catacombs?* _____

7. *Where do they hide the money?* _____

8. *How does she eat so many eggs?* _____

9. *When do the cats climb the trees?* _____

10. *How much money do you* [informal sing.] *earn each year?* _____

_____

The contractions al and del

A contraction involves things that are scrunched together (ask any woman who has given birth). In the English language, contractions occur when two words combine to form one: One or more letters are lost, and we place an apostrophe where the lost letter(s) would have been.

can + not	→	*can't*
did + not	→	*didn't*
do + not	→	*don't*
have + not	→	*haven't*
he + is	→	*he's*
I + am	→	*I'm*
I + had	→	*I'd*
I + would	→	*I'd*
she + is	→	*she's*
they + are	→	*they're*
they + have	→	*they've*
you + are	→	*you're*
you + will	→	*you'll*

In English, the reason we do this is twofold: It's shorter (simpler) and less formal. Listen in on any conversation between friends and you'll hear contractions galore. Then look at a legal contract or your car title and you will find none.

While the list of English contractions isn't endless, it's far too long to include here in its entirety. Suffice it to say, there are many. In Spanish, there are two. That's it: two. The Spanish contractions are **al** ("to the," "at the") and **del** ("from the," "of the").

The Spanish contraction **al** comes from combining **a** (the English preposition "to" or "at") with **el** (the masculine singular definite article "the"): **a** + **el** → **al**.

Marcos camina **al** banco.	*Marcos walks **to the** bank.*
Los amigos toman cervezas **al** bar.	*The friends drink beer **at the** bar.*

The Spanish contraction **del** is made up of **de** (the English preposition "of" or "from") and **el** (the masculine singular definite article "the"): **de** + **el** → **del**.

Tengo un regalo **del** hombre.	*I have a gift **from the** man.*
La madre **del** novio está triste.	*The mother **of the** groom is sad.*

NOTE The Spanish word **el** here is the definite article "the" and has nothing to do with the subject pronoun meaning "he" (which requires an accent mark over the *e* anyway).

There are two things to remember with regard to Spanish contractions, as opposed to English contractions:

1 When **a** precedes **el** or **de** precedes **el**, you *must* elide (omit) the *e* in **el** and contract the two words. Why? Try to say **a el** or **de el** quickly. Can't do it, can you? It's a linguistic phenomenon known as assimilation, which is the process by which a sound is modified to make it resemble an adjacent sound.

It is difficult to produce two distinct vowel sounds one right after the other. This is why in English we naturally say "an apple" (as opposed to "a apple"). It is also human nature to do things as simply and easily as possible.

2 Whereas countless writers of English abuse the hallowed apostrophe (far more by nonuse than ill use), Spanish writers are off the hook for one reason: There is no apostrophe in the Spanish written language. None. Nada. It simply doesn't exist. (This will be discussed in detail in Unit 5, under Possession. For now, relax and feel free to check off "apostrophe usage" from the list of things to master in your study of Spanish.)

Whether or not you're aware of it, it's likely that you are no stranger to the Spanish contractions **al** and **del**, which are frequently found in the names for ways of doing things (**al**) and the names of people and places (**del**).

EJERCICIO
3·13

Determine what the following names mean in English. All contain the Spanish contraction **del**.

1. (actor) Benicio del Toro _____

2. (actress) Delores del Río _____

3. (city) Delmar, California _____

4. (city) San Francisco del Oro, Mexico _____

5. (Philippine porn star) Andrea del Rosario _____

6. (actress) Kate del Castillo _____

7. (fashion model) Gail del Corral _____

8. (Mexican movie) *El crimen del padre Amaro* _____

9. (Mexican movie) *La madrina del diablo* _____

10. (publisher) Del Rey Books _____

VOCABULARIO

Cooking phrases that use **al**

baked in the oven	**al horno**
cooked outside (*like a shepherd would*)	**al pastor**
cooked over charcoal or wood coals	**al carbón**
prepared in garlic	**al ajillo**

EJERCICIO
3·14

Translate the following sentences into Spanish.

1. *I don't drink water from the river.* _____

2. *A big cow doesn't run from the bull.* _____

3. *We walk from the old castle to the new castle.* _____

   _____

4. *Do you* [informal sing.] *receive letters from the devil?* _____

   _____

5. *Venus enters from the sea.* _____

6. *Ferdinand the bull walks to the tree.* _____

7. *Why do you* [informal pl.] *run to the garage?* _____

8. *She works from the brain, but lives from the heart.* _____

   _____

9. *Who drinks from the green lake?* _____

10. *Why don't you* [informal sing.] *run from the monster?* _____

    _____

Street addresses

To give a street address in Spanish, you have a variety of options, just as in English. However, the typical pattern is as follows: BUILDING NUMBER + **en la calle / en el bulevar**, etc. + ADDITIONAL ADDRESS INFORMATION (IF INCLUDED).

> El Teatro Pantages es en 6530 en el bulevar Sunset, Los Ángeles.
> Ella vive en 1434 en la avenida Stanford.
> El restaurante Antoine's es número 713–717 en la calle St. Louis, New Orleans.

NOTE Unlike English, the words for street, avenue, and boulevard are not capitalized in Spanish.

¿Qué representa esta dirección? *Match the address on the left with the appropriate building or person's name on the right.*

1. _____ 1600 en la avenida Pennsylvania, Washington, D.C.

2. _____ 10 en la calle Downing, Londres, Inglaterra

3. _____ 333 en la avenida Wacker, Chicago, Illinois, Estados Unidos

4. _____ 301 en la calle Front, Toronto, Canadá

5. _____ La Playa Copacabana

6. _____ 27 en la calle Makrygianni, Atenas, Grecia

7. _____ 727 en la avenida cinco y la calle cincuenta y siete, Nueva York

8. _____ 221B en la calle Baker, Londres, Inglaterra

9. _____ numero 99, en la calle Rivoli, París, Francia

10. _____ La intersección de la calle 34 y la avenida Cinco, Nueva York

A. La Torre Sears

B. Sherlock Holmes

C. Río de Janeiro, Brasil

D. El Acrópolis

E. La Torre CN

F. La joyería Tiffany's, Nueva York, Nueva York

G. La Casa Blanca, la residencia oficial del presidente de Los Estados Unidos

H. La residencia oficial del primer ministro de la Inglaterra

I. El Edificio del "Empire State"

J. El Museo Louvre

VOCABULARIO

Las direcciones del mapa (Directions on a map)

north	**el norte**	to the east	**al este**
south	**el sur**	to the west	**al oeste**
east	**el este**	northeast	**el noreste**
west	**el oeste**	northwest	**el noroeste**
to the north	**al norte**	southeast	**el sureste**
to the south	**al sur**	southwest	**el suroeste**

From your reference point on the map below, tell where (in which direction) the following states are.

1. Iowa está _____.

2. Louisiana está _____.

3. Florida está _____.

4. Montana está _____.

5. Colorado está _____.

6. Kentucky está _____.

7. Oklahoma está _____.

8. Vermont está _____.

Las cuatro brujas de Oz: una teoría

En *El mago de Oz,* la historia y la película muy populares para los niños y también los adultos, hay cuatro brujas: (1) la bruja mala del este (matada por la casa de Dorothy), (2) la bruja buena del sur (nunca está presente), (3) la bruja buena del norte (se llama Glynda, y es absolutamente hermosa) y, finalmente, (4) la bruja mala (¡malísima!) del oeste (es fea y siempre lleva la ropa negra). Unas personas creen que las cuatro brujas de Oz representan las cuatro direcciones de Los Estados Unidos, y que, en la opinión de L. Frank Baum (el autor del libro), el este (malo) representa la preocupación del dinero, y el oeste (también malo) representa la superficialidad y obsesión con las apariencias. Similarmente, el norte y el sur (buenos) representan la sociedad agraria (de la agricultura) donde las personas trabajan mucho, asisten a la iglesia y, en general, son muy morales. Es una teoría. ¿Qué crees tú?

The suffixes -ero and -era

At the end of the previous unit, we discussed the suffix **-ería**, which, when added to a base noun, produces the name of the store or shop in which the item is traded or sold.

The suffix **-ero** (**-era** is its feminine form), when added to a base noun, produces the title of the person (employee) who works with the item. Consider the following:

BASE NOUN		STORE		EMPLOYEE	
la joya	*jewel*	la joyería	*jewelry store*	el joyero	*jeweler*
la leche	*milk*	la lechería	*milk/dairy store*	el lechero	*milkman*
el libro	*book*	la librería	*bookstore*	el librero	*bookseller*

Of course, both men and women perform these jobs. Thus, **la joyera**, **la lechera**, and **la librera** are, respectively, a "jeweler," "milkwoman" (or the ever-so-quaint "milkmaid"), and "bookseller." In Spanish, there is no need to express this with the often clumsy "female jeweler," "woman druggist," "lady silversmith," and so on, because the gender is inherent in the **-ero** or **-era** suffix.

As you become familiar with more suffixes, you will see that much of Spanish vocabulary building amounts to a knowledge of base nouns combined with particular endings.

EJERCICIO
3·17

Match each word on the left with the appropriate English translation on the right.

1. _____ el juguetero   A. *baker*

2. _____ el droguero   B. *silversmith*

3. _____ el peluquero   C. *ticket seller*

4. _____ el pescadero   D. *druggist, pharmacist*

5. _____ el vinatero   E. *pastry chef, cake decorator*

6. _____ el frutero   F. *vegetable vendor*

7. _____ el panadero   G. *coffee brewer, barista*

8. _____ el relojero   H. *toy maker, toy seller*

9. _____ el cafetero   I. *wine merchant, vintner*

10. _____ el pastelero   J. *hairdresser, stylist*

11. _____ el verdulero   K. *brewer, beer seller*

12. _____ el carnicero   L. *fishmonger, fish seller; fisherman*

13. _____ el platero   M. *fruit seller*

14. _____ el cervecero   N. *watchmaker*

15. _____ el boletero   O. *butcher*

EJERCICIO

3·18

¿Quién vende el producto? *Identify the person who makes or sells the items below. Use the feminine form.*

EJEMPLO   una torta y un pastel   *la pastelera*

1. un par de Nikes o de Adidas _____

2. una muñeca de Barbie o Ken _____

3. una botella de Corona o Dos XX _____

4. la hamburguesa o un perro caliente _____

5. el brócoli y la coliflor _____

6. una banana y una naranja _____

7. una pulsera de plata de identificación _____

8. una botella de aspirina o de Tums _____

9. una novela o una revista _____

10. una pastilla de Ivory o de Dial _____

EJERCICIO

3·19

¿Quién soy? (Who am I?) *Identify each of the persons described below.*

1. VOCABULARIO

antes (de)	*before*	renunciar a	*to resign*
bastante	*enough*	el tema	*subject*
nunca	*never*	temprano	*early*
el párrafo	*paragraph*	la tenencia	*tenure*
pues...	*well ...*	la vez (las veces)	*time (times)*
la razón	*reason*		

Muchas personas creen que soy criminal. Soy presidente de Los Estados Unidos por dos términos. Pues, no exactamente. Gano la elección dos veces, pero renuncio al trabajo dos años y medio temprano por razones extraordinarias. Soy el primer y el único presidente que renuncia a la oficina de la presidencia.

Diez meses antes, mi vicepresidente renuncia al trabajo también. Increíble, ¿no? Mi primer vicepresidente se llama Spiro Agnew. (Mi segundo se llama Gerald Ford.) El señor Agnew renuncia al trabajo porque recibe dinero ilegalmente, primero durante su tenencia del gobernador del estado de Maryland y segundo cuando es vicepresidente. ¡Unas personas nunca aprenden nada! El señor Agnew es el segundo vicepresidente de renunciar a la oficina (el primer vicepresidente es John C. Calhoun en 1832). Pues..., ¡bastante de él! Yo soy el tema del párrafo.

Yo no recibo dinero ilegalmente. Recibo información ilegalmente. El escándalo se llama "Watergate". ¡Qué horror! Es el tiempo más terrible de mi vida. Hay una guerra en Vietnam, pero en mi mente, los enemigos reales se llaman Bob Woodward y Carl Bernstein (los reporteros del periódico *Washington Post*). Su amigo se llama "Deep Throat", y el resto es la historia.... (En mayo, 2005, aprendemos que en verdad "Deep Throat" se llama W. Mark Felt, un ex-agente de la Oficina Federal de Investigación—FBI—en Washington, D.C.)

Mi esposa se llama Pat y mis dos hijas se llaman Tricia y Julie.

Me llamo _____.

2. VOCABULARIO

el ejército	army	el poder	*power*
ese	*that*	el ron	*rum*
la fuerza	*force*	se mudan	*they move*
la ley	*law*	sin éxito	*without success, failed*
la lucha	*fight, struggle*	el tiempo	*time*
la muerte	*death*		

Nazco en Mayari, Cuba, el trece de agosto, 1926. Mi padre es granjero y mi madre trabaja en la casa. Estudio en escuelas católicas de los jesuitas y, más tarde, estudio la ley en la Habana. Me caso con Mirta Díaz-Balart en 1948, tenemos un hijo en 1949, pero nos divorciamos en 1954. Recibo mi título en la ley en 1950 y pronto entro en el mundo de los políticos.

Soy rebelde, especialmente contra el general Fulgencio Batista, el líder del país en ese tiempo. En 1953, el gobierno de Batista decide que yo vivo en la prisión, con una sentencia de quince años, pero yo paso solamente dos años allí, hasta 1955 cuando recibo la amnistía. Después de los dos años en la prisión, vivo en México donde organizo una fuerza nueva, del nombre "movimiento del veintiséis de julio". Este movimiento es nombrado por el ataque sin éxito a un sitio del ejército en la ciudad de Santiago de Cuba, el 26 de julio, 1953.

En 1956 mis camaradas—incluso Che Guevara—y yo atacamos a Batista, pero no ganamos la lucha. Finalmente, el primero de enero, 1959, soy conquistador de Batista y de todo de Cuba. De ese día hasta la muerte, soy el líder oficial de Cuba. No tengo buenas relaciones con Los Estados Unidos, especialmente desde abril de 1961 cuando el presidente John F. Kennedy hace la famosa "Invasión de Bahía de Cochinos". Es un desastre enorme.

Muchos cubanos en los años 1960 se mudan a Los Estados Unidos, principalmente a Miami, Florida. Soy un hombre muy inteligente, astuto, con barba grande y un apetito enorme por las mujeres, la comida, el ron, los cigarros, y especialmente por el poder.

Me llamo _____.

Irregular verbs

Welcome to the world of irregular verbs! While the focus of this book is on vocabulary, at times we need to focus on certain verbs and their peculiarities. Remember that verbs, which denote action, are the engine of any sentence. Without a verb you will go nowhere.

In this unit, you will be introduced to 15 irregular verbs. From the outset, you'll see that these are commonly used and useful verbs, and it's well worth the time and effort to learn their respective conjugations.

Because these 15 are the tip of the iceberg in the world of Spanish irregular verbs, they are a roadmap of several crucial language constructions. Some of these constructions are unique to Spanish, others are present in most languages, but all are vastly important to you, the student. These 15 verbs also provide a natural segue into several areas of vocabulary.

We'll begin by listing these verbs and their present tense conjugations. It would behoove you to memorize these conjugations; because of their inherent importance, you will find your efforts well rewarded. (Try to have a conversation without using any of these verbs—it's nearly impossible!)

INFINITIVO	yo	tú	él	nosotros	vosotros	ellos
dar *to give*	doy	das	da	damos	dais	dan
decir *to say, tell*	digo	dices	dice	decimos	decís	dicen
hacer *to do, make*	hago	haces	hace	hacemos	hacéis	hacen
ir *to go*	voy	vas	va	vamos	vais	van
jugar *to play*	juego	juegas	juega	jugamos	jugáis	juegan
oír *to hear*	oigo	oyes	oye	oímos	oís	oyen
oler *to smell*	huelo	hueles	huele	olemos	oléis	huelen
poder *to be able to*	puedo	puedes	puede	podemos	podéis	pueden
poner *to put*	pongo	pones	pone	ponemos	ponéis	ponen
probar *to taste*	pruebo	pruebas	prueba	probamos	probáis	prueban
querer *to want*	quiero	quieres	quiere	queremos	queréis	quieren
salir *to leave*	salgo	sales	sale	salimos	salís	salen
tener *to have*	tengo	tienes	tiene	tenemos	tenéis	tienen
venir *to come*	vengo	vienes	viene	venimos	venís	vienen
ver *to see*	veo	ves	ve	vemos	veis	ven

EJERCICIO
4·1

Translate the following sentences into Spanish.

1. *I give.* _____

2. *We hear.* _____

3. *She wants.* _____

4. *I see.* _____

5. *You tell.* _____

6. *We go.* _____

7. *I make. (I do.)* _____

8. *They play.* _____

9. *I leave from the house.* _____

10. *They come to the party.* _____

11. *We are able (to).* _____

12. *She puts the books in the garage.* _____

13. *They have the cider.* _____

14. *You see the spider.* _____

15. *I hear the music.* _____

16. *What do you do in the morning?* _____

17. *Where do we put the clothing?* _____

18. *Who has the violin?* _____

19. *I taste the coffee.* _____

20. *Do you smell a rat?* _____

¡**Alto!** *Stop!* Don't proceed one step further until you can rattle off these 15 conjugations effortlessly. Also, make sure you know what the verbs mean. You are now entering an area of the Spanish language with a lot of twists and turns, and the last thing you need is to get bogged down searching for the correct verb form.

It may help you to note that the following verbs are irregular *only* in the **yo** form: **dar**, **hacer**, **poner**, **salir**, and **ver**.

Jugar (to play [a game])

Let's begin with the verb **jugar**. You may recall the verb **tocar**, which means "to touch" or "to play (a musical instrument)." The verb **jugar** deals only with sports and games—it has nothing to do with music unless you're up for a rousing game of musical chairs.

VOCABULARIO

Los deportes y los juegos (Sports and games)

	EL SUSTANTIVO (NOUN)	EL VERBO (VERB)
aerobics	los ejercicios aeróbicos	hacer los ejercicios aeróbicos
archery	el tiro con arco	tirar el arco
athletics	el atletismo	hacer el atletismo
badminton	el bádminton	jugar al bádminton
baseball	el béisbol	jugar al béisbol
basketball	el baloncesto, el básquetbol	jugar al baloncesto, jugar al básquetbol
bowling	los bolos	jugar a los bolos
boxing	el boxeo	boxear
cards	los naipes	jugar a los naipes
checkers	las damas	jugar a las damas
chess	el ajedrez	jugar al ajedrez
climbing	el montañismo, el alpinismo	subir la montaña
cricket	el críquet	jugar al críquet
cycling	el ciclismo	montar en bicicleta
diving	el buceo en aguas profundas	bucear
exercising	los ejercicios	hacer ejercicios
fencing	la esgrima	hacer esgrima
fishing	la pesquería	pescar, ir de pescar
football	el fútbol americano	jugar al fútbol americano
game	el juego	jugar a un juego
gymnastics	la gimnástica	hacer la gimnástica
handball	el balonmano	jugar al balonmano
(ice) hockey	el hockey (sobre hielo)	jugar al hockey (sobre hielo)
horse racing	las carreras de caballos	montar en caballo
hunting	la caza, la cacería	cazar
ice skating	el patinaje sobre hielo	patinar sobre hielo
jogging	el footing	correr, hacer footing
juggling	el juego de manos	hacer juegos de mano
motor racing	el automovilismo, las carreras de coches	correr con coches
polo	el polo	jugar al polo
pool (*billiards*)	el billar	jugar al billar
racing	las carreras	competir en una carrera
roller skating	el patinaje sobre ruedas	patinar sobre ruedas
rugby	el rugby	jugar al rugby

	EL SUSTANTIVO (NOUN)	EL VERBO (VERB)
sailing	**la navegación**	**navegar**
(cross-country) skiing	**el esquí nórdico**	**esquiar al nórdico**
(downhill) skiing	**el esquí alpino**	**esquiar al alpino**
(water) skiing	**el esquí acuático**	**esquiar al acuático**
soccer	**el fútbol**	**jugar al fútbol**
swimming	**la natación**	**nadar**
table tennis	**el tenis de mesa, el ping-pong**	**jugar al ping-pong**
tennis	**el tenis**	**jugar al tenis**
tenpins	**el boliche**	**jugar al boliche**
volleyball	**el voleibol**	**jugar al voleibol**
water polo	**el polo acuático**	**jugar al polo acuático**
weight training	**el entrenamiento con pesas**	**levantar pesas**
windsurfing	**el windsurf**	**hacer windsurf**
wrestling	**la lucha libre**	**luchar**

EJERCICIO
4·2

Write the activity (noun) that each person represents.

EJEMPLO   Zorro *la esgrima*

1. Mickey Mantle _____

2. Wayne Gretzky _____

3. William Tell _____

4. Dale Earnhardt, Jr. _____

5. Jean-Claude Killy _____

6. Tonya Harding _____

7. Michael Jordan _____

8. Jesse Ventura _____

9. Lance Armstrong _____

10. Andre Agassi _____

11. el príncipe Carlos de Gales _____

12. Olga Korbut _____

13. Mia Hamm _____

14. Cristóbal Colón _____

15. Forrest Gump (¡tres posibilidades!) _____

16. Bjørn Dæhlie _____

17. Jane Fonda _____

18. Muhammad Ali _____

Many activities have their own verb, for example, **boxear** ("to box"), **bucear** ("to dive"), and **cazar** ("to hunt"). However, several sports and games rely on the verb **jugar**.

Note that **jugar** takes the preposition **a** (or **al** as a contraction of **a** + **el**) before the name of the game. Why? Because it does. There are certain aspects of language that you just have to accept. Examples of the more commonly used verb phrases include the following:

jugar al ajedrez	*to play chess*
jugar al baloncesto/básquetbol	*to play basketball*
jugar al béisbol	*to play baseball*
jugar al billar	*to play (shoot) pool (billiards)*
jugar a las damas	*to play checkers*
jugar al fútbol	*to play soccer*
jugar al fútbol americano	*to play football*
jugar al golf	*to play golf*
jugar al hockey	*to play hockey*
jugar a un juego	*to play a game*
jugar a los naipes	*to play cards*
jugar al rugby	*to play rugby*
jugar al tenis	*to play tennis*
jugar al voleibol	*to play volleyball*

EJERCICIO
4·3

Translate the following sentences into Spanish.

1. *We play baseball in the stadium.* _____

2. *You* [informal sing.] *play basketball in the gymnasium.* _____

_____

3. *She drinks beer and shoots pool in the bar every Friday.* _____

_____

4. *Andy and Opie play checkers every Tuesday and Thursday.* _____

_____

5. *Annette plays volleyball on the beach in June, July, and August with her friends.*

_____

6. *Does your* [sing.] *robot (el robot) play chess?* _____

7. *In June they play tennis outside, and in November they play tennis inside.*

_____

8. *Why do all of you* [informal] *play golf every Saturday?* _____

_____

9. *Why do you* [informal sing.] *play a game during the party?* _____

_____

10. *He doesn't play cards because it's against (contra) his religion.* _____

_____

Los asuntos de los deportes (*Sports matters*)

El equipo deportivo (*Sports equipment*)

arrow	**la flecha**	javelin	**la jabalina**
ball	**la pelota, el balón**	net	**la red**
baseball glove	**el guante de béisbol**	puck	**el disco, el puck**
bat	**el bate, la maza, la paleta**	shot put	**el lanzamiento de peso**
bicycle	**la bicicleta**	skate(s)	**el patín (los patines)**
binoculars	**los prismáticos**	ski boots	**las botas de esquí**
bow	**el arco**	ski poles	**los bastones de esquí**
boxing gloves	**los guantes de boxeo**	skis	**los esquís**
catcher's mitt	**el guante del cachear**	(hockey) stick	**el palo (de hockey)**
exercise bike	**la bicicleta de ejercicio, la bicicleta estática**	surfboard	**la tabla de surf**
		tennis racket	**la raqueta de tenis**
fishing rod	**la caña de pescar**	weights	**las pesas**
helmet	**el casco**		

Las personas principales en los deportes (*Important people in sports*)

athlete	**el/la atleta**	player	**el jugador / la jugadora**
catcher	**el/la receptor**	quarterback	**el lanzador / la lanzadora**
champion	**el campeón / la campeona**	referee	**el árbitro / la árbitra**
cheerleader	**el animador / la animadora**	team	**el equipo**
coach	**el entrenador / la entrenadora**	teammate	**el compañero / la compañera de equipo**
goalie	**el portero / la portera**		
loser	**el perdedor / la perdedora**	trainer	**el entrenador / la entrenadora, el amaestrador / la amaestradora**
manager	**el/la gerente**		
opponent	**el/la oponente**		
owner	**el dueño / la dueña**	umpire	**el árbitro / la árbitra**
pitcher	**el tirador / la tiradora, el lanzador / la lanzadora**	winner	**el ganador / la ganadora**

EJERCICIO
4·4

¿Verdadero o falso? *Mark the following statements true (**V**) or false (**F**).*

1. _____ Robin Hood caza con un arco y una flecha.

2. _____ En las Olimpiadas el patinaje sobre hielo no es popular.

3. _____ En el juego del billar, la pelota número ocho es negra.

4. _____ En Italia, muchas personas juegan al boliche afuera.

5. _____ Típicamente, las personas que juegan al baloncesto profesionalmente son muy bajas.

6. _____ Tradicionalmente, cuando un perro juega con un gato, no hay disputas.

7. _____ El príncipe Carlos de Gales juega mucho al polo durante su vida.

8. _____ El esquí nórdico es popular en los países escandinavos: En realidad, para muchas personas, es un modo de transportación.

9. _____ Para pescar, una persona necesita una caña, una red, un barco y mucha paciencia.

10. _____ Babe Ruth, posiblemente el jugador más famoso del béisbol, juega por Los Yanquis de Nueva York, y el número en su uniforme es tres.

La historia de la diosa griega Artemis

Artemis es la hija de Zeus (el dios principal de todos los dioses griegos) y Leto. Su hermano gemelo es Apollo. Artemis es la dama de todas cosas silvestres. Ella es la diosa de la casería. Artemis y Apollo cazan con flechas de plata. Ella es una virgen y también la diosa de la castidad. Su árbol es el ciprés. Todos los animales tienen miedo de ella, especialmente el ciervo.

la castidad	*chastity*
el dios / la diosa	*god/goddess*
el gemelo	*twin*
la plata	*silver*
silvestre	*wild*
tener miedo de	*to be afraid of*

Poder (*to be able to*) and querer (*to want*)

A conjugated verb means that action is taking place: I *run*, you *play*, she *robs* a bank. The conjugated verb thus represents a reality ("I *study* Spanish"), a perceived reality ("I *receive* messages from outer space"), or even a lie ("I *have* twelve thumbs"). In any case, it indicates an action or state of being.

The infinitive (nonconjugated verb) represents an idea. Consider this:

1 Few of us *have* a million dollars in our checking account: This is *reality*.

2 Many of us *wish* **to have** a million dollars in our checking account: The reality is the wish, while having it is merely an *idea*.

There are times when we report what is actually happening:

> Jorge **plays the piano**.

Similarly, there are times when we reveal either a fantasy or a potential:

> Jorge **wants** to play *the piano*.
> Jorge **can** (**is able to**) play *the piano*.

In each of these sentences, we conjugate the reality: "wants" and "can / is able to," respectively. The infinitive remains unconjugated—nothing more than an idea.

Conjugation is limited by reality: The verb is reporting what is (or, at a minimum, is claimed to be) true, real, and actually occurring.

The sky's the limit with infinitives: You can *want to* or *be able to* or *plan to* do, have, or be anything you want.

The two-verb rule: poder and querer

Working with two verbs is very straightforward: The first one (*reality*) is conjugated, the second one (*idea*) remains in the infinitive.

This does not leave the whole situation wide open, however. Indeed, a rather limited number of verbs can "lead this dance," as it were. In this context, we're interested in verbs that "set up" a second verb. These are often called springboard verbs, because they introduce an idea, not an action.

We'll start with the springboard verbs **poder** ("to be able to," "can") and **querer** ("to want"), because they are the poster verbs for potential and desire, respectively. Once you get used to this structure, you can go wild with desire and potential!

Puedo bailar.	*I can / am able to dance.*
Puedes cantar.	*You can / are able to sing.*
Queremos correr.	*We want to run.*
Él no quiere toser.	*He doesn't want to cough.*

EJERCICIO
4·5

Para traducir (To translate) *Remember to conjugate the first verb, and leave the second one in the infinitive.*

1. *I can run.* _____

2. *You* [informal sing.] *can jump.* _____

3. *She can't read the book.* _____

4. *We can't watch the movie.* _____

5. *You all* [informal] *can sell apples in the store.* _____

   _____

6. *They can't understand why I want to play the tuba.* _____

   _____

7. *I don't want to buy a new bathtub.* _____

8. *You* [informal sing.] *can't work with so many children.* _____

   _____

9. *He wants to sing with the monkeys in the zoo.* _____

   _____

10. *We don't want to look for the skunks.* _____

   _____

By no means are **poder** and **querer** the only verbs that can set up another verb. Indeed, many verbs (for example, **querer**) can either stand alone (when it means "to want" something) or set up another verb (when it means "to want to do" something). Several verbs that commonly set up a second verb are the following:

aprender a *to learn (how) to*
Ella aprende a bailar del maestro. *She learns (how) to dance from the teacher.*

deber *to ought to, should*
Debo pagar la cuenta. *I should pay the bill.*

esperar *to hope to, expect to*
Esperamos ganar el concurso. *We expect to win the contest.*

necesitar *to need to*
Necesitáis estudiar cada día. *You need to study every day.*

pensar en *to think about (doing something)*
Pensamos en jugar al béisbol. *We're thinking about playing baseball.*

poder *to be able to, can*
Puedo cantar muy bien. *I can sing very well.*

querer *to want to*
Ellos quieren nadar en el océano. *They want to swim in the ocean.*

tener que *to have to*
Tengo que lavar los platos. *I have to wash the dishes.*

tratar de *to try to*
Trato de estudiar cada día. *I try to study every day.*

Some verbs, such as **aprender**, **pensar**, and **tratar**, take a preposition before the second verb. In the verb and vocabulary lists in this book, these verbs are always presented with the preposition that is required before the second verb. Even if the preposition isn't translated in English, it is necessary in Spanish.

EJERCICIO
4·6

Verdadero o falso? *Mark the following statements true (**V**) or false (**F**).*

1. _____ Necesito estudiar español con frecuencia.

2. _____ El editor de un periódico tiene que leer mucho cada día.

3. _____ Elton John no puede tocar el piano.

4. _____ En la Biblia, Jesús Cristo puede caminar sobre el agua.

5. _____ Una persona debe mirar la televisión todo el día.

6. _____ No debemos comer en la piscina.

7. _____ Todos los candidatos políticos quieren ganar las elecciones.

8. _____ Los peces necesitan nadar.

9. _____ Los estudiantes no esperan recibir buenas notas cada semestre.

10. _____ Los estudiantes deben asistir a las clases en la escuela.

Para traducir

1. *I want to eat in an elegant restaurant.*

   _____

2. *I can eat anything* (cualquier cosa), *because I am the owner of the restaurant.*

   _____

3. *She can't go to the party, because she has to study for the test.*

   _____

4. *If you* [informal sing.] *want to ski, you need skis, poles, and a mountain.*

   _____

5. *In Spanish class, we learn how to conjugate* (conjugar) *verbs. Wow!*

   _____

6. *She's thinking of robbing a jewelry store, because she wants to wear a ring.*

   _____

7. *He hopes to receive a package from the owner of the team tomorrow.*

   _____

8. *Superman can't see through* (por) *your clothing.*

   _____

9. *Do you* [informal sing.] *want to win or not? I have to have an answer now.*

   _____

10. *We can't eat the steak, because there are worms inside.*

    _____

Tener (to have)

The verb **tener** means, in a general sense, "to have." We'll do a short exercise to reinforce its conjugation (**tengo, tienes, tiene, tenemos, tenéis, tienen**), and then on to the wild and woolly aspects of the versatile verb **tener!**

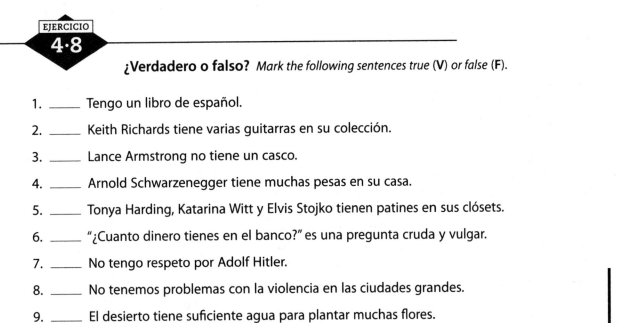

EJERCICIO
4·8

¿Verdadero o falso? *Mark the following sentences true (V) or false (F).*

1. _____ Tengo un libro de español.

2. _____ Keith Richards tiene varias guitarras en su colección.

3. _____ Lance Armstrong no tiene un casco.

4. _____ Arnold Schwarzenegger tiene muchas pesas en su casa.

5. _____ Tonya Harding, Katarina Witt y Elvis Stojko tienen patines en sus clósets.

6. _____ "¿Cuanto dinero tienes en el banco?" es una pregunta cruda y vulgar.

7. _____ No tengo respeto por Adolf Hitler.

8. _____ No tenemos problemas con la violencia en las ciudades grandes.

9. _____ El desierto tiene suficiente agua para plantar muchas flores.

10. _____ Ernest Hemingway y Santa Claus tienen barbas blancas y estómagos grandes.

Using **tener** to express age

Among the many uses of **tener** is that of expressing someone's age. In English, I say that I *am* a certain age: I *am* 20 years old, I *am* 30, I *am* 16. In Spanish, however, I say that I *have* a certain number of years: I *have* 20 years, I *have* 30, I *have* 16.

Tengo treinta años.
Ella tiene quince años.
¿Cuántos años tienes?

I am 30 years old.
She is 15.
How old are you? (lit., *How many years do you have?*)

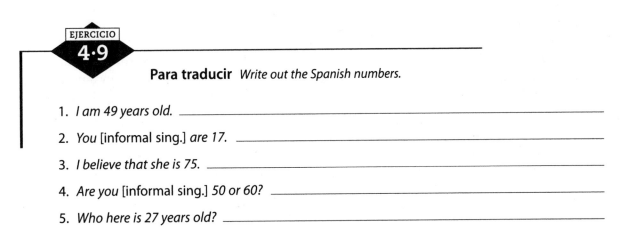

EJERCICIO
4·9

Para traducir *Write out the Spanish numbers.*

1. *I am 49 years old.* _____

2. *You* [informal sing.] *are 17.* _____

3. *I believe that she is 75.* _____

4. *Are you* [informal sing.] *50 or 60?* _____

5. *Who here is 27 years old?* _____

6. *Do you* [informal sing.] *believe that she is 39?* _____

7. *Are they 80 or 90?* _____

8. *How old are all of you* [informal]? _____

9. *We are 40.* _____

10. *Methuselah is 999 years old.* _____

¿Cuándo mueren? (When do they die?)

◆ Un mosquito muere cuando tiene entre tres y cien días.
◆ Un elefante muere cuando tiene más o menos setenta años.
◆ Un conejo muere cuando tiene más o menos nueve años.
◆ El león muere cuando tiene más o menos treinta y cinco años.
◆ El caballo muere cuando tiene cuarenta años.
◆ El hipopótamo muere cuando tiene cuarenta y cinco años.
◆ La abeja reina muere cuando tiene tres años.
◆ La vaca muere cuando tiene veintidós años.
◆ El canguro muere cuando tiene nueve años.
◆ El hámster muere cuando tiene cuatro años.

IMPORTANTE Esta información es correcta solamente bajo las condiciones óptimas. Obviamente, cuando un animal vive en un ambiente feo o disfuncional, el animal muere más rápido.

Idioms with tener

By now you've probably figured out that moving from one language to another is not simply a matter of learning vocabulary words and switching them tit for tat. Ah, if only life were so simple. However, to paraphrase James Baldwin's admonition: Be careful what you wish for (because you just might get it). This applies to studying and learning a foreign language. Were matters so simple, you would miss out on all the beauty and delights, the quirks and tics inherent in any language or its people.

Among the many delightful aspects of a language is the world of idioms. An idiom is an expression peculiar to a language conveying a distinct meaning that can't be explained by (and is often completely contrary to) one's primary understanding of the language. Idioms are phrases that don't translate word for word.

Listed below are several idioms that use the verb **tener**. Because these idioms are so commonly used, we'll study them separately. These phrases, in English, use the verb "to be" followed by an adjective. In Spanish, these phrases use the verb **tener** ("to have") followed by a noun.

tener (mucha) hambre	*to be (very) hungry (to have hunger)*
tener (mucha) sed	*to be (very) thirsty (to have thirst)*
tener (mucho) calor	*to be (very) warm (to have warmth)*
tener (mucho) frío	*to be (very) cold (to have chill)*
tener (mucho) miedo (de)	*to be (very) afraid (of) (to have fear)*
tener (mucho) orgullo (de)	*to be (very) proud (of) (to have pride)*
tener (mucha) prisa	*to be in a (great) hurry (to have haste)*

tener (mucha) razón	*to be (very) right (to have reason)*
tener (mucho) sentido	*to be (very) meaningful (to have meaning/sense)*
tener (mucho) sueño	*to be (very) tired (to have sleep)*
tener (mucha) suerte	*to be (very) lucky (to have luck)*
no tener razón	*to be wrong (to not have reason)*

The gender of the nouns above is indicated by the preceding **mucho** (masculine) or **mucha** (feminine); the definite article is not used in these expressions.

EJERCICIO
4·10

¿Verdadero o falso? *Mark the following sentences true (**V**) or false (**F**).*

1. _____ Una persona que gana la lotería tiene mucha suerte.

2. _____ Una persona que cree que dos y dos son cinco tiene razón.

3. _____ Como un filete con salsa de tomate cuando tengo sed.

4. _____ Los habitantes de la Antártica tienen mucho calor.

5. _____ Una nueva madre tiene mucho orgullo de su bebé.

6. _____ Siempre tengo razón.

7. _____ Después de un maratón, las personas que corren tienen sed, hambre y sueño.

8. _____ Una persona que juega al baloncesto todo el día tiene calor.

9. _____ La tortuga siempre tiene prisa.

10. _____ Cuando jugamos al ajedrez afuera en diciembre en Siberia, tenemos frío.

¿Sabes que...?

- En realidad, los osos negros y los aligatores tienen miedo de los humanos.
- ¡Un camelo que tiene sed puede beber diez galones de agua en diez minutos!
- El koala tiene muchísimo sueño—¡El koala duerme veintidós horas al día!
- Cuando un murciélago tiene hambre, quiere comer muchos mosquitos (u otros insectos).
- El "gusano Pompeii" tiene mucho calor, y está bien: ¡Este animal puede vivir en temperaturas hasta las 176 grados Fahrenheit!
- Si tú visitas la Antártica, tienes mucho frío—¡hay un reporte (en 1983) de ciento veintinueve grados *bajo* cero!
- La banda de Dave Matthews tiene una canción acerca de un mono que tiene mucho orgullo.
- Un reportaje en Indianápolis, Indiana, dice que típicamente los meteorólogos en la televisión tienen razón solamente cincuenta por ciento del tiempo.
- Según la leyenda, el gato tiene más suerte que todos los otros animales porque tiene nueve vidas.
- Varios científicos creen que Albert Einstein no tiene razón cuando escribe su famosa teoría general de la relatividad.

Tener que + infinitive: the "have" of obligation ("to have to do something")

When **tener** indicates obligation in the sense of "to have to," it requires the word **que** between the conjugated form of **tener** and the infinitive that follows. This is the only verb in Spanish that requires the use of **que** in this fashion.

If there is a string of things one has to do, the verb for each obligatory action remains in the infinitive. Just because you have to do it doesn't mean you will—it's still an idea.

Tengo que decir la verdad en la corte.	*I have to tell the truth in court.*
Tienes que tostar el pan.	*You have to toast the bread.*
No tenemos que ir a la escuela hoy.	*We don't have to go to school today.*
Él tiene que trabajar, estudiar y dormir.	*He has to work, study, and sleep.*

EJERCICIO
4·11

Para traducir *In this exercise, consider "you" as informal.*

1. *I have to work tomorrow.* _____

2. *You [sing.] have to buy food for the party.* _____

3. *She has to watch the movie and write a report.* _____

   _____

4. *We have to play golf with Tiger Woods.* _____

5. *You all have to leave now.* _____

6. *They have to play chess.* _____

7. *Do you [sing.] have to sell your house?* _____

8. *Why do we have to study so much?* _____

9. *Who has to eat the carrots?* _____

10. *What do you [sing.] have to do every morning?* _____

    _____

Possessive adjectives

Possessive adjectives precede a noun and indicate to whom that noun belongs: *my* toaster, *your* rifle, *his* salt, *her* inclination, *our* decision, *your* tires, *their* car.

In Spanish (unlike English), the possessive adjective takes the number (singular or plural) of the noun(s): *mi* **gato**, *mis* **gatos**. In addition, in the first- and second-person plural (**nuestro** and **vuestro**) forms, the adjective also takes the noun's (or nouns') gender because these possessive adjectives end in **-o**.

POSSESSIVE ADJECTIVES

mi(s)	*my*	nuestro(s)/nuestra(s)	*our*
tu(s)	*your* (informal sing.)	vuestro(s)/vuestra(s)	*your* (informal pl.)
su(s)	*his/her/its/your* (formal sing.)	su(s)	*their/your* (formal pl.)

mi guante, mis guantes	nuestro zapato, nuestros zapatos
tu faja, tus fajas	vuestro anillo, vuestros anillos
su cinturón, sus cinturones	su casco, sus cascos

EJERCICIO
4·12

Para traducir

1. *my arrow* _____

2. *your* [informal sing.] *helmet* _____

3. *his surfboard* _____

4. *our bat* _____

5. *our bicycle* _____

6. *your* [informal pl.] *net* _____

7. *your* [informal pl.] *skis* _____

8. *their boxing gloves* _____

9. *their puck* _____

10. *my binoculars* _____

11. *your* [informal sing.] *manager* _____

12. *her team* _____

13. *our ice skates* _____

14. *their ski poles* _____

15. *their players* _____

16. *my trainer* _____

EJERCICIO
4·13

Para traducir

1. *My friend has a hockey stick.* _____

2. *Your* [informal sing.] *uncle can dance well.* _____

3. *His coach wants to play soccer tomorrow.* _____

   _____

4. *Our umpire can't see the ball.* _____

5. *Your* [informal pl.] *team can't win the game.* _____

6. *Their teammates live in an apartment.* _____

   _____

7. *My teammates play basketball in the gymnasium.* _____

   _____

8. *Where does your* [informal sing.] *coach live?* _____

9. *I can't read my books, because I don't have my glasses.* _____

   _____

10. *Our cousins don't want to play football.* _____

    _____

Ir, salir, and venir: three irregular verbs of motion

All three of these verbs involve motion. Because motion nearly always implies an origin or destination, you almost always need to use prepositions with these verbs.

1 **Ir** + **a** ("to go to"). Nearly every sentence that involves the verb "to go" includes a destination and involves the preposition "to."

Voy a la fiesta.	*I go to the party.*
Vas a la tienda.	*You go to the store.*
Ella va al penitenciario.	*She goes to the penitentiary.*

2 **Salir** + **de** ("to leave from"), **salir** + **para** ("to leave for"). When referring to your point of origin, you use the preposition **de** (meaning "from"). When referring to your destination, you use the preposition **para** (meaning "for"). In English, "from" is optional, but not in Spanish.

Salgo de la casa.	*I leave (from) the house.*
Salimos del tren.	*We leave (from) the train.*
Ellos salen de la iglesia.	*They leave (from) the church.*
Saléis para la escuela.	*You all leave for school.*
Sales para el trabajo.	*You leave for work.*
Él sale para el juego.	*He leaves for the game.*

3 Venir + de ("to come from"), **venir + a** ("to come to"). Technically, we always *go to* and *come from* a place. However, we often use both prepositions with the verb **venir**.

Vengo de la despensa.	*I come from the pantry.*
Vienes del teatro.	*You come from the theater.*
Ella viene de la oficina.	*She comes from the office.*
Venimos a la reunión.	*We come to the meeting.*
Venís al estadio.	*You all come to the stadium.*
Ustedes vienen al lago.	*You all come to the lake.*

VOCABULARIO

Los modos de transportación (*Means of transportation*)

airplane	**el avión**	rental car	**el coche alquilado,**
bicycle	**la bicicleta**		**el carro alquilado**
bus	**el autobús**	ship	**el buque**
boat	**el barco**	spaceship	**la nave espacial**
car	**el coche, el carro**	subway	**el metro**
company car	**el coche de la empresa,**	taxi	**el taxi**
	el carro de la empresa	train	**el tren**
ferry	**el ferry**	trolley	**el tranvía**
foot	**el pie**	yacht	**el yate**
limousine	**la limusina**	to ride a bike	**montar en bicicleta**
motorcycle	**la motocicleta**	to ride a horse	**montar en caballo**

NOTE To indicate *how* one is going somewhere, you use the preposition **por** before the type of transportation: **Voy al banco *por* taxi.**

EJERCICIO
4·14

¿**Verdadero o falso?** *Mark the following sentences true (**V**) or false (**F**).*

1. _____ Varios turistas van al museo por taxi en las ciudades grandes.

2. _____ Los astronautas van a la luna por yate.

3. _____ Con frecuencia, el ejecutivo de una compañía sale de la oficina y va a la casa (o al apartamento) por limusina.

4. _____ Típicamente, el tren sale de la estación a una hora predeterminada.

5. _____ Muchas personas creen que en 1492, Cristóbal Colón sale de España por buque y llega en el lugar que ahora se llama Los Estados Unidos.

6. _____ En la mayoría de los aeropuertos, hay un sitio donde una persona puede alquilar un coche.

7. _____ Una persona con poco dinero va a la principalidad de Mónaco con frecuencia por avión privado.

8. _____ Cada noche Drácula entra en mi casa y sale de la casa por el sótano en la mañana.

9. _____ Muchos estudiantes en las escuelas elementarias van a la escuela por autobús.

Ir + a + verb: to express future time

While this book focuses on the present tense (what is happening or is currently true), a special use of the present tense of the verb **ir** allows you to speak and write of things that are *going to* happen in the future.

In English, this translates as "going to do something," for example, "I am going to eat a raw egg tomorrow morning for breakfast." The present tense would be "I am eating a raw egg for breakfast." The pattern for this structure is CONJUGATED **ir** + **a** + INFINITIVE + THE REST OF THE SENTENCE.

Voy a estudiar.	*I am going to study.*
Vas a beber la leche.	*You are going to drink the milk.*
No vais a subir al árbol.	*You all are not going to climb the tree.*

EJERCICIO
4·15

Write an X next to the statements that you or the person(s) named may be likely to do tomorrow. Each person should be regarded as still alive.

EJEMPLO   ___X___ Babe Ruth va a jugar al béisbol.

1. _____ Voy a bailar el tango en la taberna Copacabana.

2. _____ Barbra Streisand va a cantar.

3. _____ Lance Armstrong va a montar en bicicleta.

4. _____ Oprah Winfrey va a hablar enfrente de una audiencia.

5. _____ El rey de España va a dedicar un edificio en mi nombre.

6. _____ Voy a competir en las Olimpiadas en el área del boxeo.

7. _____ Dr. Dolittle va a hacer cirugía de corazón en un búfalo.

8. _____ Voy a beber un "cóctel" de vinagre, leche y jugo de toronja.

9. _____ Voy a beber agua.

10. _____ Mis amigos y yo vamos a nadar en aguas sucias.

Hacer (*to do, make*)

Hacer is one of the hardest-working verbs in the Spanish language. Its dictionary definition is "to do" or "to make," but it goes far beyond the usual scope of verbs: It is used in countless idiomatic expressions. Becoming familiar with the verb **hacer** will broaden your capabilities in Spanish considerably.

Hacer is regular except in the **yo** form, which is **hago**. If the **yo** form were regular, it would be **haco**. Say **haco** out loud. If it sounds ridiculous, you're on your way to developing a *feel* for the Spanish language. In many cases, a verb is reformulated (and thus made irregular) to accommodate its pronunciation. Spanish is a beautiful language in which the mellifluous can—and often does—overrule the expected grammatical form.

EJERCICIO

Write an X next to the following sentences that are true as they apply to you.

1. _____ Hago mi cama cada mañana.

2. _____ Hago mis tareas de la escuela cada noche.

3. _____ Hago ejercicios con un entrenador cuatro veces cada semana.

4. _____ Hago todas las cosas absolutamente perfectamente.

5. _____ No hago nada los domingos.

6. _____ Hago todos los regalos para mis amigos.

7. _____ No hago nada especial en mi cumpleaños.

8. _____ No hago nada para las personas en mi familia.

In addition to its regular meanings ("to do," "to make"), **hacer** is used in many idioms. Listed below are a few of the more common.

VOCABULARIO

Idioms with **hacer**

hacer el baúl	to pack the trunk	**hacer el papel de**	to play the role of
hacer una broma	to play a joke	**hacer pedazos**	to smash to pieces
hacer caso de	to pay attention to	**hacer una pregunta**	to ask a question
hacer daño a (algo)	to harm/damage (something)	**hacer un viaje**	to take a trip
		hacer una visita	to pay a visit
hacer la maleta	to pack the suitcase		

EJERCICIO
4·16

Para traducir *Translate the following sentences into Spanish. The phrases that use the verb* **hacer** *are underlined. Consider "you" as informal singular.*

1. *Every year we <u>take a trip</u>.*

_____

2. *I always <u>pack my suitcase</u> in the morning.*

_____

3. *I need to <u>ask a question</u>, but no one is here.*

_____

4. *He doesn't <u>pay attention to</u> the television.*

_____

5. *Clark Gable plays the role of Rhett Butler.*

_____

6. *You should pay a visit to your aunt Debra.*

_____

7. *The elephant in the living room damages the furniture.*

_____

8. *I can't see my suitcase when you pack the trunk.*

_____

9. *Why do you pay attention to the referee?*

_____

10. *I want to take a trip with my friends, but not with their animals.*

_____

Hacer and estar: describing the weather

One important and specific use of the verbs **hacer** and **estar** (which will be fully covered in the next unit) is to describe the weather. Both **hacer** and **estar** are used only in the third-person singular in this context, because the subject is the nebulous "it." Note that it is always **hace** + noun, but **está** + adjective OR gerund. (We'll discuss gerund forms of the verb in Unit 5, on page 148.) You cannot mix and match these expressions, because they won't make sense if you do. Memorize the following.

IDIOMS WITH **hacer**		EXPRESSIONS WITH **estar**	
hace (mucho) frío	*it is (very) cold*	está (muy) nublado	*it is (very) cloudy*
hace (mucho) calor	*it is (very) hot*	está lloviendo	*it is raining*
hace (mucho) sol	*it is (very) sunny*	está nevando	*it is snowing*
hace (mucho) viento	*it is (very) windy*	está lloviznando	*it is drizzling*
hace fresco	*it is cool*	está lluvioso	*it is rainy*
hace (muy) buen tiempo	*it is (very) nice out*	está húmedo	*it is humid*
hace (muy) mal tiempo	*it is (very) bad out*	está seco	*it is dry*
		está tormentoso	*it is stormy*

To inquire about the weather, you ask, **¿Qué tiempo hace (hoy)?** (literally, "What does the weather make (today)?"). Remember that idioms are phrases that translate a particular meaning or sentiment; they don't translate word for word.

A few weather verbs stand on their own and require neither **hace** nor **está**:

SPANISH	ENGLISH	INFINITIVE
llovizna	*it drizzles*	lloviznar
llueve	*it rains*	llover
nieva	*it snows*	nevar

¿Qué tiempo hace? *Write a sentence describing the weather, given each of the following situations. More than one answer is possible.*

EJEMPLO   Nadamos afuera. <u>*Hace calor. / Hace sol. / Hace buen tiempo.*</u>

1. Estoy (*I am*) en el desierto. _____

2. Estoy en Cuba. _____

3. Estoy en el polo antártico. _____

4. Estoy en el planeta Plutón. _____

5. Necesito un impermeable y paraguas. _____

6. Tengo que cancelar mi fiesta en el jardín. _____

7. Estoy en la región Amazona. _____

VOCABULARIO

El tiempo (*The weather*)

avalanche	**la avalancha**	rain	**la lluvia**
bad weather	**el mal tiempo**	shade	**la sombra**
blizzard	**la ventisca, la tempestad de nieve**	shower	**el chaparrón**
		snow	**la nieve**
climate	**el clima**	snowball	**la bola de nieve**
cloud	**la nube**	snowdrift	**la ventisca de nieve**
cold	**el frío**	snowfall	**la nevada**
cold front	**el frente frío**	snowflake	**el copo de nieve**
degree	**el grado**	snowman	**el muñeco de nieve**
dreary weather	**el tiempo gris**	snowstorm	**la tormenta de nieve**
drizzle	**la llovizna, el chirimiri**	star	**la estrella**
drought	**la sequía**	storm	**la tormenta**
fog	**la niebla**	sun	**el sol**
frost	**la helada, la escarcha**	sunny day	**el día de sol**
gale (*of wind*)	**el vendaval, el ventarrón**	temperature	**la temperatura**
hail	**el granizo**	thunder	**el trueno**
heat	**el calor**	thunderbolt	**el rayo**
heat wave	**la ola de calor**	thunderstorm	**la tormenta eléctrica, la tormenta de rayos**
high pressure	**la presión alta**		
highest temperature	**la temperatura máxima**	tornado, cyclone	**el ciclón**
hurricane	**el huracán**	torrent	**el torrente**
ice	**el hielo**	tsunami	**el tsunami**
Indian summer	**el verano de San Martín**	warm front	**el frente cálido**
lightning	**el relámpago**	weather	**el tiempo**
low pressure	**la presión baja**	weather conditions	**las condiciones climáticas**
lowest temperature	**la temperatura mínima**		
mist	**la bruma**	weather forecast	**el pronóstico del tiempo**
monsoon	**el monzón**		
moon	**la luna**	wind	**el viento**

¿A, B, C (o más)? *Select the correct answer from the choices given.*

1. _____ ¿Qué no existe en Panamá?
   a. la ola de calor
   b. la nevada
   c. la lluvia

2. _____ Cada copo de nieve es _____.
   a. distinto
   b. exactamente como los otros
   c. amarillo

3. _____ La ventisca de nieve ocurre cuando _____.
   a. está lloviznando
   b. hace fresco
   c. hace mucho viento

4. _____ Buscamos la sombra cuando _____.
   a. hace mucho frío
   b. hace mucho sol
   c. está nublado

5. _____ "Un día de niebla (*foggy*) en Londres" es una canción compuesta por _____.
   a. George Gershwin
   b. Cole Porter
   c. Duke Ellington

6. _____ ¿Qué puede ruinar las vacaciones?
   a. una avalancha
   b. una ventisca
   c. un huracán
   d. un ciclón
   e. a, b, c y d

7. _____ Frosty es el nombre de _____.
   a. una bola de nieve
   b. un copo de nieve
   c. un muñeco de nieve
   d. una tormenta de nieve

8. _____ ¿Qué ocurre el veintiséis de diciembre, 2004, en Indonesia que destruye mucho de la región?
   a. el tsunami
   b. el huracán
   c. el monzón
   d. el ciclón

EJERCICIO
4·19

Responde en español a las siguientes preguntas. Cada pregunta tiene varias respuestas posibles.

1. ¿Qué tiempo hace en el polo antártico? _____

2. ¿Qué tiempo hace en abril? _____

3. ¿Qué tiempo hace en Cuba? _____

4. ¿Qué tiempo hace en el desierto? _____

5. ¿Qué tiempo hace durante el verano de San Martín? _____

6. ¿Qué tiempo hace durante una tempestad de nieve? _____

7. ¿Qué tiempo hace durante una ola de calor? _____

8. ¿Qué tiempo hace antes de un chaparrón? _____

9. ¿Qué tiempo hace después de un frente cálido? _____

10. ¿Qué tiempo hace durante el monzón? _____

The five senses: **oír** (*to hear*), **oler** (*to smell*), **probar** (*to taste*), **ver** (*to see*), **tocar** (*to touch*)

We're in the thick of it now. In this section and the next, you will learn four new irregular verbs and everything you've always (or never) wanted to know about direct object pronouns.

First things first. This section's four irregular verbs are the following:

oír *to hear*	oigo	oyes	oye	oímos	oís	oyen
oler *to smell*	huelo	hueles	huele	olemos	oléis	huelen
probar *to taste*	pruebo	pruebas	prueba	probamos	probáis	prueban
ver *to see*	veo	ves	ve	vemos	veis	ven

The verb for the fifth sense, **tocar**, is a regular verb:

tocar *to touch*	toco	tocas	toca	tocamos	tocáis	tocan

EJERCICIO
4·20

Translate the following sentences into Spanish. Consider "you" as informal.

1. *I hear.* _____

2. *I smell.* _____

3. *You* [sing.] *taste.* _____

4. *She sees.* _____

5. *We smell.* _____

6. *They hear.* _____

7. *I see.* _____

8. *You* [sing.] *touch.* _____

9. *They smell.* _____

10. *I taste.* _____

11. *You* [sing.] *hear.* _____

12. *They taste.* _____

13. *She hears.* _____

14. *We hear.* _____

15. *We see.* _____

16. *You all see.* _____

17. *You all hear.* _____

18. *He smells.* _____

19. *He hears.* _____

20. *He tastes.* _____

Direct object pronouns

This is one of those times when every student of a foreign language probably wishes that he or she had paid more attention in fourth grade grammar class. Most people's eyes roll at the mention of object pronouns, direct or otherwise.

Direct object pronouns are presented here because you have probably already felt a need for them. Certain verbs—and the sensing verbs are five of them—set up a strong *need* for direct object pronouns. Necessity being the mother of invention and learning, let us proceed.

As you learned at the beginning of Unit 2, pronouns can replace understood nouns. Pronouns can also make our lives easier and make us more interesting speakers. Instead of nattering on about Bob and Ted and Carol and Alice and their many antics, we can efficiently say "they." "They" is a subject pronoun, because a subject pronoun replaces the name of the sentence's subject(s)/actor(s).

On the flip side, direct object pronouns replace the name(s) of direct objects. Memorize the following mantra: *The direct object is the person(s) or thing(s) referred to **directly** by the verb.* The direct object responds to the interrogatives "whom?" and "what?"

*I touch **the car**.*	*I touch **it**.*
*Rita smells **the flowers**.*	*Rita smells **them**.*
*The cat sees **Sam and Carlos and me**.*	*The cat sees **us**.*
*John doesn't taste **the bread**.*	*John doesn't taste **it**.*
*We hear **the mice**.*	*We hear **them**.*

Do you see how efficient this is? Listed below are the eight direct object pronouns in Spanish; there are no others to learn. Please memorize them now.

DIRECT OBJECT PRONOUNS

me	*me*	nos	*us*
te	*you* (informal sing.)	os	*you* (informal pl.)
lo	*him, you* (formal sing.), *it* (masc.)	los	*them, you* (formal) (masc. pl., masc. & fem. pl.)
la	*her, you* (formal sing.), *it* (fem.)	las	*them, you* (formal) (fem. pl.)

Now the trick to this in Spanish is that you place the direct object pronoun *before* the verb. In English, we place it *after*.

Yo **lo** toco.	*I touch **it**.*
Rita **las** huele.	*Rita smells **them**.*
El gato **nos** ve.	*The cat sees **us**.*
Juan no **lo** prueba.	*John doesn't taste **it**.*
Los oímos.	*We hear **them**.*

In a negative sentence, you place the **no** *before* the direct object pronoun.

Yo **no** la veo.   *I **do not (don't)** see her.*
Ellos **no** te oyen.   *They **don't** hear you.*
No lo vemos.   *We **don't** see it.*

EJERCICIO
4·21

Translate the following sentences into Spanish. Watch for indicators of gender and number. Unless otherwise noted, "you" is informal singular.

1. *I see you.* _____

2. *You see me.* _____

3. *She hears you.* _____

4. *You hear him.* _____

5. *We don't see you.* _____

6. *We see them* [m.]. _____

7. *They hear us.* _____

8. *You all* [informal] *see me.* _____

9. *They see them* [f.]. _____

10. *We don't hear it* [m.]. _____

11. *I smell it* [m.]. _____

12. *You smell them* [f.]. _____

13. *They taste it* [m.]. _____

14. *You all* [formal] *taste them* [m.]. _____

15. *We touch it* [f.]. _____

16. *She touches me.* _____

17. *I touch you* [informal pl.]. _____

18. *They touch us.* _____

19. *We don't smell it* [m.]. _____

20. *She doesn't see us.* _____

Clases de libros y cosas de leer (*Types of books and things to read*)

adventure story	la historia de aventuras	nonfiction	la literatura no novelesca
anthology	la antología	note	la nota
atlas	el atlas	novel	la novela
autobiography	la autobiografía	page	la página
autograph	el autógrafo	paperback	el libro en rústica
biography	la biografía	paragraph	el párrafo
book	el libro	picaresque novel	la novela picaresca
children's literature	la literatura infantil	poem	el poema
comic book	el libro cómico	poetry	la poesía
contract	el contrato	prose	la prosa
cookbook	el libro de cocina	quote	la cita
detective story	la novela policíaca	reference book	el libro de consulta
diary	el diario	restoration comedy	la comedia de la restauración
dictionary	el diccionario		
document	el documento	rhyme	la rima
encyclopedia	la enciclopedia	romance	la novela de romance, el idilio amoroso
epic poem	el poema épico		
essay	el ensayo	satire	la sátira
fable	la fábula	satirical poem	el poema satírico
fairy tale	el cuento de hadas	science fiction	la historia de ciencia ficción
feminist novel	la novela feminista		
fiction	la ficción, la narrativa	short story	el cuento corto, la historia corta
Greek tragedy	la tragedia griega		
hardback	el libro de tapa dura	spy story	la historia de espionaje
horror story	la historia de terror, el cuento de terror	story	el cuento, la historia
		table	la tabla
introduction	la introducción	tabloid	el tabloide, el periodicucho
letter	la carta		
magazine	la revista	teenage fiction	la literatura juvenil
manual	el manual	text	el texto
map	el mapa	textbook	el libro de texto
memoirs	las memorias	thesaurus	el tesoro léxico
mystery	el misterio	title	el título
myth	el mito	travel book	el libro de viajes
narrative	la narrativa	verse	el verso
newspaper	el periódico	war novel	la novela de guerra

Las personas en las bellas cartas (*People involved in the written word*)

author	el autor / la autora	newspaper writer	el/la periodista
columnist	el/la columnista	playwright	el dramaturgo / la dramaturga
commentator	el comentador / la comentadora, el/la comentarista		
		poet	el/la poeta
		publisher	el publicador / la publicadora
editor	el editor / la editora		
essayist	el/la ensayista	translator	el traductor / la traductora
minstrel	el juglar / la juglara		
narrator	el narrador / la narradora	writer	el escritor / la escritora

Translate the following pairs of sentences into Spanish. Consider "you" as informal.

1. a. *I have a newspaper.* _____

   b. *I have it.* _____

2. a. *You* [sing.] *read the novel.* _____

   b. *You* [sing.] *read it.* _____

3. a. *They see some magazines.* _____

   b. *They see them.* _____

4. a. *She touches the letters.* _____

   b. *She touches them.* _____

5. a. *You all buy the tabloid.* _____

   b. *You all buy it.* _____

6. a. *We listen to the poems.* _____

   b. *We listen to them.* _____

7. a. *He writes his memoirs.* _____

   b. *He writes them.* _____

8. a. *Carlos studies the manual.* _____

   b. *Carlos studies it.* _____

9. a. *Homer writes the epic poem.* _____

   b. *He writes it.* _____

10. a. *Margo looks for the thesaurus.* _____

    b. *Margo looks for it.* _____

Homer, el poeta griego

Homer es un poeta que nace circa 900 B.C. (novecientos años antes de Jesús Cristo). Homer vive en Grecia (nadie sabe exactamente en qué ciudad, pero probablemente es en Chios o Smyrna). Él escribe dos grandes poemas épicos de la historia griega: *El Iliad* (el cuento de la guerra Trojan) y *La Odisea* (sobre los viajes de Odiseas). La vida de Homer es un misterio. Unos escolares creen que él nunca existe y que sus historias en realidad son las historias de muchas personas durante varios siglos. Casi todas las personas que estudian y escriben de Homer creen que es ciego (que no puede ver nada).

El Iliad tiene veinticuatro libros y nos dice de la ira de Achilles y sus consecuencias trágicas. Achilles disputa con Agamemnon sobre la posesión de la mujer cautiva Briseis.

La Odisea también tiene veinticuatro libros y comienza casi diez años después de la caída de Troy. En esencia, "una odisea" es un viaje que dura mucho tiempo y tiene muchas dificultades (exactamente como la vida de todos nosotros). Odiseas pasa diez años en ruta a Ithaca, que es su patria y el hogar de su hijo Telemachus y su esposa Penélope.

Uno de los poemas más famosos y lindos sobre el odisea de Odiseas se llama simplemente "Ithaca", y es escrito por el poeta griego Cavafy. Este poema nos dice la importancia y las lecciones que una persona puede aprender de un viaje largo y duro. Este poema es uno de los poemas favoritos de Jacqueline Kennedy Onassis, y durante su fúnebre su compadre especial, Maurice Tempelsman, lo lee.

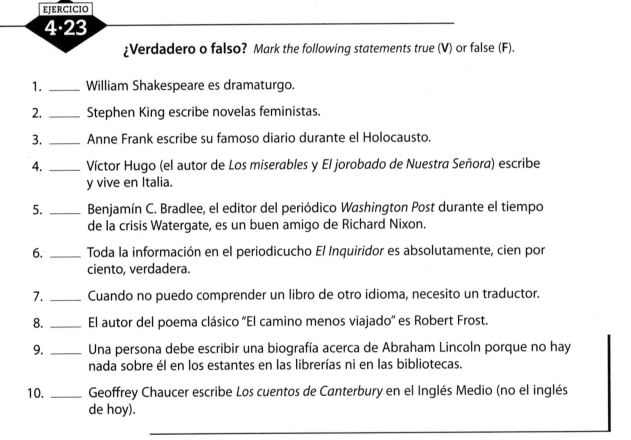

EJERCICIO
4·23

¿**Verdadero o falso?** *Mark the following statements true (**V**) or false (**F**).*

1. _____ William Shakespeare es dramaturgo.

2. _____ Stephen King escribe novelas feministas.

3. _____ Anne Frank escribe su famoso diario durante el Holocausto.

4. _____ Víctor Hugo (el autor de *Los miserables* y *El jorobado de Nuestra Señora*) escribe y vive en Italia.

5. _____ Benjamín C. Bradlee, el editor del periódico *Washington Post* durante el tiempo de la crisis Watergate, es un buen amigo de Richard Nixon.

6. _____ Toda la información en el periodicucho *El Inquiridor* es absolutamente, cien por ciento, verdadera.

7. _____ Cuando no puedo comprender un libro de otro idioma, necesito un traductor.

8. _____ El autor del poema clásico "El camino menos viajado" es Robert Frost.

9. _____ Una persona debe escribir una biografía acerca de Abraham Lincoln porque no hay nada sobre él en los estantes en las librerías ni en las bibliotecas.

10. _____ Geoffrey Chaucer escribe *Los cuentos de Canterbury* en el Inglés Medio (no el inglés de hoy).

H.L. Mencken, el periodista y ensayista extraordinario

En el mundo de los periodistas, probablemente no hay un nombre más grande ni más importante que el de H.L. Mencken (1880–1956). Ahora H.L. (para Henry Louis) Mencken no es muy famoso ni popular, pero durante la primera parte del siglo veinte, él es el periodista y ensayista principal de todos Los Estados Unidos, y también en muchos sectores del mundo.

Mencken vive toda su vida en Baltimore, Maryland, y escribe por el *Baltimore Sun,* el periódico principal en aquel época y el que todavía existe hoy. Mencken escribe principalmente artículos sobre la política, y él sale de su amada Baltimore solamente para asistir a las convenciones nacionales cada cuatro años, y para ir a Washington, D.C. o Nueva York (por tren) por un día. El resto del tiempo, Mencken está feliz en su casa en la calle Cathedral, en donde vive de niño y de adulto.

de las cuales	of which
la insuficiencia cardiaca	heart failure
el renacimiento	Renaissance
el siglo	century

Aunque Mencken es más famoso por su trabajo de periodista, también escribe en varias otras formas. Él escribe tres memorias, la primera de las cuales es *Los días felices* (Happy Days), y compila *El idioma americano* (The American Language), una combinación de antología y libro de consulta de las diferencias entre el inglés de la Inglaterra y el inglés de Los Estados Unidos. Escribe varios ensayos sobre una variedad de tópicos, que incluyen las mujeres, la música, la religión, la educación, la literatura y más. También, Mencken es co-editor de la revista *El Mercurio Americano* (The American Mercury) desde 1924 hasta 1933, una colección de la mejor literatura americana (en su opinión). Esta revista contiene historias por William Faulkner, F. Scott Fitzgerald, Sinclair Lewis y muchos otros autores del día.

Mencken nace el 12 de septiembre, 1880, y muere de la insuficiencia cardiaca el veintinueve de enero, 1956. Se casa con Sara Haardt cuando tiene cincuenta años y ellos no tienen niños. Además de escribir tanto, Mencken también es pianista distinguido y es miembro de una "orquestra" que practica cada semana, siempre en la sala de Mencken. Después de practicar, los viejos amigos beben cerveza. H.L. Mencken, sin duda, es un verdadero "hombre del renacimiento".

Hay incontables citaciones famosas de Mencken. Una de las más recitadas es ésta: "Las personas que pueden, lo hacen; las personas que no pueden, lo enseñan".

EJERCICIO

4·24

Responde en español.

1. ¿Dónde vive H.L. Mencken? _____

2. ¿Por cuál periódico escribe Mencken? _____

3. ¿Cuántas memorias escribe Mencken? _____

4. ¿Qué instrumento musical toca Mencken? _____

5. ¿Cómo se llama la revista que él edita? _____

6. ¿Cuántos años tiene Mencken cuando se casa? _____

7. ¿Cuántos años tiene cuando muere? _____

8. ¿Escribe solamente sobre la política? _____

9. ¿Cómo se llama su esposa? _____

10. ¿Cómo se llama su famoso libro de consulta? _____

The personal a

Every language has its peculiarities and quirks. Among the strangest, and unique to Spanish, is the *personal **a***. We introduce this little treasure here because you first have to understand the concept of the direct object in order to understand when you'll need to use the personal **a**. When the direct object is a specific person (or persons), you must place an **a** directly before the mention of that person (or persons); this is known as the personal **a**. Study the examples below.

Veo **a** Jorge.	*I see George.*
Amas **a** Lucy.	*You love Lucy.*
Buscamos **a** Enrique.	*We look for Henry.*

Remember: The direct object is that noun which is affected *directly* by the verb, and it usually comes right after the verb in both English and Spanish.

EJERCICIO
4·25

¿Verdadero o falso? *Mark the following sentences true (**V**) or false (**F**). Note the personal **a** in each sentence.*

1. _____ En el famoso drama por Shakespeare, Romeo ama a Julieta.

2. _____ En el cuento de hadas "Cinderella", el príncipe ama a la hermanastra fea.

3. _____ En el cuento de niños "La Caperucita Roja", el lobo mata a la abuela (en realidad, la come).

4. _____ En *El mago de Oz*, Dorothy y Toto buscan a su tío Henry y a su tía Em.

5. _____ Los buenos estudiantes escuchan a su maestra.

6. _____ Comprendo perfectamente a las personas que hablan zulú.

7. _____ A veces espero a mis amigos cuando están tarde.

8. _____ Debo a mi banquero cinco millones de dólares.

9. _____ No creo a todos los escritores de los periodicuchos.

10. _____ Cada día cuando abro mi clóset, descubro a un criminal.

A few notes on the personal a

1 You *don't* use the personal **a** with the three verbs **ser** ("to be"), **tener** ("to have"), and **hay** ("there is"/"there are").

Ricardo es cubano.	*Richard is Cuban.*
Tengo una amiga en Italia.	*I have a friend in Italy.*
Hay un abogado aquí.	*There is a lawyer here.*

2 You *don't* use the personal **a** if the direct object is a nonspecific person or persons.

Necesito unos nuevos amigos.	*I need some new friends.*
Busco un agente de bienes raíces.	*I'm looking for a real estate agent.*

3 You *do* use the personal **a** with your pet and others' pets, as well as with animals with whom you have a personal relationship. You *don't* use the personal **a** with strays, mongrels, animals you hunt or want to hunt down, vicious beasts, vermin, or any living creature you wouldn't welcome into your lovely home.

Dorothy ama **a** su perrito, Toto.	*Dorothy loves her little dog, Toto.*
Dorothy odia las pulgas en Toto.	*Dorothy hates the fleas on Toto.*
Ozzy Osbourne besa **a** su perro.	*Ozzy Osbourne kisses his dog.*
Ozzy Osbourne muerde el murciélago.	*Ozzy Osbourne bites the bat.*

4 In a complex question that requires the personal **a**, you place the **a** before the interrogative, which will always be **quién**:

¿**A** quién ves?	*Whom do you see?*
¿**A** quién dibujas?	*Whom are you drawing?*
¿**A** quién oyes?	*Whom do you hear?*

5 If there is more than one direct object and all of them are people and/or pets, you place the personal **a** before each one.

Veo **a** Roberto, **a** Marcos, **a** Rita,	*I see Robert, Marcos, Rita,*
a Nicola, **a** Paco, **a** Tweety y **a** Lassie.	*Nicola, Paco, Tweety, and Lassie.*

6 If the personal **a** precedes the definite article **el**, you use the contraction **al**.

Puedo ver **al** chico.	*I can see the boy.*
Escucho **al** sacerdote.	*I listen to the priest.*
No comprendo **al** maniaco.	*I don't understand the maniac.*

EJERCICIO
4·26

*Translate the following sentences into Spanish. Each will contain at least one personal **a**. Consider all instances of "you" as informal singular.*

1. *Ricky loves Lucy, and Lucy loves Ricky.* _____

2. *I understand the poet, but I don't understand the translator.* _____
_____

3. *We can see the playwright in the theater.* _____
_____

4. *Do you hear the commentator?* _____

5. *When do you visit* (visitar) *your grandparents?* _____

6. *Whom* [sing.] *do they hear?* _____

7. *I don't listen to my teachers, because they speak in code* (en código). _____
_____

8. *I don't see my friends, and they don't see me.* _____

9. *Can you hear my dog?* _____

10. *We should visit my cousins more often* (a menudo). _____

*Write the personal **a** in the following sentences as needed. If it is not needed, mark an X.*

1. Visitamos _____ la actriz.

2. Tengo _____ amigos que viven en Perú.

3. Estoy muy triste porque nadie ama _____ mi gatita Fifi.

4. Veo _____ varias cucarachas en tu cocina. ¿Qué vas a hacer?

5. ¿_____ quién canta Celine Dion en Las Vegas?

6. ¿_____ quién tiene discos por Celine Dion?

7. Busco _____ el panadero que hace este pan. ¡Está delicioso!

8. Busco _____ un panadero extraordinario para mi fiesta: Necesitamos mucho pan y una torta en la forma de un árbol de Navidad.

9. Hay _____ una maestro en mi escuela que vive en un castillo.

10. En la película *Cleopatra* (1963), Elizabeth Taylor es _____ Cleopatra, Richard Burton es _____ Marc Antony y Rex Harrison es _____ Julius Caesar.

VOCABULARIO

Las profesiones (*Professions*)

accountant	**el/la contable, el contador / la contadora**
actor	**el actor**
actress	**la actriz**
actuary	**el actuario / la actuaria de seguros**
agent	**el/la agente**
(television) announcer	**el presentador / la presentadora (de televisión)**
architect	**el arquitecto / la arquitecta**
artist	**el/la artista**
baker	**el panadero / la panadera**
banker	**el banquero / la banquera**
bookseller	**el librero / la librera**
brewer	**el cervecero / la cervecera**
bricklayer, mason	**el/la albañil**
builder	**el constructor / la constructora**
bus driver	**el conductor / la conductora de autobuses**
businessperson	**el hombre / la mujer de negocios, el/la negociante**
butcher	**el carnicero / la carnicera**
buyer	**el encargado / la encargada de compras**
camera operator	**el camarógrafo / la camarógrafa**
caretaker	**el/la vigilante, el/la conserje**
carpenter	**el carpintero / la carpintera**
caterer	**el abastecedor / la abastecedora de comidas**
chauffeur, driver	**el/la chofer**
chemist	**el químico / la química**

civil servant	el funcionario / la funcionaria
cleaner	el limpiador / la limpiadora
clerk	el/la oficinista
computer programmer	el programador / la programadora de computadoras
cook	el cocinero / la cocinera
counselor	el consejero / la consejera
custodian, janitor	el/la conserje, el custodio / la custodia
customs officer	el/la agente de aduanas
dancer	el/la bailante, el/la danzante
decorator	el decorador / la decoradora
dentist	el/la dentista
deputy	el diputado / la diputada
doctor	el doctor / la doctora, el médico / la médica
draftsperson	el/la delineante
driver	el conductor / la conductora
driving teacher	el profesor / la profesora de conducir
editor	el editor / la editora, el redactor / la redactora
electrician	el/la electricista
engineer	el ingeniero / la ingeniera
farmer	el granjero / la granjera
firefighter	el bombero / la bombera
fisherman/fisherwoman	el pescador / la pescadora
fishmonger	el pescadero / la pescadera
flight attendant	el/la auxiliar de vuelo
florist	el florero / la florera
foreman/forewoman	el/la capataz
garbage collector	el basurero / la basurera
gardener	el jardinero / la jardinera
greengrocer	el verdulero / la verdulera
grocer	el tendero / la tendera de comestibles
guide	el/la guía
hairdresser	el peluquero / la peluquera
industrialist	el/la industrial
insurance agent	el/la agente de seguros
interpreter	el/la intérprete
jeweler	el joyero / la joyera
journalist	el/la periodista
judge	el/la juez
laborer	el obrero / la obrera, el trabajador / la trabajadora
lawyer, attorney	el abogado / la abogada
librarian	el bibliotecario / la bibliotecaria
mail carrier, letter carrier	el cartero / la cartera
manager	el director / la directora
manufacturer	el/la fabricante
mechanic	el mecánico / la mecánica
metalworker	el obrero metalúrgico / la obrera metalúrgica
midwife	la comadrona
miner	el minero / la minera
minister	el ministro / la ministra
model	el/la modelo
mover	el empleado / la empleada de la mudanza
movie star	la estrella de cine

movie/film director	el director / la directora de cine
musician	el/la músico
newspaperman/ newspaperwoman	el/la periodista
newsperson; anchor	el noticiero / la noticiera
nurse	el enfermero / la enfermera
office worker	el/la oficinista
officer	el/la oficial
optician	el óptico / la óptica
painter	el pintor / la pintora
pharmacist	el farmacéutico / la farmacéutica
photographer	el fotógrafo / la fotógrafa
physician	el médico / la médica, el doctor / la doctora
physicist	el físico / la física
pilot	el/la piloto
plasterer	el yesero / la yesera
plumber	el fontanero / la fontanera, el plomero / la plomera
poet	el poeta / la poetisa
policeman	el policía
policewoman	la mujer policía
politician	el político / la política
priest	el sacerdote
printer	el impresor / la impresora
producer	el productor / la productora
professor	el profesor / la profesora
psychiatrist	el/la psiquiatra
psychologist	el psicólogo / la psicóloga
publisher	el publicador / la publicadora, el editor / la editora
real estate agent	el/la agente de bienes raíces
receptionist	el/la recepcionista
reporter	el reportero / la reportera
representative	el/la representante
researcher	el investigador / la investigadora
sailor	el marinero / la marinera, el/la marino
salesperson	el dependiente / la dependienta
scientist	el científico / la científica
sculptor	el escultor / la escultora
secretary	el secretario / la secretaria
senator	el senador / la senadora
servant	el sirviente / la sirvienta, el criado / la criada
serviceman/ servicewoman	el/la militar
singer	el/la cantante
social worker	el trabajador / la trabajadora social
soldier	el/la soldado
spy	el/la espía
stewardess	la azafata
stockbroker	el/la agente de bolsa
storekeeper, shopkeeper	el tendero / la tendera
student	el/la estudiante
surgeon	el cirujano / la cirujana
surveyor	el topógrafo / la topógrafa

tax agent	**el/la agente de impuestos**
taxi driver	**el/la taxista**
teacher	**el maestro / la maestra**
technician	**el técnico / la técnica**
tobacconist	**el tabaquero / la tabaquera**
translator	**el traductor / la traductora**
travel agent	**el/la agente de viajes**
truck driver	**el camionero / la camionera**
typist	**el mecanógrafo / la mecanógrafa**
undertaker, mortician	**el director / la directora de pompas fúnebres**
veterinarian	**el veterinario / la veterinaria**
waiter	**el camarero / la camarera, el mesero / la mesera**
winegrower	**el vinicultor / la vinicultora**
writer	**el escritor / la escritora**

Note the frequently used suffixes above that mean "one who does something":

-ado/-ada	-ario/-aria	-ista
-afo/-afa	-ente/-enta	-ólogo/-óloga
-ano/-ana	-ero/-era	-or/-ora
-ante		

EJERCICIO
4·28

*Translate the following sentences into Spanish. The focus is on professions, direct object pronouns, and the personal **a**.*

1. *The writer writes a book, and I read it.*

   _____

2. *The taxi driver takes (llevar) me to the theater.*

   _____

3. *The waiter puts the bill on the table, and I pay it.*

   _____

4. *The undertaker buries (entierra) the real estate agent on his land (la tierra).*

   _____

5. *The serviceman writes letters to his wife every day, and she reads them.*

   _____

6. *The movie star believes that everyone (todo el mundo) loves her.*

   _____

7. *The receptionist hates (odiar) the telephone, because everyone uses it all day long (todo el día).*

   _____

   _____

8. *The truck driver sees every part of the country* (el país).

_____

9. *The taxi driver hears everything and sees even* (aún) *more.*

_____

10. *Many shopkeepers and waiters hate their customers* (el cliente).

_____

Poner (*to put, place*)

You may recall the verb **meter** ("to put") from Unit 2. You were introduced to **meter** first because it is regular, although it is used much less frequently than **poner**. Technically, **meter** means "to put into," while **poner** has a more general meaning and can be used in almost any situation that involves putting something somewhere.

EJERCICIO
4·29

Respond to the following questions as they apply to you, using a direct object pronoun. In the Answer key, a standard answer is given; yours may vary.

EJEMPLO   ¿Dónde pones tu dinero?   *Lo pongo en el banco.*

1. ¿Dónde pones tu ropa? _____

2. ¿Dónde pones tus libros? _____

3. ¿Dónde pones tu leche? _____

4. ¿Dónde pones tus flores? _____

5. ¿Dónde pones tu ropa sucia? _____

6. ¿Dónde pones tu computadora? _____

7. ¿Dónde pones tu bicicleta? _____

8. ¿Dónde pones tus maletas? _____

VOCABULARIO

Artículos en la casa (*Household items/fixtures*)

air conditioner	**el aire acondicionador**	burglar alarm	**la alarma antirrobo**
antenna	**la antena**	ceiling	**el techo**
balcony	**el balcón**	(electrical) cord	**el cordón (de la luz)**
baseboard	**el rodapié, la cenefa**	curtain	**la cortina**
blind	**la persiana**	doorknob,	**el puño, el tirador (de puerta)**
boiler, furnace	**la caldera**	(door) handle	
brick	**el ladrillo**	doormat	**el felpudo, la estera**

drain	**el desagüe**	logs, firewood	**la leña**
electrical outlet	**el enchufe**	mailbox	**el buzón**
electricity	**la electricidad**	mantelpiece	**la repisa (de chimenea)**
elevator	**el ascensor**	mat	**la estera, la esterilla**
extension cord	**el cable, el cordón**	mezzanine floor	**la mezzanina, el entresuelo**
	(de la luz)	passageway	**el pasillo**
fan	**el ventilador, el abanico**	pipe	**la pipa**
fire alarm	**la alarma de incendio**	plug (*electrical*)	**el enchufe**
fire extinguisher	**el extintor de incendio**	plug, stopper	**el tapón**
fireplace	**la chimenea**	roof	**el tejado, el techo**
floor	**el suelo**	shelf	**el estante**
garbage can	**el basurero, el cubo de**	shutters	**las contraventanas**
	basura	skylight	**el tragaluz, la claraboya**
garbage disposal	**la trituradora**	staircase, stairs	**la escalera**
gas	**el gas**	step	**el peldaño, el escalón,**
ground floor	**la planta baja, el primer**		**la grada**
	piso	terrace	**la terraza**
handle (*door*)	**el puño**	tile (*bathroom*)	**el azulejo**
handle (*drawer*)	**el tirador, la manija**	tile (*floor*)	**la baldosa**
handle (*pitcher*)	**el asa** (*f.*), **el asidero**	tile (*roof*)	**la teja**
hearth	**el hogar**	toilet	**el inodoro, el retrete**
heating system	**la calefacción**	trash can	**el cubo de basura**
key	**la llave**	tray	**la bandeja**
keyhole	**el ojo de la cerradura**	view	**la vista, el panorama**
lamp	**la lámpara**	wastepaper basket	**la papelera, la cesta**
lampshade	**la pantalla de lámpara**	window	**la ventana**
lever	**la palanca**	windowpane	**el vidrio, el cristal**
light	**la luz**	windowsill	**el alféizar, el antepecho**
light switch	**el interruptor**	wire	**el alambre**
lightbulb	**la bombilla**	wiring	**el alambrado**
lock	**la cerradura**	wood	**la madera**
log	**el leño**		

EJERCICIO
4·30

Para traducir *In this exercise, consider "you" as informal singular.*

1. *When a person is in the hospital, she receives meals on a tray.*

_____

2. *We need to place a wastebasket in every room of the house.*

_____

3. *There is a trash can behind the house and one inside the garage.*

_____

4. *Why do you put so many plants on the windowsill? I can't see anything.*

_____

5. *The bathroom smells terrible! You have to clean the toilet.*

_____

6. *You shouldn't put a fork or knife in an electrical outlet.*

_____

7. *Who puts Vaseline (Vaselina) on the doorknob? I don't touch it.*

_____

8. *You can use the staircase or the elevator, but you have to leave the building now.*

_____

9. *I see you through (por) the keyhole. I am James Bond.*

_____

10. *The wiring in the building goes from the basement to the attic.*

_____

¿Cuántos peldaños hay?

- El edificio más alto en todo el mundo está en Taipei, Taiwán, y se llama Taipei 101. Tiene mil seiscientos setenta pies; tiene ciento uno pisos; y tiene dos mil cuarenta y seis peldaños.
- Las Torres Gemelas (*twin*) Petronas en Kuala Lumpur es número dos en la lista de edificios más altos en el mundo. Tiene dos mil cincuenta peldaños. Pero si no quieres caminar tanto, puedes tomar el ascensor de la entrada hasta la plataforma de observación en sesenta segundos.
- En la Torre Sears en Chicago, Illinois (número tres en el mundo), hay setenta pisos y un total de mil cuatrocientos peldaños. (Si tú estás en el piso sesenta y cinco, por ejemplo, y hay un incendio, ¡vas a necesitar zapatos confortables!)
- Edificio número cuatro está en Shangai y se llama Jin Mao. Tiene ochenta y ocho pisos con aproximadamente mil setecientos sesenta peldaños.
- En el edificio del Empire State en Nueva York (número cinco), hay mil quinientos setenta y cinco peldaños de la entrada hasta la terraza en el piso ochenta y seis.
- El John Hancock Center (número dieciséis) en Chicago tiene exactamente cien pisos y, por eso, más o menos dos mil peldaños. (Normalmente hay veinte peldaños por piso en un edificio muy alto.)
- Hay trescientos cincuenta y cuatro peldaños hasta la corona de la Estatua de la Libertad en la Isla Ellis, cerca de Manhattan, Nueva York.
- Oficialmente, hay mil seiscientos sesenta y cinco peldaños en la Torre Eiffel, pero los visitantes pueden subir a solamente setecientos cuatro peldaños.
- En el Monumento a Washington (en Washington, D.C.) originalmente hay ochocientos noventa y ocho peldaños, pero hoy hay ochocientos noventa y siete porque el primer peldaño está convertido a una rampa para las sillas de rueda.
- El edificio más alto en México es la Torre Mayor, con cincuenta y cinco pisos, y mil trescientos dieciocho peldaños. En noviembre, 2003, el ciclista colombiano Javier Zapata sube a la Torre Mayor en su bicicleta dentro de cien minutos. Es un record—de la rapidez (¡y de la locura!).

Dar (*to give*) and decir (*to say, tell*)

We've saved these two verbs until now, because it is almost impossible to use either verb without understanding the use of indirect object pronouns.

dar *to give*   doy   das   da   damos   dais   dan
decir *to say, tell*   digo   dices   dice   decimos   decís   dicen

We'll do a short exercise to become familiar with these verbs, and then it's off to the land of indirect object pronouns!

EJERCICIO
4·31

¿Verdadero o falso? *Mark the following sentences true (**V**) or false (**F**).*

1. _____ Mis amigos usualmente me dicen la verdad.

2. _____ Mis enemigos siempre me dan regalos para mi cumpleaños.

3. _____ No le digo nada a nadie (*no one*) cuando veo un murciélago en mi dormitorio.

4. _____ Los escritores de *El Inquiridor* (el periodicucho) siempre nos dicen la verdad.

5. _____ A veces los perros nos dan la rabia (*rabies*).

6. _____ En partes de África, la mosca "tsetse" a veces nos da la malaria.

7. _____ Creo en Santa Claus porque él me da muchos regalos cada Navidad.

8. _____ Varias voces (*voices*) me dan instrucciones por mis empastes (*fillings*).

9. _____ A veces las voces de los otros planetas me dicen que soy originalmente de Júpiter.

10. _____ Si tu eres un militar, los oficiales te dicen que tienes que hacer la cama cada día.

Indirect object pronouns

Indirect object pronouns occur only when there is also a direct object (stated or implied) or a direct object pronoun. Sound hard? But guess what! Each sentence in the preceding exercise contained an indirect object pronoun, and you survived.

Memorize the following:

DIRECT OBJECT   Answers the question "whom?" or "what?"
INDIRECT OBJECT   Answers the question "to whom?" or "for whom?"
                    or "to what?" or "for what?"

INDIRECT OBJECT PRONOUNS

me	*to/for me*	nos	*to/for us*
te	*to/for you (informal sing.)*	os	*to/for you (all) (informal pl.)*
le	*to him/her/you (formal sing.)/it,*	les	*to them/you (all) (formal pl.),*
	for him/her/you (formal sing.)/it		*for them/you (all) (formal pl.)*

Note that these are identical to the direct object pronouns except in the third-person singular and plural.

The indirect object pronoun can go either immediately after the verb or at the end of the sentence in English. In Spanish, it must precede the verb.

Le digo la verdad.   I tell **him** the truth. / I tell the truth **to him**.
Me das el regalo.   You give **me** the gift. / You give the gift **to me**.

EJERCICIO

4·32

Translate the following sentences into Spanish. The indirect object pronoun is underlined.

1. *He gives me the book.* _____

2. *I give him the book.* _____

3. *We give you* [informal sing.] *the story.* _____

4. *They give her the poem.* _____

5. *I tell him the story.* _____

6. *He tells me the poem.* _____

7. *We don't tell you* [informal pl.] *the truth* (la verdad). _____

8. *She tells me a lie* (la mentira). _____

9. *They send* (enviar) *the artichokes to her.* _____

10. *We send you* [informal sing.] *the clothing.* _____

Verbs expressing communication and the movement/transfer of objects often take an indirect object pronoun. In many of these cases, the direct object is not stated explicitly because it is understood inherently.

Consider the sentence "I write him every week." Clearly, I write "a letter" to him every week, "a letter" being the (understood) direct object and "him" being the indirect object. In the sentence "I pay her every Friday," we realize that "money" is the (understood) direct object and "her" is the stated indirect object.

Some commonly used verbs of communication and the movement/transfer of objects are the following:

VOCABULARIO

Verbs of communication and the movement/transfer of objects

to ask a question	**hacer una pregunta**	to remind, remember	**recordar**
to blow	**soplar**	to say, tell	**decir**
to buy	**comprar**	to send	**enviar, mandar**
to call	**llamar**	to sing	**cantar**
to give	**dar**	to throw	**tirar**
to pay	**pagar**	to write	**escribir**
to pour	**echar**		

Para traducir

1. *He buys her the furniture, and she blows him a kiss* (el beso) *from the bedroom.*

   _____

2. *She sings me the song* (la canción).

   _____

3. *We write them a letter every Christmas* (la Navidad).

   _____

4. *His stockbroker sends him a card every Hanukkah.*

   _____

5. *How much money do they pay him every week?*

   _____

6. *Why do you* [informal sing.] *buy so much for them? They never give you anything.*

   _____

7. *He pays them 50 dollars every time they tell him the truth.*

   _____

8. *The priest sends her a blessing* (la bendición) *every time that she sins* (pecar).

   _____

9. *My surgeon gives me much hope* (la esperanza) *and even* (aún) *more bills* (la cuenta).

   _____

10. *The veterinarian sends us the ashes* (la ceniza) *of Fido.*

   _____

The suffixes -era and -ero

By now, in addition to the hundreds of new Spanish words you've accumulated, you also have gained insight into how the language works (its structure and grammar) and how many words are formed from base nouns through the use of suffixes.

A wonderful and widely used pair of suffixes is **-ero** and **-era**, which mean "holder" (of something) and differ only in gender (**-ero** is masculine, **-era** is feminine).

You have seen this pair of suffixes before in words such as **mesero, tendera, torero,** and **panadera,** in which it means "one who does something." Here's the difference: If **-ero/-era** added to a base noun refers to a person, it means "one who"; if **-ero/-era** added to a base noun refers to an object, it means "holder."

You have been exposed to many of the words included in the lists below as base nouns. Therefore, this could be both fun and delightfully efficient as an exercise in vocabulary enhancement.

-era (indicating *holder*)

The **-era** words in the following list are always feminine.

FORMED WORD	ENGLISH EQUIVALENT	SPANISH BASE NOUN	ENGLISH EQUIVALENT
la cafetera	*coffeepot*	el café	*coffee*
la cajonera	*chest of drawers*	el cajón	*drawer*
la caldera	*soup kettle*	el caldo	*broth, soup*
la carbonera	*coal bin*	el carbón	*coal*
la cartera	*briefcase*	la carta	*letter*
la coctelera	*cocktail shaker*	el cóctel	*cocktail*
la cucarachera	*cockroach trap*	la cucaracha	*cockroach*
la cuchillera	*knife case, scabbard*	el cuchillo	*knife*
la chocolatera	*chocolate pot*	el chocolate	*chocolate*
la ensaladera	*salad bowl*	la ensalada	*salad*
la gasolinera	*gas station*	la gasolina	*gasoline*
la guantera	*glove compartment*	el guante	*glove*
la jabonera	*soap dish*	el jabón	*soap*
la joyera	*jewelry box*	la joya	*jewel*
la lechera	*milk pitcher*	la leche	*milk*
la leñera	*woodshed, woodbin*	la leña	*firewood*
la licorera	*liquor case/cabinet*	el licor	*liquor*
la panera	*breadbasket*	el pan	*bread*
la papelera	*wastebasket*	el papel	*paper*
la pecera	*fishbowl, aquarium*	el pez	*fish*
la perrera	*dog kennel, dog pound*	el perro	*dog*
la polvera	*powder case, compact*	el polvo	*powder*
la ponchera	*punch bowl*	el ponche	*punch*
la pulsera	*bracelet*	el pulso	*pulse*
la ratonera	*mousetrap*	el ratón	*mouse*
la salsera	*gravy boat*	la salsa	*gravy, sauce*
la sombrerera	*hatbox*	el sombrero	*hat*
la sopera	*soup tureen*	la sopa	*soup*
la tetera	*teapot*	el té	*tea*
la tortera	*baking pan*	la torta	*cake*

¿Qué necesitas? En cada de las siguientes situaciones, tú buscas una cosa particular—¿qué es?

1. Vas a preparar una comida muy saludable. Tienes lechuga, col, zanahorias, cebollas, pepinos, espinaca, tomates y una botella de aderezo italiano. Vas a mezclar (*to mix*) los ingredientes

   en una _____.

2. Tu casa bonita está limpia (tú crees), pero estos días hueles algo horrible cuando entras en la cocina. Por días tú buscas el origen del olor, pero no descubres nada más que pedacitos de algo negro en varias gavetas. Un día, después de investigar la situación detrás del refrigerador (de donde viene el olor), descubres la raíz del problema. ¡Ay caramba!

   Tienes una infestación de ratones. Necesitas una _____.

3. Vas a tener una fiesta. Tienes jugo de naranja, soda y cubitos de hielo, y quieres mezclar estos ingredientes. No tienes nada aceptable y, por eso, vas a la tienda para comprar

   una _____.

4. Tú finalmente te gradúas de la universidad con un título en negocios y finanzas. Tienes una entrevista con una compañía internacional y muy glamorosa. Tienes todas las "cosas correctas": el traje de poder, los zapatos buenos (de aligator o cocodrilo— nada menos que un animal casi extinto), un reloj ridículamente costoso, un resumen impresionable (con muy pocas mentiras), la actitud y confidencia de un toro, un teléfono celular que también es cámara, planeador, televisión, computadora—¡lo máximo! Pero necesitas una cosa en que puede llevar todos tus "juguetes". Necesitas marchar a la tienda Gucci (o Prada o Los Hermanos Brooks) con la tarjeta de crédito de tu padre para comprar

   una _____.

-ero (indicating *holder*)

The **-ero** words in the following list are always masculine.

FORMED WORD	ENGLISH EQUIVALENT	SPANISH BASE NOUN	ENGLISH EQUIVALENT
el alfiletero	*pincushion*	el alfiler	*pin*
el arenillero	*sandbox*	la arena	*sand*
el azucarero	*sugar bowl*	el azúcar	*sugar*
el basurero	*garbage can*	la basura	*garbage*
el cenicero	*ashtray*	la ceniza	*ash*
el cerillero	*matchbox*	el cerillo	*match*
el cervecero	*set of beer mugs*	la cerveza	*beer*
el cochero	*garage*	el coche	*car*
el costurero	*sewing basket*	la costura	*sewing*
el cucharero	*spoon rack*	la cuchara	*spoon*
el florero	*vase, flowerpot*	la flor	*flower*
el gatero	*cat carrier*	el gato	*cat*
el harinero	*flour bin/canister*	la harina	*flour*
el helero	*glacier*	el hielo	*ice*
el hormiguero	*anthill*	la hormiga	*ant*
el lapicero	*pencil case/holder*	el lápiz	*pencil*
el llavero	*key ring*	la llave	*key*
el mantequero	*butter dish*	la mantequilla	*butter*
el paragüero	*umbrella stand*	el paraguas	*umbrella*
el pastillero	*pillbox*	la pastilla	*pill, tablet*
el pimentero	*pepper mill/shaker*	la pimienta	*pepper*
el ropero	*locker, wardrobe*	la ropa	*clothing*
el salero	*saltcellar*	la sal	*salt*
el servilletero	*napkin ring*	la servilleta	*napkin*
el toallero	*towel rack*	la toalla	*towel*

¿Qué necesitas? En cada de las siguientes situaciones, tú buscas una cosa particular—¿Qué es?

1. Es tu primer día en la academia privada. Tienes todas las cosas que necesitas, menos uno. Tienes el uniforme, zapatos nuevos, también calcetines blancos, una gorra con el emblema de la escuela exclusiva, una mochila con cuadernos nuevos y un planeador. La cosa que necesitas es un contenedor para las cosas pequeñas: lápices, plumas, borradores, regla,

   compás, etc. Necesitas un _____.

2. Tu nombre es Oscar el Malhumorado y vives en la Calle Sésamo (en el programa famoso y popular con los niños de televisión *Barrio Sésamo*). Tu "casa" es perfecta para ti en tu barrio en Nueva York, pero quieres una segunda casa más cerca del océano, para vacaciones.

   Necesitas otro _____.

3. Para ti, la salud es la cosa más importante en el mundo. Cada día corres o nadas solo, haces ejercicios o aeróbicos en una clase o juegas al baloncesto o al golf con amigos. Comes solamente las frutas y verduras, y los frijoles y lentejas para la proteína. "Macrobiótica" es tu divisa. También, en secreto, tomas un montón de drogas y vitaminas cada día: vitamina A (para la piel, el pelo y las funciones de la inmunidad), vitamina B (porque no comes la carne), vitamina C (porque no quieres morir del escorbuto (*scurvy*), vitamina D (porque ¿quién quiere el raquitismo (*rickets*)?), vitamina E (porque unas personas creen que la vitamina E es buena para la vida sexual) y vitaminas de todo el alfabeto y varias otras cosas farmacéuticas. Para organizar tus vitaminas y drogas,

   necesitas un _____.

4. Vives en Seattle, Washington. En Seattle, los meteorólogos no tienen que trabajar mucho. Casi cada día está nublado y/o está lloviendo y/o está lloviznando y/o los tres. Casi nunca nieva ni hace muchísimo calor. Es como la canción "Abril en Paris", excepto no es Paris, y no es abril—es todo el año. Porque llueve tanto, en tu entrada necesitas

   un _____ lleno de paraguas.

¡Como poner la mesa perfecta!

Si tú quieres servir a tus amigos una comida deliciosa y también quieres tener una noche memorable, una parte muy importante es la apariencia de la mesa de comedor. (Si no me lo crees, puedes hacerle la pregunta a Martha Stewart, la reina de la cocina americana, o a Nigella Lawson, la famosa cocinera inglesa, y ellas van a decirte exactamente lo que yo te digo.) Entonces, nos continuamos.

Primero, claro, necesitas una mesa. No importa si la mesa es redonda o cuadrada o rectángula o hexágona o triángula o aún en la forma de un rombo. El aspecto más importante es la presentación. Por eso, una mesa de plástico no es aceptable para una cena formal. Una mesa de madera—de caoba u otra madera fabulosa, o posiblemente de cristal o mármol—es preferible. Entonces, vas a necesitar el mantel perfecto. El perfecto mantel no es de papel, ni de plástico ni de vinilo ni de lana y absolutamente no es de poliéster. Es de lino, algodón (puro) o, si tu nombre medio es "Dinero", de seda. Ahora, antes de poner el mantel encima de la mesa, vas a planchar el mantel—con vapor (las arrugas no son atractivas, ni en la cara ni en la tela). ¿Completo? Bien.

la arruga	wrinkle
la caoba	mahogany
la cena	supper
el cohete	rocket
la copa	wineglass
cuadrado/cuadrada	square
cualquier	any
demasiado	too much
el mármol	marble
ni... ni...	neither...nor...
No te preocupes.	Don't worry.
el pecado	sin
la receta	recipe
el rombo	rhombus
sentarse	to seat oneself, be seated
el vapor	steam
el vinilo	vinyl

Vamos al comedor, donde la mesa tiene encima un mantel elegante. Ahora necesitamos la vajilla. Primero los platos. De porcelana, por favor. Las cosas de plástico son para los niños, los universitarios y las personas en un avión (excepto un avión privado o "Aérea Fuerza Uno"). Vas a poner el plato directamente enfrente de las sillas en que tus invitados van a sentarse. (Fácil—esto no es exactamente la ciencia de cohetes.) Entonces, los utensilios. Vas a poner el tenedor principal directamente a la izquierda del plato, y al lado de este tenedor, vas a poner el tenedor de ensalada. (Si no tienes tenedores de dos clases—principal y de ensalada, necesitas comprar unos. Otramente tus "amigos" van a notar y recordar este pecado mortal.) A la derecha del plato van, primero, el cuchillo, y segundo, la cuchara. Si vas a servir la sopa a tus amigos, vas a necesitar cucharas de sopa. Si no tienes cucharas de sopa, tienes dos opciones: (1) puedes comprar cucharas de sopa (y también tenedores de ensalada que obviamente no tienes) o (2) puedes cambiar el menú y no preparar la sopa.

Ahora, la cristalería. ¿No me escuchas? ¿No me oyes? ¡No plástico! ¿Cuándo vas a aprender? Ay, ¿me dices que tienes unas cosas viejas de tu abuela? Bueno. Ah, estos vasos son de Waterford, la empresa irlandesa. Son perfectas para el agua. Doble Ah, estas copas son de Baccarat, la empresa francesa. Si tú vas a servir el vino tinto, necesitas copas grandes (porque muchas personas quieren oler el vino tinto), y si vas a servir el vino blanco, necesitas copas más pequeñas. (Típicamente, la decisión del vino depende del tipo de carne: la carne roja con el vino tinto, la carne blanca o el pescado con el vino blanco.)

Ahora, vas a poner las servilletas (de lino, algodón o seda) debajo de los tenedores. (Unas personas ponen las servilletas encima del plato, pero es más simple—especialmente para los sirvientes—debajo del tenedor.)

Todas las cosas necesarias están aquí. Pero queremos la mesa perfecta, no simplemente la mesa práctica, ¿no? Vas a necesitar velas, o un candelabro si tienes uno (de pura plata, no menos). Si no quieres velas, debes tener un centro de mesa extraordinario. Un florero de la cristalería americana Steuben con flores frescas (no de seda y absolutamente no de papel ni de plástico) es una buena idea, también un frutero o aún una ponchera de cristal con fruta (fresca—no café y arrugada) o artículos artísticos.

También vas a necesitar un salero y pimentero cerca de cada persona, y no menos de dos mantequeros, cerca de las paneras. Muchas personas quieren café después de la cena (con cafeína o descafeinado), y por eso vas a necesitar una cremera y azucarera en la mesa durante el curso de postre que, ciertamente, tú debes preparar de no menos de veinte ingredientes (si quieres preparar Alaska Cocido, necesitas recordar: El fuego es romántico, el incendio, no. ¡Cuidado!).

Antes de la cena, una persona con una coctelera siempre está muy popular, y después de la cena una persona con una cigarrera (en las casas que permiten los cigarros) es una buena adición a cualquier fiesta.

¿Qué? ¿No quieres tener una cena para todos tus amigos? ¿Es demasiado trabajo? No te preocupes. La receta que siempre funciona perfectamente y es muy fácil hacer (porque tiene solo un ingrediente) se llama "las reservaciones".

The verbs **ser** and **estar** (*to be*)

Grammar

Vocabulary

Vocabulary building

The verb "to be" is, if not *the* most important verb, then certainly among the most important and frequently used verbs in nearly every language.

Of all the verbs in the Spanish language, the verbs **ser** and **estar** (each of which means "to be" in a particular context) inspire awe in almost every student who comes in contact with them. At times, this is the awe of wonder; at other times, it is the awe at the base of the word "awful."

Because of their inherent and nuanced complexity, to say nothing of the vocabulary employed in the use of these verbs, we will spend a good deal of time with **ser** and **estar**. The time will not be wasted. Because these verbs cast a web over countless structures and vocabulary words, once you have mastered **ser** and **estar**, you will have command over a large part of the Spanish language.

Not only are there two verbs meaning "to be" in Spanish, but both are also irregular. First, we cover the verb **estar** ("to be" with regard to location, feelings, and short-term situations). Then, we consider the verb **ser** ("to be" with regard to long-term, general themes of existence).

The verb "to be" conjugated in English is *I am, you are, he/she/it is, we are, (all of) you are, they are.* This is the only verb in the English language that is irregular in the present tense. All other English verbs simply add *-s* (or, in the case of "to go" or "to do," *-es*) in the third-person singular: *I speak, you speak, he/she speaks, we speak, (all of) you speak, they speak.*

Because **ser** and **estar** are rich in content and we use them in so many ways to express ourselves, studying **ser** and **estar** offers you the opportunity to learn an extraordinary array of vocabulary words.

Conjugation of ser and estar

Below are listed the full conjugations of the verbs "to be" in English and Spanish. Note how irregular these conjugations are in Spanish. The accent marks in **estar**'s conjugations are crucial, both with regard to pronunciation and meaning.

Now, memorize these conjugations with all your heart and head.

ser

yo soy	*I am*	nosotros somos	*we are*
		nosotras somos	*we* (fem.) *are*
tú eres	*you (informal sing.) are*	vosotros sois	*you (informal pl.) are*
		vosotras sois	*you (informal fem. pl.) are*
él es	*he is*	ellos son	*they are*
ella es	*she is*	ellas son	*they* (fem.) *are*
usted es	*you (formal sing.) are*	ustedes son	*you (formal pl.) are*

estar

yo estoy	*I am*	nosotros estamos	*we are*
		nosotras estamos	*we* (fem.) *are*
tú estás	*you (informal sing.) are*	vosotros estáis	*you (informal pl.) are*
		vosotras estáis	*you (informal fem. pl.) are*
él está	*he is*	ellos están	*they are*
ella está	*she is*	ellas están	*they* (fem.) *are*
usted está	*you (formal sing.) are*	ustedes están	*you (formal pl.) are*

Why two verbs?

English speakers studying **ser** and **estar** invariably ask at some point, "Why do I have to learn to use two verbs, when one will do the trick?" As in most cases when someone else's actions and decisions seem out of line, a good strategy is to see things from the other person's perspective. To the native Spanish speaker, our having only one verb to express all the various ways of being is inadequate, at times horrendously so. In other words, one verb *won't* do the trick. Consider the following sentences:

> I **am** tickled pink.
> I **am** Greek.

In English, we use the same word (in this case, "am") to lead into the fleetingly frivolous "tickled pink" as we do to describe one's Greekness, something so ingrained that not even the wizardry of plastic surgery or any amount of hocus-pocus can alter. To the native Spanish–speaking mind, having only one verb to cover circumstances so disparate appears not only insufficient, but in some instances downright freakish.

Sea level is a good concept to invoke when considering **ser** and **estar**. Imagine the things above sea level: air, birds, plant spores, leaves on trees. In other words, these are things that *move about* and *change* with relative ease. This is **estar**.

Below sea level lie the constants that hold the earth together: bedrock, gravity, iron core, strong nuclear force. While some things do change below sea level, for the most part these particulars endure the vicissitudes of the universe, and when a change does take place, it is slow to occur and usually a big deal.

Perhaps you can already see why the "am" in "I am tickled pink" would come from **estar**, while the "am" in "I am Greek" would come from **ser**.

Starting at the treetops, where things move around and change freely, we'll wend our way to the earth's core. Listed below are the various categories embodied by each verb, beginning at the top with **estar** (the most fleeting) and working down to the depths of **ser** (the most absolute).

estar *to be* (above sea level)

- Emotional state: current mood, how you are feeling emotionally now
- Physical condition: how you're feeling physically now
- Physical appearance: how you look now
- Current action: what you're doing now—the present progressive
- Results of action: what you are like after something happens
- Deviation from the norm, unnatural state, the particular (vs. the general)
- Location: where you are now

~~~~~~

ser *to be* (below sea level)

- Stating clock time
- Stating the day of the week
- Stating the date
- Possession
- Profession
- Relationship
- Personality (character) description
- Natural, basic state; general, sweeping statement
- Identification
- Nationality, citizenship, and origin

In order to prime yourself for working with **ser** and **estar** in Spanish, the first exercise will be in English.

EJERCICIO
5·1

Determine if the underlined verb represents an **estar** *situation or a* **ser** *situation, and then explain your choice.*

EJEMPLOS

He <u>is</u> a bail bondsman.	*ser*	*profession*
I <u>am</u> under the bed.	*estar*	*location*
She <u>is</u> looking for Mr. Right.	*estar*	*current action*
They <u>are</u> Chinese.	*ser*	*nationality (or origin)*
Oysters <u>are</u> an aphrodisiac.	*ser*	*general, sweeping statement*

                                                    ¿ser o estar?   ¿POR QUÉ?

1. My car <u>is</u> from Detroit.   _____   _____

2. I <u>am</u> afraid.   _____   _____

3. The ring <u>is</u> mine.   _____   _____

4. *Today is Thursday.* _____ _____

5. *Chris Rock is funny.* _____ _____

6. *We are livid.* _____ _____

7. *Sometimes my teacher is mean.* _____ _____

8. *William and Harry are brothers.* _____ _____

9. *She is talking with her mouth full.* _____ _____

10. *This apple is terrible.* _____ _____

11. *This is a toenail.* _____ _____

12. *She is Irish and Norwegian.* _____ _____

13. *Red is the color of love.* _____ _____

14. *They are in the tunnel.* _____ _____

15. *It is one o'clock.* _____ _____

Now that you have an idea of what **ser** and **estar** are all about, let's take each circumstance, one at a time, and include relevant vocabulary.

IMPORTANT NOTE Because the verb "to be" frequently sets up an adjective ("he is tall"), the adjective must agree with the subject in number and gender if it is a four-form adjective (as discussed in Unit 2).

Juan está aburrido.	*John is bored.*
Juana está nerviosa.	*Jane is nervous.*
Los chicos están sorprendidos.	*The boys are surprised.*
Las mujeres están felices.	*The women are happy.*

Uses of estar

Emotional state

Your emotional state or mood refers to how you feel right now; it is what you talk about in your therapist's office (anguished) or when venting to friends about your wretched boss over drinks (livid). It is also how you feel while staring at cottony clouds on a sunny day in June (groovy) or as you gaze into your loved one's eyes (euphoric). It is what it is . . . for now. And, for better or for worse, your emotional state, like the proverbial sands of time, shifts and changes a lot, making this the perfect lead-off batter for the **estar** team.

Las condiciones emocionales y los humores
(Emotional states and moods)

angry	**enojado**	in a good mood	**de buen humor**
anxious	**ansioso**	jealous, envious	**celoso**
bored	**aburrido**	nervous	**nervioso**
disappointed	**desilusionado**	overwhelmed, oppressed	**abrumado**
ecstatic, thrilled, jubilant	**extático**	proud	**orgulloso**
excited	**emocionado**	sad	**triste**
frustrated	**frustrado**	scared, afraid	**asustado**
furious, livid, extremely angry	**furioso**	serene, calm	**sereno**
		surprised	**sorprendido**
happy	**alegre, feliz**	vengeful	**vengativo**
in a bad mood	**de mal humor**		

EJERCICIO
5·2

¿Cómo estás? (How do you generally feel in the following situations?)
Match each situation described on the left with the appropriate emotional response on the right. Because people have different feelings in different situations, there are several possible answers for many of the questions, and those given in the Answer key are based on frequent responses.

1. _____ Gano la lotería: ¡un millón de dólares!

2. _____ Hay un monstruo en mi clóset.

3. _____ Una persona terrible roba todo mi dinero.

4. _____ Estoy en la silla de un dentista cruel.

5. _____ Recibo la medalla de oro en las Olimpiadas.

6. _____ No recibo una invitación a una fiesta buena.

7. _____ Mañana es mi cumpleaños.

8. _____ Estudio mucho, pero recibo una F en un examen.

9. _____ ¡Estoy en una reunión por cinco horas!

10. _____ Mi amigo tiene un carro fabuloso que yo quiero.

11. _____ Mis amigos planean una fiesta para mí en secreto.

12. _____ Mi día está muy bueno.

13. _____ Mi día está absolutamente terrible.

14. _____ Rompo un juguete.

15. _____ Toco el piano enfrente de cinco mil personas.

A. Estoy aburrido.

B. Estoy triste.

C. Estoy celoso.

D. Estoy de buen humor, alegre, feliz.

E. Estoy furioso.

F. Estoy frustrado, enojado, furioso.

G. Estoy nervioso.

H. Estoy emocionado.

I. Estoy extático.

J. Estoy asustado.

K. Estoy de mal humor.

L. Estoy ansioso.

M. Estoy triste.

N. Estoy orgulloso, feliz, extático.

O. Estoy sorprendido.

Translate the following sentences into Spanish.

1. *I am proud of Garfield.* _____

2. *She is happy because (porque) you [informal sing.] are happy.* _____

_____

3. *He is frustrated because we do not study.* _____

4. *We are surprised because they play the piano very well.* _____

_____

5. *They are sad because you [informal sing.] are not here.* _____

_____

6. *All of you [informal] are happy because I have a new house.* _____

_____

7. *He is jealous because she plays the piano well.* _____

_____

8. *I am nervous because I have a big test (el examen) today (hoy).* _____

_____

9. *She is scared because there is a monster in the closet.* _____

_____

Physical condition

Physical condition refers to how a person or animal is feeling (physically, as opposed to emotionally) now. Like one's mood (emotional state), a person's physical condition can change frequently, often with ease: A little air conditioning here, comfy clothes there, a nap, a massage, a trip to the hairdresser—all these things change how a person feels or looks physically.

VOCABULARIO

Las condiciones físicas (*Physical conditions*)

achy, sore	**dolorido**	miserable, rotten	**miserable**
bad, lousy	**mal**	relaxed	**relajado**
clumsy	**torpe**	seasick	**mareado**
dizzy	**vertiginoso**	sick, ill	**enfermo**
drunk	**borracho**	so-so	**así así**
empty	**vacío**	sober	**sobrio**
full	**lleno**	tired	**cansado**
healthy	**sano**	(very) well, okay, fine	**(muy) bien**
hurt, injured	**dañado**	wide awake, alert	**alerta**
itchy, mangy, scabby	**sarnoso**		

EJERCICIO

5·4

¿Verdadero o falso?

VOCABULARIO   antes de   *before*
              después de   *after*
              nunca   *never*

1. _____ Después de la comida del "Día de Gracias", estoy lleno/llena.

2. _____ Un perro que vive en una casa limpia y buena siempre está sarnoso.

3. _____ Cuando una persona baila por horas en un círculo, probablemente está vertiginosa.

4. _____ Un policía necesita estar alerta todo el tiempo.

5. _____ Una persona, enferma con la influenza, nunca está dolorida.

6. _____ Con frecuencia, las personas en un barco están mareadas.

7. _____ Una persona borracha, con frecuencia está torpe.

8. _____ Antes de un masaje, normalmente una persona está muy relajada.

9. _____ Una persona que siempre está simplemente así así, probablemente está aburrida.

10. _____ Un buen juez está sobrio cuando trabaja.

EJERCICIO

5·5

¿Cómo está una persona en las siguientes situaciones?
(What is a person like in the following situations?)

VOCABULARIO   en fila   *in a row*
              el ladrón   *thief*
              la pulga   *flea*

1. _____ Trabaja por veinte horas en fila.

2. _____ Está en el hospital por un mes.

3. _____ Toma drogas alucinógenas.

4. _____ No está mal y no está muy bien.

5. _____ Come cinco perros calientes sin pausa.

6. _____ Toma tres margaritas.

7. _____ Está en un barco y necesita Dramamine.

8. _____ Cree que hay un ladrón en la casa.

9. _____ Está todo el día con un perro lleno de pulgas.

10. _____ No toma nada de alcohol en un año.

A. Está sarnoso/sarnosa.

B. Está alerta.

C. Está mareado/mareada.

D. Está borracho/borracha.

E. Está vertiginoso/vertiginosa.

F. Está sobrio/sobria.

G. Está cansado/cansada.

H. Está enfermo/enferma.

I. Está lleno/llena.

J. Está así así.

La casa de animales (una película famosa)

Una de las películas más populares del año 1978 en Los Estados Unidos se llama *La casa de animales*. No es la historia de un jardín zoológico; es la historia de la Universidad Faber y, en particular, una fraternidad allí que se llama "casa Delta". Casa Delta es, sin cuestión, la peor fraternidad en toda la universidad, posiblemente en todo el mundo.

El carácter principal se llama John "Bluto" Blutarsky, representado con perfección por el actor/cómico John Belushi. Bluto es un estudiante terrible, como todos los habitantes de la casa Delta. Otros estudiantes que viven en casa Delta se llaman Otter (siempre está con una mujer), Pinto (representado por un muy joven Tom Hulce), Boon (siempre está borracho), Flounder (siempre está con comida), D-Day (siempre está con su motocicleta) y Stork (el líder de la banda en la escena final).

el delincuente menor	*juvenile delinquent*
echar miradas amorosas	*to ogle*
la edad	*age*
el éxito	*success*
la palabra	*word*
el/la peor	*worst*
planear	*to plan*
la sábana	*sheet*
salir	*to leave*
sin	*without*

El jefe de la universidad se llama Deán Wormer. Un día el deán decide que "bastante es bastante". Los habitantes de la casa Delta necesitan estudiar o salir de la universidad. Bluto le responde con solamente una palabra: "Toga". Bluto y sus amigos planean una fiesta memorable: Todos los invitados llevan sábanas en la forma de un toga y toman muchísima cerveza. La fiesta es un gran éxito: Todos bailan, escuchan la música, echan miradas amorosas a las chicas (sin mucho éxito) y, a veces, vomitan (preferiblemente en el inodoro, pero a veces en el suelo).

Hay mucho más de la película, pero probablemente tú tienes la idea: Es una película súper cómica, ¡perfecto por los delincuentes menores de toda edad!

Physical appearance

This aspect of **estar** indicates how someone or something is appearing now, in a specific situation. While many aspects of one's appearance remain constant over the long haul, certain aspects of appearance change easily and frequently. Think Halloween. Think illness. Think Barnum & Bailey Circus. Think of any house two minutes after the housekeeper has left—it can't look that clean for long. A coat of paint, the swipe of a dust cloth, the swing of a sledgehammer, and inanimate objects are transformed in appearance.

Note that most of the vocabulary below can refer to situations involving either **ser** or **estar**.

- ◆ **ser**   Michael Jordan **es** alto. *Michael Jordan is tall.* (true in essence)
- ◆ **estar**   Con la ayuda de zancos, James Madison **está** alto. *With the help of stilts, James Madison is tall.* (true in a particular situation)

Las apariencias físicas (*Physical appearance*)

bald	**calvo**	little, small	**pequeño**
big, large	**grande**	pretty	**bonito**
broken	**roto**	ridiculous	**ridículo**
clean	**limpio**	scary, frightening	**espantoso**
dark	**oscuro**	shiny	**lustroso**
dirty	**sucio**	short	**bajo**
dusty	**polvoriento**	slim, thin	**delgado**
fat	**gordo**	tall	**alto**
furry	**peludo**	tidy, neat, arranged	**arreglado**
grotesque	**grotesco**	ugly	**feo**
light, bright	**claro**		

EJERCICIO
5·6

¿Verdadero o falso?

VOCABULARIO
el cielo	*sky*
durante	*during*
el hombre lobo	*werewolf*
nadie	*no one*
la semilla	*seed*
el tacón	*heel*
vale	*(it) is worth*

1. _____ Una casa en donde viven treinta gatos probablemente está sucia y huele muy mal.

2. _____ Un coche, roto en varias partes, vale mucho.

3. _____ Después de una visita al salón de Vidal Sassoon, una mujer está más bonita que antes de la visita.

4. _____ Un hombre lobo durante un episodio de la luna llena está peludo y está muy espantoso.

5. _____ Un payaso que camina en zancos está bajo.

6. _____ Típicamente, una casa, antes de una fiesta, está arreglada y limpia y huele bien.

7. _____ Cuando una persona planta una semilla de una flor, en una o dos semanas la flor está pequeña, y en uno o dos meses la flor está mucho más grande.

8. _____ En varias películas, el hombre lobo está espantoso, grotesco, feo y grande.

9. _____ Una mujer alta que lleva tacones altos no está alta.

10. _____ Durante un tornado, el cielo está oscuro y espantoso.

Current action: the present progressive

Outside of being who you are, there is nothing you are *doing* right now that will not eventually cease, rendering it a short-term event that requires the use of **estar**. This form is called the *present progressive* (referring to an act in *progress*).

As in English, forming the present progressive in Spanish involves two distinct verb forms: a conjugated form of **estar** (the auxiliary verb) + a gerund (the main verb, expressing what is being done). In English, the main verb always ends in "-ing":

> *I am speaking.*
> *I am eating.*
> *I am writing.*

To form the gerund in Spanish, you make the following changes:

- For **-ar** verbs, drop the **-ar** and add **-ando**:   hablar → **hablando**
- For **-er** verbs, drop the **-er** and add **-iendo**:   comer → **comiendo**
- For **-ir** verbs, drop the **-ir** and add **-iendo**:   escribir → **escribiendo**

> Estoy hablando.
> Estoy comiendo.
> Estoy escribiendo.

This takes care of nearly all Spanish verbs. For three groups of verbs, however, there is an additional change in the formation of the gerund.[1] For now, be content that you're mastering the present progressive of the lion's share of Spanish verbs.

An important aspect of the present progressive in Spanish is that its scope is much narrower than its English counterpart. In English, the present progressive often refers to ongoing, broad situations or actions ("I am living in an apartment," "I am working for a major company"). In Spanish, the progressive form of the verb is used primarily to describe an action that is in progress right now, for example, "I am studying Spanish." For general, ongoing situations, the straightforward present tense is used.

> Estoy estudiando español.   *I am studying Spanish.* (right at this moment)
> Vivo en un apartamento.   *I am living in an apartment.* (ongoing situation)

EJERCICIO 5·7

¿Verdadero o falso? *Which of the following statements are likely to be true?*

1. _____ El jardinero está plantando las semillas.

2. _____ Imelda Marcos está comprando zapatos.

3. _____ Roseanne Barr está cantando en la Ópera Metropolitan.

4. _____ Conan O'Brien está hablando con celebridades.

5. _____ Millones de católicos están asistiendo a los servicios en una sinagoga.

---

[1](1) For infinitives ending in a double vowel, the gerund ending is **-yendo: leer** → **leyendo**. (2) For **o > ue** stem-changing **-ir** verbs, the **-o-** changes to **-u-: dormir** → **durmiendo**. (3) For **e > ie** stem-changing **-ir** verbs, the **-e-** changes to **-i-: pedir** → **pidiendo**.

6. _____ La cocinera está preparando una comida con varios ingredientes.

7. _____ El presidente de Los Estados Unidos está bailando en un musical en Broadway.

8. _____ Muchas personas que leen novelas románticas están llorando.

9. _____ Un gato está subiendo a un árbol.

10. _____ Un vegetariano está comiendo una hamburguesa.

EJERCICIO
5·8

Para traducir

VOCABULARIO   la cena   *dinner*
                  el farmacéutico   *pharmacist*
                  el masoquista   *masochist*
                  el sadista   *sadist*

1. *I am singing and you* [informal sing.] *are dancing.*

_____

2. *She is working and he is preparing dinner.*

_____

3. *Why is he eating a taco when we are eating nachos?*

_____

4. *They are writing a letter to the President of Mexico.*

_____

5. *All of you* [formal] *are taking drugs from the pharmacist.*

_____

6. *She is suffering, because the professor is talking and talking and talking.*

_____

7. *The sadist is happy, because the masochist is suffering.*

_____

8. *The burglar is searching for jewels and money.*

_____

9. *No one is eating, because the food that she is preparing is grotesque.*

_____

10. *My neighbor is screaming, because my dogs are barking day and night.*

_____

¿Cómo se llama? (What is his/her name?)

1. VOCABULARIO

contar	*to count*
cuarto/cuarta	*fourth*
el empleo	*employment*
esquiar	*to ski*
hacer	*to do, make*
o	*or*
pensar en	*to think about*
pues	*well*
su	*his/her*
tercero/tercera	*third*

Estoy pensando en un hombre. Él vive en Nueva York, pero tiene varias casas en otras ciudades del mundo. Hmmm. ¿Qué está haciendo ahora? Pues, posiblemente está contando su dinero porque es un hombre muy rico. O él está volando a París en su avión privado con su tercera esposa (¿o es la cuarta?). O está tomando champaña francesa de cristal elegante y frágil. O está cenando en uno de los restaurantes más fabulosos del mundo. O está esquiando en las montañas de Aspen o de Suiza. O está comprando edificios y casinos, o está hablando con su banquero. O está participando en su programa de televisión muy popular (con jóvenes que buscan empleo). O está paseando por las calles y avenidas de Nueva York en su limusina privada con chofer, hablando por teléfono celular con los capitanes de la industria. Hay muchas posibilidades. Una cosa es cierta: Este hombre no está llevando zapatos de Wal-Mart.

Se llama _____.

2. VOCABULARIO

ambos	*both*
el apellido	*surname, last name*
el indicio	*clue*
pasar	*to spend time*

Estoy pensando en una mujer. Esta mujer tiene la distinción de ser ambas la esposa de un presidente de Los Estados Unidos y la madre de un presidente de Los Estados Unidos. Hay solamente dos mujeres en la historia de Los Estados Unidos que tienen esta distinción: Abigail Adams (la esposa de John Adams y la madre de John Quincy Adams) y esta mujer. Ella pasa doce años viviendo en Washington, D.C.: ocho años cuando su esposo es vicepresidente, y cuatro cuando él es presidente. Originalmente, su apellido es Pierce. Cuando ella está "detrás de la escena", ella está bien y muy popular. Pero, después del huracán Katrina, esta mujer les hace unos comentos a los noticieros que les ofenden a muchos víctimas del huracán y a muchas personas por todo el mundo. Entonces ella tiene un gran problema con las relaciones públicas. Ella tiene pelo blanco. El último indicio es que ella siempre está llevando perlas blancas.

Se llama _____.

Results of action

"Results of action" refers to the condition of something or someone after something has been done. If you stand up (the action), the result is that you are *standing*. If you sit down, you are *seated*. After you wash the dishes, the dishes are *washed*; once dried, they are *dry*.

The vocabulary below includes adjectives that describe the consequence of something having happened.

VOCABULARIO

Los resultos de las acciones (*Results of action*)

alive, living, live	**vivo**	full, filled	**lleno**
arranged, settled	**arreglado**	hot (*to the touch*), heated	**caliente**
broken	**roto**	kneeling	**de rodillas**
burned	**quemado**	moldy	**mohoso**
clean	**limpio**	planted	**plantado**
cold (*to the touch*)	**frío**	ready	**listo**
completed	**completo**	repaired, fixed	**reparado**
cooked, baked	**cocido**	rusty	**oxidado**
crooked, twisted	**torcido**	seated, sitting down	**sentado**
dead	**muerto**	standing	**de pie**
dirty, messy	**sucio**	washed	**lavado**
dried, dry	**seco**	wet	**mojado**
flat	**llano**	wrinkled	**arrugado**

EJERCICIO
5·10

Read the first sentence in each item. Using the vocabulary given above, complete the sentence that follows, according to the examples.

EJEMPLOS   Yo limpio mi casa. Mi casa ___*está limpia*___.

Yo mato las cucarachas. Las cucarachas ___*están muertas*___.

Yo no lavo la ropa. La ropa todavía ___*está sucia*___.

1. Hago todas mis tareas para la escuela. Las tareas _____.

2. Miro la televisión en mi sillón súper confortable. Yo _____.

3. Mi computadora absolutamente no funciona.

   La computadora _____.

4. El psicólogo sufre un ataque de corazón fatal. Él _____.

5. Mi coche pasa dos días en el taller y ahora funciona bien.

   Mi coche _____.

6. Hablo con Dios en la iglesia católica. No estoy sentado y no estoy de pie.

   Yo _____.

7. Canto el himno (*anthem*) nacional. Yo _____.

8. Pongo la leche en el refrigerador. La leche _____.

9. La pizza pasa dos horas en el horno. La pizza _____.

10. Pongo las semillas de maíz en la tierra. El maíz _____.

Para traducir

1. *When my food is moldy, I don't eat it. The rats in the basement eat it.*

_____

2. *The streets of San Francisco are very crooked.*

_____

3. *My girlfriend tells me that my car is too rusty and that she wants to go to the party in a taxi.*

_____

_____

4. *I don't want to touch the bread, because it's too hot.*

_____

5. *The sheets are wrinkled. I can't sleep. Don't you* [informal sing.] *iron them?*

_____

6. *Their clothes are wet because the dryer is broken. Nothing is dry. I'm going to cry.*

_____

_____

7. *She puts her pants in the river and then* (entonces) *she believes that they're washed and clean. She's crazy!*

_____

_____

8. *His house is clean because he's never there.*

_____

9. *Your* [informal sing.] *house is filthy. Do you have to have so many cats? And do they really* (verdaderamente) *need to sleep with you?*

_____

_____

10. *Many people believe that the world is flat. They also believe that Elvis Presley is alive.*

_____

_____

Preposition + infinitive

Memorize with all your might the following statement: *When a verb immediately follows a preposition, the verb must be in its infinitive form.*

This is a small-in-size—yet huge-in-implication—grammatical rule in Spanish. There is no exception to this rule. So learn it, and learn it now.

Después de **cantar**, la audiencia le aplauda.	*After **singing**, the audience applauds him.*
Antes de **morir**, ella me dice sus secretos.	*Before **dying**, she tells me her secrets.*
Por **dormir** tanto, ¿por qué estás tan cansado?	*For **sleeping** so much, why are you so tired?*

As you can see, the Spanish infinitive in this context (almost always) translates as the English "_____ing" form.

You will use this construction over and over, especially in sentences that involve **estar** + an adjective.

Después de nadar, una persona está mojada.	*After swimming, a person is wet.*
Después de echar una televisión por la ventana, el aparato está roto.	*After heaving a television out the window, the set is broken.*
Después de pasar tres semanas en la mesa, el pan está mojado.	*After spending three weeks on the table, the bread is moldy.*
Antes de morir, la cucaracha está viva.	*Before dying, the cockroach is alive.*
En vez de tener la cirugía, voy a llevar esta pulsera de cobre para tener buena suerte.	*Instead of having surgery, I'm going to wear this copper bracelet in order to have good luck.*
Por trabajar tanto, la casa está completa.	*Because of working so hard, the house is finished.*

EJERCICIO
5·12

¿Verdadero o falso?

1. _____ Después de cenar, estoy lleno/llena.

2. _____ Antes de llamar a una novia nueva, un hombre está nervioso.

3. _____ Después de pintar un retrato, el pintor lo tira en la basura.

4. _____ Antes de vomitar, una persona usualmente está muy miserable.

5. _____ En vez de tener una fiesta en su casa, unas personas hacen reservaciones en un restaurante, taberna o club exclusivo.

6. _____ En vez de trabajar, unas personas prefieren robar un banco.

7. _____ Según mucha gente, por comprar un millón de tiquetes, una persona tiene una buena probabilidad de ganar la lotería.

8. _____ Después de estudiar mucho, un estudiante no puede esperar buenas notas.

9. _____ Después de preparar la comida a la perfección en un restaurante elegante y costoso, el cocinero le dice a los meseros que todo está listo y que pueden abrir las puertas y servir la comida.

10. _____ Antes de limpiar su dormitorio, la madre de un adolescente le importuna (*nag*) porque está sucio.

Deviation from the norm, unnatural state, the particular (vs. the general)

If snow is normally white, then any other color (for example, orange, yellow, gray, brown, or mauve) is a deviation from that norm and thus uses **estar**. This is because it isn't what it really *is*. Nobody (except the occasional Martian one meets) *is* green. But everybody gets sick from time to time and has a good chance of turning "green," and in this case you would use **estar** (**Juan está verde**). We've all been called crazy and, assuming we're not truly, clinically, dyed-in-the-wool nuts, it's just a passing state, and passing states all take **estar**.

Think of a clown. His or her job is to deviate from the norm as much as possible without scaring children. No one is naturally 10 feet tall or has purple hair or is sitting in a Volkswagen Beetle with 25 other people.

And this is the crux of the **ser/estar** distinction: **Ser** deals with the "is," "am," and "are" of existence, and **estar** deals with the "is," "am," and "are" of a given situation. The norm—or general state of being—takes **ser**. The deviation from the norm—or a particular instance of being—takes **estar**. In these situations, you move from the general (**ser**) to the particular (**estar**).

THE GENERAL	La nieve **es** blanca.	*Snow is white.*
THE PARTICULAR	Esta nieve **está** anaranjada.	*This snow is orange.*
NATURAL STATE	La bandera de Los Estados Unidos **es** roja, blanca y azul brillante.	*The flag of the United States is red, white, and bright blue.*
UNNATURAL STATE	La bandera marchita **está** rosada, gris y azul clara.	*The faded flag is pink, gray, and light blue.*
THE NORM	La monja **es** amable y amistosa.	*The nun is kind and friendly.*
DEVIATION FROM THE NORM	La monja **está** malhumorada cuando tiene callos.	*The nun is crabby when she has corns.*

This is the perfect segue to learning about demonstrative adjectives.

Demonstrative adjectives

Demonstrative adjectives do exactly what their name implies: They demonstrate *which* thing(s) you are talking about and *where* something is (or *where* some things are). We use these words often, especially when moving from the general to the particular—in other words, when singling out a thing or things from a general group or classification.

As adjectives, these words always and only refer to and are used with nouns. They operate in the same way that definite and indefinite articles do:

- They immediately precede the noun(s).
- They take the gender and number of the noun(s) to which they refer.

There are three levels of demonstrative adjectives: close, away, and far away.

SINGULAR	este	*this* (masc.) *(here)*
	esta	*this* (fem.) *(here)*
PLURAL	estos	*these* (masc.) *(here)*
	estas	*these* (fem.) *(here)*
SINGULAR	ese	*that* (masc.) *(there)*
	esa	*that* (fem.) *(there)*
PLURAL	esos	*those* (masc.) *(there)*
	esas	*those* (fem.) *(there)*

SINGULAR	aquel	*that* (masc.) *(over there)*
	aquella	*that* (fem.) *(over there)*
PLURAL	aquellos	*those* (masc.) *(over there)*
	aquellas	*those* (fem.) *(over there)*

este libro	*this book*
esta casa	*this house*
ese libro	*that book*
esa casa	*that house*
aquel libro	*that book over there*
aquella casa	*that house over there*

NOTE The words and concept of "over there" are inherent in **aquel/aquella/aquellos/aquellas**; you don't need to translate them.

EJERCICIO
5·13

Para traducir

1. *this bread* _____
2. *this milk* _____
3. *these peanuts* _____
4. *these pears* _____
5. *that celery* _____
6. *that plum* _____
7. *those lemons* _____
8. *those carrots* _____
9. *that banana over there* _____
10. *that strawberry over there* _____
11. *those octopi over there* _____
12. *those apples over there* _____

EJERCICIO
5·14

Para traducir

1. *This diamond* (el diamante) *is ugly.* _____
2. *This apple is black.* _____
3. *These chocolates are not tasty.* _____
4. *These raisins are enormous.* _____

5. *These peas aren't round* (redondo). _____

6. *That garlic is sweet* (dulce). _____

7. *That eggplant is blue.* _____

8. *Those onions are disgusting* (repugnante). _____

9. *Those zucchinis are tiny.* _____

10. *Those hot dogs are spicy* (especiado). _____

Translate the following sentences into Spanish.

1. *This bread is moldy. I don't eat it.*

   _____

2. *Those cars are rusty. Do you* [informal sing.] *drive* (conducir) *them?*

   _____

3. *These cockroaches are dead. Do you* [informal sing.] *save* (guardar) *them?*

   _____

4. *That woman is seated. Is she tired?*

   _____

5. *That lettuce over there is brown. We can't eat old food.*

   _____

6. *Those anchovies are terrible. They are too briny* (salobre).

   _____

7. *That turkey is delicious. Who prepares it today?*

   _____

8. *Those cucumbers over there are enormous. How much fertilizer* (el fertilizante)
   do you [informal sing.] *use?*

   _____

9. *This hamburger is red. Do we eat it raw* (descocido)?

   _____

10. *That lemon over there is wrinkled.*

   _____

Location

Location, location, location. Real estate agents aren't the only ones shouting the importance of this concept. So is **estar**. This is easy to understand, because the location of people and of most objects changes all the time. It gets tricky, however, when we deal with the location of places or immovable (or not easily movable) objects, such as houses, grave sites, and world capitals.

This explains location's location on the **estar** scale: It is the final stop before we enter the world of **ser**.

VOCABULARIO

Los adverbios y las preposiciones de la ubicación
(Adverbs and prepositions of location)

above, over	**sobre**	on top (of)	**encima (de)**
at, to	**a**	outside	**afuera**
behind	**atrás (de), detrás de**	outside (of)	**fuera (de)**
facing	**frente a**	to the left (of)	**a la izquierda (de)**
far from	**lejos de**	to the right (of)	**a la derecha (de)**
from	**de**	under	**debajo de**
in	**en**	underneath, downstairs	**abajo**
in front (of)	**enfrente (de)**	up, upstairs	**arriba**
inside	**adentro**	with	**con**
inside of	**dentro de**	with me	**conmigo**
near (to)	**cerca (de)**	with you (*informal sing.*)	**contigo**
next to, next door to	**al lado de**	without	**sin**
on	**en**		

EJERCICIO
5·16

¿Verdadero o falso?

1. _____ París, Francia, está cerca de Paris, Texas.

2. _____ Mi computadora está debajo la mesa.

3. _____ En inglés, leemos de la izquierda a la derecha.

4. _____ Vivo lejos de Pakistán.

5. _____ Tengo un diamante de Richard Burton.

6. _____ Trabajo con leones y tigres en el zoológico.

7. _____ Vivo dentro de un cementerio.

8. _____ Hay muchos árboles fuera de la Casa Blanca.

9. _____ Hay muchos árboles encima de la Casa Blanca.

10. _____ Típicamente, los conservadores votan "a la derecha" y los liberales votan "a la izquierda".

Translate the following sentences into Spanish.

1. *I am in the car.* _____

2. *You [informal sing.] are with a big pig.* _____

3. *She is upstairs and he is downstairs.* _____

4. *We are near the library.* _____

5. *They are under the bed.* _____

6. *I believe that she is with my husband.* _____

7. *Are you [informal sing.] far from the shoe store?* _____

8. *Are the birds on top of the garage or behind?* _____

9. *Why are you [informal sing.] behind the bookstore?* _____

10. *Why is the brewery next to the church?* _____

Uses of **ser**
Stating clock time

The least permanent or stable of the **ser** categories is clock time. It's difficult to think of anything so mobile and changing as the second hand of a clock (to say nothing of the milliseconds considered during the Olympics). Still, we have to play by the rules, and the first item on **ser**'s list is *clock time*.

When stating or referring to clock time, you use **ser** (never **estar**). Think of this as a form of identification: You are stating what the time is *now*.

Telling time in Spanish is a straightforward process.

Dar la hora (*Stating the hour*)

Es la una.	*It's one o'clock.*
Son las dos.	*It's two o'clock.*
Son las tres.	*It's three o'clock.*
Son las cuatro.	*It's four o'clock.*
Son las cinco.	*It's five o'clock.*
Son las seis.	*It's six o'clock.*
Son las siete.	*It's seven o'clock.*
Son las ocho.	*It's eight o'clock.*
Son las nueve.	*It's nine o'clock.*
Son las diez.	*It's ten o'clock.*
Son las once.	*It's eleven o'clock.*
Son las doce.	*It's twelve o'clock.*

La medianoche y el mediodía (*Midnight and noon*)

Es el mediodía.	*It's noon* (lit., *midday*).
Es la medianoche.	*It's midnight.*

Las partes del día (Parts of the day)

de la mañana   A.M. *(in the morning)*
de la tarde   P.M. *(in the afternoon, until sundown)*
de la noche   P.M. *(in the evening)*

EJERCICIO
5·18

¿Qué hora es? (What time is it?) *Match what happens in each of the following items with the appropriate time given below.*

VOCABULARIO

el almuerzo	*lunch*
bajar	*to descend, run down*
la barbilla	*chin*
la canción	*song*
la cena	*dinner, supper*
el cielo	*sky*
el desayuno	*breakfast*
las noticias	*news*
el reloj de péndulo	*grandfather clock*
la siesta	*nap*
la sombra	*shade, shadow*
la taza	*cup, mug*

1. _____ Cinderella regresa a la casa horrible.

2. _____ El ratón baja el reloj de péndulo corriendo en la canción "Hickory Dickory Dock".

3. _____ El sol está directamente arriba en el cielo y preparamos el almuerzo.

4. _____ Los trabajadores llegan al bar para la "hora feliz".

5. _____ Muchas familias comen la cena.

6. _____ Tomamos la primera taza de café del día y preparamos el desayuno.

7. _____ Muchas personas miran las noticias en la televisión.

8. _____ Es buen tiempo para la siesta.

9. _____ El infante llora para la leche de la mamá.

10. _____ La hora cuando un hombre muy macho tiene una "sombra" en la barbilla.

A. Son las doce de la tarde; es el mediodía.

B. Son las dos/tres/cuatro/cinco de la mañana.

C. Es la una.

D. Es la una o son las dos de la tarde.

E. Son las seis de la noche.

F. Son las siete de la mañana.

G. Son las diez o las once de la noche.

H. Son las cuatro o las cinco de la tarde.

I. Son las cinco de la tarde.

J. Son las doce de la mañana; es la medianoche.

The rest of the clock

To tell time in Spanish when it is not exactly something o'clock, split the clock face in half, top to bottom: Everything on the right side—between the top of the hour and half past the hour—is considered *after that specific hour*; everything on the left side—between half past the hour and the top of the next hour—is considered *before the next hour*.

Es la una.	1:00	*It's one o'clock.*
Es la una y cinco.	1:05	*It's five past one.*
Es la una y diez.	1:10	*It's ten past one.*
Es la una y cuarto.	1:15	*It's a quarter past one (lit., one and a quarter hour).*
Es la una y veinte.	1:20	*It's twenty past one.*
Es la una y veinticinco.	1:25	*It's twenty-five past one.*
Es la una y media.	1:30	*It's one thirty (lit., one and a half).*

At this point we move to the next hour.

Son las dos menos veinticinco.	1:35	*It's twenty-five till two.*
Son las dos menos veinte.	1:40	*It's twenty till two.*
Son las dos menos cuarto.	1:45	*It's a quarter till two (lit., two minus a quarter hour).*
Son las dos menos diez.	1:50	*It's ten till two.*
Son las dos menos cinco.	1:55	*It's five till two.*
Son las dos.	2:00	*It's two o'clock.*

EJERCICIO
5·19

¿Qué hora es? *Match each of the times on the left with its Spanish counterpart on the right.*

1. _____ *It's 3:15.*
2. _____ *It's half past five.*
3. _____ *It's twenty till seven.*
4. _____ *It's midnight.*
5. _____ *It's 11:45.*
6. _____ *It's 6:17.*
7. _____ *It's twenty till four.*
8. _____ *It's ten thirty.*
9. _____ *It's 1:05.*
10. _____ *It's 7:27.*
11. _____ *It's noon.*
12. _____ *It's ten till two.*
13. _____ *It's 9:15.*
14. _____ *It's 10:45.*
15. _____ *It's one after one.*

A. Son las cuatro menos veinte.
B. Son las doce menos cuarto.
C. Son las tres y cuarto.
D. Son las diez y media.
E. Son las siete menos veinte.
F. Son las nueve y cuarto.
G. Es la una y cinco.
H. Son las siete y veintisiete.
I. Es las medianoche.
J. Es la una y uno.
K. Son las seis y diecisiete.
L. Son las cinco y media.
M. Son las dos menos diez.
N. Es el mediodía.
O. Son las once menos cuarto.

Referring to a specific time

One more thing about time: There are two ways to talk about time. We have studied telling what time it *is*. Now we will discuss referring to a specific time in order to tell *at what time* something takes place.

Instead of using a form of **ser** (because you are no longer telling what *is*), you simply use the preposition **a** ("at"). **Ser** and **estar** become irrelevant, because other verbs are expressing the action in the sentence.

El programa comienza a las tres.	*The program begins at three o'clock.*
La película termina a las diez y media.	*The movie ends at ten thirty.*
Almorzamos al mediodía.	*We eat lunch at noon.*
Drácula trabaja a la medianoche.	*Dracula works at midnight.*

EJERCICIO
5·20

¿Verdadero o falso?

1. _____ Muchas personas toman el desayuno a las siete y media de la mañana.

2. _____ Tengo mi clase de español a las tres de la mañana.

3. _____ Cinderella está muy feliz a la medianoche.

4. _____ Muchas personas miran las noticias a las diez de la noche.

5. _____ En España, muchos adultos cenan a las ocho o las nueve de la noche.

6. _____ Un infante nunca llora a las dos de la mañana.

7. _____ Es común echar la siesta a la una o las dos de la tarde.

8. _____ Con frecuencia, un drama comienza en Broadway a las ocho de la noche.

9. _____ La "hora feliz" usualmente comienza en una taberna a las diez de la mañana.

10. _____ Nadie toma el almuerzo al mediodía.

EJERCICIO
5·21

Responde a las siguientes preguntas personales.

1. ¿A qué hora miras las noticias en la televisión?

_____

2. ¿A qué hora tomas el café (o el té) en la mañana?

_____

3. ¿A qué hora tienes la clase de español?

_____

4. Normalmente, ¿a qué hora lees el periódico?

_____

5. Normalmente, ¿a qué hora haces la cama?

_____

6. ¿A qué hora sales para el trabajo?

_____

7. Normalmente, ¿a qué hora tienes que preparar la cena cada noche?

_____

8. Normalmente, ¿a qué hora vas a la iglesia (o sinagoga o mezquita o...)?

_____

9. Típicamente, ¿a qué hora haces ejercicios?

_____

10. ¿A qué hora prefieres ir al cine?

_____

VOCABULARIO

El reloj (The clock)

Los sustantivos (Nouns)

alarm clock	**el despertador**	pendulum	**el péndulo**
clock	**el reloj**	second	**el segundo**
cuckoo clock	**el reloj de cuco**	second hand	**el segundero**
daylight saving time	**la hora de verano**	standard time	**la hora normal**
dial	**la esfera, la cara, el cuadrante**	stopwatch	**el cronógrafo**
		sundial	**el reloj de sol**
egg timer	**el cronómetro para huevos**	time (*clock*)	**la hora**
		time (*in general*)	**el tiempo**
grandfather clock	**el reloj de pie, el reloj de caja**	time (*instance, occurrence*)	**la vez**
hand (*on a clock*)	**la aguja del reloj**	time lag	**el intervalo**
hour	**la hora**	timer	**el cronómetro, el avisador**
hour hand	**el horario**		
hourglass	**el reloj de arena**	timetable, schedule	**el horario**
kitchen/stove timer	**el cronómetro de la cocina**	watch	**el reloj (de pulsera / de mano)**
minute	**el minuto**	(analog) watch	**el reloj análogo**
minute hand	**el minutero**	(digital) watch	**el reloj digital**

Los verbos (Verbs)

to arrive ahead of time	**llegar adelantado**	to mark time (*music*)	**marcar el paso**
to arrive late	**llegar retrasado**	to tell time	**dar la hora**
to arrive on time	**llegar a la hora**	to watch the clock	**mirar el reloj**
to last, take time	**durar**	to wind (a watch)	**dar cuerda (al reloj)**

Los adjetivos y adverbios (Adjectives and adverbs)

early	**temprano**	on time	**a la hora**
late	**tarde**	punctual	**puntual**

Words and expressions relating to time

after _____	**después de la(s)** _____	each/every time	**cada vez**
(*clock time*)		for the first time	**por primera vez**
_____ at a time	_____ **a la vez**	for the last time	**por última vez**
at the present time	**actualmente, en la**	many times	**muchas veces**
	actualidad	now	**ahora**
at times	**a veces**	right now	**ahora mismo, ahorita,**
at various times	**en diversas ocasiones**		**en este momento**
before _____	**antes de la(s)** _____	several times	**varias veces**
(*clock time*)		time after time,	**una y otra vez**
by	**para**	time and again	

EJERCICIO
5·22

Para traducir *In this exercise, consider "you" as informal singular.*

1. *What time is it? I don't want to be late.*

_____

2. *It's two thirty in the afternoon. Why can't you be (arrive) on time?*

_____

3. *She's always late. If a program begins at 7 P.M., she arrives at 7:15.*

_____

4. *It's noon, and you can eat your chocolates two at a time.*

_____

5. *For the last time, you need to be here by (para) 10 A.M.*

_____

6. *Can you arrive by midnight?*

_____

7. *The program is going to last until (hasta) 11:20. It's 9:40 now. Are you bored?*

_____

8. *I always buy her a cuckoo clock for her birthday. She hates them. Personally, they make me crazy, too.*

_____

_____

9. *If you arrive late, you can't have food. You need to be here by a quarter till seven.*

_____

_____

10. *Time and again he calls* (llamar) *me after midnight. I always tell him that I can't speak with him because it's too late.*

_____

_____

Stating the day of the week

Only slightly less transient than clock time is the day or date: Clock time changes from second to second, while the day lasts a whole 24 hours. To state the day of the week, the following patterns are quick and sacrosanct. Learn them once, and you've learned them for a lifetime.

Let's recap the days of the week:

lunes	*Monday*
martes	*Tuesday*
miércoles	*Wednesday*
jueves	*Thursday*
viernes	*Friday*
sábado	*Saturday*
domingo	*Sunday*

◆ In Spanish, the days of the week are not capitalized.

◆ On the Spanish calendar, the first day of the week is **lunes** (Monday).

◆ When referring to a particular day or days, use **el** (or **los**, if plural) before the name of the day or days, the way we use the word "on" in English.

Vamos a tener un examen **el** lunes (*sing.*).	*We're going to have a test **on** Monday.*
Tengo una cita **el** miércoles (*sing.*).	*I have an appointment **on** Wednesday.*
Siempre trabajo **los** sábados (*pl.*).	*I always work **on** Saturday.*
Ellos van a la iglesia **los** domingos (*pl.*).	*They go to church **on** Sunday.*

◆ When stating the day itself, do *not* use the definite article.

Hoy es martes.	*Today is Tuesday.*
Mañana es miércoles.	*Tomorrow is Wednesday.*

◆ Days of the week are masculine, because they refer to **el día**, which is masculine.

El sábado es mi fiesta de cumpleaños.	*Saturday is my birthday party.*
Su boda es **el** domingo.	*Their wedding is (on/this) Sunday.*
Los lunes son duros.	*Mondays are hard.*
Los viernes son divertidos.	*Fridays are fun.*

Fill in the blanks with the appropriate day of the week. Some are singular, some plural.

1. Hoy es _____.

2. Mañana es _____.

3. Mi día favorito es _____.

4. La Pascua (*Easter*) siempre es _____.

5. Nosotros (en Los Estados Unidos) votamos _____.

6. Los católicos asisten a la iglesia _____ o _____.

7. El día más común para el matrimonio es _____.

8. Una expresión muy popular en las oficinas es "Gracias a Dios, es _____".

9. Mick Jagger canta una canción que se llama "Rubí _____".

10. Muchas personas comienzan una dieta estricta en este día: _____.

VOCABULARIO

Las palabras con relación a los días (*Time expressions*)

daily	**diariamente**	this morning	**esta mañana**
daily chores	**las tareas del día**	today	**hoy**
daily routine	**la rutina diaria**	tomorrow	**mañana**
day	**el día**	tomorrow afternoon	**mañana por la tarde**
the day before	**anteayer**	tomorrow evening	**mañana por la noche**
yesterday		tomorrow morning	**mañana por la mañana**
daytime	**el día, durante el día, de día**	tonight	**esta noche**
diary	**el diario**	week	**la semana**
last night	**anoche**	weekend	**el fin de semana**
morning	**la mañana**	yesterday	**ayer**
next week	**la semana que viene**	yesterday afternoon	**ayer por la tarde**
schedule	**el horario**	yesterday morning	**ayer por la mañana**
this afternoon	**esta tarde**		

Para traducir

1. *I'm going to play soccer this afternoon.*

   _____

2. *We're going to have a party tomorrow night.*

   _____

3. *I don't have a daily routine; I have servants who maintain* (mantener) *my house.*

   _____

4. *Marcel writes in his diary every day.*

   _____

5. *We're going to buy a new sofa this morning.*

   _____

6. *Tomorrow morning she's not going to listen to the radio.*

   _____

7. *Every weekend we dine* (cenar) *in a new restaurant.*

   _____

8. *My schedule doesn't permit me to take naps.*

   _____

9. *What are you* [informal sing.] *going to do tonight?*

   _____

10. *What do you* [informal sing.] *want to do next week?*

    _____

Stating the date

As in the previous two sections, when you work with the entire calendar to state the date, there are words and patterns to master. Listed below are the 12 months of the year. Note that they are not capitalized in Spanish, and that each is considered masculine, because the word for "month" is *el mes*. Remember that when giving the date, you always use **ser** for "to be."

el mes	*month*		
enero	*January*	julio	*July*
febrero	*February*	agosto	*August*
marzo	*March*	septiembre	*September*
abril	*April*	octubre	*October*
mayo	*May*	noviembre	*November*
junio	*June*	diciembre	*December*

Stating the date is a straightforward process in Spanish. You simply state the number of the day of the month, followed by the name of the month:

el veintidós de diciembre	*December 22* OR *the twenty-second of December*
el catorce de julio	*July 14* OR *the fourteenth of July*
el once de junio	*June 11* OR *the eleventh of June*
el veintiséis de septiembre	*September 26* OR *the twenty-sixth of September*

Exceptions to this pattern are encountered when referring to the first or last day of the month. For the first day, you say **el primero de** _____. For the last day, you say either **el último día de** _____ or **el treinta (y uno) de** _____.

El cumpleaños de mi gatita es el primero de julio.

My kitty's birthday is July 1.

Por todo el mundo, hay fiestas enormes el último día de diciembre.

Throughout the world, there are huge parties (on) the last day of December.

EJERCICIO 5·25

Write the following dates in Spanish.

1. May 5 _____

2. January 15 _____

3. July 14 _____

4. March 23 _____

5. November 1 _____

6. February 11 _____

7. October 31 _____

8. April 30 _____

9. June 11 _____

10. August 11 _____

11. December 22 _____

12. September 26 _____

Las fechas significantes del año (Significant dates of the year)

DAY	EL DÍA	LA FECHA EXACTA (CUANDO POSIBLE)
anniversary	**el aniversario**	
birthday	**el cumpleaños**	
New Year's Day	**el día de año nuevo**	*el primero de enero*
Valentine's Day	**el día de San Valentín**	*el 14 de febrero*
Presidents' Day	**el día de los Presidentes**	*el tercer lunes de febrero*
St. Patrick's Day	**el día de San Patricio**	*el 17 de marzo*
Mardi Gras	**el martes de carnaval**	
Ash Wednesday	**el miércoles de ceniza**	
Lent	**la Cuaresma**	
Passover	**la Pascua judía**	
Palm Sunday	**el día de Ramos**	
Good Friday	**el viernes Santo**	
Easter	**la Pascua**	*un domingo en marzo o abril*
Pentecost	**el Pentecostés**	
Mother's Day	**el día de las Madres**	*el segundo domingo de mayo*
Flag Day	**el día de la Bandera**	*el 14 de junio*
Father's Day	**el día de los Padres**	*el tercer domingo de junio*
summer solstice	**el solsticio de verano**	*el 20 o 21 de junio*
Independence Day	**el día de independencia** (USA)	*el 4 de julio*
Assumption Day	**el día de la Asunción**	*el 15 de agosto*
Labor Day	**el día de los trabajadores**	*el primer lunes de septiembre*
Ramadan	**el Ramadán**	
Yom Kippur	**el Yom Kippur**	
Halloween	**la víspera del día de los Santos**	*el 31 de octubre*
All Saints' Day	**el día de todos los santos**	*el primero de noviembre*
All Souls' Day	**el día de los difuntos**	*el 2 de noviembre*
Thanksgiving	**el día de Acción de Gracias** (USA)	*el cuarto jueves de noviembre*
Hanukkah	**el Hanukkah**	
winter solstice	**el solsticio de invierno**	*el 21 o 22 de diciembre*
Christmas Eve	**la Nochebuena**	*el 24 de diciembre*
Christmas	**la Navidad**	*el 25 de diciembre*
New Year's Eve	**el día de Nochevieja, la Noche Vieja**	*el 31 de diciembre*

Las cuatro estaciones (The four seasons)

SEASON	LA ESTACIÓN	LA DURACIÓN
spring	**la primavera**	*el 20 o 21 de marzo hasta el 19 o 20 de junio*
summer	**el verano**	*el 20 o 21 de junio hasta el 21 o 22 de septiembre*
fall/autumn	**el otoño**	*el 22 o 23 de septiembre hasta el 20 o 21 de diciembre*
winter	**el invierno**	*el 21 o 22 de diciembre hasta el 19 o 20 de marzo*

EJERCICIO
5·26

¿Verdadero o falso?

1. _____ El primer día de la Cuaresma es el miércoles.

2. _____ Las fiestas de Noche Vieja son solamente para los niños.

3. _____ Los judíos celebran el Hanukkah y los cristianos celebran la Navidad.

4. _____ Muchas personas llevan el color verde en honor del día de San Patricio.

5. _____ Muchas madres reciben el desayuno en la cama el segundo domingo de mayo.

6. _____ El regalo tradicional para celebrar el primer aniversario es el oro.

7. _____ La Cuaresma dura cuarenta días y cuarenta noches, y nos recuerda del tiempo que Jesús Cristo pasa en el desierto.

8. _____ Los hombres y mujeres musulmanos observan el Ramadán por un mes cada año.

9. _____ Los esquiadores nórdicos odian el invierno.

10. _____ Muchas personas plantan las semillas en la primavera, y ven las flores en el verano o comen los vegetales en el otoño.

Regalos tradicionales de los aniversarios de matrimonio

Aquí tienes una lista de los regalos tradicionales para los aniversarios de matrimonio. La lista menciona los regalos para los primeros quince aniversarios, y después, cada cinco años hasta el aniversario número sesenta, y finalmente el aniversario número setenta y cinco. (Un regalo para ti: Abajo tú puedes ver y aprender los números ordinales 1 hasta 15.)

EL ANIVERSARIO	EL REGALO
primero	el papel
segundo	el algodón
tercero	el cuero
cuarto	el lino (o la seda)
quinto	la madera
sexto	el hierro
séptimo	la lana (o el cobre)
octavo	el bronce
noveno	la cerámica (o la vajilla)
décimo	el estaño, el aluminio
onceavo	el acero
doceavo	la seda
treceavo	el encaje
catorceavo	el marfil
quinceavo	el cristal
veinte	la vajilla
veinticinco	la plata
treinta	la perla
treinta y cinco	el coral (o el jade)
cuarenta	el rubí
cuarenta y cinco	el zafiro
cincuenta	el oro
cincuenta y cinco	la esmeralda
sesenta	el diamante
setenta y cinco	los diamantes, el oro

Possessive pronouns
Possession

What's yours is yours and what's mine is mine. Of course, we give things away, lose items, and bequeath treasures to the next generation, and some things are viciously stolen by gangsters and goons. But as emotionally stirring as many of these situations may be, none of it matters when it comes to **ser** and **estar**: Matters of possession always take **ser**. This makes learning all about possessive pronouns especially handy right now.

Possessive pronouns, like possessive adjectives (**mi/tu/su/nuestro/vuestro/su**), indicate (what else?) possession.

They differ, however, in that possessive adjectives precede the noun, while possessive pronouns follow a conjugated form of **ser**, which follows the noun.

POSSESSIVE ADJECTIVE	POSSESSIVE PRONOUN
Mi coche es rojo.	El coche rojo es **mío**.
Tu revista es interesante.	La revista interesante es **tuya**.
Su lavadora es una Maytag.	La Maytag es **suya**.
Nuestros perros son blancos.	Los perros blancos son **nuestros**.
Vuestras faldas son de seda.	Las faldas de seda son **vuestras**.
Su casa es de ladrillo.	La casa de ladrillo es **suya**.

What's the point? By using the possessive pronoun, you are emphasizing the owner, not the object. The difference is easy to see in the following pair of sentences:

Mi televisión **está** rota.	*My television **is** broken.*
La televisión rota **es mía**.	*The broken television **is mine**.*

Note that the first sentence uses **estar** and focuses on the condition of the TV. The second sentence employs **ser**, which, in this context, focuses on possession (the owner).

Each possessive pronoun has four forms, which must agree in gender and number with the noun(s) it refers to.

mío/mía/míos/mías	*my*
tuyo/tuya/tuyos/tuyas	*your* (informal sing.)
suyo/suya/suyos/suyas	*his/her/your* (formal sing.)
nuestro/nuestra/nuestros/nuestras	*our*
vuestro/vuestra/vuestros/vuestras	*your* (informal pl.)
suyo/suya/suyos/suyas	*their/your* (formal pl.)

Para traducir

1. *The book is mine.* _____

2. *The books are mine.* _____

3. *The forks are yours* [informal sing.]. _____

4. *Some pens are yours* [informal sing.] *and some are mine.* _____

_____

5. *The presents are ours.* _____

6. *Three of the trees are theirs.* _____

7. *One of the shirts is ours.* _____

8. *The children are yours, mine, and ours.* _____

9. *He believes that the moldy food is mine, but it's his.* _____

_____

10. *Nothing here is yours* [informal pl.]. _____

Profession

It is a rare person who has never regarded, if only for a moment, the workplace as an especially dark corner of hell, and subsequently fantasized about breaking free, never to return. Almost as rare is a person who has acted on and carried this dream to reality.

And yet, vacations, maternity leave, sabbaticals, rumors of layoffs, embezzlement, going postal, and personal days aside, until you quit, you are what your tax form says you do.

In other words, your profession is a part of you (so choose wisely), and when discussing jobs that people have, you use **ser**.

Unit 4 contained a lengthy list of professions; this section reviews those words. Listed below are commonly used suffixes that indicate "one who does something."

-ante	-ero/-era	-or/-ora
-dor/-dora	-ino/-ina	-or/-riz
-ente/-enta	-ista	

In English, we add an article (usually the indefinite article) before referring to someone's profession ("I am *a* rancher," "You are *an* elevator operator," "She is *a* card dealer"), but in Spanish, this article is optional and, in fact, is usually not included.

Soy (un) ranchero.	*I am a rancher.*
Eres (un) operador de ascensor.	*You are an elevator operator.*
Ella es (una) repartidora de naipes.	*She is a card dealer.*

¿Quién soy? Unas personas están vivas, otras están muertas.

1. Soy cantante y soy actriz. Gano un Oscar por hacer el papel de Loretta Castorini en la película *Moonstruck*. Mi primer esposo se llama Sonny Bono. Tengo más de cincuenta años y todavía tengo el cuerpo de modelo. ¡Soy gran aficionada de la cirugía plástica! Llevo mucha ropa diseñada por Bob Mackie.

   Me llamo _____.

2. Soy abogado y también soy escritor de novelas populares. Vivo en Oxford, Mississippi, y también tengo una casa en Charlottesville, Virginia. Soy súper famoso por mi novela *La firma* (publicado en 1991). Millones de personas compran mis libros y, por eso, soy famoso y rico.

   Me llamo _____.

3. Soy aviadora. Nazco en Atchison, Kansas, en 1897. Siempre tengo interés en la aviación. Mi primer vuelo transatlántico es el 17 de junio, 1928, y mi desafortunado último vuelo es el dos de julio 1937. Salgo de Lae, Nueva Guinea, pero nunca llego en la Isla Howland. Nadie nunca me encuentra. Es un misterio.

   Me llamo _____.

4. Soy protagonista de uno de los dramas más populares de William Shakespeare. Amo a una mujer. (En realidad, es una chica—ella tiene solamente catorce años. Unas personas creen que tiene trece, otras creen que tiene quince. Pero, seguramente, ella es adolescente.) Y ella me ama. ¡Totalmente! Entonces, tú me preguntas, ¿Cuál es tu problema? Pues, mis padres no la aceptan, y sus padres me odian. Nuestras familias tenemos muchas disputas. (Somos "los Hatfield y los McCoy" del siglo dieciséis.) Mi apellido es Montague.

   Me llamo _____.

Relationship

More enduring than one's profession, though hardly permanent, are the relationships we have with others. Some (for example, blood relatives) aren't chosen and, as much as some people may wish, can't be denied. Others—those we choose (such as friends, spouses, employees, politicians we vote for) or have thrust upon us (such as co-workers, neighbors, politicians we can't stand)— often come and go but, as with your job, are there for the duration. You use **ser** when referring to any of them.

In the first unit of this book, you learned the vocabulary of family and friends. Following are several other relationships you may encounter.

Las relaciones (Relationships)

Las personas (People)

ally	**el aliado / la aliada**	great-grandparent	**el bisabuelo / la bisabuela**
acquaintance	**el conocido / la conocida**	great-nephew	**el sobrino nieto**
ancestor	**el antepasado**	great-niece	**la sobrina nieta**
bachelor	**el soltero**	great-uncle	**el tío abuelo**
bachelorette	**la soltera**	guardian	**el tutor / la tutora**
best man	**el padrino de boda**	half-sibling	**el medio hermano /**
bride	**la novia**		**la media hermana**
bridesmaid,	**la dama de honor**	husband	**el esposo, el marido**
maid of honor		lover	**el/la amante**
brother-in-law	**el cuñado**	member	**el/la miembro**
buddy, pal	**el/la compinche**	mistress	**la querida, la amante**
classmate	**el compañero /**	neighbor	**el vecino / la vecina**
	la compañera de clase	only child	**el hijo único /**
close relative	**el pariente cercano**		**la hija única**
colleague	**el/la colega**	parents	**los padres**
common-law spouse	**el marido / la marida**	parents-in-law	**los suegros**
	en una unión	partner	**el/la cónyuge,**
	consensual		**el compañero /**
companion	**el compañero /**		**la compañera**
	la compañera	pen pal	**el amigo / la amiga**
dear friend	**el íntimo / la íntima**		**por correspondencia**
distant relative	**el pariente lejano**	relative	**el/la pariente**
divorcé	**el divorciado**	second cousin	**el segundo primo /**
divorcée	**la divorciada**		**la segunda prima**
enemy	**el enemigo / la enemiga**	sister-in-law	**la cuñada**
ex-spouse	**el ex-esposo /**	stepchild	**el hijastro / la hijastra**
	la ex-esposa	stepfather	**el padrastro**
fiancé	**el novio, el prometido**	stepmother	**la madrastra**
fiancée	**la novia, la prometida**	stepsibling	**el hermanastro /**
first cousin	**el primo hermano /**		**la hermanastra**
	la prima hermana	twin	**el gemelo / la gemela**
godchild	**el ahijado / la ahijada**	widow	**la viuda**
grandparents	**los abuelos**	widower	**el viudo**
great-aunt	**la tía abuela**	wife	**la esposa, la marida**
great-grandchild	**el bisnieto / la bisnieta**		

Los aspectos de las relaciones (Features of relationships)

affair	**la aventura amorosa,**	family	**la familia**
	el amorío	family tree	**el árbol genealógico**
annulment	**la anulación,**	friendship	**la amistad**
	la revocación	gang	**la pandilla, la cuadrilla**
betrothal	**el noviazgo**	genealogy	**la genealogía**
birth	**el nacimiento**	honeymoon	**la luna de miel**
couple	**la pareja**	marriage	**el casamiento**
courtship	**el cortejo**	matrimony	**el matrimonio**
death	**la muerte**	newlyweds	**los recién casados**
divorce	**el divorcio**	relationship	**el parentesco**
engagement	**el compromiso,**	wedding	**la boda**
	el noviazgo		

Los adjetivos (Adjectives)

betrothed, engaged	**prometido**	older	**mayor**
divorced	**divorciado**	related	**emparentado**
married	**casado**	younger	**menor**

¿Sabes que...?

- En Europa, hay pocos divorcios en Italia porque en ese país la pareja tiene que vivir por separado por no menos de tres años antes de recibir el certificado de divorcio.
- En los cuentos de hadas, las madrastras típicamente son malas, feas y viudas.
- La boda entre el príncipe Carlos de Gales y la princesa Diana en 1981 cuesta más o menos dos millones de dólares.
- Típicamente, la dama de honor tiene que comprar y llevar un vestido de horror. Casi siempre la novia le dice a su amiga, "Ah, tú puedes llevar este vestido otra vez", pero esto nunca es la verdad.
- El rey Eduardo VIII tiene que abdicar el trono de la Inglaterra el tres de junio, 1937, por casarse con la divorciada (¡dos veces!) Wallis Simpson (una americana de Baltimore). Después de la boda, ellos viven en Francia y no tienen hijos.
- El rey Enrique VIII de la Inglaterra (1509–1547) tiene seis esposas. El cantante Frank Sinatra tiene cuatro esposas. El actor Mickey Rooney tiene ocho esposas.
- El cómico Richard Pryor visita el altar de casamiento siete veces, pero solamente tiene cinco esposas. ¿Cómo? Él se casa dos veces con las mismas esposas.

EJERCICIO
5·29

Para traducir

1. *She is not my friend. She is not my lover. She is not my colleague. She is an acquaintance, and I do not want more questions about her.*

_____

_____

2. *In the popular television program* The Brady Bunch, *Mike (a widower) and Carol (a widow) get married* (se casan). *The three sons and three daughters now are stepsiblings.*

_____

_____

3. *The newlyweds are in Amsterdam for their honeymoon. He wants to ride bicycles and she wants to visit the art museums. He wants to study the architecture and she wants to learn to speak Dutch* (holandés). *Can this marriage last* (perdurar)?

_____

_____

_____

4. *After 35 years of marriage, 12 children, five houses, seven dogs, and a swimming pool, she wants a divorce from her husband, because he has a mistress.*

_____

_____

5. *Many students have pen pals from other countries. Some write to them every day, others write to them once in a while (de vez en cuando). I have a pen pal who is the only child of a couple who live in Japan. I want to visit this girl one day; however (sin embargo), already (ya) she is a dear friend of mine.*

_____

_____

_____

_____

6. *I don't want to have a big wedding. Some people want to invite every member of their family tree. I want to invite my dear friends and close relatives. I absolutely (absolutamente) do not want to invite my seven ex-husbands.*

_____

_____

_____

Personality (character) description

When we describe someone's personality, we are concerned with his or her general character. No one is without ups and downs—even Mother Teresa had bad days. Still, it didn't stop the vast majority of people from saying during her lifetime that she *is* (**ser**) a saint (**Madre Teresa es una santa**) and all sorts of adjectives we can only hope people apply to us once in a while.

A person's character must not be confused with his or her mood. Are you familiar with "Goofus and Gallant" in *Highlights for Children* magazine? Nowhere are two personalities more in contrast. Goofus is a total slug: lazy, dishonest, mean-spirited, ungrateful, violent, rotten to the core—**Goofus es malo.** Gallant, on the other hand, is perfect: honest, hardworking, helpful, kind, thoughtful, tidy, a living saint—**Gallant es bueno**.

As distinct as these two are, no doubt Goofus and Gallant each has off days (**estar**), in which Goofus is decent and Gallant is a creep.

Let's use these characters to demonstrate the subtle ways in which **ser** and **estar** can be used to describe a person. Note how simply moving from **ser** to **estar** (or vice versa) changes everything.

ser

Goofus es malo.	Gallant es bueno.
Goofus es antipático.	Gallant es simpático.
Goofus es un atorrante (*slob*).	Gallant es fastidioso.
Goofus es flojo (*lazy*).	Gallant es un buen trabajador.
Goofus es deshonesto.	Gallant es honesto.

estar

Goofus está bueno.
Goofus está de buen humor.
Goofus está amable con el policía.
Goofus está simpático hoy.
Goofus está fastidioso con su rifle de BB.

Gallant está malo.
Gallant está antipático hoy.
Gallant está gruñón (*grumpy*) hoy.
Gallant está hostil a los "spammers".
Gallant está deshonesto con el KGB.

EJERCICIO
5·30

¿Verdadero o falso? *Which of these statements are basic, natural truths?*

1. _____ Albert Einstein es industrioso.

2. _____ Martha Stewart es una mastuerza (*oaf*).

3. _____ Pollyanna es gruñona.

4. _____ Mr. Rogers es simpático.

5. _____ Pinocho es honesto.

6. _____ Lance Armstrong es flojo.

7. _____ Abraham Lincoln es honesto.

8. _____ En la historia de Cinderella, la madrastra es amable.

The words listed below can be used in either **ser** or **estar** situations. They are listed here because they are frequently used to describe a person's general character. When one of these words refers to a person's mood or behaving out of character, you use **estar**.

VOCABULARIO

Las características de la personalidad (*Personality descriptions*)

charming	**encantador/encantadora, atractivo**	mean, unkind	**antipático**
		optimistic	**optimista**
cheerful	**alegre**	pessimistic	**pesimista**
clever, sharp	**listo**	pleasant	**agradable**
disciplined	**disciplinado**	(im-)polite	**(mal) educado, (des)cortés**
evil	**malo**	respectful	**respetuoso**
(un-)friendly	**(poco) amistoso**	rude	**grosero, crudo**
fun	**divertido**	sensible	**sensato, prudente**
funny	**cómico, gracioso**	serious	**serio**
generous	**generoso**	shy	**tímido**
good	**bueno**	(un-)sociable	**(in)sociable**
happy	**alegre**	tactful	**discreto**
hardworking	**trabajador/trabajadora, industrioso**	tactless	**indiscreto**
		temperamental	**temperamental**
honorable	**honrado**	trusting	**confiado**
intelligent	**inteligente**	warm	**cálido**
interesting	**interesante**	wise	**sabio, prudente, cauteloso**
kind	**amable, simpático**	witty	**ingenioso, agudo**
lazy	**perezoso, flojo**		

Use three words from the previous list to describe each of the following persons.

1. tu madre   _____   _____   _____

2. el líder de tu país   _____   _____   _____

3. la reina de la Inglaterra   _____   _____   _____

4. Bill Clinton   _____   _____   _____

5. tu mejor amigo/amiga   _____   _____   _____

6. tu peor enemigo/enemiga   _____   _____   _____

Comparisons with ser and estar

In English, making comparisons is a relatively straightforward process. In Spanish, it's downright simple.

By definition, a comparison indicates that someone or something is *more* or *less* than someone or something else. This is generally indicated in English by adding the suffix -*er* to an adjective: tall, tall*er*; small, small*er*; kind, kind*er*. At times, instead of adding the suffix -*er*, we place the word "more" before the adjective: This purse is *more expensive* than that one.

While there is no absolute rule as to when you use the suffix -*er* or the modifiers "more" or "less," the rule of thumb is that you use -*er* at the end of short adjectives (tall*er*, short*er*) and "more" or "less" before the longish ones (*more* fabulous, *less* persnickety, *more* extravagant, *less* egregious). In either case, the adjective is always followed by the word "than" in English and by its equivalent **que** in Spanish.

In Spanish, you always use the modifier **más** ("more") or **menos** ("less") before the adjective in question. There are only four exceptions, which we will discuss shortly.

Regular comparisons

The pattern used to make comparisons is NOUN + VERB + **más** + ADJECTIVE + **que** + NOUN.

El chico es más sensato que su perro.	*The boy is more sensible than his dog.*
Madre Teresa es más amable que Saddam Hussein.	*Mother Teresa is kinder than Saddam Hussein.*
Yo soy más inteligente que un pez.	*I am more intelligent than a fish.*
Juanita está más enferma que yo.	*Juanita is sicker than I am.*

Comparisons can take either **ser** or **estar**; you need to consider the situation before deciding which verb to use. (Note the use of **estar** in the final example above.)

Here are two important phrases that are used when making comparisons:

más _____ que nadie	*more _____ than anyone/anybody*
más _____ que nada	*more _____ than anything*

Regular comparisons *Translate the following sentences into Spanish.*
Some will use a conjugated form of **ser**; *others will use* **estar**.

1. *She is more interesting than Marilyn Monroe.* _____

_____

2. *His stepsister is sadder than I (am).* _____

3. *This book is more serious than the dictionary.* _____

_____

4. *The Hearst Castle is smaller than Buckingham Palace.* _____

_____

5. *No one is more bored than he (is).* _____

6. *The Titanic is more famous than anything.* _____

_____

7. *She is more honorable than Abraham Lincoln.* _____

_____

8. *He's more hardworking than anyone.* _____

9. *I'm happier than a clam.* _____

10. *We are more sociable than they (are).* _____

Irregular comparisons

As mentioned above, there are only four irregular comparative forms in Spanish.

mejor (*sing.*), mejores (*pl.*)	*better*
peor (*sing.*), peores (*pl.*)	*worse*
mayor (*sing.*), mayores (*pl.*)	*older*
menor (*sing.*), menores (*pl.*)	*younger*

By definition, **mayor** and **menor** always involve **ser** (no amount of vanishing cream or lies will change anyone's age), while **mejor** and **peor** can also involve **estar** (though they are usually used with **ser**). Note that while none of these four words has gender, each has a plural form.

El brócoli es mejor que el coliflor.	*Broccoli is better than cauliflower.*
Estos guisantes están peores que esos.	*These peas are worse than those.*
Él es mayor que yo.	*He is older than I (am).*
Somos menores que él.	*We are younger than he (is).*

Irregular comparisons *Answer each of the following questions with a complete sentence.*

1. En tu opinión, ¿cuál es mejor—un perro o un gato?

   _____

2. En tu opinión, ¿cuál es peor—una nevasca o un tornado?

   _____

3. En tu opinión, ¿cuál es mejor—un libro o una película?

   _____

4. En tu opinión, ¿cuál es peor—la verdad brutal o una mentira?

   _____

5. En tu opinión, ¿cuáles son mejores—los dramas de Shakespeare o los de Eugene O'Neill?

   _____

6. En tu opinión, ¿cuáles son peores—las películas de Quentin Tarantino o las de Steven Spielberg?

   _____

7. ¿Quién es mayor—tu madre o tu padre?

   _____

8. ¿Quién es menor—Pinocho o Gepetto?

   _____

9. ¿Quién es mayor—el príncipe Carlos o la princesa Diana?

   _____

10. ¿Quién es menor—Cinderella o su mala madrastra?

    _____

Since we're studying comparisons, what better list of words than those dealing with advertising?

VOCABULARIO

La propaganda (*Advertising*)

Los sustantivos (Nouns)

ad agency	**la agencia publicitaria**	image	**la imagen**
ad campaign	**la campaña publicitaria**	junk mail	**la propaganda de buzón**
advertisement	**el anuncio**	lifestyle	**el estilo de la vida**
advertising	**la publicidad**	liquidation sale	**la venta de liquidación**
appeal	**el atractivo**	market	**el mercado**
billboard	**la cartelera, la valla publicitaria**	market research	**el análisis de mercados**
		materialism	**el materialismo**
brand	**la marca**	model	**el/la modelo**
brochure	**el folleto**	motto	**la divisa, el lema**
catalog	**el catálogo**	need	**la necesidad**
commercial	**el anuncio comercial**	persuasion	**la persuasión**
competition	**la competencia**	poster	**el póster, el afiche**
consumer	**el consumidor / la consumidora**	premiere	**el estreno**
		product	**el producto**
consumer society	**la sociedad de consumo**	promotion	**la promoción**
copywriter	**el escritor / la escritora de material publicitario**	public relations	**las relaciones públicas**
		publicity	**la publicidad**
demand	**la demanda**	purchasing power	**el poder adquisitivo**
disposable income	**la renta concesionario**	radio commercials	**los anuncios de la radio**
distributor	**el distribuidor / la distribuidora, el concesionario / la concesionaria**	sale	**la venta**
		slogan	**el eslogan, el lema**
		status symbol	**el símbolo del estatus**
		(publicity) stunt	**el truco (publicitario)**
ethnic group	**el grupo étnico**	target group	**el grupo objeto**
gimmick	**el artilugio, la treta**	trend	**la tendencia**
goods	**los bienes**	TV commercials	**los anuncios de televisión**

Los verbos (Verbs)

to create a need	**crear una necesidad**
to motivate	**motivar**
to promote	**promover (o > ue)**

Los adjetivos y frases (Adjectives and phrases)

(un-)ethical	**(no) ético**	trendy	**muy al día**
For Sale	**Se vende**	truthful	**verdadero**
motivated	**motivado**	Wanted	**Se quiere**

EJERCICIO
5·33

¿Verdadero o falso?

1. _____ En una sociedad de consumo, el poder adquisitivo es muy importante y, a veces, más importante que nada.

2. _____ La propaganda de buzón es mejor que una carta personal de un buen amigo.

3. _____ Antes de vender un producto nuevo al público, hay mucho análisis de mercados para determinar si el producto nuevo es mejor que la "Marca X".

4. _____ Los anuncios de televisión típicamente duran treinta segundos.

5. _____ El eslogan del café de la "Casa Maxwell" es "Bueno hasta la última gota".

6. _____ La promoción de un producto nuevo depende de varias cosas; esto incluye el estilo de vida, el grupo étnico y la renta discrecional del grupo objeto.

7. _____ Los folletos para los bienes raíces en Manhattan o Hollywood son de papel más barato que el papel del periódico.

8. _____ Antes del estreno de una película, hay mucha promoción en la forma de anuncios de televisión y radio, en pósteres y carteleras y en artilugios y trucos publicitarios.

9. _____ Cuando un presidente, rey, reina, primer ministro o cualquier líder comete un error estupendo, las personas en su departamento de relaciones públicas tienen que trabajar más duro que nadie.

10. _____ Muchas tiendas de departamento tienen ventas de liquidación cada año durante las primeras semanas de diciembre.

Natural, basic state; general, sweeping statement

Snow is white, the sky is blue, water is wet, concrete is hard, rawhide is tough, grass is green, and, as the song says, "Life is a Carnival." This category of **ser** differs from that of physical appearance using **estar**, because here we are considering the basic, original, or natural state of someone or something.

Yes, a person can have a gastric bypass and lose an astonishing amount of weight. And yes, many women claim to gain 200 pounds during pregnancy. And have you seen a face that has endured repeated cosmetic surgeries? Considering these dramas, one may be led to believe that day-to-day physical descriptions are all over the place and thus all take **estar**. But they don't.

General aspects of physical appearance can and do change, but it is a rare occurrence for it to happen overnight or without planning and great effort—ask anyone who has ever gone on a diet. Thus, when describing the general or basic state of a person or thing, you use **ser**. When this description changes quickly or temporarily, you use **estar**. Consider the following examples:

ser	Mi pelo **es** café.	*My (natural) hair is brown.*
estar	Con este colorante, mi pelo **está** rojo.	*With this dye, my hair is red.*
ser	El caracol **es** lento.	*The snail is slow.*
estar	Con cafeína, el caracol **está** rápido.	*With caffeine, the snail is fast.*

NOTE When referring to something in its natural, undivided, untampered-with state, the noun is preceded by the appropriate definite article, which indicates that you are speaking or writing about something in its most basic and enduring state. This definite article is very rarely translated into English.

La fruta es buena para ti.	*Fruit is good for you.*
El trabajo es necesario.	*Work is necessary.*
Las moscas son tortuosas.	*Flies are tortuous.*
Los rifles son peligrosos.	*Rifles are dangerous.*

EJERCICIO

En tu opinión, ¿cuáles de estas frases son verdaderas? Marca las frases verdaderas con **V** y las frases falsas con **F**.

1. _____ Los mosquitos son terribles.

2. _____ Las mujeres son más inteligentes que los hombres.

3. _____ La carne roja es buena para ti.

4. _____ Los unicornios no existen.

5. _____ El café es mejor que el té.

6. _____ El materialismo es un problema en Los Estados Unidos.

7. _____ La sal es mejor que la pimienta.

8. _____ Las películas de Woody Allen son mejores que nada.

9. _____ El invierno es peor que la primavera.

10. _____ El agua es la bebida más importante y necesaria en el mundo.

This category of **ser** also includes general, sweeping statements—the opposite of those covered by **estar** under the heading "Deviation from the norm, unnatural state, the particular (vs. the general)." In these situations, you move from the particular mention and description of something (**estar**) to the general (**ser**).

PARTICULAR: **estar**	GENERAL: **ser**
Este café está bueno.	El café es bueno.
Esta manzana está madura.	La manzana es una fruta popular.
Estos zapatos están estrechos.	Los zapatos son para los pies.
Estas zanahorias están cocidas.	Las zanahorias son anaranjadas.

En tu opinión, ¿cuál es bueno o malo? *Complete these general, sweeping statements according to your own likes and dislikes. Pay attention to the gender and number of adjectives.*

EJEMPLO   La pizza ___*es buena*___.   La pizza ___*es mala*___.

1. El café _____.

2. El invierno _____.

3. Los mosquitos _____.

4. La televisión _____.

5. Las cucarachas _____.

6. La música de Beethoven _____.

7. Las películas de Steven Spielberg _____.

8. Los dramas de William Shakespeare _____.

9. Los poemas de Pablo Neruda _____.

10. La revista *Playboy* _____.

Identification

You are who you are. Even on Halloween, beneath layers of gauze and glitter, *you* don't change.

Earlier in this unit, we covered demonstrative adjectives. In this section, we will cover demonstrative pronouns. If you've learned the adjectives, the pronouns will be a snap to master.

DEMONSTRATIVE ADJECTIVES					
este	esta	ese	esa	aquel	aquella
estos	estas	esos	esas	aquellos	aquellas

DEMONSTRATIVE PRONOUNS					
éste	ésta	ése	ésa	aquello	aquélla
éstos	éstas	ésos	ésas	aquéllos	aquéllas

Note that, with the exception of **aquel~aquello**, the difference between demonstrative adjectives and demonstrative pronouns is an accent mark on the stressed syllable of the latter. Technically, this accent mark is not necessary, because it falls on the naturally stressed syllable. But it distinguishes the pronoun from the adjective, which has a different function. (With the **aquel~aquello** pair, **aquel** exists only as a demonstrative adjective, and **aquello** exists only as a demonstrative pronoun; thus this pair does not have a single spelling for both functions.)

Translate the following sentences into Spanish. Pay attention to the gender and number of the demonstrative pronouns. In this exercise, consider "your" as informal singular.

1. *This is a hat.* _____

2. *This is a skirt.* _____

3. *This is your tree.* _____

4. *These are your shoes.* _____

5. *These are your snakes.* _____

6. *These are our chairs.* _____

7. *That is a Porsche.* _____

8. *That is a towel.* _____

9. *That is his fork.* _____

10. *Those are my socks.* _____

11. *Those are my backpacks.* _____

12. *Those are her T-shirts.* _____

13. *That over there is my garden.* _____

14. *That over there is their house.* _____

15. *Those over there are her puppies.* _____

16. *Those over there are our appliances.* _____

Neuter demonstrative pronouns

The pronouns in the preceding section all agree in gender and number with the nouns they modify, because they refer to specific, concrete items (for example, a tree, a chair, or a car). There are times, however, when the referent is ambiguous, larger than life, and thus impossible to pin down with regard to gender.

If you point to a beautiful table and exclaim "This is beautiful," the word "this" translates as **ésta**, because the word for table in Spanish is feminine singular. But if you stand in the middle of a riot, with flares going off, horns honking, rocks flying, people screaming, and general terror is in the air, your description "This is horrifying" is considered to have a neuter referent. That is to say, it is considered to be neither masculine nor feminine, because there is no absolute, concrete referent for "this" in such a context.

Since there is no gender involved, there will be only two forms (singular and plural) for each of the neuter demonstrative pronouns:

esto, éstos	*this, these*
eso, ésos	*that, those*
aquello, aquéllos	*that over there, those over there*

Esto es ridículo.   Éstos son ridículos.
Eso es fabuloso.   Ésos son fabulosos.
Aquello es absurdo.   Aquéllos son absurdos.

¿Qué es esto?   ¿Qué son éstos?
¿Qué es eso?   ¿Qué son ésos?

Neuter forms of adjectives are identical to their masculine forms.

VOCABULARIO

Las descripciones situacionales (*Situational descriptions*)

abnormal	**anormal**	lovely	**lindo**
absurd	**absurdo**	mediocre	**mediocre**
all right	**muy bien, bueno**	nasty	**asqueroso**
appalling	**espantoso, horroroso**	necessary	**innecesario**
bad	**malo**	normal	**normal**
beautiful	**hermoso, bonito**	ordinary	**ordinario**
(the) best	**lo mejor**	pleasant	**agradable**
correct	**correcto**	(im-)practical	**(no) práctico**
difficult, hard	**difícil**	ridiculous	**ridículo**
disgusting	**repugnante, asqueroso**	right	**bueno**
dreadful	**pavoroso**	strange	**extraño, raro**
easy	**fácil**	successful	**exitoso**
essential	**esencial**	terrible	**terrible**
evil	**malo, perverso, maligno**	terrifying	**terrorífico**
excellent	**excelente**	tragic	**trágico**
extraordinary	**extraordinario**	trashy	**de pacotilla, malejo**
fabulous	**fabuloso**	true	**verdadero**
false	**falso**	ugly	**feo**
fine	**bueno, fino, delicado**	unpleasant	**desagradable**
frightening	**espantoso**	unsuccessful	**fallido**
good	**bueno**	useful	**útil**
great	**magnífico, tremendo, estupendo**	vile	**vil, odioso, infame**
		(the) worst	**lo peor**
horrible	**horrible**	wretched	**desgraciado, miserable, despreciable**
incorrect	**incorrecto**		
interesting	**interesante**	wrong	**equivocado**

EJERCICIO
5·36

Translate the following sentences into Spanish, using neuter demonstrative pronouns and adjectives.

1. *This is pleasant.* _____

2. *This is terrible.* _____

3. *This is trashy.* _____

4. *These are strange.* _____

5. These are ridiculous. _____

6. These are tragic. _____

7. That is vile. _____

8. That is the best. _____

9. That is the worst. _____

10. Those are absurd. _____

11. Those are appalling. _____

12. Those are easy. _____

13. That over there is dreadful. _____

14. That over there is excellent. _____

15. That over there is extraordinary. _____

16. Those over there are interesting. _____

17. Those over there are wretched. _____

18. Those over there are disgusting. _____

Nationality, citizenship, and origin

In many countries, one's origin and nationality are the same. However, the global village we've become has changed much of that. In a nutshell, your nationality is the origin of your ancestors' bloodline, and your origin is where you were born. You cannot change these. They are what they are and always will be.

A person's citizenship can change, of course, but that process is both lengthy and arduous. Suffice it to say, **ser** is used to refer to one's citizenship.

In discussing origin, you always use **ser** and you always use the preposition **de**, meaning "from." The vocabulary appropriate for this section is the name of any place on earth. With this in mind, we include several suffixes that denote nationality and origin, along with examples. Each example is followed by the country, regional, or city name from which it is derived.

Suffixes that denote origin and/or nationality
-ano/-ana (frequent English counterpart: -an)

Words with this suffix function either as adjectives or nouns: **La americana vive con un italiano** ("The American woman lives with a man from Italy"). These words are not capitalized, as they are in English. The ending -**ano** changes to -**ana** when describing a feminine noun. -**Ano/-ana** becomes -**anos/-anas** when the noun is plural, for example, **Los americanos llevan camisas italianas** ("The Americans wear Italian shirts").

americano	*American*	América	*America*
australiano	*Australian*	Australia	*Australia*
boliviano	*Bolivian*	Bolivia	*Bolivia*
californiano	*Californian*	California	*California*

camboyano	*Cambodian*	Camboya	*Cambodia*
centroamericano	*Central American*	Centroamérica	*Central America*
coreano	*Korean*	Corea	*Korea*
cubano	*Cuban*	Cuba	*Cuba*
italiano	*Italian*	Italia	*Italy*
mexicano (mejicano)	*Mexican*	México (Méjico)	*Mexico*
norcoreano	*North Korean*	Corea del Norte	*North Korea*
norteamericano	*North American*	Norteamérica	*North America*
paraguayano	*Paraguayan*	Paraguay	*Paraguay*
peruano	*Peruvian*	Perú	*Peru*
siberiano	*Siberian*	Siberia	*Siberia*
siciliano	*Sicilian*	Sicilia	*Sicily*
surcoreano	*South Korean*	Corea del Sur	*South Korea*
veneciano	*Venetian*	Venecia	*Venice*
venezolano	*Venezuelan*	Venezuela	*Venezuela*

-eño/-eña (frequent English counterpart: -*an*)

As with the suffix **-ano/-ana**, the following words function either as adjectives or nouns: **El hondureño trabaja con una madrileña** ("The man from Honduras works with a woman from Madrid"). These words are not capitalized, and **-eño** changes to **-eña** when describing a feminine noun.

brasileño	*Brazilian*	Brasilia	*Brazil*
gibraltareño	*(native) of Gibraltar*	Gibraltar	*Gibraltar*
guadalajareño	*(native) of Guadalajara*	Guadalajara	*Guadalajara*
hondureño	*Honduran*	Honduras	*Honduras*
madrileño	*(native) of Madrid*	Madrid	*Madrid*
nicaragüeño	*Nicaraguan*	Nicaragua	*Nicaragua*
panameño	*Panamanian*	Panamá	*Panama*
puertorriqueño	*Puerto Rican*	Puerto Rico	*Puerto Rico*
salvadoreño	*(El) Salvadoran*	El Salvador	*El Salvador*

-ense

The suffix **-ense**, used to form both nouns and adjectives, does not agree in gender with the noun: **Las parisienses compran la ropa londinense** ("The Parisian women buy the clothing made in London").

ateniense	*Athenian*	Atenas	*Athens*
berlinense	*(native) of Berlin*	Berlín	*Berlin*
bonaerense	*(native) of Buenos Aires*	Buenos Aires	*Buenos Aires*
bruselense	*(native) of Brussels*	Bruselas	*Brussels*
canadiense	*Canadian*	Canadá	*Canada*
costarricense	*Costa Rican*	Costa Rica	*Costa Rica*
cretense	*(native) of Crete*	Creta	*Crete*
estadounidense	*(native) of the United States*	Estados Unidos	*United States*
lisbonense	*(native) of Lisbon*	Lisboa	*Lisbon*
londinense	*(native) of London*	Londres	*London*
manilense	*Manilan*	Manila	*Manila*
nicaragüense	*Nicaraguan*	Nicaragua	*Nicaragua*
parisiense	*Parisian*	París	*Paris*
peloponense	*Peloponnesian*	Peloponeso	*Peloponnese*

-és/-esa (frequent English counterpart: -ese)

This suffix agrees in both gender and number with the noun. The accent over the -**é**- is dropped in the plural: **francés, franceses**.

danés	*Danish*	Dinamarca	*Denmark*
escocés	*Scottish*	Escocia	*Scotland*
finlandés	*Finnish*	Finlandia	*Finland*
francés	*French*	Francia	*France*
groenlandés	*(native) of Greenland*	Groenlandia	*Greenland*
hamburgués	*(native) of Hamburg*	Hamburgo	*Hamburg*
holandés	*(native) of Holland*	Holanda	*Holland*
inglés	*English*	Inglaterra	*England*
irlandés	*Irish*	Irlanda	*Ireland*
japonés	*Japanese*	Japón	*Japan*
libanés	*Lebanese*	Líbano	*Lebanon*
lisbonés	*(native) of Lisbon*	Lisboa	*Lisbon*
luxemburgués	*(native) of Luxembourg*	Luxemburgo	*Luxembourg*
milanés	*Milanese*	Milán	*Milan*
neocelandés	*(native) of New Zealand*	Nueva Zelanda	*New Zealand*
nepalés	*Nepalese*	Nepal	*Nepal*
pequinés	*Pekingese*	Pekín	*Beijing*
portugués	*Portuguese*	Portugal	*Portugal*
salamanqués	*(native) of Salamanca*	Salamanca	*Salamanca*
siamés	*Siamese*	Siam	*Siam*
tailandés	*(native) of Thailand, Thai*	Tailandia	*Thailand*
vienés	*Viennese*	Viena	*Vienna*

-ino/-ina

This suffix agrees in gender and number with the noun, and it functions in the same manner as **-ano/-ana**.

argelino	*Algerian*	Argelia	*Algeria*
argentino	*Argentinian*	Argentina	*Argentina*
filipino	*(native) of the Philippines*	Filipinas	*(the) Philippines*
florentino	*(native) of Florence*	Florencia	*Florence*
granadino	*(native) of Granada*	Granada	*Granada*
neoyorquino	*(native) of New York*	Nueva York	*New York*
santiaguino	*(native) of Santiago*	Santiago	*Santiago*
tangerino	*(native) of Tangiers*	Tánger	*Tangiers*
tunecino	*(native) of Tunis/Tunisia*	Túnez	*Tunis, Tunisia*

-ita (frequent English counterpart: -ite)

This suffix does not agree in gender with the noun, even though it ends in -**a**. It does agree in number: **Los israelitas cenan en un restaurante vietnamita** ("The Israelis dine in a Vietnamese restaurant").

islamita	*Islamic, Islamist*	—	—
israelita	*Israeli*	Israel	*Israel*
semita	*Semite, Semitic*	—	—
vietnamita	*Vietnamese*	Vietnam	*Vietnam*

-eco/-eca

This ending agrees in gender and number with the noun. It is not frequently used.

greco	*Greek*	Grecia	*Greece*
guatemalteco	*Guatemalan*	Guatemala	*Guatemala*
sueco	*Swedish*	Suecia	*Sweden*

-aco/-aca

This little-used suffix agrees in gender and number with the noun.

austriaco	*Austrian*	Austria	*Austria*
polaco	*Polish*	Polonia	*Poland*

EJERCICIO 5·37

¿Cuál es su nacionalidad? Completa la frase, por favor.

EJEMPLOS   Daniel Ortega Saavedra ___*es nicaragüeño*___.

James Joyce y Oscar Wilde ___*son irlandeses*___.

1. Charles de Gaulle _____.

2. William Shakespeare _____.

3. Pierre Trudeau y Wayne Gretzky _____.

4. Lech Walesa _____.

5. Woody Allen _____.

6. Golda Meir _____.

7. Alfred Nobel _____.

8. Fidel Castro _____.

9. Diego Rivera y Frida Kahlo _____.

10. Luciano Pavarotti _____.

EJERCICIO

Una encuesta (A survey) ¿Cuál es tu opinión? La respuesta correcta está en tu mente y en tu corazón.

1. El mejor chocolate es de _____.

2. La peor ropa es de _____.

3. Los mejores automóviles son de _____.

4. Los peores teléfonos celulares son de _____.

5. Las peores sábanas son de _____.

6. El peor equipo de béisbol profesional es de _____.

7. Las mejores joyas son de _____.

8. El mejor equipo de fútbol es de _____.

9. La mejor comida es de _____.

EJERCICIO

5·38

¿Quién soy?

1. Soy platero. Nazco en Boston, Massachusetts, en diciembre 1734. Aunque trabajo con la plata, mi gran interés es en la libertad de América del gobierno de la Inglaterra. Soy miembro de los "Hijos de la libertad". El 16 de diciembre de 1773 tomo parte en "La fiesta del té en Boston". Mis camaradas y yo (más o menos cincuenta hombres en tres barcos) tiramos el té de la India (cuarenta y cinco toneladas, con un valor de 10.000 libras) al puerto de Boston. Grito a los residentes de Boston "Vienen los británicos. Vienen los británicos". Soy más famoso por estas palabras que por mi trabajo de platero.

   Me llamo _____.

2. Soy italiano. Nazco en Modena, Italia, el doce de octubre, 1935. Mi padre es panadero. De niño, juego mucho al fútbol, el deporte nacional de Italia. También, canto en el coro de Modena con mi padre. Canto por primera vez profesionalmente el veintinueve de abril, 1961, en *La Bohème,* la famosa ópera por Giacomo Puccini (hago el papel de Rodolfo) en la Ópera en Reggio Emilia, Italia. Tengo mucho éxito. Tengo mi estreno americano en febrero, 1965, en Miami en una producción de *Lucia di Lammermoor* (por Gaetano Donizetti). Canto con la famosa soprano australiana, Joan Sutherland. Es fantástico, y cantamos juntos muchas veces después. Tengo una barba. Soy muy gordo, y a veces me pongo a dieta. El resto del tiempo como y bebo con muchísimo gusto. Ahora soy el tenor más famoso en el mundo, y en la historia de la ópera, segundo solamente a Enrico Caruso.

   Me llamo _____.

3. Soy americana. Soy cocinera y escritora de libros de la cocina. Nazco en Pasadena, California, en 1912. Después de la graduación de la universidad (*Smith College*) en 1934 con un título en la historia, trabajo en una agencia publicitaria en Nueva York. Después de la Segunda Guerra Mundial, en 1948 mi esposo, Paul, va a París para trabajar para el U.S. Information Service en la embajada americana. En París, yo descubro la comida excepcional y decido a estudiar en la escuela famosa "Cordon Bleu". Más tarde, dos colegas de la escuela y yo abrimos una escuela de cocinar, "La Escuela de Tres Gastrónomas". Eventualmente, mi esposo y yo regresamos a Los Estados Unidos, y poco después tengo un programa en la televisión dedicada al arte de cocinar que se llama "La chef francesa". El estreno del programa es el once de febrero, 1963, y inmediatamente es un gran éxito. En mi opinión, los dos honores más grandes en mi vida son (1) en 1961 cuando el periódico *New York Times* declara mi primer libro de cocinar (*Dominando el arte de cocinar al francés*) una "obra maestra" y (2) en los setenta cuando Dan Ackroyd (de *Saturday Night Live*) me parodia en una sátira de mi programa. En esto, él está cocinando y se corta con un cuchillo, y hay sangre en todas partes, pero continúa a preparar la comida. ¡Es graciosísimo! Mi amado esposo, Paul, muere en 1994, y yo muero el trece de agosto 2004. Tengo un gran legado de libros, episodios de mi programa, aficionados y amigos.

   Me llamo _____.

190 PRACTICE MAKES PERFECT Spanish Vocabulary

Saber and conocer

·6·

You're probably aware by now that language is a combination of grammar and vocabulary, and that certain grammatical constructions naturally lead to specific vocabulary words and vice versa. This was especially evident in the previous unit, where **ser** introduced a variety of words dealing with our essence (for example, nationality, physical description, profession, and natural state), and **estar** presented a number of words having to do with more fleeting aspects (for example, moods, feelings, and location).

Learning a language is a lot like building a house. Every architect talks at length about form and function, and these are key concepts in the study of language as well. Grammar is the *function* of language. It operates much like the framework (the "bones") of the house; without these being solidly in place, everything will fall down. (Then that designer furniture you imported from Italy will be so much sawdust.) Vocabulary is the *form* of language. It is the décor of the house. You can know million-dollar words, but unless they're placed correctly within the parameters of the language's structure, they'll sound absurd. (The most fabulous stove on earth will look ridiculous in the living room.)

The further you delve into the study of any language, the more you see how form and function—vocabulary and grammar—lead to, define, and illuminate each other.

191

In this unit, we will consider the verb pair **saber/conocer**, each meaning "to know" in a specific way. We will also cover several other verbs that use the same translation (definition) in English, but which expand to other meanings (connotations). All of these verbs bring along hundreds of vocabulary words needed by and helpful to the verbs in question.

Off we go!

Saber and conocer (to know)

Just as **ser** and **estar** mean the same thing on the surface, namely, "to be," the verbs **saber** and **conocer** both mean "to know." On closer inspection, however, these two verbs have very different meanings: **Saber** means "to know information," while **conocer** means "to know or be familiar with a person, place, thing, or idea."

Mnemonic devices can help here: "*S* is for *skull*" reminds you to use **saber** when referring to knowledge you store in your head. This is knowledge you can possess fully. It is factual, concrete data—a telephone number, statistics, or a person's name, rank, and serial number. (Whether it's true or not is another matter. If you store it in your head as fact, it is knowledge related to **saber**.)

"*C* is for *corazón* ("heart")" helps you remember that when using **conocer**, you are referring to knowledge you hold in your heart. While you know facts in your head, you know people and places, and you are familiar with things and ideas, in your heart.

We pair **saber** with vocabulary from the sciences—the hard sciences, the ones that require a good head (or skull) for knowledge. With **conocer**, we introduce vocabulary from the arts and humanities, where one's heart often acts as an auxiliary brain.

Saber

First, we consider **saber** and its uses.

saber to know information	
sé	sabemos
sabes	sabéis
sabe	saben

Saber is irregular only in the **yo** form; note the accent over the *é* and use it.

Saber (to know information)

When dealing with facts and information, you use **saber**.

Sé tu nombre.	*I know your name.*
¿Sabes mi dirección?	*Do you know my address?*
No sabemos nada.	*We don't know anything.*
¿Sabéis dónde están mis libros?	*Do you know where my books are?*

Dentro del laboratorio (*In the laboratory*)

Los sustantivos (Nouns)

analysis	**el análisis**	origin	**el origen**
Bunsen burner	**el mechero Bunsen**	pipette	**la pipeta**
classification	**la clasificación**	process	**el proceso**
control (group)	**el (grupo de) control**	project	**el proyecto**
discovery	**el descubrimiento**	research	**la investigación**
experiment	**el experimento**	result	**el resultado**
flask	**el frasco, el matraz**	sample	**la muestra**
hypothesis	**la hipótesis**	scientist	**el científico / la científica**
invention	**el invento**	slide	**la platina**
laboratory	**el laboratorio**	solution	**la solución**
material	**el material**	test	**la prueba**
measurement	**la medición**	test tube	**el tubo de ensayo**
microscope	**el microscopio**	theory	**la teoría**

Los verbos (Verbs)

to analyze	**analizar**	to identify	**identificar**
to burn	**quemar**	to investigate	**investigar**
to check	**comprobar (o > ue), revisar**	to measure	**medir (e > i)**
		to mount (a slide)	**fijar (una platina)**
to classify	**clasificar**	to observe	**observar**
to experiment	**experimentar**	to prove	**probar (o > ue)**
to find out	**averiguar**	to research	**investigar**
to heat (up)	**calentar (e > ie)**	to solve	**resolver (o > ue)**

EJERCICIO
6·1

Para traducir *In this exercise, consider "you" as informal singular unless otherwise noted.*

1. *I know the results of the tests.*

   _____

2. *Do you know the measurements for these slides?*

   _____

3. *She knows how many ingredients are in this solution.*

   _____

4. *I don't know why you want to analyze this theory.*

   _____

5. *Do you know why there are so many test tubes in this laboratory?*

   _____

6. *They don't know what (lo que) is in the flask.*

   _____

7. *Do (all of) you* [informal] *know the name of this process?*

_____

8. *If you observe it* [m.] *well, you can know the results this afternoon.*

_____

9. *Do you know who is going to heat up the pipettes?*

_____

10. *We can't know anything about the experiments until tomorrow.*

_____

¿Verdadero o falso?

1. _____ Para usar un microscopio correctamente, una persona primero necesita poner el material en una platina.

2. _____ El mechero Bunsen es para calentar el café para los científicos que están cansados.

3. _____ Si una persona identifica la cura del cáncer, esta persona probablemente va a ganar el Premio Nobel en las ciencias.

4. _____ El laboratorio necesita estar limpio todo el tiempo. Otramente, los resultados no van a ser precisos.

5. _____ La hipótesis y el resultado son iguales.

6. _____ Los científicos típicamente son personas inteligentes que quieren investigar, estudiar y averiguar muchas cosas para saber más acerca del mundo.

7. _____ Un grupo de control es importante para probar cualquier hipótesis.

8. _____ Para cualquier proyecto científico, el investigador necesita analizar y comprobar varias muestras.

9. _____ No es importante si el tubo de ensayo está limpio o sucio.

10. _____ La teoría de la evolución es completamente contraria a todas las ideas y creencias de Charles Darwin.

Saber que... (*to know that . . .*)

In English, we have the option of saying either "I know that he is a monster" or, simply, "I know he is a monster." In Spanish, we do not have that option; we must include the conjunction **que** ("that"), which is *always* followed by a complete sentence.

Sé que él está en el sótano.	*I know (that) he is in the basement.*
Sabemos que eres guatemalteco.	*We know (that) you are Guatemalan.*
Saben que ella es mentirosa.	*They know (that) she is a liar.*
¿No sabes que yo vivo aquí?	*Don't you know (that) I live here?*

La biología (Biology)

Los sustantivos (Nouns)

bacteria	la(s) bacteria(s), el microbio	genetic disorder	la alteración genética
blood	la sangre	genus	el género
body	el cuerpo	growth	el crecimiento
bone	el hueso	habitat	el hábitat
carbohydrate	el carbohidrato	heart	el corazón
cell	la célula	membrane	la membrana
chlorophyll	la clorofila	molecule	la molécula
decay	la decadencia	muscle	el músculo
decline	el descenso, la disminución	nucleus	el núcleo
disease	la enfermedad	organism	el organismo
embryo	el embrión	photosynthesis	la fotosíntesis
excretion	la excreción	population	la población
fetus	el feto	respiration	la respiración
food chain	el ciclo alimenticio	species	la especie
gene	el gen, el gene	survival	la sobrevivencia
		tissue	el tejido
		virus	el virus

Los verbos (Verbs)

to breathe	respirar	to inherit	heredar
to circulate	circular	to mutate	cambiar, transformar(se)
to decline	descender (e > ie)	to reproduce	reproducir(se)
to feed	alimentar	to survive	sobrevivir
to grow	crecer	to synthesize	sintetizar

¿Sabes que...?

- El adulto normal tiene cinco litros de sangre dentro de su cuerpo; sin esta sangre, el cuerpo humano no funciona.
- La clorofila es la molécula que absorba la luz del sol y usa la energía para sintetizar los carbohidratos del carbón dióxido y el agua: Este proceso se llama "la fotosíntesis".
- La miocarditis es una inflamación del músculo del corazón.
- Cuando una mujer está embarazada, en la primera parte del embarazo lo que crece se llama *el embrión,* y después de dos meses se llama *el feto.*
- La bacteria es un organismo de una célula.
- La membrana es la protección alrededor de la célula.
- Los núcleos tienen dos funciones primarias: (1) controlar las reacciones químicas dentro del citoplasma y (2) contener información necesaria para la división de las células.
- Una alteración genética es causada por las anormalidades en el material genético de un individuo.
- El cáncer es una enfermedad en que unas células del cuerpo están anormales y se dividen sin control. Las células del cáncer pueden invadir los tejidos cercanos, y también pueden pasar por la sangre y el sistema linfático hasta las otras partes del cuerpo.
- Una especie es un grupo taxonómico en que los miembros pueden reproducirse.

Para traducir *In this exercise, consider "you" as informal singular.*

1. *I know that in order to survive, we need to breathe.*

   _____

2. *We know that we are members of the human species.*

   _____

3. *Do you know that there is a virus in your computer?*

   _____

4. *He doesn't know that decay is a natural part of life.*

   _____

5. *I need to know that you're going to be here tomorrow.*

   _____

6. *Do they know that the heart is a muscle?*

   _____

7. *I don't know if the virus is bad or not.*

   _____

8. *Do you know that you have to feed your baby every three hours?*

   _____

Saber + infinitive (*to know how to do something*)

To say that you know how to do something in Spanish, you add an infinitive immediately after the conjugated form of **saber**. Do *not* add **cómo** ("how").

Sé bailar el tango.	*I know how to dance the tango.*
¿Sabes jugar al ajedrez?	*Do you know how to play chess?*
Él no sabe pulir la plata.	*He doesn't know how to polish silver.*
Ella no sabe hacer nada.	*She doesn't know how to do anything.*

La química (Chemistry)

Los metales (Metals)

brass	el latón, el cobre amarillo	silver	la plata
copper	el cobre	tin	el estaño
gold	el oro	zinc	el zinc, el cinc
iron	el hierro		

Los sustantivos (Nouns)

acid	el ácido	equation	la ecuación
air	el aire	experiment	el experimento
alkali	el álcali	(natural) gas	el gas (natural)
alloy	la aleación	liquid	el líquido
aspect	el aspecto	litmus paper	el papel de tornasol
atomic number	el número atómico	matter	la materia
beaker	la jícara, el tazón	metal	el metal
chemical	la sustancia química; (pl.) los productos químicos	periodic table	la tabla periódica
		reaction	la reacción
composition	la composición	salt	la sal
compound	el componente	solid	el sólido
data (datum)	los datos (el dato)	solution	la solución
element	el elemento	substance	la sustancia
emulsion	la emulsión		

Los verbos (Verbs)

to balance	balancear	to mix	mezclar
to calculate	calcular	to pour	echar
to control	controlar	to react	reaccionar
to dissolve	disolver (o > ue)		

Los adjetivos (Adjectives)

alkaline	alcalino	(in)organic	(in)orgánico
chemical	químico	physical	físico
heavy	pesado	pure	puro
inert	inerte, inmóvil	solid	sólido
light	ligero	(in)soluble	(in)soluble
liquid	líquido	stable	estable
opaque	opaco	transparent	transparente

Para traducir *In this exercise, consider "you" as informal singular unless otherwise noted.*

1. *I know how to pour the chemical solutions in(to) the beaker.*

_____

2. *Do you know how to analyze this data?*

_____

3. *They don't know how to balance this equation.*

_____

4. *We know how to mix the chemicals.*

_____

5. *She knows how to prepare the slides for the microscope.*

_____

6. *You all* [informal] *know how to solve these problems.*

_____

7. *I don't know how to work with this data, because I can't breathe near these chemicals.*

_____

8. *Who knows how to control the physical aspects of this experiment?*

_____

¿Sabes que...?

- Un componente es algo que se consiste en más de una sustancia (o ingrediente o elemento o parte).
- La tabla periódica es una lista de todos los elementos en orden del número atómico. La tabla pone los elementos en grupos con características similares que nos permite reconocer las tendencias de todos los elementos.
- Hay ciento diecisiete elementos en la tabla periódica, clasificados por el número atómico.
- Un gas inerte es uno que no reacciona con las otras sustancias con que tiene contacto.
- Un componente es orgánico cuando contiene el carbón (excepto carbón dióxido, carbón monóxido, carburos y carbonatos).
- La aleación es una mezcla que contiene o dos elementos metálicos o elementos metálicos y nonmetálicos (o más). Por ejemplo, el latón es una aleación del cobre y el zinc.
- Cuando el papel de tornasol está rojo, esto significa que está en contacto con un ácido.
- Una emulsión es la mezcla de dos sustancias, usualmente líquidos, que normalmente no se mezclan—por ejemplo, el agua y el aceite.

La física y la mecánica (Physics and mechanics)

Los sustantivos (Nouns)

acceleration	la aceleración	mechanics	la mecánica
acoustics	la acústica	mechanism	el mecanismo
atom	el átomo	metallurgy	la metalurgia
ball bearings	los cojinetes de bolas	mineral	el mineral
boiling point	el punto de ebullición	missile	el misil
change	el cambio	molecule	la molécula
circuit	el circuito	momentum	el ímpetu
cog	el diente, la rueda dentada	motion	el movimiento
conservation	la conservación, la preservación	neutron	el neutrón
		nuclear energy	la energía nuclear
crest (of a wave)	la cresta, el penacho	nucleus	el núcleo
density	la densidad	observation	la observación
device	el dispositivo	optics	la óptica
dial	la esfera, el dial	particle	la partícula
distance	la distancia	pressure	la presión
electron	el electrón	property	la propiedad
energy	la energía	proton	el protón
fiber	la fibra	quantum theory	la teoría cuántica
fission	la fisión, la escisión	radiation	la radiación
force	la fuerza	ray	el rayo
formula	la fórmula	reactor	el reactor
freezing point	el punto de congelación	reflection	la reflexión
friction	la fricción, el rozamiento	refraction	la refracción
fusion	la fusión	relativity	la relatividad
gauge	el calibrador, el indicador	resistance	la resistencia
gear	el engranaje	robot	el robot, el autómata
gravity	la gravedad	sound	el sonido
laser	el láser	speed	la velocidad
laser beam	el rayo láser	structure	la estructura
lever	la palanca	temperature	la temperatura
light	la luz	theory	la teoría
light beam	el rayo de luz, el haz de luz	transmission	la transmisión
(heat) loss	la pérdida (de calor)	trough (of a wave)	el seno
lubricant	el lubricante	turbine	la turbina
machinery	la maquinaria, el mecanismo	vapor	el vapor
magnet	el imán	vibration	la vibración
magnetism	el magnetismo	wave	la onda
mass	la masa, el peso	wavelength	la longitud de onda

Los verbos (Verbs)

to accelerate	acelerar	to operate (machinery)	manejar
to derive	derivar	to sort	clasificar
to emit	emitir	to turn	tornear
to heat	calentar (e > ie)	to vibrate	vibrar
to lubricate	lubricar	to work (inanimate object)	funcionar

Los adjetivos (Adjectives)

atomic	atómico	dense	denso
ball bearing	de bolas	proportional	proporcional
centrifugal	centrífugo	synthetic	sintético

Sir Isaac Newton

Sir Isaac Newton es un hombre de gran inteligencia y muchos talentos. Él nace en la Inglaterra en 1643 y muere en 1727. Durante su vida, él trabaja como físico, matemático, astrónomo, alquimista, inventor y filósofo natural. Sin duda, el señor Newton es uno de los científicos más influénciales en la historia del mundo.

Él escribe el *Philosophiae Naturalis Principia Mathematica* en que él describe la gravitación universal y las tres leyes de la moción. Esto forma la fundación de la mecánica clásica. Por derivar las leyes de Johannes Kepler (1571–1630) de la moción de los planetas, Newton es el primero que dice que la Tierra y las entidades celestiales responden al mismo grupo de las leyes naturales. Este descubrimiento es integral a la revolución científica y la progresión del heliocentrismo, la idea original de Nicolaus Copernicus (1473–1543) de Polonia.

Newton es famoso por varias razones, pero principalmente por sus tres leyes de la moción. Éstas son:

1. Cada objeto se persiste en su estado del descanso o en la moción uniforme en una línea recta excepto cuando hay una fuerza externa. Esto también se llama "la ley de la inercia".

2. La fuerza es igual al cambio en el ímpetu por el cambio del tiempo. Para una masa constante, la fuerza es igual a la masa por la aceleración: $\mathbf{F} = \mathbf{m} \times \mathbf{a}$.

3. Para cada acción, hay una reacción igual y al contrario.

Newton comparte el crédito con Gottfried Leibniz por el desarrollo del cálculo, y lo usa para formular sus leyes físicas. También, él hace contribuciones a otras áreas de las matemáticas. El matemático Joseph Louis Lagrange (1736–1813) cree que Newton es el genio más grande en la historia del mundo, y también tiene máxima suerte porque es imposible establecer más de una vez un sistema del mundo.

EJERCICIO
6·5

¿Verdadero o falso?

1. _____ Sir Isaac Newton es inglés.

2. _____ Hay cuatro leyes de la moción.

3. _____ La tercera ley trata de la inercia.

4. _____ Newton admira mucho el trabajo de Kepler.

5. _____ Newton y Leibniz son "los padres" del cálculo moderno.

6. _____ Copernicus cree que el sol es el centro del sistema solar.

7. _____ "Si nada toca un objeto, el objeto no se mueve" es un ejemplo de la segunda ley de la moción.

8. _____ Copernicus es polaco.

9. _____ Joseph Louis Lagrange cree que Newton es un hombre regular.

10. _____ En la ecuación $\mathbf{F} = \mathbf{m} \times \mathbf{a}$, la $\mathbf{F}$ significa fuerza.

Algunas definiciones

el átomo El componente más pequeño de un elemento que tiene las propiedades químicas del elemento.

el cargado de electricidad La cantidad de la energía eléctrica contenida en una batería, conductor eléctrico o semiconductor.

el circuito Un dispositivo eléctrico que provee un camino en que el corriente eléctrico puede fluir.

el electrón Una partícula subatómica que tiene un cargado negativo.

la fisión El proceso de reproducción asexual en que el organismo se divide en dos partes, más o menos iguales. Un ejemplo de esto es la reproducción de la bacteria.

el láser En el mundo de la medicina, es un instrumento que produce un fuerte rayo de luz y puede producir el calor intenso. Muchos médicos usan el láser con frecuencia para vaporizar los tejidos.

la longitud de onda La distancia entre los puntos sucesivos en que la amplitud y la fase son iguales en una onda (por ejemplo, la cresta a la cresta o el seno al seno).

el neutrón Una de las partículas básicas que se forman un átomo. Un neutrón y un protón son muy similares, pero el neutrón no tiene un cargado de electricidad.

el núcleo Una parte de la célula que contiene DNA y RNA y que es responsable por el crecimiento y la reproducción.

el protón Una partícula en el núcleo de un átomo que tiene el cargado de electricidad que es positivo.

el vapor La suspensión visible en el aire de las partículas de alguna sustancia.

VOCABULARIO

La electricidad (Electricity)

Los sustantivos (Nouns)

amperage	**el amperaje**	electron	**el electrón**
ampere	**el amperio**	electronics	**la electrónica**
battery	**la batería**	lightning	**el relámpago**
charge	**la carga, el cargado**	plug, socket	**el enchufe**
cord (electrical)	**la cuerda (eléctrica)**	shock (*electrical*)	**el calambre**
current	**el corriente**	voltage	**el voltaje**
electrical charge	**la carga de electricidad**	wire	**el alambre**
electricity	**la electricidad**	wiring (*electrical*)	**el cableado**
electrode	**el electrodo**		

Los verbos (Verbs)

to charge a battery	**cargar la batería**
to plug in	**enchufar**
to wire	**alambrar**

Benjamín Franklin

Benjamín Franklin nace en Boston, Massachusetts, el diecisiete de enero, 1706 (él es el décimo hijo del jabonero, Josiah Franklin—¡en total, el señor Franklin tiene diecisiete hijos e hijas!). Muchas personas no asocian nada más al señor Franklin que la investigación de la electricidad, pero en realidad, Franklin hace y contribuye mucho más al mundo.

Franklin no asiste mucho a la escuela formal, pero su educación nunca termina. Él lee todo y cree que "las puertas a la sagaz nunca están cerradas". Franklin se enseña la algebra simple, la geometría, la navegación, el lógico, la historia, las ciencias, la gramática inglés y un poco de cinco otros idiomas. Es un verdadero hombre del Renacimiento. Franklin tiene una fórmula simple para el éxito: Él cree que las personas que tienen éxito simplemente trabajan un poco más que los otros. Durante su vida, él trabaja por establecer la primera universidad y el primer hospital en Pennsylvania, y también organiza la primera biblioteca de suscripción del país.

ahorrado	*saved* (money)
ahorrar	*to save* (money)
el almanaque	*almanac*
anual	*annual*
la caricatura	*cartoon*
cerrado	*closed*
la cometa	*kite*
el escrito	*writing*
imprimir	*to print*
par	*equal*
la receta	*recipe*
el Renacimiento	*Renaissance*
se enseña	*teaches himself*
la vara	*rod*

En 1729, Franklin compra un periódico, el *Pennsylvania Gazette*. Este periódico imprime la primera caricatura política. ¡El autor de esta caricatura es Benjamín Franklin! En 1733, Franklin publica el primer *Almanaque de pobre Richard*. En este tiempo, los almanaques anuales no son raros: Típicamente contienen los tópicos como reportes del tiempo, recetas, predicciones y homilías. El almanaque de Benjamín Franklin es distinguido por las caricaturas cómicas y el estilo de los escritos animados. Una de las frases más famosas asociadas con Franklin es "Un centavo ahorrado es un centavo ganado".

Franklin no tiene par—excepto Thomas Edison—como inventor. Él inventa el *horno Franklin*, los lentes bifocales y la vara de relámpago. En Philadelphia en 1736, Franklin organiza el primer departamento de incendio. Él es famoso por decir "Una onza de la prevención es igual a una libra de la cura".

En 1750, Franklin estudia la electricidad. Sus observaciones—incluido su experimento famoso con la cometa que verifica la natura de la electricidad y el relámpago—le dan a Franklin fama internacional.

En la primera parte de su vida, Franklin es leal a la Inglaterra. Recuerda que Los Estados Unidos ahora no es un país—es una colección de colonias, y muchas personas lo consideran una "extensión" de la Inglaterra. Pero después de la "Fiesta de té de Boston" en 1773, más personas quieren la independencia. En 1775, Franklin es miembro del Segundo Congreso Continental y trabaja en un comité de cinco personas (que incluye Thomas Jefferson) que escriben la primera versión de la Declaración de la Independencia.

Franklin muere el diecisiete de abril, 1790, cuando tiene ochenta y cuatro años. Veinte mil personas asisten al servicio funerario.

EJERCICIO
6·6

¿Verdadero o falso?

1. _____ Benjamín Franklin vive toda la vida en Boston, Massachusetts.

2. _____ Franklin tiene dieciséis hermanos y hermanas.

3. _____ Franklin tiene varios títulos (*degrees*) de varias universidades.

4. _____ Franklin tiene mucha interés en las matemáticas.

5. _____ Franklin habla solamente inglés.

6. _____ Franklin cree que para tener éxito una persona tiene que trabajar mucho.

7. _____ Su *Almanaque de pobre Richard* es el único almanaque de ese tiempo.

8. _____ Franklin cree que es importante ahorrar el dinero (para un "día lluvioso").

9. _____ Su almanaque es totalmente serio y sin humor.

10. _____ Franklin es asociado con la cometa por sus experimentos de la electricidad.

Conocer

Conocer (*to know or be familiar with a person, place, thing, or idea*)

The verb **conocer** ("to know") refers to the knowledge you hold in your heart. We know facts and things *about* people in our heads; however, to truly know a person involves your heart and your feelings. While **saber** deals with universal and unchanging knowledge, **conocer** deals with knowledge that evolves. The facts of someone's life (for example, birth date, eye color, or name) do not morph into other things; they remain constant. People, however, constantly grow—whether physically, emotionally, spiritually, or in any other way imaginable.

The same can be said of places (one can never truly know Tijuana and all its permutations), things (is it possible to know completely the inner workings of your computer or camera?), and ideas (it isn't remotely possible, even for Einstein, to know for certain everything there is to know about theoretical physics). At best, we can only be familiar—in varying degrees—with them.

That said, the vocabulary generated by **conocer** deals primarily with people, places, things, and ideas—in other words, just about anything but facts themselves.

conocer *to know or be familiar with*

conozco	conocemos
conoces	conocéis
conoce	conocen

Note that **conocer**, like many Spanish verbs, is irregular only in the **yo** form.

¿Cuál es verdadero para ti? *Note the use of the personal* **a** *when referring directly to a person.*

1. _____ Conozco personalmente a Martha Stewart.
2. _____ Conozco la comedia de Joan Rivers.
3. _____ Conozco los dramas de Eugene O'Neill.
4. _____ Conozco el país Australia.
5. _____ Conozco el existencialismo.
6. _____ Conozco a las gemelas Olsen (Ashley y Mary-Kate).
7. _____ Conozco los ensayos de H.L. Mencken.
8. _____ Conozco al presidente de Los Estados Unidos.
9. _____ Conozco la filosofía de Immanuel Kant.
10. _____ Conozco Morocco.

VOCABULARIO

Los artes (*The arts*)

Los sustantivos (Nouns)

aesthete	**el/la esteta**	fantasy	**la fantasía**
aesthetics	**la estética**	figure	**la figura**
appreciation	**la apreciación**	gesture	**el gesto, la acción**
art	**el arte**	image	**la imagen**
atmosphere	**la atmósfera**	irony	**la ironía**
award	**el premio**	issue	**la cuestión, el problema**
character	**el personaje, el carácter**	mood	**la atmósfera, el humor**
climax	**el clímax,**	morality	**la moralidad**
	el punto culminante	mystery	**el misterio**
commentary	**el comentario**	nature	**la naturaleza**
conflict	**el conflicto**	obscenity	**la obscenidad**
contrast	**el contraste**	optimism	**el optimismo**
creativity	**la creatividad**	parody	**la parodia**
critic	**el crítico / la crítica**	pessimism	**el pesimismo**
criticism	**la crítica, el criticismo**	plot	**la trama, la intriga**
culture	**la cultura**	portrayal	**la representación, el retrato**
development	**el desarrollo**	protagonist	**el protagonista**
dialogue	**el diálogo**	reader	**el lector**
empathy	**la empatía**	reflection (*thought*)	**la reflexión, el pensamiento**
ending	**el final, el fin**	relationship	**la relación, la conexión**
entertainment	**el entretenimiento,**	review	**la revisión, el análisis**
	el divertimiento	satire	**la sátira**
epic	**la épica**	style	**el estilo**
event	**el acontecimiento,**	subject	**el tema, el tópico,**
	el suceso, el evento		**el contenido**

technique	la técnica		tragedy	la tragedia
theme	el tema		viewpoint	el punto de vista
tone	el tono		work of art	la obra de arte

Los verbos (Verbs)

to appreciate	apreciar		to explore	explorar
to create	crear		to express	expresar
to deal with	tratar de		to inspire	inspirar
to develop	desarrollar		to portray	representar
to draw	dibujar		to review	revisar, analizar
to end	terminar, finalizar		to satirize	satirizar
to explain	explicar			

Los adjetivos (Adjectives)

abstract	abstracto		lyrical	lírico
abstruse	abstruso		moving	conmovedor
avant-garde	en vanguardia		mysterious	misterioso
believable	creíble		mystical	místico
contemporary	contemporáneo		obscene	obsceno
credible	creíble, verosímil		obscure	oscuro, obscuro
cultivated	cultivado		optimistic	optimista
disturbing	inquietante		pessimistic	pesimista
eventful	memorable		precious	valioso, precioso
exciting	emocionante		realistic	realista
inspired (by)	inspirado (por)		satiric(al)	satírico
intense	intenso		stylish	con estilo, elegante
inventive	inventivo, imaginativo		tragic	trágico
ironic	irónico		vivid	vívido
long-winded	prolijo, extenso		witty	ingenioso

EJERCICIO
6·7

Para traducir *In this exercise, consider "you" as informal singular.*

1. *I know many works of art in this museum.*

   _____

2. *We know (are familiar with) the epics of Homer.*

   _____

3. *I'm not acquainted with them. Are you acquainted with them?*

   _____

4. *She knows the mystical poetry of William Blake.*

   _____

5. *Do you know (Are you familiar with) the tragedies of Shakespeare?*

   _____

6. *Every culture has obscene gestures. Do you know them?*

_____

7. *I'm not familiar with his viewpoint, but my friends always tell me that it's too pessimistic.*

_____

8. *Do you know the Blue Fairy in* Pinocho? *She's precious.*

_____

9. *They don't know you, because you're mysterious.*

_____

10. *Do you know the movie* The Da Vinci Code? *My friend tells me that many conversations are long-winded.*

_____

_____

VOCABULARIO

Los estilos y movimientos del arte (*Art styles and movements*)

Art Nouveau	**el Art Nouveau**	Norman	**normando**
Aztec	**azteca**	postimpressionism	**el postimpresionismo**
baroque	**barroco**	postmodernism	**el postmodernismo**
classical period	**el período clásico**	realism	**el realismo**
Enlightenment	**el Siglo de las Luces**	Renaissance	**el Renacimiento**
existentialism	**el existencialismo**	rococo	**rococó**
existentialist	**el/la existencialista**	Romanesque	**románico**
expressionism	**el expresionismo**	romantic	**romántico**
Federal	**federal**	structuralism	**el estructuralismo**
Georgian	**georgiano**	surrealist	**el surrealismo**
Greek	**griego, greco**	symbolist	**el simbolismo**
medieval	**medieval**	twentieth century	**el siglo veinte**
naturalistic	**naturalista**	Victorian	**victoriano**

Dos influencias importantes del arte de Andy Warhol

El artista Andy Warhol nace en Pittsburgh, Pennsylvania, en 1928. Algunas personas creen que Andy Warhol es "el padre del movimiento postmodernismo". Casi todo el mundo conoce las litografías de Marilyn Monroe, Jackie Kennedy, Elvis Presley y, claro, las margaritas y la famosa lata de sopa de Campbell's. Pero casi nadie sabe de sus influencias originales.

La primera influencia de Andy (su nombre verdadero es Andrew Warhola) sin duda es su madre, Julia Warhola. Julia nace en Mikova, Slovakia. Ella viene a Los Estados Unidos en 1921. Ella y su esposo, Ondrej Warhola, tienen tres hijos: Paul, John y Andrew. Andy es el menor.

Después de su familia, la verdadera pasión de Julia es el arte. Ella dibuja y pinta cada día. Aunque no tiene una educación formal, su talento es evidente de niña: Ella puede dibujar en una manera cultivada, inventiva, imaginativa, elegante, emocionante, vívida, mística y, a veces, conmovedor. Nada de su arte es típico. Julia pinta gatos y ángeles. También ella hace "obras de arte" de, literalmente, la basura. Es justo decir que ella ve el arte en todas partes. Es fácil comprender por qué Andy tiene un interés en los artes con una madre como Julia.

el acero	steel
la chimenea	smokestack
la duda	doubt
el hecho	fact
el hollín	soot
la lata	can
la margarita	daisy
la máscara antigás	gas mask
puerco	filthy
rara	strange, rare
la semilla	seed
la suciedad	dirt
sucio	dirty

Otra influencia es más rara. Pittsburgh, en los años veinte, treinta y cuarenta, es una ciudad del acero. Cada persona que conoce la industria del acero sabe que es sucio—¡absolutamente puerco! Siempre está nublado—no porque no hace sol—porque es imposible ver el sol por "las nubes" de la suciedad y el hollín. (Un hecho fascinante y precioso es que durante esta época, las mujeres y bien sociales llevan las máscaras antigás para protección contra la polución cuando van de compras en las tiendas elegantes de la ciudad.) Pues, el chico Andy, durante las noches, mira las chimeneas y está fascinado por los colores brillantes—los azules, los rojos, los rosados, los amarillos, los verdes—todos le fascinan. Y éstos le dan la semilla de su arte más conocida.

EJERCICIO
6·8

Responde a las siguientes preguntas.

1. ¿Cómo se llama la madre de Andy Warhol?

_____

2. ¿Cuántos hermanos tiene Andy Warhol y cómo se llaman?

_____

3. ¿Dónde nace Andy Warhol y en qué año?

_____

4. ¿Cuál es su verdadero apellido?

_____

5. ¿Es Andy el mayor de sus hermanos?

_____

6. ¿Qué movimiento de arte representa Andy Warhol?

_____

7. ¿Qué llevan las mujeres elegantes para protección contra la polución en Pittsburgh?

_____

8. ¿Qué pinta Julia Warhola (dos cosas en particular)?

_____

9. ¿Qué tipo de arte son las "pinturas" de Jackie Kennedy y las latas de sopa de Campbell's?

_____

10. ¿Cuál es la inspiración sorprendente por los colores brillantes en el arte de Andy Warhol?

_____

VOCABULARIO

La clase de arte (*Art class*)

Los sustantivos (Nouns)

artifact	**el artefacto**	frieze	**el friso**
auction	**la subasta**	genre	**el género**
auctioneer	**el subastador / la subastadora**	holograph	**el ológrafo, el holograma**
balance	**el equilibrio**	landscape	**el paisaje**
brush	**el pincel**	masterpiece	**la obra maestra**
bust	**el busto**	mosaic	**el mosaico**
ceramics	**la cerámica**	oil painting	**la pintura al óleo**
charcoal	**el carbón, el carboncillo**	pottery	**la cerámica**
chisel	**el cincel**	sculpture	**la escultura**
clay	**la arcilla**	seascape	**el paisaje marino**
collage	**el collage**	shadow	**la sombra**
design	**el diseño**	sketch	**el boceto, el esbozo**
drawing	**el dibujo**	stained glass	**la vidriera**
easel	**el caballete**	statue	**la estatua**
enamel	**el esmalte**	still life	**el bodegón, la naturaleza muerta**
engraving	**el grabado**		
etching	**el aguafuerte**	studio	**el estudio**
figure	**la figura**	tapestry	**el tapiz**
figurine	**la figurilla**	watercolor	**la acuarela**
filigree	**la filigrana**	wood carving	**la talla de madera**
fresco	**el fresco**	woodcut	**la incisión**

Los verbos (Verbs)

to carve	**esculpir, tallar**	to etch	**grabar al aguafuerte**
to decorate	**decorar**	to paint	**pintar**
to design	**diseñar**	to restore	**restaurar**
to draw	**dibujar**	to sculpt	**esculpir**
to engrave	**grabar**	to shape	**dar forma**

Para traducir *In this exercise, consider "you" as informal singular.*

1. *Many artists live in their studios.*

   _____

2. *Albrecht Dürer etches many religious scenes.*

   _____

3. *The Pottery Barn store doesn't sell much pottery.*

   _____

4. *You can see wonderful examples of Giotto's frescoes in the Basilica of St. Francis in Assisi, Italy.*

   _____

5. *J.M.W. Turner (the English painter) is famous for his seascapes.*

   _____

6. *Many people don't know that Pablo Picasso's real surname* (el apellido) *is Ruiz. Picasso is the surname of his mother.*

   _____

   _____

7. *The Greek sculpture* Nike *("Victory") is in the Louvre in Paris, France. Leonardo da Vinci's* Mona Lisa *also is there.*

   _____

   _____

8. *The statue of Moses, by Michelangelo, is in the Vatican Museums.*

   _____

Salvador Dalí, el artista del surrealismo

Salvador Dalí nace en el pueblo de Figueres en España el once de mayo, 1904. De niño es evidente que Salvador tiene mucho talento, y cuando tiene diez años recibe sus primeras lecciones formales en el dibujo. Uno de sus primeros maestros es el pintor impresionista Ramón Pichot. Luego, Salvador estudia en la Real Academia de Bellas Artes en Madrid. Dos veces los administradores de la escuela le expulsa, y dos veces él regresa. Salvador no tiene problemas de la autoestima: ¡Él nunca toma las examines finales porque cree que tiene más talento que los maestros!

En 1928 Dalí va a Paris donde conoce a los pintores Pablo Picasso y Joan Miró. Para 1929, Dalí tiene su estilo personal: el surrealismo—el mundo que existe en los sueños. Él se casa con Gala en 1934. Ellos viven en Paris, y entonces (después de 1940) en Los Estados Unidos. Dalí es muy popular con las celebridades del día, y recibe comisiones por retratos de Jack Warner (el productor ejecutivo de películas) y Helena Rubinstein (la fundadora del imperio del maquillaje). También él diseña joyas y ropa para Coco Chanel y trabaja con Alfred Hitchcock en unas películas.

Dalí y Gala regresan a Europa en 1948, viviendo en España y a veces en Francia. Dalí también tiene interés en las ciencias, la religión y la historia. Después de la muerte de Gala en 1982, Dalí está muy deprimido. Dalí pasa sus últimos días en la torre de su museo (también su casa), el Teatro-Museo Dalí, en Figueres, España. Dalí muere (de problemas del corazón) en esta torre el veintitrés de enero, 1989.

Citas de Salvador Dalí, pintor surrealista de España (1904–1989)

◆ Yo no uso las drogas. Yo soy las drogas.
◆ La inteligencia sin la ambición es como un pájaro sin las alas.
◆ La diferencia entre las memorias falsas y las verdaderas es igual con las joyas: Siempre las falsas parecen más real, más brillante.
◆ La única diferencia entre yo y un loco es que yo no soy loco.
◆ El termómetro del éxito es el celos de los malcontentos.
◆ Las personas que no quieren imitar nada no producen nada.
◆ La pintura es una parte pequeñísima de mi personalidad.
◆ Cuando tengo seis años, quiero ser cocinero. Cuando tengo siete años, quiero ser Napoleón. Y mi ambición cada año es más grande.

Conocer (to meet a person)

The moment you meet a person is the moment you begin to know that person (in your heart). You can know all sorts of things about total strangers without ever laying eyes on any of them: Consider all the useless data thrust upon us about celebrities whom we will never meet, much less actually get to know.

Because this book uses only the present tense, you will not use **conocer** much in the context of meeting people, because we usually refer to meeting people in the past ("I met him last weekend"). However, we can talk of people we want to meet or are going to meet. While these events are actually in the future, grammatically they are in the present.

Note that you need the personal **a** in this context.

Quiero conocer a Lisa Lampanelli.	*I want to meet Lisa Lampanelli.*
Vamos a conocer al alcalde hoy.	*We're going to meet the mayor today.*

EJERCICIO

¿Cuál es verdadero o falso para ti? *Imagine that each person is alive.*

1. _____ Quiero conocer a Nelson Mandela.

2. _____ Quiero conocer a Keith Richards.

3. _____ Quiero conocer a Anne Frank.

4. _____ Quiero conocer a Indira Gandhi.

5. _____ No quiero conocer a Truman Capote.

6. _____ No quiero conocer a Marilyn Monroe.

7. _____ No quiero conocer a Ludwig van Beethoven.

8. _____ Quiero conocer a Caligula.

9. _____ Mañana voy a conocer a un amigo nuevo.

10. _____ En dos semanas voy a conocer a un capitán de la industria.

VOCABULARIO

La música (Music)

Los sustantivos (Nouns)

acoustics	la acústica	microphone	el micrófono
album	el álbum	note	la nota
amplifier	el amplificador	orchestra	la orquesta
audience	el público, la audiencia	overture	la obertura
auditorium	el auditorio	performance	la representación
bandleader	el director de la banda	performer	el ejecutor /
bass clef	la clave de fa		la ejecutora
baton	la batuta	(musical) piece	la pieza (musical)
brass band	la banda, la charanga	player (*instrumental*)	el músico / la música
cassette tape	la cinta de casete	recital	el recital
chamber music	la música de cámara	record	el disco
choir	el coro	recording	la grabación
choral	la coral	recording studio	el estudio de
chorister	el/la corista		grabación
chorus	el coro, el estribillo	refrain	el estribillo
compact disc (CD)	el disco compacto	rehearsal	el ensayo
composer	el compositor /	repertoire	el repertorio
	la compositora	rhythm	el ritmo
concert	el concierto	show	el espectáculo
concert hall	la sala de conciertos	songwriter	el autor de canciones
concerto	el concierto	string orchestra	la orquesta de
conductor	el director de orquesta		instrumentos de
dance music	la música de danza		cuerda
disc jockey	el/la disc jockey	stringed instrument	el instrumento de
discotheque	la discoteca		cuerda
drummer	el batería	symphony	la sinfonía
duet	el dúo, el dueto	tempo	el tiempo
ensemble	el conjunto,	tour	la gira
	la agrupación	treble clef	la clave de sol
folk music	la música folk	tune	la tonada, la melodía
gig	la actuación	tuner of instruments	el afinador de
group	el grupo		instrumentos
harmony	la armonía	tuning fork	el diapasón
hit (song)	la canción de éxito	voice	la voz
hit parade, chart	la lista de éxitos	whistling	el silbido
jazz	el jazz	wind instrument	el instrumento de
jukebox	la máquina de música		viento
key (*musical*)	la clave		

Los verbos (Verbs)

to be on tour	**estar de gira**	to play a CD	**poner un disco compacto**
to compose	**componer**	to record	**grabar**
to direct	**dirigir**	to rehearse	**ensayar**
to hum	**canturrear**	to tune	**entonar, afinar**
to interpret	**interpretar**	to whistle	**silbar**
to perform	**tocar, representar**		

Adding object pronouns to the infinitive

If a sentence that has only one verb requires the use of an object pronoun, the pronoun is placed immediately before the verb (as discussed in Unit 4).

Yo **lo** conozco.   *I know **him**.*
Ellos **te** conocen.   *They know **you**.*

If there are two verbs, the pronoun is attached to the end of the second verb (which is an infinitive).

Yo quiero **conocerlo**.   *I want **to meet him**.*
Ellos quieren **conocerte**.   *They want **to meet you**.*
Él debe **entonarlos**.   *He ought **to tune them**.*
Vamos a **silbarlo**.   *We're going **to whistle it**.*

EJERCICIO
6·10

Para traducir *In this exercise, consider "you" as informal singular.*

1. *There are three women in the group. Do you want to meet them?*

   _____

2. *She doesn't know that songwriter, but she wants to meet him.*

   _____

3. *This play is long. We have to rehearse it every day.*

   _____

4. *My tuning fork is near the bed. Can you see it?*

   _____

5. *If you want to use my recording studio, you have to pay me two thousand dollars.*

   _____

6. *If you want to play a stringed instrument, you need to learn how to tune it.*

   _____

7. *The bandleader can't find his baton. We're going to look for it. Can you help us?*

   _____

8. *The acoustics in this auditorium are terrible. Can you hear me? I can't hear you.*

_____

9. *I don't know why this is a hit song. It makes me sick every time (that) I have to listen to it.*

_____

10. *In our duet, Carlota plays the treble clef and I play the bass clef. We should be on tour with the Rolling Stones. Then our fans can meet us.*

_____

_____

EJERCICIO
6·11

¿Quién soy?

1. Nazco en Minneapolis, Minnesota, el siete de junio, 1958. (Un secreto es que mi madre me llama "Skipper".) Grabo mi primer álbum (*Para ti*) en 1977. Puedo tocar más de veinticinco instrumentos, pero cuando estoy de gira, foco en la guitarra, el piano y la batería. Claro, mi voz es mi instrumento más importante. No tengo mucha educación formal, pero muchísima experiencia: Tengo más de veinte álbumes, y es imposible contar las representaciones. Compongo muchas canciones. Éstas incluyen "Cuando las palomas lloran", "Quiero ser tu amante", "Delirante", "Diamantes y perlas", "Te odio", "A veces nieva en abril", "La chica más bonita en el mundo", "Mil novecientos noventa y nueve" y "La lluvia morada".

     Mi estudio de grabación se llama Paisley Park y es totalmente morado (mi color notable). El estudio está en Chanhassen, Minnesota (un suburbio de Minneapolis). Soy bajo (mido cinco pies, dos pulgadas). Soy negro. Soy rico (en 1992 firmo un contrato con Time Warner que vale más de cien millones de dólares). Soy misterioso. Por un rato no tengo un nombre: Tengo solamente un símbolo. Ahora tengo mi nombre original.

     Me llamo _____.

2. VOCABULARIO

a pesar de	*in spite of*
además de	*in addition to*
asesinar	*to kill*
cautivado	*captive*
la mentira	*lie*
mientras	*while*

Nazco el veinticinco de agosto, 1918, en Lawrence, Massachusetts. Mi padre es hombre de negocios y al principio él no está feliz por mi interés en la música. A pesar de esto, mi padre me lleva a varios conciertos de la orquesta y cada vez estoy totalmente cautivado.

     Después de la escuela secundaria, asisto a la Universidad Harvard donde estudio la música con Walter Piston, un compositor americano (de ocho sinfonías, varios conciertos y composiciones). Después de Harvard estudio en el Instituto Curtis de Música en Philadelphia donde yo recibo la única A que mi profesor le da a alguien en la clase de la dirección de orquesta.

     Es obvio desde el principio que soy diferente, excepcional, original. Durante mi vida, tengo varias posiciones en el área de la música: Soy compositor, director de orquesta, pianista y educador. Soy bien conocido por tres razones principales: Soy Director de Música de la Orquesta Filarmónica de Nueva York; dirijo muchos conciertos de las mejores orquestas del mundo; y compongo la música para el espectáculo de Broadway *West Side*

Story. En total, compongo tres sinfonías, dos óperas y varias otras piezas musicales. Tengo mucho éxito en el área de la música.

Mi vida personal es más complicada. Cuando soy joven, tengo muchas relaciones homosexuales, algo que, tristemente, el público no acepta. Porque quiero una posición muy pública—director de la Orquesta Sinfónica de Boston—me caso con una mujer que conozco por mucho tiempo que se llama Felicia Montealegre, una actriz chilena. Tenemos dos hijos y una hija. Vivimos en un apartamento grande en el Dakota, un famoso edificio en Nueva York. (Éste es el edificio en frente de que Mark David Chapman asesina a John Lennon, que también vive en el Dakota con Yoko Ono, y el mismo edificio que contiene el apartamento en la película *El bebé de Rosemary*). Como antes del casamiento, mi vida personal después está complicada y continúo a pasar tiempo con los hombres mientras que yo mantengo la imagen de "un hombre de la familia". Es difícil vivir en una mentira, especialmente por un hombre tan original.

Además de la música para *West Side Story,* la obra mía que es más conocida es la obertura del drama *Candide,* que también es la canción introductoria del viejo programa de "talk" de Dick Cavett.

Me llamo _____.

VOCABULARIO

El teatro y las películas (*Theater and movies*)

Los sustantivos (Nouns)

acting school	la escuela de teatro	comedian	el comediante, el actor cómico
applause	el aplauso		
autograph	el autógrafo	comedienne	la comediante, la actriz cómica
award	el premio		
box (*seat*)	el palco	costume	el vestido, el disfraz
box office	la taquilla	critic	el crítico / la crítica
cabaret	el cabaret	curtain	el telón
cameo	el camafeo	dress rehearsal	el ensayo general
camera	la cámara	dubbing	el doblaje
camera crew	los operadores de cámara	effect	el efecto
		farce	la farsa
cameraman/ camerawoman	el/la cámara, el camarógrafo / la camarógrafa	feature film	el largometraje
		floor show	el espectáculo de variedades
cartoons	los dibujos animados	flop	el fracaso
choreographer	el coreógrafo	gaffer	el/la iluminista
circle (*seating*)	la gallería	intermission	el intervalo, el descanso
circus	el circo		
coatroom	el guardarropa	lights	las luces, los focos

214 PRACTICE MAKES PERFECT Spanish Vocabulary

lobby	el pasillo, el vestíbulo	screening	la proyección
location work	los exteriores, el rodaje fuera del estudio	script	el guión
		scriptwriter	el/la guionista
masterpiece	la obra maestra	seat	la butaca
matinée	la función de tarde	sequel	la secuela, la continuación
melodrama	el melodrama		
mime	el mimo / la mima	sequence	la secuencia
movie star	el/la estrella de cine	show business	la farándula
movie/film buff	el cinéfilo	silent film	la película muda
movie/film producer	el productor / la productora de cine	soundtrack	la banda sonora
		special effects	los efectos especiales
		stage (*movie*)	el escenario, el decorado
moviemaker, filmmaker	el/la cineasta		
		stage (*theater*)	el escenario, la escena
music hall	la sala de fiestas	stage directions	la acotación
ovation	la ovación	stage effects	los efectos escenográficos, los efectos teatrales
pantomime	la pantomima		
performance	la actuación, la ejecución		
		stage fright	el miedo al público
play	la obra de teatro	stunt person	el/la doble que realiza las escenas peligrosas
playwright	el dramaturgo / la dramaturga		
premier, opening night	el estreno	talking film	la película sonora
		theater (*movie*)	el cine
retrospective	la retrospectiva	theater (*play*)	el teatro
review	la revista, el repaso	ticket	el boleto, la entrada
role	el papel	trailer	el tráiler, el avance
row	la fila	understudy (*movie*)	el/la doble
scene	la escena	understudy (*theater*)	el/la suplente
scenery	el escenario	usher	el acomodador
screen	la pantalla	usherette	la acomodadora
screen test	la prueba de proyección, la toma	walk-on part	el papel de figurante

Los verbos (Verbs)

to direct	dirigir	to shoot (*a film*)	filmar
to dub	doblar	to show a movie	mostrar (o > ue) una película
to go to the movies	ir al cine		
to make a film	hacer una película	to zoom (in)	captar, dar un golpe de zoom
to play a role	hacer un papel		

Los adjetivos y expresiones útiles (Adjectives and useful expressions)

dubbed	doblado	in the limelight	en candelero
farcical	ridículo, absurdo	offstage	entre bastidores
in a row	en fila	sold out	vendido

¿Sabes que...?

- El dramaturgo Eugene O'Neill gana cuatro premios de Pulitzer por Drama. Es el único dramaturgo que gana tantos premios en esta categoría.
- Un tráiler para una película típicamente dura entre uno y cinco minutos.
- Es difícil creerlo, pero muchos actores famosos tienen miedo al público. Estos incluyen los ingleses Sir Laurence Olivier y Peter O'Toole.
- El doble que realiza las escenas peligrosas por Arnold Schwarzenegger se llama Peter H. Hunt.
- Cuando tú ves las letras "SRO" en frente de un teatro de Broadway, esto significa que el espectáculo está vendido (y que los productores están extáticos).
- Sylvester Stallone hace el papel de Rocky Balboa el boxeador en seis películas. La primera película gana el premio Oscar por ser la Mejor Película de 1976. John G. Avildsen gana el premio por ser Mejor Director. Stallone es nominado por Mejor Actor, pero no lo gana (Peter Finch lo gana por *Network*).
- Muchas personas creen que Los Estados Unidos—en particular Hollywood—produce más películas que nadie. Pero la verdad es que la India produce lo más, en verdad, ¡25% de todas las películas del mundo! También engendra más dinero que Hollywood. Esta industria se llama Bollywood: Es la combinación de Bombay y Hollywood.
- Para celebrar los primeros cien años del cine, el Instituto de películas de América (AFI) identifica las mejores cien películas del primer siglo del cine. Aquí tienes la lista de las mejores diez (en orden descendiente):

    10. *Cantando en la lluvia* (1952)
     9. *La lista de Schindler* (1993)
     8. *En el muelle* (1954)
     7. *El graduado* (1967)
     6. *El mago de Oz* (1939)
     5. *Lorenzo de Arabia* (1962)
     4. *Perdido con el viento* (1939)
     3. *El padrino* (1972)
     2. *Casablanca* (1942)
     1. *El ciudadano Kane* (1941)

EJERCICIO 6·12

¿Verdadero o falso?

1. _____ Es fácil comprar boletos para un drama que está vendido.

2. _____ Nathan Lane hace el papel (en la forma de una voz) en la película *Stuart Little*.

3. _____ La película *Rocky* (1976) es buena y popular, pero no tiene continuación.

4. _____ *La lista de Schindler* es acerca del Holocausto.

5. _____ En *El graduado* Dustin Hoffman hace el papel de un hombre que tiene una relación sexual con una mujer muy joven y, por eso, con frecuencia esta película tiene muchas semejanzas con la película (y novela) *Lolita*.

6. _____ Los cuatros honores en la farándula de Los Estados Unidos son el Emmy, el Oscar, el Tony y la Señorita Congenialidad.

7. _____ La secuela de *El padrino* no es buena: Los críticos y la pública dicen que es directamente de y para la basura.

8. _____ *Cantando en la lluvia* es el título de una película y también de una de las escenas más conocidas en la historia de Hollywood: Gene Kelly canta y baila con paraguas en mano y le da a cada persona en el cine mucha felicidad.

9. _____ *Lorenzo de Arabia* es la biografía de Lawrence Welk, el director de la banda.

10. _____ En *Perdido con el viento,* los caracteres viven (y mueren) durante la Guerra Civil de Los Estados Unidos.

Pedir and preguntar (to ask)

Like **saber** and **conocer**, both of which translate as "to know" in English (though we now *know* that they represent different concepts), the verbs **pedir** and **preguntar** both translate as "to ask" in English.

The difference is this: With **pedir**, you are asking for, requesting, or ordering a *thing*; in other words, you want to *have* something. With **preguntar**, you are asking for *information*: you want to *know* something.

Pedir is irregular; **preguntar** is regular.

pedir		preguntar	
pido	pedimos	pregunto	preguntamos
pides	pedís	preguntas	preguntáis
pide	piden	pregunta	preguntan

Pido un vino en el bar.	*I **ask for** (order) wine in the bar.*
Ella le **pide** a Juan dinero.	*She **asks** Juan **for** money.*
Pregunto si hay empleo allí.	*I **ask** if there is work there.*
Le **preguntamos** a ellos la hora.	*We **ask** them what time it is.*

With **pedir** and **preguntar**, you often ask for something (an item or information) *from* someone, and this requires the use of an indirect object pronoun (discussed in Unit 4). At times this appears redundant, as in the last example above: ***Le preguntamos a ellos la hora.*** Yet in such situations it is obligatory.

To ask a question, use the expression **hacer una pregunta**.

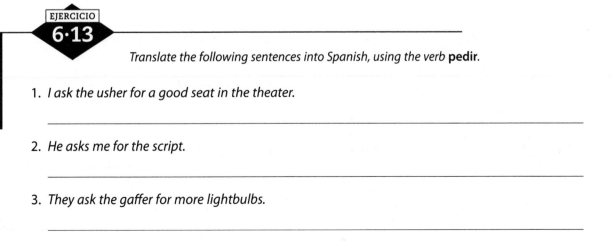

EJERCICIO
6·13

*Translate the following sentences into Spanish, using the verb **pedir**.*

1. *I ask the usher for a good seat in the theater.*

_____

2. *He asks me for the script.*

_____

3. *They ask the gaffer for more lightbulbs.*

_____

4. *The mime asks me for directions with his hands.*

_____

5. *The camera crew asks the director for a break (el descanso).*

_____

6. *At the box office, we ask the receptionist for tickets to the matinée.*

_____

7. *You [informal sing.] ask the movie star for her autograph.*

_____

8. *The producers request champagne for everyone at the premiere.*

_____

EJERCICIO

6·14

*Translate the following sentences into Spanish, using the verb **preguntar**.*

1. *The movie buff asks me if I want to go to the movies with him.*

_____

2. *The understudy asks me if I have stage fright.*

_____

3. *I ask the film critic why this film is dubbed in Urdu.*

_____

4. *She asks the narcissist why he always wants to be in the limelight.*

_____

5. *We ask them if they want special effects.*

_____

6. *I ask her why she is shooting a silent movie in the twenty-first century.*

_____

7. *I ask the person at the box office how much a ticket costs for opening night, and she tells me that if I have to ask the question, I don't have enough money. I tell her that she is rude.*

_____

_____

8. *We ask the usherette where our seats are, and she tells us that they're in Row ZZZ. I tell her that the planet Neptune is closer to the stage. She looks at me and returns to the lobby.*

_____

_____

La televisión y el radio (*Television and radio*)

Los sustantivos (Nouns)

aerial, antenna	**la antena**	production studio	**el estudio de producción**
anchorman/ anchorwoman	**el presentador / la presentadora**	program	**el programa**
		quiz show	**el programa concurso**
announcer	**el presentador / la presentadora, el locutor / la locutora**	radio (*apparatus*)	**el radio**
		radio (*means of communication*)	**la radio**
boob tube	**la caja boba**	reality TV	**la televisión de la realidad**
broadcasting station	**la emisora**	regional news	**las noticias regionales**
		remote control	**el (control) remoto, el mando a distancia**
cable TV	**la televisión por cable**	reporter	**el reportero / la reportera**
cartoons	**los dibujos animados**	satellite dish	**la antena parabólica**
channel	**el canal**	satellite TV	**la televisión por satélite**
children's program	**el programa infantil**	signal	**la señal**
comedy	**la comedia**	soap opera	**la telenovela**
commercial	**el anuncio**	sports program	**el programa deportivo**
couch potato	**el haragán del sofá**	station (*radio*)	**la emisora**
current affairs	**la actualidad**	station (*TV*)	**la estación**
documentary	**el documentario**	subtitles	**los subtítulos**
DVD (digital videodisc)	**DVD (el videodisco digital)**	TV	**la tele**
		TV audience	**el público, la audiencia**
earphones	**los auriculares, los audífonos**	TV screen	**la pantalla**
		TV set	**el aparato de televisión**
educational broadcasting	**el programa científico**	TV studio	**el estudio de televisión**
		variety show	**el programa de variedades**
episode	**el episodio**	video clip	**el videoclip**
high frequency	**la alta frecuencia**	video game	**el videojuego**
journalist	**el/la periodista**	video library	**la videoteca**
listener	**el/la oyente**	video recorder	**el aparato de video**
live broadcast	**la emisión en directo**	viewer	**el/la teleespectador, el/la televidente**
live coverage	**el reportaje en directo**		
loudspeaker	**la altavoz**	weather forecast	**el pronóstico del tiempo**
low frequency	**la baja frecuencia**	weatherman/ weatherwoman	**el hombre / la mujer del tiempo**
microphone	**el micrófono**		
news	**las noticias**		

Los verbos (Verbs)

to broadcast	**emitir**	to turn on (*a TV, etc.*)	**encender (e > ie)**
to transmit	**transmitir**		
to turn off (*a TV, etc.*)	**apagar**	to watch (*TV*)	**ver (la tele)**

¿Verdadero o falso?

1. _____ El hombre del tiempo en mi ciudad siempre tiene razón.

2. _____ *La rueda de fortuna* es un programa concurso.

3. _____ Los televidentes ven varios videoclips durante las noticias.

4. _____ Después de mirar un programa en la televisión, la apago.

5. _____ Los videojuegos no son populares.

6. _____ Durante un crisis, es importante tener el reportaje en directo.

7. _____ Es una idea mala tener la pantalla de la televisión frente a una ventana.

8. _____ Muchas personas hallan el control remoto en el sofá.

9. _____ Un haragán del sofá trabaja mucho y tiene mucha energía.

10. _____ Las telenovelas típicamente están en televisión durante el día.

Sacar, tomar, llevar, quitar (*to take*)

Learning another language isn't simple, is it? We've covered **ser/estar**, **saber/conocer**, and **pedir/preguntar**. Now it's a foursome! The verbs **sacar**, **tomar**, **llevar**, and **quitar** all mean—as you've probably guessed—the same thing . . . but *not* the same thing: "to take." All four verbs are regular.

sacar *to take (out), get/draw/bring out*

sacar algo de la caja	*to take something from (out of) the box*
sacar a paseo	*to take (out) for a walk*
sacar agua	*to get/draw water*
sacar adelante	*to bring up* (children)
sacar una foto	*to take a picture*
sacar a bailar	*to ask for a dance*

tomar *to take, drink/sip, eat, take in/on, take hold of*

tomar apuntes	*to take notes*
tomar leche	*to drink milk*
tomar una comida	*to have a meal*
tomar el sol	*to sunbathe (take in the sun), to lie in the sun*
tomar la mano (de ella)	*to take (her) hand*
tomar lugar	*to take place*
tomar en cuenta	*to consider*
tomar parte en	*to take part in*

llevar *to take/carry, take a person (somewhere), wear*

llevar una cosa	*to take/carry a thing*
llevar conmigo	*to take with me*
llevar a los niños a la escuela	*to take the children to school*
llevar ropa	*to wear clothing*
llevar una vida de perros	*to lead a dog's life*
llevar a cabo	*to carry through, accomplish*

quitar *to remove, take off/away*
quitar la nieve   *to shovel/remove snow*
quitar el polvo   *to dust, remove dust*
quitar la pintura   *to strip/remove the paint*

Para traducir *In this exercise, consider "you" as informal singular.*

1. *You can't get (draw) water from a rock.*

   _____

2. *You shouldn't lie in the sun between 11 A.M. and 2 P.M.*

   _____

3. *I want to take a photo of your TV studio.*

   _____

4. *We need to consider all of our options.*

   _____

5. *The play* Romeo and Juliet *takes place in Verona, Italy.*

   _____

6. *If you want to take part in the program, you have to be here at 7:30 tomorrow morning.*

   _____

   _____

7. *After it snows, my neighbor shovels the snow in front of my house and behind my house.*

   _____

   _____

8. *He never dusts, and his house is filthy.*

   _____

9. *Before painting the garage, you need to remove the old paint.*

   _____

10. *We're going to have a meal with the new anchorwoman.*

   _____

Las comunicaciones (Communications)

Los sustantivos (Nouns)

address	**la dirección**	news	**las noticias, las nuevas**
airmail	**el correo aéreo**	notepaper	**el papel de carta,**
airmail paper	**el papel de avión**		**el papel para escribir**
answer	**la contestación,**	operator	**el/la telefonista,**
	la respuesta		**el operador /**
button	**el botón**		**la operadora**
cell phone	**el teléfono celular**	package	**el paquete, el bulto**
collect call	**la llamada por cobro**	parcel	**el paquete**
	revertido	parcel rate	**la tarifa de paquetes**
collection (postal)	**la recogida (postal)**	pen pal	**el amigo / la amiga**
conversation	**la conversación**		**de correspondencia**
correspondent	**el/la corresponsal**	phone booth	**la cabina telefónica**
customs declaration	**la declaración**	post office	**la oficina de correos**
	aduanera	postage	**los gastos de correo**
(telephone) dial	**el disco**	postcard	**la tarjeta postal**
directory	**la guía telefónica**	prepaid postage	**el correo libre de**
e-mail	**el correo electrónico**		**franqueo**
envelope	**el sobre, la envoltura**	rate	**la tarifa**
express delivery	**la entrega urgente**	(telephone) receiver	**el auricular**
(telephone) extension	**la extensión,**	registered letter	**la carta certificada**
	el supletorio,	registered mail	**el correo certificado**
	el interno	sender	**el/la remitente**
fax (machine)	**el (tele)fax**	slot	**la ranura**
fax modem	**el módem de fax**	stamp	**el sello**
first-class mail	**el correo de primera**	subscriber	**el abonado / la abonada**
	clase	telecommunication	**los enlaces de**
general delivery	**la lista de correos**	links	**telecomunicación**
letter	**la carta**	telecommunications	**las telecomunicaciones**
letter carrier	**el cartero / la cartera**	telegram	**el telegrama**
letter/mail rate	**la tarifa de cartas**	telegraph	**el telégrafo**
(telephone) line	**la línea telefónica**	telephone	**el teléfono**
local call	**la llamada local**	telephone number	**el número de teléfono**
long-distance call	**la llamada de larga**	(dial) tone	**el tono**
	distancia,	word	**la palabra**
	la conferencia	wrong number	**el número equivocado**
mail	**el correo**	zero	**el cero**
mailbox	**el buzón**	zip code	**el código postal**
money/postal order	**el giro postal**		

Los verbos (Verbs)

to be on hold	**estar en espera**	to pick up	**descolgar** (o > ue)
to be out of order	**no funcionar**	to push a button	**empujar un botón**
to bring	**traer**	to ring	**sonar** (o > ue)
to call	**llamar**	to send (greetings)	**mandar, enviar**
to call direct	**marcar en directo**		**(un saludo,**
to connect with	**comunicar con**		**recuerdos)**
to deliver	**entregar**	to speak to	**hablar con**
to dial	**marcar**	to take notes	**tomar apuntes**
to (send a) fax	**mandar por fax, faxear**	to talk on the	**hablar por teléfono**
to finish a letter	**terminar una carta**	telephone	
to get/receive a letter	**recibir una carta**	to transmit	**transmitir**
to hang up	**colgar** (o > ue)	to write	**escribir**
to mail a letter	**echar una carta**		

Los adjetivos (Adjectives)

busy (*telephone*)	**comunicando, ocupado**	sent	**mandado, enviado**
delivered	**entregado**	signed	**firmado**
sealed	**sellado**	unlisted	**no figura en la guía**

EJERCICIO
6·17

¿Verdadero o falso?

1. _____ Cuando una persona le llama a otra persona por teléfono y la línea está ocupada, la persona está feliz.

2. _____ La cabina telefónica es un lugar importante a Superhombre.

3. _____ Antes de llamar a una persona, necesitas colgar el teléfono.

4. _____ Cada diciembre muchas personas envían recuerdos y tarjetas a sus amigos y miembros de la familia.

5. _____ Un amigo de correspondencia puede vivir en otra ciudad o en otro país o en otro continente.

6. _____ Cuando una persona echa una carta en un buzón publico, casi ciertamente la carta está en un sobre sellado con un sello.

7. _____ El cartero usualmente trae el correo en medio de la noche.

8. _____ Es común escuchar música cuando una persona está en espera.

Completar, terminar, cumplir, acabar (de)
(to complete, finish, or end)

These four regular verbs mean—each in its own fashion—"to finish." They are not as specific and distinguishable in meaning and use as **saber/conocer** or **pedir/preguntar**; however, while they may be used interchangeably on occasion, for the most part each is used in the following contexts:

completar *to finish a task*

Necesitas completar la tarea para hoy.	*You need to finish the homework by today.*
Él nunca completa nada.	*He never finishes anything.*

terminar *to finish at a specific time*

¿A qué hora termina el programa?	*What time does the program end?*
Terminamos al mediodía.	*We finish at noon.*

cumplir *to complete, fulfill, carry out, keep one's word/promise*

Él cumple su servicio hoy.	*He completes his military service today.*
Siempre cumplo la palabra.	*I always keep my word.*
Él no cumple la promesa.	*He doesn't keep his promise.*
Ella va a cumplir cien años.	*She is going to be 100 years old.*

The use of **acabar (de)** to mean "to finish" indicates that an action has just been completed. This verb is unusual in that it is conjugated in the present tense (now), but refers to a completed action (past).

acabar de + infinitive *to have just done something*

Acabo de escribir una carta.	*I have just written a letter.*
Ella acaba de marcar el teléfono.	*She's just dialed the telephone.*
Acabamos de comprar unos sellos.	*We've just bought some stamps.*

EJERCICIO
6·18

Place an X next to each item that the person or animal might reasonably have just done. Assume that all are still alive.

1. _____ Barbra Streisand acaba de cantar.

2. _____ Benny Goodman acaba de tocar la trompeta.

3. _____ Thomas Edison acaba de inventar el coche.

4. _____ Benjamín Franklin acaba de experimentar con la electricidad.

5. _____ Lassie acaba de ladrar.

6. _____ Tiger Woods acaba de jugar al béisbol.

7. _____ Van Morrison acaba de cantar "Gloria".

8. _____ Los Santos Mateo, Marcos, Lucas y Juan acaban de escribir los evangelios.

9. _____ Santa Claus acaba de entregar regalos a los buenos chicos y chicas del mundo.

10. _____ Acabo de mandar por fax un documento a mi amigo en el planeta Neptuno.

EJERCICIO
6·19

Para traducir *In this exercise, consider "you" as informal singular.*

1. *In order to mail a letter, you need to walk to the mailbox, (to) open it, and (to) say, "Goodbye, letter."*

   _____

   _____

2. *In order to send a package, you need to enter the post office, (to) take a number, (to) wait in line, (to) listen to Muzak, (to) place the package on the counter, (to) decide if you want to send it first class or not, and (to) buy the stamps.*

   _____

   _____

   _____

3. *In order to send a fax, you need to push many buttons and place the document in the fax (machine).*

   _____

   _____

4. *In order to speak to a person who (que) works for the telephone company, you need to have a lot of patience because you are going to be on hold for a long time.*

   _____

   _____

5. *In order to speak to another person on the telephone, you need to pick up the receiver, listen to the dial tone, dial the telephone, hear the word "Hello" ("Bueno"), and then you can speak.*

   _____

   _____

   _____

6. *No one has a pen pal on the moon.*

   _____

7. *When I'm on hold, I usually wash the dishes, make the beds, clean the bathroom, or drink coffee. Some people smoke cigarettes when they're on hold.*

   _____

   _____

8. *When John dials a wrong number, he calls that person at least (por lo menos) twenty times more that day if the person who answers (it) isn't nice.*

   _____

   _____

¿Verdadero o falso?

1. _____ Un buen estudiante completa y le entrega la tarea al maestro a la hora.

2. _____ Mi clase de español termina a las cuatro de la mañana.

3. _____ Acabo de visitar a mi mejor amigo en el polo Antártico.

4. _____ Es una buena idea completar un proyecto antes de comenzar otro.

5. _____ Cuando una película comienza a las siete, probablemente termina más o menos a las nueve.

6. _____ Si una persona no completa los impuestos para el quince de abril, necesita solicitar una extensión.

7. _____ Acabo de comer una cena de moscas y gusanos.

8. _____ En dos mil cuatro (el nueve de octubre) Martha Stewart entra en la Prisión Federal en Alderson, West Virginia, y termina su sentencia cinco meses después.

9. _____ Acabo de cumplir ciento veinte años.

10. _____ Cuando una pareja cumple cincuenta años de matrimonio, típicamente tiene una fiesta grande y especial.

VOCABULARIO

Las computadoras (*Computers*)

Los sustantivos (Nouns)

application	**la aplicación**	hard drive	**la unidad del disco duro**
artificial intelligence	**la inteligencia artificial**		
bar code	**el código de barras**	hardware	**el hardware, el material informático**
calculator	**la calculadora**		
compact disc (CD)	**el disco compacto**	information	**la información**
computer control	**el control por ordenador**	information technology	**la informática**
computer programmer	**el programador / la programadora de computadora**	Internet	**el Internet**
		keyboard	**el teclado**
		laptop (computer)	**la computadora portátil**
computer science	**la informática, las ciencias de la computación**	menu	**el menú**
		mouse	**el ratón**
desktop publishing	**la autoedición**	network	**la red**
(hard) disk	**el disco (duro)**	office automation	**la ofimática, la buromática**
drop-down menu	**el menú desplegable**		
e-mail	**el correo electrónico**	optical reader	**el lector óptico (de textos)**
file	**el fichero**		
grammar-checker	**el corrector de gramática**	password	**la contraseña de acceso**

personal computer (PC)	**el ordenador personal**	synthesizer	**el sintetizador**
(computer) screen	**la pantalla (de computadora)**	system	**el sistema**
		text	**el texto**
simulation	**la simulación**	thesaurus	**el diccionario de sinónimos, la antología**
simulator	**el simulador**		
software	**el programa**	unit	**la unidad**
spell-checker	**el corrector ortográfico, el consultor de ortografía**	word processing	**el proceso de textos, el tratamiento de textos**
spreadsheet	**la hoja electrónica**	word processor	**el procesador de textos**

Los verbos (Verbs)

to abort (the program)	**interrumpir (el programa)**	to make bold	**poner los caracteres en negrita**
to access	**entrar**	to merge	**fusionar**
to append	**anexionar (al final)**	to move	**mover (o > ue)**
to back up	**hacer una copia de apoyo**	to open (a file)	**abrir (un fichero), entrar a (un fichero)**
to block (*text*)	**agrupar**		
to boot up	**arrancar, cebar, inicializar**	to print (out)	**imprimir**
to browse	**hojear**	to process	**procesar**
to cancel	**anular**	to program	**programar**
to click on (the mouse)	**pulsar, hacer click en (el ratón)**	to read	**leer, estudiar**
		to receive	**recibir**
to communicate	**comunicar**	to record	**registrar**
to copy	**copiar**	to remove	**quitar**
to count	**contar (o > ue)**	to replace	**reemplazar, sustituir**
to create	**crear**	to retrieve	**recuperar, llamar**
to cut and paste	**cortar e insertar**	to run	**ejecutar**
to debug	**depurar, quitar el duende de**	to save	**salvar, grabar, guardar**
		to search	**buscar**
to delete	**cancelar, borrar**	to send	**enviar, mandar, emitir**
to download	**descargar**	to send a copy to	**enviar una copia a**
to enter	**introducir, entrar a**	to simulate	**simular**
to erase	**borrar**	to sort	**ordenar**
to exit	**salir del sistema**	to store (a file)	**almacenar (un fichero)**
to export	**exportar**	to switch off	**quitar, apagar, desconectar**
to file	**fichar**		
to format	**formatear**	to switch on	**encender (e > ie), poner, conectar**
to import	**importar**		
to install	**instalar**	to tabulate	**tabular**
to keyboard	**teclear**	to underline	**subrayar**
to list	**listar**	to update	**actualizar**
to log	**apuntar, anotar, registrar**	to word process	**tratar el texto, manejar el texto**
to log off	**salir del sistema, finalizar la sesión**		
to log on	**entrar al sistema, acceder, iniciar la sesión**		

¿Verdadero o falso?

1. _____ La mayoría de las computadoras tienen una calculadora adentro.

2. _____ Para encender la computadora, necesitas una llave.

3. _____ Es súper fácil instalar nuevos programas: Un mono entrenado puede hacerlo.

4. _____ Es correcto subrayar el título de un libro cuando estás escribiendo un reportaje.

5. _____ Cuando una persona compra una computadora nueva, necesita registrarla.

6. _____ Es divertido recibir "spam".

7. _____ Hay un botón en el teclado para cancelar errores.

8. _____ Es importante tener un buen corrector ortográfico entre las opciones de cada computadora.

9. _____ Muchas personas no quitan la computadora cada noche.

Formation of adverbs

Adverbs modify (describe) three parts of speech: verbs, adjectives, and other adverbs. Examples of these are:

◆ Adverb modifying a verb

> He runs **slowly**.
> She eats **noisily**.
> They **never** call us.
> I **always** say my prayers.

◆ Adverb modifying an adjective

> She is **very** late.
> Manut is **unusually** tall.
> They are **happily** married.
> He is **awfully** sick.

◆ Adverb modifying another adverb

> They live **very** simply.
> She cleans the house **extremely** well.
> You always sing **so** beautifully.
> He behaved **unbelievably** poorly.

Adverbs of time: telling *when* something happens

These adverbs and adverbial phrases tell *when* something happens or *when* someone does something.

siempre	*always*
todo el tiempo	*all the time*
toda la vida	*all his/her life*

todo el día/año	all day/year long
cada día/año	every day/year
a menudo, con frecuencia	often
tantas veces	so many times
muchas veces	many times, often
varias veces	several times
a veces	at times, sometimes
de vez en cuando	from time to time, once in a while
por un rato	for a while
pocas veces, raramente, rara vez	seldom
dos veces	twice
una vez	once
nunca	never

Descriptive adverbs: telling *how* something happens

Descriptive adverbs tell *how* something happens or is done. In English, it's rather easy to form descriptive adverbs. In Spanish, with few exceptions, it's a snap. Most adverbs in both languages are derived from adjectives and are formed by adding an adverbial ending to an adjective. In English, this ending is "-ly"; in Spanish, the ending is -**mente**.

Thus, in English, you typically add "-ly" to an adjective, for example, "quick*ly*," "slow*ly*," "hungri*ly*." In Spanish, if the adjective ends in -**o** (a four-form adjective), you change the -**o** to -**a** and add -**mente**, for example, **lent*amente***, **rápid*amente***, **precis*amente***. If the adjective doesn't end in -**o**, you add -**mente** directly, for example, **normal*mente***.

There are countless adverbs in Spanish. Below are listed 25 of the more common descriptive adverbs.

SPANISH ADVERB	ADJECTIVAL BASE	ENGLISH ADVERB
afortunadamente	afortunado	*fortunately*
claramente	claro	*clearly*
evidentemente	evidente	*evidently*
exactamente	exacto	*exactly*
extrañamente	extraño	*strangely*
extremamente	extremo	*extremely*
fácilmente	fácil	*easily*
felizmente	feliz	*happily*
finalmente	final	*finally*
frecuentemente	frecuente	*frequently*
lentamente	lento	*slowly*
naturalmente	natural	*naturally*
normalmente	normal	*normally*
notablemente	notable	*notably*
obviamente	obvio	*obviously*
perfectamente	perfecto	*perfectly*
precisamente	preciso	*precisely*
probablemente	probable	*probably*
rápidamente	rápido	*quickly*
raramente	raro	*rarely*
relativamente	relativo	*relatively*
repugnantemente	repugnante	*repugnantly*
seguramente	seguro	*surely*
tristemente	triste	*sadly*
usualmente	usual	*usually*

Four very common adverbs that do not follow this formation pattern are the following:

muy	*very*
bien	*well*
demasiado	*too, too much*
tan	*so*

EJERCICIO

¿Con qué frecuencia haces lo siguiente? (How often do you do the following?)

1 nunca   **2** una vez por año   **3** a veces   **4** a menudo   **5** cada día

1. _____ Envió un correo electrónico.

2. _____ Leo mi correo electrónico.

3. _____ Arranco mi computadora.

4. _____ Hojeo el Internet.

5. _____ Limpio el teclado de mi computadora.

6. _____ Juego videojuegos en mi computadora.

7. _____ Compro artículos por el Internet.

8. _____ Hago una copia de apoyo de mis ficheros.

9. _____ Grabo mis ficheros.

10. _____ Fusiono varios ficheros.

¿Sabes que...?

◆ En 1963, Douglas Englebart (del Stanford Research Institute) inventa el "ratón" para la computadora. Inicialmente, se llama "el bicho," pero "el ratón" es mejor porque la cuerda es similar a la cola de un roedor.

◆ El primer ordenador personal es el Kenbak-1, diseñado por John V. Blankenbaker en 1971.

◆ La primera unidad del disco duro de la computadora Apple tiene una capacidad de solamente cinco megabytes.

◆ La primera computadora portátil "nace" en 1981 y se llama "Osborne I". Pesa veinticuatro libras, y una persona puede ponerlo debajo de un asiento de un avión.

◆ Ahora una computadora portátil pesa entre cuatro y siete libras.

◆ Cuando Steve Jobs tiene solamente veintiún años (1976), él construye, con su amigo Steve Wozniak, un ordenador personal que se llama "la Manzana".

◆ El Macintosh "Lisa" es nombrado por Lisa, la hija de Steve Jobs.

◆ Cuando Bill Gates es universitario, él predice que va a ser millonario al cumplir treinta años. No tiene razón: Al cumplir treinta años, ¡Bill Gates es billonario!

◆ La "estrella" de la película *2001, una odisea del espacio* es HAL, una computadora. El nombre HAL es una amalgama de "heurístico" y "algorítmica", los dos procesos principales de aprender.

- La voz atrás del mensaje "Tú tienes correo" pertenece a Elwood Edwards, un actor de la voz. También, sus saludos incluyen "Bienvenidos", "Tú tienes fotos", "Fichero está completo", y "Adiós". El señor Edwards también hace el papel de un médico virtual en un episodio de "los Simpsons". Su única línea es "Tú tienes la lepra".

Compound words

Compound words are formed from two or more different words. The words in the list below are formed from a verb (the first part) and a noun (the second part). The list is by no means exhaustive; however, it gives you a generous supply of new and fun words. Some people complain that longer words are harder to learn than shorter ones. By breaking these down into their individual parts, you can learn them more easily. Note that nearly all of these words are masculine.

Here are 50 common compound words, with their base words revealed.

COMPOUND NOUN	SPANISH BASE WORDS	ENGLISH EQUIVALENT
el abrebotellas	abrir + botella	*bottle opener*
el abrecartas	abrir + carta	*letter opener*
el abrecoches	abrir + coche	*doorman*
el abrelatas	abrir + lata	*can opener*
el cortacéspedes	cortar + césped	*lawn mower*
el cortafuego	cortar + fuego	*firewall*
el cortapapel	cortar + papel	*paper cutter*
el cortapuros	cortar + puro	*cigar cutter*
el cortaraíces	cortar + raíz	*root cutter*
el cortaúñas	cortar + uña	*nail clippers*
el cubrecama	cubrir + cama	*bedcover*
el guardabosque	guardar + bosque	*forester, gamekeeper*
el guardacoches	guardar + coche	*parking lot attendant*
el guardajoyas	guardar + joya	*jewelry case*
el guardameta	guardar + meta	*goalie*
la guardamujer	guardar + mujer	*maid of honor*
el guardapelo	guardar + pelo	*locket*
la guardapuerta	guardar + puerta	*storm door, screen door*
el guardarropa	guardar + ropa	*cloakroom*
el guardarruedas	guardar + rueda	*fender*
el lavamanos	lavar + mano	*washstand*
el lavaplatos	lavar + plato	*dishwasher*
el limpiaparabrisas	limpiar + parar + brisa	*windshield wiper*
el parabrisas	parar + brisa	*windshield*
el paracaídas	parar + caída	*parachute*
el parachispas	parar + chispa	*fire screen*
el parachoques	parar + choque	*bumper*
el paragolpes	parar + golpe	*fender*
el paraguas	parar + agua	*umbrella*
el parasol	parar + sol	*parasol*
el portaaviones	portar + avión	*aircraft carrier*
la portabandera	portar + bandera	*flagpole holder*
el portacartas	portar + carta	*mailbag*
el portaneumáticos	portar + neumático	*tire rack*
el portaobjetos	portar + objeto	*microscope slide*
el quitamanchas	quitar + mancha	*stain remover*
el quitapesares	quitar + pesar	*comfort, consolation*
el quitasol	quitar + sol	*parasol, sunshade*

COMPOUND NOUN	SPANISH BASE WORDS	ENGLISH EQUIVALENT
el rascacielos	rascar + cielo	*skyscraper*
el rompecabezas	romper + cabeza	*jigsaw puzzle*
el sacacorchos	sacar + corcho	*corkscrew*
el sacamolero	sacar + molar	*tooth puller*
el sacapuntas	sacar + punta	*pencil sharpener*
el saltatumbas	saltar + tumba	*clergyman who makes his living from funerals*
el salvamanteles	salvar + mantel	*tablemat*
el salvaplatos	salvar + plato	*tablemat*
el salvavidas	salvar + vida	*life jacket*
el tocadiscos	tocar + disco	*record player*
el tomavistas	tomar + vista	*movie camera*
el trabalenguas	trabar + lengua	*tongue twister*

EJERCICIO
6·22

¿Verdadero o falso?

1. _____ La guardamujer usualmente lleva flores y está cerca de la novia durante la ceremonia de boda.

2. _____ Un trabalenguas es muy fácil decir.

3. _____ El salvaplatos está encima del plato.

4. _____ Un saltatumbas probablemente tiene una vida triste.

5. _____ Muchas personas ponen proclamaciones en el parachoques del coche, especialmente durante un año de elección.

6. _____ Scarlett O'Hara probablemente tiene una gran colección de parasoles.

7. _____ El guardameta es una posición en los deportes de hockey, de polo, de polo acuático, de fútbol y de fútbol americano.

8. _____ Típicamente hay un (o más) rompecabezas en las mesas en las salas de espera de hospitales.

9. _____ En el programa de Mr. Rogers, Mr. McFeeley (el cartero) tiene un portacartas.

10. _____ En los años setenta y ochenta, el tocadiscos es un regalo popular para los adolescentes. También hay uno en prácticamente cada dormitorio de la universidad.

¿Qué necesito?

1. Estoy en medio del lago y no puedo nadar. Necesito _____.

2. Quiero abrir una botella de vino. Necesito _____.

3. Estoy en mi coche y está lloviendo. Necesito _____.

4. Voy a un restaurante elegante. No sé dónde puedo aparcar mi coche.

   Necesito _____.

5. Una persona cruel pone salsa de tomate en mi camisa nueva.

   Necesito _____.

6. Es la fiesta de cumpleaños de mi hija. Quiero filmar la celebración.

   Necesito _____.

7. Soy científico. Estoy investigando varias cosas pequeñísimas con mi microscopio.

   Necesito _____.

8. Soy manicurista. Estoy con mi peor cliente. Sus manos están como garras (*claws*).

   Necesito _____.

9. Me llamo Popeye el marino. Quiero comer la espinaca dentro de la lata. Para esto

   necesito _____.

10. Soy la reina del mundo. Tengo un montón de diamantes, zafiros, esmeraldas y más.
    Tengo pulseras y collares de oro y anillos de platino. El rey Midas está celoso de mí.

    Quiero organizar mis tesoros. Necesito _____.

·7·

Stem-changing verbs

Oh my, more verbs!

This section is a wonderful example of function (grammar) leading form (vocabulary). We'll cover a wide selection of verbs, grouped according to the specific stem change each uses when conjugated. Along the way, we'll discover hundreds of words that are almost impossible to use without the verb driving them.

You'll see this in graphic terms later in the unit when we cover the verb **medir** ("to measure"). Knowing how to navigate the byways of **medir** will allow you to discuss the length, width, or area of *anything*!

If you think all these verbs are killing you, you'll be able to complain eloquently with the many new vocabulary words found under the heading "Life and death." Plus, if this is an election year (it's always an election year somewhere), you'll be able to translate those fascinatingly dull ads and commercials into Spanish after reviewing the section on political terms.

Get out your mathematician's hat. We'll discuss weights and measures of all kinds, as well as geometric shapes. And for fun with numbers, we'll go shopping and spend lots of money, which you'll be able to count and weigh and measure and negotiate to the fullest once you've completed this unit. (If only earning it were so easy. . . .)

You have a long list of stem-changing verbs to thank for generating this bounty and making it available to you. You're welcome.

Stem-changing verbs

In language, a grammatical feature sometimes morphs into an entire category of words. Such is the case with stem-changing verbs (also called radical verbs). These verbs—whether **-ar**, **-er**, -or **-ir**—are unique in that they have patterned changes that take place *within* the stem (root) of the verb.

There are three types of stem-changing verbs; while each one has unique features, they also share characteristics.

◆ **Regular endings.** The verb endings are regular.

-ar verbs	-o, -as, -a, -amos, -áis, -an
-er verbs	-o, -es, -e, -emos, -éis, -en
-ir verbs	-o, -es, -e, -imos, -ís, -en

◆ **The boot of irregularity.** Stem changes occur only in the **yo**, **tú**, **él**, and **ellos** forms, creating a "boot" on the standard verb chart. (The **nosotros** and **vosotros** forms are conjugated regularly.)

contar *to count*

cuento	contamos
cuentas	contáis
cuenta	**cuentan**

pensar *to think*

pienso	pensamos
piensas	pensáis
piensa	**piensan**

medir *to measure*

mido	medimos
mides	medís
mide	**miden**

The three groups of stem-changing verbs and a representative verb for each group are given here:

◆ **o > ue**   poder
◆ **e > ie**   querer
◆ **e > i**   pedir

o > ue verbs

The verbs listed below all change from **-o-** to **-ue-** within the "boot." When beginning to study stem-changing verbs, people often wonder "Why!?" and "How do I know which verbs are stem-changing and which are not?"

The answer to the second question is that with time you'll come to *feel* which verbs are stem-changing and which are not. As unsatisfying as this answer may seem to you now, you will be thrilled when this realization hits you. Be patient—it will.

The answer to both questions has to do with sound: Spanish is nothing if not *suave*: soft and mellifluous. Consider the verb **dormir** ("to sleep"): Conjugated regularly, you would say **yo dormo**. Yeccch! How hard and cold that sounds when compared with **yo duermo**. Ahhh. Music to the ears. In nearly all cases, changing the stem allows you to produce a much lovelier sound than would have been possible otherwise. Let's hope this bolsters your efforts in accepting the need to make this change.

almorzar *to eat lunch*

almuerzo	almorzamos
almuerzas	almorzáis
almuerza	**almuerzan**

contar *to count*

cuento	contamos
cuentas	contáis
cuenta	**cuentan**

Here is a representative, but by no means exhaustive, list of **o > ue** verbs.

almorzar	*to eat lunch*
aprobar	*to approve, pass* (a bill)
colgar	*to hang (up)*
contar	*to count*
costar	*to cost*
devolver	*to return* (something)

dormir	*to sleep*
encontrar	*to find*
envolver	*to wrap (up)*
morder	*to bite*
morir	*to die*
mostrar	*to show*
mover	*to move* (something)
poder	*can, to be able to*
probar	*to prove, test, sample, taste*
recordar	*to remember, record*
resolver	*to solve*
rogar (por)	*to beg, pray (for)*
sonar	*to sound, ring*
soñar (con)	*to dream (about)*
tostar	*to toast*
volar	*to fly*
volver	*to return*

EJERCICIO
7·1

Favor de conjugar

1. yo _____ (contar)

2. tú _____ (mover)

3. usted _____ (volver)

4. nosotros _____ (morder)

5. vosotros _____ (probar)

6. ellos _____ (morir)

7. yo _____ (recordar)

8. él _____ (rogar)

9. vosotras _____ (mover)

10. ellas _____ (volar)

11. ellos _____ (aprobar)

12. ella _____ (tostar)

13. tú _____ (colgar)

14. yo _____ (almorzar)

15. ustedes _____ (dormir)

16. yo _____ (devolver)

17. nosotros _____ (mostrar)

18. usted _____ (resolver)

19. yo _____ (encontrar)

20. tú _____ (envolver)

EJERCICIO
7·2

¿Verdadero o falso?

1. _____ Estoy feliz cuando un perro me muerde.

2. _____ Almuerzo cada día en un restaurante de cuatro estrellas (¡o más!).

3. _____ Mi coche cuesta menos de tres millones de dólares.

4. _____ Si yo no devuelvo mis libros a la biblioteca pública a tiempo, tengo que pagar una multa.

5. _____ Muevo objetos con mi mente porque tengo poderes sobrenaturales.

6. _____ En diciembre muchas personas envuelven regalos para amigos y parientes.

7. _____ Cuando el teléfono suena, descuelgo el auricular y digo "Bueno".

8. _____ En el programa *Amo a Lucy,* con frecuencia Lucy Ricardo sueña con ser estrella de cine.

VOCABULARIO

La vida y la muerte (*Life and death*)

Los sustantivos (Nouns)

afterlife	**la vida futura**	inheritance	**la herencia**
angel	**el ángel**	last rites	**la extremaunción**
ashes	**las cenizas**	life	**la vida**
autopsy	**la autopsia**	life insurance	**el seguro de vida**
body (*dead*), corpse	**el cadáver**	mortality rate	**la tasa de mortalidad**
body (*live*)	**el cuerpo**	mortuary	**el depósito de cadáveres**
burial	**el entierro**	mourning	**el luto, la lamentación**
casket, coffin	**el ataúd, el féretro**	mummy	**la momia**
cemetery, graveyard	**el cementerio**	murder	**el asesinato, el homicidio**
cremation	**la cremación,**	next of kin	**el pariente (los parientes),**
	la incineración		**el más cercano**
crematorium	**el horno crematorio**		**(los más cercanos)**
date of birth	**la fecha del nacimiento**	obituary	**la necrología, el obituario**
date of death	**la fecha de la muerte**	pall	**el paño mortuorio, el palio**
death	**la muerte**	pall bearer	**el portaféretro /**
death certificate	**el certificado de**		**la portaféretra**
	defunción	pathologist	**el patólogo / la patóloga**
elders	**los mayores**	remains	**los restos**
epitaph	**el epitafio**	séance	**la sesión de espiritismo**
eulogy	**el elogio, el encomio**	survivor	**el/la superviviente**
funeral	**los funerales, el entierro**	terminal illness	**la enfermedad mortal**
funeral rites,	**las exequias, los ritos**	tomb	**la tumba**
funeral services	**fúnebres**	tombstone	**la lápida**
ghost	**el fantasma**	undertaker	**el director / la directora**
grave	**la sepultura**		**de pompas fúnebres**
hearse	**el coche fúnebre**	urn	**la urna (funeraria)**
heaven	**el cielo**	will	**el testamento**
hell	**el infierno**		

Los verbos (Verbs)

to bury	**enterrar (e > ie)**	to mourn, be in mourning	**estar de luto**
to cremate	**incinerar**		
to go to heaven	**subir al cielo**	to mourn, be in mourning (for)	**ir de luto (por)**
to go to hell	**ir al infierno**		
to inherit	**heredar**		
to lie in state	**yacer en capilla ardiente**	to pass away	**fallecer**

Los adjetivos (Adjectives)

buried	**enterrado**	natal	**natal**
cremated	**incinerado**	neonatal	**neonatal**
dead	**muerto**		

¿Verdadero o falso?

1. _____ Acabo de escribir mi testamento y mi perrito va a heredar todo mi dinero.

2. _____ Típicamente, cuando una persona está de luto, él o ella lleva ropa negra.

3. _____ Normalmente, el entierro toma lugar en un cementerio, pero a veces toma lugar en el patio de una casa o, en casos criminales, en el sótano.

4. _____ El certificado de defunción es necesario para cobrar el seguro de la vida.

5. _____ Jim Morrison (el cantante principal de Las Puertas) está enterrado en París, Francia.

6. _____ Voy de luto por todas las moscas muertas.

7. _____ El patólogo trabaja principalmente en el mortuorio.

8. _____ Usualmente, hay quince portaféretros que llevan el ataúd de la iglesia al coche fúnebre.

9. _____ Según la Biblia, Dios y los ángeles viven en el cielo y Satán vive en el infierno.

10. _____ Después de incinerar a una persona, es común poner las cenizas en una urna o caja especial.

Como preparar una momia

La momificación en Egipto anciano es un proceso muy largo y costoso. Del comienzo al término, dura más o menos setenta días para embalsamar el cadáver. Porque los egipcios creen que la momificación es necesaria para el paso a la vida futura, cada persona recibe la momificación al máximo nivel posible. Obviamente, las personas con más dinero (los faraones, oficiales, sacerdotes y otros nobles) reciben más momificación. Los egipcios creen que los faraones son dioses, y después de la muerte ellos reciben los entierros más magníficos.

desecar	to desiccate, dry up
embalsamar	to embalm
el faraón	Pharaoh
el hígado	liver
el jarro	jar
el natrón	natron (a desiccant chemical)
el riñón	kidney

Hay varios pasos del arte de la momificación. Primero, los embalsamadores lavan el cadáver y lo purifican. Entonces, ellos quitan los órganos interiores (intestinos, pulmones, estómago, hígado, riñones—todos excepto el corazón). Para embalsamar estos órganos, los egipcios usan natrón, un químico que deseca los órganos e impide el regreso de la bacteria. Entonces, ellos envuelven los órganos individualmente en lino y los ponen en jarros.

Después de quitar los órganos, ellos llenan el cadáver con natrón. Entonces, ellos quitan el cerebro por la nariz con mucho cuidado. Porque los egipcios consideran el cerebro no importante, probablemente lo tiran en la basura.

Entonces, ellos ponen el cadáver, completamente cubierta con natrón, en la mesa de embalsamar para secarlo. Este proceso dura más o menos cuarenta días. Después de esto, el cadáver está completamente seco y mucho más pequeño. Entonces, ellos frotan el cadáver con ungüentos para preservar la piel.

Finalmente, ellos comienzan a envolver el cadáver con lino. Mucho, mucho lino—se envuelve el cadáver con más o menos veinte capas de lino. Ahora el cadáver está listo para las pompas fúnebres. Los embalsamadores transportan la momia y los jarros que contienen los órganos a la tumba. Allí, hay varias ceremonias para preparar el cadáver para la vida futura.

Probablemente la momia más famosa en el mundo es el Rey Tutankhamen, enterrado en 1323 antes de Cristo y descubierto—en el Valle de los Reyes, Egipto, por Howard Carter, el arqueólogo inglés—en 1923 después de Cristo, ¡más de tres mil años después!

EJERCICIO
7·4

¿A o B?

1. _____ Las personas que reciben más momificación son _____.
   a. ricos
   b. pobres

2. _____ Las personas más conocidas por la momificación son _____.
   a. los egipcios
   b. los japoneses

3. _____ Se quita el cerebro por _____.
   a. el ojo
   b. la nariz

4. _____ El cadáver está llenado con _____.
   a. natrón
   b. helio

5. _____ El proceso entero dura más o menos _____.
   a. setenta días
   b. cuatro meses

6. _____ Los embalsamadores envuelven el cadáver en _____.
   a. algodón
   b. lino

7. _____ Los embalsamadores ponen los órganos en _____.
   a. cajas
   b. jarros

8. _____ Antes de envolver el cuerpo, el cadáver necesita estar completamente _____.
   a. mojado
   b. seco

Últimas palabras famosas

- **John Quincy Adams** (1767–1848, el sexto presidente de Los Estados Unidos): "¡Esto es el fin de la tierra! Estoy contento".
- **Marie Antoinette** (1755–1793, reina de Francia): "Adiós, mis niños, para siempre. Voy a su Padre".
- **Aneurin Bevan** (1897–1960, político de Gales): "Quiero vivir porque hay unas cosas que quiero hacer".
- **James Dean** (1931–1955, actor americano): "Mis días de la diversión están terminados". (*poco antes de su accidente fatal del coche*)
- **Heinrich Heine** (1797–1856, poeta alemán): "Dios va a perdonarme. Es su función".
- **John F. Kennedy** (1917–1963, presidente de Los Estados Unidos, número treinta y cinco): "Si alguien va a matarme, entonces va a matarme". (*al llegar en Dallas, el sitio de su asesinato*)
- **Rey Louis XIV** (1638–1715, rey de Francia, llamado "el rey del sol"): "¿Por qué están ustedes llorando? Creen que soy inmortal?"
- **Franklin Delano Roosevelt** (1882–1945, presidente de Los Estados Unidos, número treinta y dos): "Tengo dolor de cabeza terrorífico".
- **Theodore Roosevelt** (1858–1919, presidente de Los Estados Unidos, número veintiséis): "Favor de apagar la luz".
- **George Bernard Shaw** (1856–1950, dramaturgo irlandés, crítico literario): "Quiero dormir".
- **Dylan Thomas** (1914–1953, poeta y escritor de Gales): "Acabo de tomar dieciocho whiskys en fila. Creo que es un récord".
- **William Wallace** (1270–1305, patriota y héroe de Escocia): "Libertad".

VOCABULARIO

La prensa (*The press*)

ad	**el anuncio, los anuncios**	editor in chief	**el/la jefe de edición**
article	**el artículo**		
back page	**la última página**	editorial	**el editorial**
broadsheet	**el periódico sábana**	foreign correspondent	**el corresponsal extranjero / la corresponsal extranjera**
cartoon	**el tebeo, la caricatura**		
circulation	**la circulación**		
column	**la columna**		
comics	**los cómicos, los tebeos**	freelance journalist	**el/la periodista independiente**
correction	**la corrección**		
correspondent	**el/la corresponsal**	front page	**la primera página, la portada**
crossword puzzle	**el crucigrama**		
current affairs	**las noticias de actualidad**	glossy magazine	**la revista de lujo**
daily newspaper	**el diario**	head, heading	**el título, el encabezamiento**
edition	**la edición**		
editor	**el editor / la editora, el redactor / la redactora**	headline	**el titular**
		illustration	**la ilustración**

investigative journalist	el periodista investigativo / la periodista investigativa	power	el poder
		press agency	la agencia de prensa
		press conference	la conferencia de prensa
		press room	la sala de impresión
journalism	el periodismo	printing press	la imprenta, la prensa
journalist	el/la periodista	publisher	el dueño / la dueña de la casa editorial
layout	la distribución, la diagramación		
		publishing company	la casa editora, la editorial
leader	el editorial, el artículo de fondo		
		quality press	la prensa de calidad
local paper	el periódico local	reader	el lector / la lectora
magazine	la revista	readership	los lectores
masthead	el tope (de mástil)	report	el reportaje
monthly magazine	la revista mensual	reporter	el reportero / la reportera
		scoop	la exclusiva, la primicia
national newspaper	el periódico nacional	small ad	los anuncios por palabras
		special correspondent	el/la corresponsal especial
news	las noticias		
news agent	el empleado / la empleada de una tienda de prensa	special edition	la edición especial
		sports page	la página de deportes
		subscription	la suscripción
news in brief	las noticias breves, las breves	tabloid	el periodicucho, la prensa sensacionalista
newsstand	el kiosco de prensa, el quiosco de prensa	type(face)	el tipo de letra
		war correspondent	el/la corresponsal de guerra
page	la página		
pamphlet	el panfleto	weekly	el semanario
periodical	la revista, la publicación periódica	yellow journalism	la prensa basura, la prensa amarilla

Las secciones del periódico (*Newspaper sections*)

advice column	el consultorio	house and home	casa y hogar
announcements	los anuncios	international news	las noticias internacionales
arts	las artes, la cultura		
book review	la recensión del libro	letters to the editor	las cartas al director
classifieds, classified ads	los anuncios clasificados, los avisos clasificados		
		local news	las noticias regionales
dining, restaurants	la gastronomía	national news	las noticias nacionales
		obituaries	los obituarios, las necrologías
(the) economy	la economía		
editorial	el artículo de fondo	property	la propiedad
entertainment	el ocio	real estate	los bienes raíces
fashion	la moda	sports	los deportes
finance	las finanzas	style	el estilo
games	el pasatiempos	travel	los viajes
gossip column	la columna rosa	women's page	la página de mujeres
horoscope	el horóscopo		

¿A o B?

1. _____ El periódico *The New York Times* es _____.
   a. un diario
   b. un semanario

2. _____ El *National Enquirer* es un buen ejemplo de _____.
   a. el periodismo investigativo
   b. la prensa sensacionalista

3. _____ Durante el escándalo Watergate, Benjamín C. Bradlee del *Washington Post*
   es _____.
   a. el jefe de edición
   b. un periodista independiente

4. _____ Leemos los reportajes del fútbol en _____.
   a. la portada
   b. la página de deportes

5. _____ *Time* y *Newsweek* son revistas _____.
   a. semanarias
   b. mensuales

6. _____ Encontramos el crucigrama en esta sección: _____.
   a. el pasatiempos
   b. la gastronomía

7. _____ El día después de la elección del presidente nuevo, el titular es _____.
   a. grande
   b. pequeño

8. _____ Si tú quieres leer de la vida de Beetle Bailey o Garfield el gato, necesitas buscar

   _____.
   a. los tebeos
   b. la columna rosa

e > ie verbs

The second group of stem-changing verbs change -e- to -ie- within the boot of irregularity. If you say these conjugated verbs aloud—which is a wonderful way to learn them—you will hear some of the most beautiful Spanish words there are. Remember that the stem change often softens the conjugation and brings warmth to the process. A list of common **e > ie** verbs follows:

acertar	*to guess, get right*
advertir	*to advise, warn*
cerrar	*to close, shut*
comenzar	*to begin*
confesar	*to confess*
consentir	*to consent*
convertir	*to convert*
defender	*to defend*

empezar	*to begin*
encender	*to light, kindle*
entender	*to understand*
fregar	*to wash dishes*
hervir	*to boil*
mentir	*to lie, tell a lie*
negar	*to deny*
pensar (en)	*to think (about)*
perder	*to lose*
preferir	*to prefer*

If you're confronted with a verb that has -e- in two places (such as **defender**, **empezar**, **encender**, **entender**, and **preferir**), change the -e- immediately before the infinitive ending to -ie-. The pattern for **preferir** is therefore **prefiero**, **prefieres**, **prefiere**, **prefieren**.

pensar (en) *to think (about)*

pienso	pensamos
piensas	pensáis
piensa	**piensan**

encender *to light, kindle*

enciendo	encendemos
enciendes	encendéis
enciende	**encienden**

EJERCICIO
7·6

Favor de conjugar

1. yo _____ (pensar)

2. tú _____ (encender)

3. usted _____ (mentir)

4. nosotros _____ (fregar)

5. vosotros _____ (hervir)

6. ellas _____ (acertar)

7. él _____ (preferir)

8. tú _____ (advertir)

9. yo _____ (perder)

10. vosotros _____ (cerrar)

11. él _____ (advertir)

12. ella _____ (consentir)

13. ellas _____ (entender)

14. yo _____ (empezar)

15. nosotros _____ (negar)

16. tú _____ (comenzar)

17. vosotros _____ (fregar)

18. yo _____ (confesar)

19. usted _____ (convertir)

20. yo _____ (defender)

¿Verdadero o falso?

1. _____ Un buen abogado defiende a sus clientes.

2. _____ Friego los platos en la tina de baño.

3. _____ No entiendo inglés.

4. _____ Pinocho tiene una nariz larga porque miente mucho.

5. _____ Entre el agua y la gasolina, prefiero tomar el agua.

6. _____ Los personajes en las telenovelas piensan mucho en sus problemas.

7. _____ Cierro un libro antes de leerlo.

8. _____ Mi clase de español comienza a la medianoche y termina a las dos de la mañana.

9. _____ El sacerdote (o acolito) enciende las velas antes de comenzar la misa.

10. _____ Todos los criminales, tarde o temprano, le confiesan sus crímenes al juez.

VOCABULARIO

La política y el gobierno (Politics and government)

Los sustantivos (Nouns)

act	**la ley**	constitution	**la constitución**
administration	**la administración**	cooperation	**la cooperación**
amendment	**la enmienda**	corruption	**la corrupción**
appointment	**el nombramiento**	coup	**el golpe de estado**
asylum seeker	**el/la solicitante de asilo político**	crime	**el crimen**
		crisis	**la crisis**
bill	**la proposición, el proyecto de ley**	debate	**el debate**
		decree	**el decreto**
cabinet	**el Consejo de Ministros**	delegate	**el delegado / la delegada, el diputado /**
chamber	**la cámara**		
citizen	**el ciudadano / la ciudadana**		**la diputada**
		demonstration	**la manifestación**
civil disobedience	**la resistencia pasiva**	duty	**el deber**
civil servant	**el funcionario público / la funcionaria pública**	emergency meeting	**la reunión extraordinaria**
civil war	**la guerra civil**	equal opportunity	**la igualdad de oportunidades**
coalition	**la coalición**		
constituent	**el/la constituyente**	executive	**el ejecutivo / la ejecutiva**

flag	la bandera	reactionary	el reaccionario /
foreign policy	la política exterior		la reaccionaria
freedom	la libertad	reform	la reforma
freedom of speech	la libertad de expresión	region	la región
government	el gobierno	revolt	la revuelta,
judiciary	la judicatura		el levantamiento
law	la ley, el derecho	rule	la regla
legislation	la legislación	sanction	la sanción
legislature	la legislatura	seat (*political*)	el escaño
liberty	la libertad	solidarity	la solidaridad
local affairs	los asuntos locales	speech	el discurso
majority	la mayoría	statesman	el hombre de estado
meeting	la reunión	support	el apoyo
middle class	la clase media	tax	el impuesto
ministry	el ministerio	taxation	los impuestos
minority	la minoría	term (*in office*)	el cargo, el puesto
office	el cargo, el puesto	term of office	la duración del cargo
pact	el pacto	Treasury	el Ministerio de Hacienda
politician	el político / la política	unity	la unidad
power	el poder	veto	el veto
preamble	el preámbulo	welfare	el bienestar
public opinion	la opinión pública	working class	la clase obrera

Los verbos (Verbs)

to abolish	anular, revocar, suprimir	to overthrow	derrocar
to appoint	nombrar, designar	to pass (*a bill*)	aprobar
to become law	cobrar fuerza de ley,	to ratify	ratificar
	entrar en vigor	to reform	reformar
to bring down	derrocar, derribar	to reject	rechazar
to cut taxes	reducir los impuestos	to repress	reprimir
to demonstrate	participar en la	to resign	dimitir
	manifestación	to rule	regir (e > i), disponer
to dismiss (*from office*)	destituir	to support	apoyar
		to take office	tomar posesión del
to draw up (*a bill*)	redactar		puesto, tomar posesión
to form a pact with	pactar con		del cargo
to govern	gobernar (e > ie)	to take power	tomar el poder
to introduce (*a bill*)	presentar	to throw out	rechazar
to lead	encabezar	(*a bill*)	
to offer an	proponer una	to veto	vetar
amendment	enmienda	to vote	votar

Unos hechos sobre la Constitución
y el gobierno de Los Estados Unidos

- Las primeras diez enmiendas de la Constitución de Los Estados Unidos se llaman la Proposición de derechos.
- Según la Constitución, un americano tiene que cumplir dieciocho años antes de tener el derecho de votar.
- Hay veintisiete enmiendas de la Constitución.
- Hay tres secciones del gobierno de Los Estados Unidos: el ejecutivo, la judicatura, la legislatura.
- La enmienda trece anula la institución de la esclavitud en 1865 (al terminar la Guerra Civil).
- La enmienda diecinueve les da a las mujeres el derecho de votar. Esto ocurre en 1920.
- James Madison (el cuarto presidente) con frecuencia es considerado "el padre de la Constitución" por su gran contribución a la ratificación de la Constitución por escribir—con Alexander Hamilton y John Jay—los ensayos *Federalistas*.
- La convención de la Constitución toma lugar en la casa del estado en Philadelphia, Pennsylvania.
- La convención comienza el veinticinco de mayo, 1787 y termina el diecisiete de septiembre, 1787.
- Cincuenta y cinco delegados asisten a la convención de la Constitución.

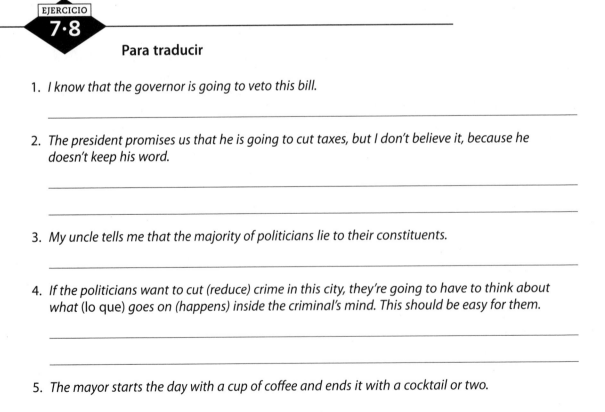

EJERCICIO
7·8

Para traducir

1. *I know that the governor is going to veto this bill.*

   _____

2. *The president promises us that he is going to cut taxes, but I don't believe it, because he doesn't keep his word.*

   _____

   _____

3. *My uncle tells me that the majority of politicians lie to their constituents.*

   _____

4. *If the politicians want to cut (reduce) crime in this city, they're going to have to think about what (lo que) goes on (happens) inside the criminal's mind. This should be easy for them.*

   _____

   _____

5. *The mayor starts the day with a cup of coffee and ends it with a cocktail or two.*

   _____

6. *I close the doors of the chamber at 9 P.M.*

_____

7. *The senators think that they're going to pass the bill today. They're wrong.*

_____

8. *The working class is going to demonstrate, because they don't believe anything that the governor tells them.*

_____

_____

9. *Why do you* [informal sing.] *want to overthrow their government?*

_____

10. *Sometimes I think that politicians draw up a bill because they want the publicity.*

_____

e > i verbs

The third and final group of stem-changing verbs includes -**ir** verbs that change the -**e**- before the -**ir** infinitive ending to -**i**-. As always in stem-changing verbs, this change occurs only in the boot of irregularity.

Several verbs in this group are unique in the **yo** form only. For this reason, the **yo** form of each of these verbs is listed below. Otherwise, use regular -**ir** verb endings along with the **e** > **i** stem change.

INFINITIVE	MEANING	**yo** FORM
bendecir	*to bless*	bendigo
competir	*to compete*	compito
conseguir	*to obtain, get*	consigo
corregir	*to correct*	corrijo
decir	*to say, tell*	digo
despedir	*to fire (from a job)*	despido
elegir	*to elect*	elijo
freír	*to fry*	frío
gemir	*to groan*	gimo
impedir	*to impede, prevent, hinder, stop*	impido
maldecir	*to curse, swear*	maldigo
medir	*to measure, be* (long, tall, around, etc.)	mido
pedir	*to request, ask for*	pido
reír	*to laugh*	río
repetir	*to repeat*	repito
seguir	*to follow, continue*	sigo
servir	*to serve*	sirvo

medir *to measure, be*

mido	medimos
mides	medís
mide	**miden**

seguir *to follow, continue*

sigo	seguimos
sigues	seguís
sigue	**siguen**

Favor de conjugar

1. yo _____ (freír)	11. nosotros _____ (decir)
2. tú _____ (impedir)	12. ellas _____ (despedir)
3. usted _____ (gemir)	13. yo _____ (elegir)
4. nosotros _____ (reír)	14. él _____ (maldecir)
5. vosotras _____ (servir)	15. ella _____ (medir)
6. ellos _____ (medir)	16. vosotros _____ (pedir)
7. tú _____ (bendecir)	17. tú _____ (repetir)
8. ella _____ (competir)	18. ustedes _____ (seguir)
9. ellas _____ (corregir)	19. usted _____ (servir)
10. yo _____ (conseguir)	20. tú _____ (medir)

VOCABULARIO

Los políticos (Politicians)

attorney general	**el ministro / la ministra de Justicia**	president	**el presidente / la presidenta**
chancellor	**el canciller, el ministro**	prime minister	**el primer ministro / la primera ministra**
congressman/ congresswoman	**el diputado / la diputada, el/la congresista**	Republican	**el republicano / la republicana**
Democrat	**el/la demócrata**	secretary of state	**el ministro / la ministra de asuntos exteriores**
First Lady	**la primera dama**		
governor	**el gobernador / la gobernadora**	secretary of the interior	**el ministro / la ministra del interior**
head of state	**el/la jefe de estado**	Senate	**el Senado**
House (of Representatives)	**la Cámara (de Representativos)**	senator	**el senador / la senadora**
judge, justice	**el/la juez, el magistrado / la magistrada**	speaker of the House	**el presidente / la presidenta de la Cámara**
leader	**el líder**		
mayor	**el/la alcalde**	spokesperson	**el/la portavoz**
minister	**el ministro**	statesman	**el hombre de estado**
office	**el cargo, el puesto**	undersecretary	**el subsecretario / la subsecretaria**
party leader	**el/la líder del partido (político)**		
		vice president	**el vicepresidente / la vicepresidenta**
politician	**el político / la política**		

Las elecciones (*Elections*)

ballot	**la votación**	local elections	**las elecciones regionales**
(paper) ballot	**la papeleta de voto**	majority system	**el sistema mayoritario**
ballot box	**la urna electoral,**	off-year election	**la elección parcial**
	la urna de votos	opinion poll	**el sondeo de opinión**
campaign	**la campaña**	party (*political*)	**el partido**
candidate	**el candidato / la candidata**	primary	**la primaria**
caucus	**la junta secreta,**	purpose	**el propósito**
	el conventículo	recount	**el recuento**
constituency	**la circunscripción electoral**	referendum	**el referéndum**
count	**el recuento, la cuenta**	right to vote	**el derecho de votar**
democracy	**la democracia**	suffrage	**el sufragio**
elected (*person*)	**el elegido / la elegida**	swing	**el desplazamiento,**
election	**la elección**		**el movimiento**
electorate	**el electorado**	vote	**el voto**
general election	**la votación general**	voter	**el/la votante**

Los verbos (*Verbs*)

to be entitled to vote	**tener derecho a votar**	to hold an election	**celebrar una elección**
to cavort	**cabriolar**	to recount	**volver (o > ue) a contar**
to elect	**elegir (e > i)**		

EJERCICIO
7·10

¿Cuál es verdadero o falso en Los Estados Unidos?

1. _____ Hay dos senadores de cada estado.

2. _____ El cargo del presidente es siete años.

3. _____ Al cumplir dieciocho años, una persona—hombre o mujer—tiene derecho a votar.

4. _____ Si el presidente muere, el nuevo presidente es el presidente de la Cámara.

5. _____ En la historia del país, el ministro de asuntos exteriores siempre es una posición llenado por un hombre.

6. _____ Después de la elección presidencial del año 2000 (Al Gore contra George W. Bush), hay muchos problemas con la votación en el estado de Florida, y por eso hay un recuento.

7. _____ El día oficial de votar es miércoles.

8. _____ Elegimos un nuevo presidente cada cuatro años durante el mes de octubre.

9. _____ El sondeo de opinión es una parte importante de las elecciones.

10. _____ El propósito de una primaria es determinar los candidatos en particular de cada partido.

Para traducir

1. *If our candidate loses this election, I'm going to request a recount.*

   _____

2. *The chef in the White House fries the fish in olive oil and serves it on paper plates.*

   _____

   _____

3. *The opinion polls tell us that the senator is not going to repeat his term.*

   _____

4. *She loses every election, because she swears all the time.*

   _____

5. *Some people believe that the White House spokesperson lies to us every time he speaks.*

   _____

   _____

6. *We, the people, elect the president, but we can't fire him.*

   _____

7. *I serve you* [informal sing.] *and you serve me. That's fair.*

   _____

8. *The leader of the caucus tells me that the speaker of the House doesn't want to hold an election this year.*

   _____

   _____

9. *In England, and in Canada also, the prime minister is the leader of the country.*

   _____

   _____

10. *In a democracy, the elected politician should be the voice of the constituents.*

    _____

    _____

La política internacional (*International politics*)

Los sustantivos (Nouns)

anarchy	**la anarquía**	king	**el rey**
aristocracy	**la aristocracia**	left	**la izquierda**
conservative	**el conservador /**	left wing	**el ala izquierda**
	la conservadora	monarch	**el/la monarca**
count/earl	**el conde**	monarchy	**la monarquía**
countess	**la condesa**	prince	**el príncipe**
democracy	**la democracia**	princess	**la princesa**
dictator	**el dictador / la dictadora**	queen	**la reina**
dictatorship	**la dictadura**	racism	**el racismo**
duchess	**la duquesa**	racist	**el/la racista**
duke	**el duque**	republic	**la república**
emperor	**el emperador**	republican	**el republicano /**
empress	**la emperatriz**		**la republicana**
green party	**el partido verde,**	revolutionary	**el revolucionario /**
	el partido ecologista		**la revolucionaria**
ideology	**la ideología**	right	**la derecha**
independence	**la independencia**	right wing	**el ala derecha**

Los adjetivos (Adjectives)

aristocratic	**aristocrático**	patriotic	**patriótico**
conservative	**conservativo**	radical	**radical**
democratic	**democrático**	reactionary	**reaccionario**
independent	**independiente**	royal	**real**
liberal	**liberal**		

EJERCICIO

7·12

¿Verdadero o falso?

1. _____ La democracia depende del voto de la población.

2. _____ El ala derecha y el ala izquierda, en realidad, son iguales.

3. _____ Una persona reaccionaria siempre tiene interés en el futuro.

4. _____ El filósofo clásico Plato escribe un libro famoso que se llama *La República*.

5. _____ La reina de la Inglaterra es parte de una monarquía.

6. _____ La duquesa es la prima del duque.

7. _____ Un cuento de hadas famoso se llama "La ropa nueva del emperador".

8. _____ Un revolucionario no tiene muchas opiniones fuertes.

9. _____ Una dictadura es muy similar a una familia disfuncional.

10. _____ Cuando los constituyentes están infelices por mucho tiempo, a veces la anarquía es la única opción.

The suffix -ismo

The suffix **-ismo** indicates a system or a doctrine.

el capitalismo	*capitalism*
el comunismo	*communism*
el conservadurismo, el conservatismo	*conservatism*
el fascismo	*fascism*
el imperialismo	*imperialism*
el liberalismo	*liberalism*
el marxismo	*Marxism*
el nacionalismo	*nationalism*
el patriotismo	*patriotism*
el radicalismo	*radicalism*
el republicanismo	*republicanism*
el socialismo	*socialism*

The suffix -ista

The suffix **-ista** indicates "one who does something."

el/la anarquista	*anarchist*
el/la capitalista	*capitalist*
el/la comunista	*communist*
el/la extremista	*extremist*
el/la fascista	*fascist*
el/la imperialista	*imperialist*
el/la marxista	*Marxist*
el/la nacionalista	*nationalist*
el/la socialista	*socialist*

Unas mujeres en la política

◆ La primera presidenta en el mundo se llama Vigdís Finnbogadóttir, elegida la presidenta de Islandia en 1980.

◆ La primera mujer elegida al Senado estadounidense se llama Hattie Caraway, en 1931, del estado Tennessee.

◆ La primera mujer en la Cámara de Representativos es Jeannette Rankin (republicana—Montana) en 1917.

◆ La primera mujer negra elegida a la Cámara de Representativos de Los Estados Unidos es Shirley Chisholm, de Nueva York, en 1968.

◆ Geraldine Ferraro es la primera candidata de vicepresidenta en la elección presidencial de 1984. Su compañero es Walter Mondale, un demócrata de Minnesota.

◆ La primera presidenta de la república de Irlanda se llama Mary Robinson, en 1990.

◆ La primera juez nominada a servir en la Corte Suprema de Los Estados Unidos se llama Sandra Day O'Connor. Ella es nominada (por el presidente Ronald Reagan) y aceptada en 1981. Ella renuncia la posición en 2006.

◆ Muchas personas piensan que Indira Gandhi es la hija o esposa de Mahatma Gandhi, pero no tienen razón. Ella es la hija de Jawaharlal Nehru (el primer primer ministro de India después de ganar la independencia en 1947) y la esposa de Feroze Gandhi, un periodista. Indira Gandhi es la primera mujer elegida a ser líder de una democracia.

- En enero, 2007, Nancy Pelosi, la congresista de California (Distrito 8), es la primera presidenta de la Cámara de Representativos.
- Muchas personas creen que Hillary Rodham Clinton (la esposa del ex-presidente Bill Clinton) es una aventurera política: Ella nace en Illinois, estudia en Massachusetts, vive en Arkansas por 17 años (1975–1992), en Washington, D.C. por 8 años (1992–2000), y ¡poof! es senadora de Nueva York (2001).

VOCABULARIO

La compra (*Shopping*)

Los sustantivos (Nouns)

article (of clothing)	**el artículo (de ropa)**	item	**el artículo**
(shop) assistant	**el dependiente / la dependienta**	mail order	**las ventas por correo**
		manager	**el/la gerente, el director / la directora**
ATM (automated teller machine)	**la caja electrónica**	market	**el mercado**
auction	**la subasta**	merchandise	**la mercancía**
automatic door	**la puerta automática**	money	**el dinero, la plata**
bargain	**la ganga**	packet	**el paquete**
bill (*money owed*)	**la cuenta**	pocket	**el bolsillo**
bill (*paper money*)	**el billete**	pound	**la libra**
business	**el comercio, la empresa**	quality	**la calidad**
business/store hours	**las horas de abrir**	receipt	**el recibo**
cash register	**la caja registradora**	reduction	**la reducción**
change	**el cambio, la moneda**	refund	**el reembolso, la devolución**
choice	**la selección, la elección**		
coin	**la moneda**	sale	**las rebajas, el saldo, la promoción**
coin purse	**el monedero**		
contents	**el contenido**	sale price	**el precio de venta**
credit	**el crédito**	sales tax	**el impuesto sobre las ventas**
credit card	**la tarjeta de crédito**		
customer information	**el servicio de información para clientes**	salesperson	**el dependiente / la dependienta, el vendedor / la vendedora**
customer service	**el servicio de asistencia posventa**		
		security guard	**el guarda jurado**
department	**el departamento, la sección**	self-service	**el autoservicio**
		shopkeeper	**el tendero / la tendera**
discount	**la rebaja**	shoplifter	**el mechero / la mechera**
elevator	**el ascensor, el elevador**	shopping	**la compra**
entrance	**la entrada**	shopping basket	**la cesta (de compras)**
escalator	**la escalera mecánico**	shopping cart	**el carrito (de compras)**
exit	**la salida**	shopping list	**la lista de compras**
fashion	**la moda**	shopping mall	**la zona comercial**
fire door/exit	**la puerta de incendios**	sign	**el letrero, el signo**
fitting room	**el probador, el vestidor**	special offer	**la oferta especial**
fraud	**el fraude**	stairs	**la escalera**
free gift	**el regalo gratuito**	transaction	**la transacción**
handbag	**el bolso, la bolsa**	traveler's check	**el cheque de viajero**
instructions for use	**el modo de empleo**	wallet	**el cartero, la billetera**

Los verbos (Verbs)

to be broke	**estar sin plata**	to return (*something to a store*)	**devolver (o > ue)**
to buy in bulk	**comprar a granel**		
to change	**cambiar**	to shop	**hacer las compras**
to choose	**escoger, elegir (e > i)**	to shoplift	**robar en tiendas, hurtar**
to decide	**decidir**	to show, demonstrate	**mostrar (o > ue),**
to exchange	**cambiar**		**demostrar (o > ue)**
to go shopping	**ir de compras**	to spend (*money*)	**gastar**
to line up	**hacer cola**	to spend (*time*)	**pasar**
to order	**pedir (e > i), encargar**	to steal	**robar**
to post (*a notice*)	**fijar, pegar**	to wear, have on	**llevar**

Los adjetivos (Adjectives)

broken	**roto**	on vacation	**de vacaciones**
cheap	**barato**	open	**abierto**
closed, shut	**cerrado**	posted	**fijado, pegado**
free	**gratis**		
genuine	**verdadero, genuino, auténtico**		

Las expresiones comunes (Common expressions)

Anything else?	**¿Algo más?**	in cash, with cash	**al contado**
around here	**por aquí**	May/Can I help you?	**¿En qué puedo servirle?**
by check, with a check	**por cheque**	nearest	**más cercano/cercana**
		PULL	**TIRA, TIRE, HALE**
by credit card, with a credit card	**por tarjeta de crédito**	PUSH	**EMPUJA, EMPUJE**
		What are you looking for?	**¿Qué desea usted?**
for sale, on sale	**en venta, de venta**		
Here or to go?	**¿Aquí o para llevar?**	Who's next?	**¿Quién sigue?**

EJERCICIO 7·13

Favor de traducir *In this exercise, consider "you" as informal singular unless otherwise noted.*

1. *When I go shopping, I always pay with cash.*

   _____

2. *We can't go shopping with you at (in) the shopping mall, because it's closed.*

   _____

3. *If you pay by credit card, the transaction is slower than when you pay in cash.*

   _____

4. *Is there an ATM around here?*

   _____

5. *These jewels aren't genuine. They're fake. Why do you sell them in this elegant jewelry store?*

   _____

6. *When you enter, the sign says "PULL." When you leave, it says "PUSH."*

_____

7. *This store is never open. How can they make money?*

_____

8. *We can't take the escalator, because it's broken. The elevator is also broken. We have to take the stairs.*

_____

_____

9. *These broken dishes are free. Who wants them?*

_____

10. *May I help you [formal sing.]? What are you looking for? A puppy? This is a grocery store. Why are you here? Are you crazy?*

_____

_____

EJERCICIO
7·14

¿Verdadero o falso?

1. _____ Una familia con ocho niños necesita comprar muchos artículos a granel.

2. _____ Durante diciembre muchas personas van de compras y, por eso, necesitan hacer cola enfrente de la caja registradora.

3. _____ Cuando una persona hurta la identidad de otra persona, es considerado el fraude, y con frecuencia el víctima no sabe nada antes de recibir una cuenta absurda de su compañía de tarjeta de crédito.

4. _____ En los supermercados no hay cestas de compras.

5. _____ Casi siempre es más barato cuando una persona compra los comestibles a granel que en paquetes pequeños.

6. _____ Para cambiar un artículo de ropa (o cualquier cosa) es mejor y mucho más rápido si la persona tiene un recibo.

7. _____ Muchas personas compran obras originales de arte de los pintores como Picasso y Rembrandt de vendedores en kioscos en la calle.

8. _____ La zona comercial más grande en el mundo está en Assisi, Italia.

9. _____ Típicamente, las horas de abrir y las horas de cerrar están fijadas en la puerta principal de una tienda.

10. _____ Según el folklore, Imelda Marcos gasta mucho dinero en las zapaterías.

Weights and measures

In this section, we concentrate on two specific verbs and countless other words. It is impossible to discuss weights and measures without the verbs **pesar** ("to weigh") and **medir** ("to measure").

Pesar

The verb **pesar** is perfectly regular and is used much as it is in English: Something weighs some amount.

Tú pesas cien libras.	*You weigh 100 pounds.*
El bebé pesa dos kilos.	*The baby weighs two kilos.*
Estas drogas pesan diez gramos.	*These drugs weigh 10 grams.*
¿Cuánto pesan ellos?	*How much do they weigh?*

Las unidades del peso (Units of weight)

el gramo	*gram*
el kilo(gramo)	*kilo(gram)*
la onza	*ounce*
la media libra	*half a pound*
la libra	*pound*
la tonelada	*ton*

Medir

The verb **medir** is a horse of a different color. For starters, it is an **e > i** stem-changing verb: **mido, mides, mide, medimos, medís, miden**. In addition, its meaning encompasses more than its literal English counterpart "to measure," in that it means "to be long" or "to have a certain length."

If you want to know how tall someone is or how long something is, you ask simply **¿Cuánto mide?** ("How tall/long is _____?")

¿Cuánto mides?	*How tall are you?*
¿Cuánto mide este estante?	*How long is this shelf?*
¿Cuánto mide la nariz de Pinocho?	*How long is Pinocchio's nose?*
Su nariz mide ocho pulgadas.	*His nose is (measures) eight inches long.*

Las unidades de la longitud (Units of length)

el milímetro	*millimeter*
el centímetro	*centimeter*
el metro	*meter*
el kilómetro	*kilometer*
la pulgada	*inch*
el pie	*foot*
la yarda	*yard*
la milla	*mile*

EJERCICIO

7·15

Un examen No necesitas estar nervioso. Si no sabes la respuesta, puedes buscarla en el Internet.

1. ¿Cuántas onzas hay en una libra? _____

2. ¿Cuántas libras hay en una tonelada? _____

3. ¿Cuántos gramos hay en un kilogramo? _____

4. ¿Cuántas pulgadas hay en un pie? _____

5. ¿Cuántos pies hay en una yarda? _____

6. ¿Cuántos centímetros hay en un metro? _____

7. ¿Cuántas yardas hay en un campo de fútbol americano? _____

8. ¿Cuántos pies hay en una milla? _____

9. ¿Cuántos milímetros hay en un kilómetro? _____

La historia no oficial de la bebida clásica Harvey Wallbanger

Muchas personas creen que los años setenta (especialmente en Los Estados Unidos) son una década de mal gusto. La ropa, el pelo, las casas, los muebles, la comida, la música—todo— ¡hasta las bebidas! Uno de los mejores ejemplos de las peores bebidas (opinión, no hecho) se llama la "Harvey Wallbanger".

Hay varias teorías del origen de este refresco líquido, pero una de las más interesantes es acerca de un hombre que se llama Harvey, un hombre del "surf" de California.

Casi todo el mundo sabe que un "destornillador" es una bebida popular y también muy simple: solamente jugo de naranja con vodka (en un vaso con cubitos de hielo). Pues, Harvey prefiere su destornillador con un poquito de Galiano, un licor herbal de Italia que es muy dulce. Un día, después de perder un concurso de surf, Harvey toma demasiado y, al salir de la taberna, en vez de caminar por el portal, él camina directamente a la pared. Porque todos los clientes en la taberna lo conocen y también saben que él prefiere su destornillador con Galiano, y ven la colisión entre Harvey y la pared, de ese día hasta hoy este destornillador especial se llama la "Harvey Wallbanger".

La receta de una Harvey Wallbanger

6 onzas de jugo de naranja
1 onza de vodka

Ahora tú mezclas estos dos ingredientes en un vaso con cubitos de hielo.
Ahora, el ingrediente definitivo:

½ onza de Galiano "flotando" encima (no mezclado)

NOTA FINAL El ocho de noviembre es el día oficial de la Harvey Wallbanger.

El peso, la densidad y las medidas líquidas
(*Weight, density, and liquid measures*)

Los sustantivos (Nouns)

balance	**el peso, la balanza**	pinch (*a very small amount*)	**la dedada**
cup	**la taza**	scale	**la balanza**
cupful	**la tazada**	tablespoonful	**la cucharada**
density	**la densidad**	teaspoonful	**la cucharadita**
gallon	**el galón**	weight	**el peso**
liter	**el litro**		
mass	**la masa**		

Los verbos (Verbs)

to balance	**balancear**	to stir	**agitar**
to mix	**mezclar**	to swirl	**girar**
to pour	**echar**	to weigh	**pesar**

Los adjetivos (Adjectives)

dense	**denso**	thick	**grueso**
heavy	**pesado**	viscous	**viscoso**
light	**ligero**		

EJERCICIO
7·16

¿Verdadero o falso?

1. _____ "Una cucharada de azúcar" es una canción de la película *Mary Poppins*.

2. _____ Si tú echas gasolina en un fuego nada va a ocurrir.

3. _____ Un galón de leche pesa más que un galón de gasolina.

4. _____ Una libra de crema pesa más que una libra de aceite de oliva.

5. _____ Es casi imposible mezclar el agua con el aceite.

6. _____ El maratón clásico mide aproximadamente veintiséis millas.

7. _____ Para pesar a un infante, es necesario usar una balanza especial.

8. _____ En defensa de la familia, muchas personas repiten el refrán, "La sangre es más densa que el agua".

9. _____ La plata es más ligera que el plomo.

10. _____ Una yarda es más larga que cuarenta pulgadas.

Las expresiones de la longitud y la forma (*Length and shape*)

Los sustantivos (Nouns)

angle	**el ángulo**	point	**el punto**
area	**el área, la superficie**	prism	**el prisma**
center	**el centro**	radius	**el radio** (*pl.* **los radii**)
degree (*temperature*)	**el grado**	room (*space*)	**el espacio, el sitio**
depth	**la profundidad**	ruler	**la regla**
diameter	**el diámetro**	shape	**la forma, la figura**
distance	**la distancia**	side	**el lado**
height	**la altura**	size	**el tamaño, la talla, la medida**
horizon	**el horizonte**	surface	**la superficie**
length	**la longitud, la largura**	width	**la anchura**
line	**la línea**		

Los adjetivos (Adjectives)

acute	**agudo**	obtuse	**obtuso**
bent	**encorvado, torcido**	parallel	**paralelo**
concave	**cóncavo**	perpendicular	**perpendicular**
convex	**convexo**	round	**redondo**
curved	**curvo**	short (*height*)	**bajo**
deep	**hondo, profundo**	short (*length*)	**corto**
dense	**denso**	small	**pequeño**
diagonal	**diagonal**	straight	**derecho**
high	**alto**	tall	**alto**
horizontal	**horizontal**	thick	**grueso, espeso**
long	**largo**	thin	**flaco, delgado**
low	**bajo**	twisted	**torcido**
narrow	**estrecho**	wide	**ancho**

Frequently asked questions

Some frequently asked questions (**preguntas hechas con frecuencia**) are listed below.

¿Cuánto pesa _____?	*How much does _____ weigh?*
¿Qué anchura tiene _____?	*How wide is _____?*
¿Qué altura tiene _____?	*How high is _____?*
¿Cuánto mide _____?	*How tall/long is _____?*
¿Qué tamaño tiene(n) _____?	*What size is (are) _____?*

EJERCICIO 7·17

Para traducir *In this exercise, consider "you" as informal singular.*

1. *How much do you weigh? I know that I don't weigh more than he (weighs).*

_____

2. *What (How long) is the diameter? Well, it's twice (two times longer than) the radius.*

_____

3. *What size is your shoe? It's size 20EEE. I work in the circus.*

_____

4. *How wide is her mouth (la boca)? She's always talking. I want to put a sock inside her mouth.*

_____

5. *How high is this building? I can't see the penthouse* (el cobertizo), *because it's in the clouds.*

_____

6. *How tall is Michael Jordan? He is (measures) six feet, six inches tall.*

_____

7. *Do you know that a newborn (recién nacido) elephant weighs between 250 and 350 pounds?*

_____

8. *How wide is this surface? It's two meters.*

_____

9. *How high is the new countertop? It's exactly three feet.*

_____

10. *What size are those pants? I want to buy them.*

_____

VOCABULARIO

Las formas geométricas (*Geometric shapes*)

Los sustantivos (Nouns)

circle	**el círculo**	polygon	**el polígono**
circumference	**la circunferencia**	pyramid	**la pirámide**
cube	**el cubo**	rectangle	**el rectángulo**
cylinder	**el cilindro**	rhombus	**el rombo**
diamond	**el diamante**	sphere	**la esfera**
hexagon	**el hexágono**	square	**el cuadrado**
octagon	**el octágono**	triangle	**el triángulo**
pentagon	**el pentágono**		

Los adjetivos (Adjectives)

circular	**circular**	polygonal	**poligonal**
cubic	**cúbico**	rectangular	**rectangular**
cylindrical	**cilíndrico**	rhombic	**rombal**
hexagonal	**hexagonal**	spherical	**esférico**
octagonal	**octagonal**	triangular	**triangular**
pentagonal	**pentagonal**		

¿Qué forma es esto?

EJEMPLO   el panal (de abeja) (*honeycomb*)   *el hexágono*

1. cuatro lados de largura igual _____

2. un edificio del gobierno en Washington, D.C. (el cuartel general del departamento de defensa de Los Estados Unidos) _____

3. el anillo simple de matrimonio _____

4. el dado o el juguete famoso de Ernő Rubik _____

5. la delta o un instrumento de la percusión _____

6. una puerta típica _____

7. el campo de béisbol _____

8. ocho lados o ¡ALTO! _____

9. la pasta italiana que se llama *rigatoni* _____

VOCABULARIO

Las expresiones de la cantidad (*Expressions of quantity*)

Los sustantivos (Nouns)

(candy) bar	**la pastilla**	number	**el número**
capacity	**la capacidad, el volumen**	part	**la parte**
cubic capacity	**la capacidad cúbica**	quality	**la calidad**
decrease	**la disminución**	quantity	**la cantidad**
difference	**la diferencia**	slice	**el trozo, la tajada**
growth, increase	**el aumento**	volume	**el volumen**
measuring tape	**la cinta métrica**	whole	**la totalidad, el todo**

Los verbos (Verbs)

to contain	**contener**	to fill	**llenar**
to decrease	**disminuir**	to increase	**aumentar**
to empty	**vaciar**		

Los adjetivos y expresiones (Adjectives and expressions)

a little (*amount*)	**un poco**	at least	**al menos, por lo menos**
a lot (of)	**mucho (de)**	empty	**vacío**
about	**alrededor (de), aproximadamente**	enough	**bastante, suficiente**
		full (of)	**lleno (de)**
almost, nearly	**casi**	more	**más**
approximate	**aproximado**	square feet	**los pies cuadrados**
approximately	**aproximadamente**	still, yet	**todavía**
as ____ (*adjective*)	**tan ____ (*adjetivo*)**	sufficient	**suficiente**
as	**como**	too (much)	**demasiado**
as much ____ (*noun*) as	**tanto ____ (*sustantivo*) como**		

Para traducir *In this exercise, consider "you" as informal singular.*

1. *I have almost 20 gallons of ice cream in the freezer. Do you want to eat it with me?*

_____

2. *She works about 50 hours per week.*

_____

3. *They have at least $2,000 in the bank.*

_____

4. *Do you have enough money? No, my wallet is empty. I'm broke.*

_____

5. *His head is full of crazy ideas.*

_____

6. *Do you want more wine? No, thanks. I still have a little.*

_____

7. *He has nearly 20 billion dollars. He's almost as rich as I.*

_____

8. *He still doesn't have as many friends as I.*

_____

9. *Do you know as many people as she?*

_____

10. *Some people believe that a person can't be too rich or (ni) too thin. What do you think?*

_____

VOCABULARIO

Los contenedores (*Containers*)

bag	**el saco**	jar, jug	**el jarro**
bottle	**la botella**	pack	**el paquete, la cajetilla**
box	**la caja**	package, packet	**el paquete**
can	**la lata**	pitcher	**el cántaro, el jarro**
container	**el recipiente, el contáiner,**	pocket	**el bolsillo**
	el contenedor	(cooking) pot	**la olla, el cazo**
cup (*coffee*)	**la taza**	purse, handbag	**la bolsa**
glass (*water*)	**el vaso**	sack	**el saco, la bolsa**
glass (*wine*)	**la copa**	tube	**el tubo**

¿Dónde está este artículo?

EJEMPLO   la espinaca de Popeye   *en la lata*

1. la pasta de dientes _____

2. un par de zapatos nuevos _____

3. la comida que acabas de comprar _____

4. el café con leche _____

5. el vino costoso (en la tienda) _____

6. el vino barato (en la tienda) _____

7. el vino (en la mesa) _____

8. el agua para todos (en la mesa) _____

9. la billetera (de una mujer) _____

10. la billetera (de un hombre) _____

The suffix -ado/-ada

You have learned words for several types of containers in this unit. For many of these, adding the suffix **-ado/-ada** is like adding the suffix "-ful" or "-load" in English. For instance, you've encountered the following words:

FORMED WORD	ENGLISH EQUIVALENT	SPANISH BASE WORD	ENGLISH EQUIVALENT
la cucharada	*tablespoonful*	la cuchara	*spoon*
la dedada	*pinch (what you can grasp between two fingers)*	el dedo	*finger*
la pulgada	*inch (as wide as a thumb)*	el pulgar	*thumb*
la tazada	*cupful*	la taza	*cup*

Several more of these words are listed below. Note that nearly all of these are feminine, ending in **-ada**; however, the rare masculine **-ado** does occur. Several of these words are worth learning simply for the delightful linguistic twists and turns they take with this suffix.

FORMED WORD	ENGLISH EQUIVALENT	SPANISH BASE WORD	ENGLISH EQUIVALENT
la barcada	*boatload*	el barco	*boat*
el bocado	*mouthful*	la boca	*mouth*
la brazada	*armful*	el brazo	*arm*
la calderada	*cauldron full*	la caldera	*cauldron, boiler*
la camionada	*truckload*	el camión	*truck*
la carretada	*wagonload*	la carreta	*wagon*
la carretillada	*wheelbarrow load*	la carretilla	*wheelbarrow*
la cazolada	*potful*	el cazo	*(cooking) pot, saucepan*
la cestada	*basketful*	la cesta	*basket*
la hornada	*oven full, "batch"*	el horno	*oven*

FORMED WORD	ENGLISH EQUIVALENT	SPANISH BASE WORD	ENGLISH EQUIVALENT
la lagarada	*press full*	el lagar	*winepress*
la narigada	*pinch of snuff*	la nariz	*nose*
la palada	*shovelful*	la pala	*shovel*
la paletada	*trowel full*	la paleta	*trowel*
la panzada	*bellyful*	la panza	*belly*
la ponchada	*punch bowl full, "loads"*	el ponche	*punch*
el puñado	*fistful, handful*	el puño	*fist*
la sartenada	*panful, skillet full*	la sartén	*frying pan, skillet*
la tonelada	*ton, barrelful*	el tonel	*barrel*
la vagonada	*boxcar full*	el vagón	*boxcar*
la zurronada	*bagful*	el zurrón	*pouch, leather bag*

EJERCICIO
7·21

¿Verdadero o falso?

1. _____ *Un puñado de dólares* (1967) es una película famosa de Clint Eastwood.

2. _____ Típicamente, la novia lleva una brazada de flores durante la ceremonia de boda.

3. _____ Es muy atractivo cuando una persona habla con un bocado de espagueti y salsa de tomate con albóndigas.

4. _____ El día después de la víspera de Todos los Santos, muchos niños tienen una panzada de dulces.

5. _____ Si unas personas tratan de entrar en Los Estados Unidos con una barcada de cocaína, heroína, marihuana y Viagra, no hay problemas.

6. _____ Muchas madres tradicionales saludan a sus niños con una hornada de galletitas "frescas del horno" después de la escuela.

7. _____ Una palada de nieve pesa más que una palada de pelotas de ping-pong.

8. _____ Los caníbales están muy felices cuando tienen una calderada herviente de exploradores.

9. _____ Una paletada de suciedad y cenizas es un desayuno delicioso.

10. _____ Muchos universitarios regresan a la casa para el fin de semana con una cestada (¡o más!) de ropa sucia.

Reflexive verbs

This is the last unit of the book that deals with verbs. But these aren't just any verbs—these are *reflexive verbs*, meaning simply that whatever you're doing, you're doing it to yourself.

What you'll see rather quickly is that you already know many of these verbs; it's just that now you'll learn about doing these things to and for yourself instead of doing them to and for others.

Because this type of verb keeps the action "close to home," as it were, the vocabulary in this unit covers the human body, addiction and violence, religion, social issues, hygiene, and medical and dental situations, plus suffixes for the lion's share of diseases.

Hypochondriacs, psychopaths, and fanatics, this one's for you!

Reflexive verbs

The most important thing to lock into your brain when beginning the study of reflexive verbs is that the action goes nowhere. Absolutely nowhere. If you brush a dog's teeth, the action flows from you to Fido. When you brush your own teeth, the action—performed by you and received by you—goes nowhere and is therefore considered reflexive. Beyond this fact, there is nothing magical or special about a reflexive verb. Nearly any verb can be either reflexive or nonreflexive—it depends entirely on the direction of the action: A verb is reflexive when the actor and the recipient of the action are the same.

Any of the common reflexive verbs listed below can also be used in a nonreflexive context; it's simply that one usually bathes oneself, brushes one's own teeth, and washes one's own hands.

The key to the reflexive nature of these verbs is the reflexive pronoun, not the verb itself. This pronoun is actually an object pronoun—the direct or indirect object being one's self. In English, we attach "-self" (singular) or "-selves" (plural) to pronouns used with such verbs:

I see **myself**.	We know **ourselves**.
You love **yourself**.	You all bathe **yourselves**.
He bites **himself**.	They adore **themselves**.

The Spanish reflexive pronouns are the following:

me	nos
te	os
se	se

To use these pronouns, you follow the same rules you learned with regard to direct and indirect object pronouns: If there is one verb, the pronoun immediately precedes it; if there are two verbs, the pronoun is attached to the second verb.

Me veo.	I see myself.
Quiero verme.	I want to see myself.
Te amas.	You love yourself.
Debes amarte.	You ought to love yourself.
Él se muerde.	He bites himself.
Él no necesita morderse.	He doesn't need to bite himself.
Nos conocemos.	We know ourselves.
Tenemos que conocernos.	We have to know ourselves.
Vos bañáis.	You all bathe yourselves (take a bath).
Debéis bañaros.	You all should bathe yourselves (take a bath).
Se adoran.	They adore themselves.
No deben adorarse.	They shouldn't adore themselves.

EJERCICIO
8·1

Conjugate the following reflexive verbs. Note the addition of -se to the infinitive, which indicates that the infinitive is to be conjugated using reflexive pronouns.

1. **bañarse** *to bathe oneself*

_____   _____

_____   _____

_____   _____

2. **dormirse (o > ue)** *to fall asleep*

_____   _____

_____   _____

_____   _____

3. **ducharse** *to take a shower*

_____   _____

_____   _____

_____   _____

4. **verse** *to see oneself*

_____   _____

_____   _____

_____   _____

Following is a representative list of reflexive verbs, with stem changes noted in parentheses where applicable.

VOCABULARIO

Common reflexive verbs

acostarse (o > ue)	to go to bed	**llamarse**	to call oneself, be named
afeitarse	to shave		
bañarse	to bathe, take a bath	**mirarse**	to look at oneself
casarse	to marry (someone)	**parecerse (a)**	to look (like), resemble
(con alguien)		**peinarse**	to comb one's hair
cepillarse	to brush (one's) (*hair/teeth*)	**ponerse**	to become
		ponerse (la ropa)	to put on (clothing)
desayunarse	to eat breakfast	**preguntar(se)**	to wonder, ask oneself
despedirse (e > i)	to say good-bye	**preocuparse (por)**	to worry (about)
despertarse (e > ie)	to wake up	**probarse (o > ue)**	to try on (clothing)
desvestirse (e > i)	to get undressed	**(la ropa)**	
dormirse (o > ue)	to fall asleep	**quitarse**	to take off, remove
ducharse	to shower	**(la ropa)**	(clothing)
enfermarse	to get sick	**reírse (e > i)**	to laugh
enojarse	to get mad	**secarse**	to dry (oneself) (off)
hacerse	to become (voluntarily; *lit.*, to make oneself)	**sentarse (e > ie)**	to sit down, seat oneself
		sentirse (e > ie)	to feel (*emotionally, physically*)
irse	to go away		
lavarse	to wash (oneself)	**verse**	to see oneself
levantarse	to get out of bed, stand up	**vestirse (e > i)**	to get dressed

EJERCICIO

8·2

¿Verdadero o falso?

1. _____ Santa Claus se afeita cada día.

2. _____ Por muchos años, el presidente de Cuba se llama Fidel Castro.

3. _____ Después de hacer ejercicios, la mayoría de personas se duchan.

4. _____ Antes de comprar un par de pantalones, una persona usualmente se prueba por lo menos dos o tres pares.

5. _____ Me seco con una toalla.

6. _____ En un restaurante japonés, las personas se sientan en el suelo.

7. _____ Me visto en el espejo antes de irme al trabajo.

8. _____ Me cepillo los dientes cien veces al día.

9. _____ Varios filósofos se preguntan si existe Dios.

10. _____ Si nadie recuerda tu cumpleaños, te sientes feliz.

EJERCICIO

8·3

Responde a las preguntas siguientes.

1. ¿Cómo te llamas? (lit., *How do you call yourself?*) _____

2. ¿Cómo se llama tu autor favorito? _____

3. ¿Cómo se llaman tus padres? _____

4. Típicamente, ¿a qué hora te despiertas cada día? _____

5. ¿Cuántas veces te cepillas los dientes al día? _____

6. Usualmente, ¿te duchas o te bañas? _____

7. Usualmente, ¿a qué hora te acuestas? _____

8. Te afeitas cada día? _____

El cuerpo humano (*The human body*)

Las partes exteriores del cuerpo (*External parts of the body*)

abdomen	**el abdomen**	hip	**la cadera**
ankle	**el tobillo**	index finger	**el dedo índice**
anus	**el ano**	jaw	**la mandíbula, la quijada**
arm	**el brazo**	knee	**la rodilla**
armpit	**la axila, el sobaco**	kneecap	**la rótula**
back	**la espalda**	knuckle	**el nudillo**
body	**el cuerpo**	leg	**la pierna**
breast	**el pecho, el seno**	lip	**el labio**
buttock(s)	**las nalgas**	mouth	**la boca**
calf	**la pantorrilla**	nape of the neck	**la nuca**
cheek	**la mejilla**	navel, belly button	**el ombligo**
chest	**el pecho**	neck	**el cuello**
chin	**el mentón**	nose	**la nariz**
ear (*outer, lobe*)	**la oreja**	nostril	**la ventana de la nariz**
elbow	**el codo**	penis	**el pene**
eye	**el ojo**	shin	**la espinilla**
eyebrow	**la ceja**	shoulder	**el hombro**
eyelash	**la pestaña**	skin	**la piel**
eyelid	**el párpado**	thigh	**el muslo**
face	**la cara**	throat	**la garganta**
finger	**el dedo**	thumb	**el pulgar**
fingernail	**la uña**	tip (of the tongue/ finger)	**la yema (de la lengua / del dedo)**
foot	**el pie**	toe	**el dedo del pie**
forehead	**la frente**	toenail	**la uña del dedo del pie**
genitalia	**los genitales**	tongue	**la lengua**
gums	**las encías**	tooth	**el diente**
hair	**el pelo, el cabello**	vagina	**la vagina**
hand	**la mano**	waist	**la cintura**
head	**la cabeza**	wrist	**la muñeca**
heel	**el talón**		

Las partes interiores del cuerpo (*Internal parts of the body*)

aorta	**la aorta**	kidney	**el riñón**
appendix	**el apéndice**	liver	**el hígado**
artery	**la arteria**	lung	**el pulmón**
backbone, spine	**la columna vertebral**	muscle	**el músculo**
bladder	**la vejiga**	nerve	**el nervio**
blood	**la sangre**	pancreas	**el páncreas**
blood pressure	**la presión arterial**	rectum	**el recto**
bone	**el hueso**	rib	**la costilla**
bowel(s)	**los intestinos**	sex organs	**los órganos sexuales**
brain	**el cerebro**	spleen	**el bazo, el esplín**
colon	**el colon**	stomach	**el estómago**
ear (*inner*)	**el oído**	tendon	**el tendón**
fat	**la grasa**	uterus	**el útero**
gland	**la glándula**	vein	**la vena**
heart	**el corazón**	womb	**la matriz**
hormone	**la hormona**		

Los verbos (Verbs)

to beat (*heart*)	**pulsar**	to get sick	**enfermarse**
to break (a bone)	**quebrarse** (e > ie)	to scratch	**rascarse**
	(un hueso)	to sprain	**torcerse** (o > ue)
to chap (*skin*),	**cortarse**	to strain	**estirarse**
to cut (oneself)		to take one's own pulse	**tomarse el pulso**
to fall, fall down	**caerse**	to throb	**pulsar**
to fracture	**quebrarse** (e > ie)	to twist	**torcerse** (o > ue)

It is difficult to refer to parts of the body without using reflexive verbs. In English, we usually use a possessive adjective to modify the noun object: "I wash *my* hands," "you brush *your* hair," "he sprains *his* ankle."

In Spanish, because the reflexive pronoun indicates that the body part is attached to the actor, the addition of a possessive adjective would be redundant and clumsy.

> *I* wash **my** hands on **my**self.
> *You* brush **your** hair on **your**self.
> *He* sprains **his** ankle on **him**self.

For this reason, you simply use the definite article with the part of the body:

Me lavo **las manos**.	*I wash my hands.*
Te cepillas **el pelo**.	*You brush your hair.*
Él se tuerce **el tobillo**.	*He sprains his ankle.*

EJERCICIO
8·4

Para traducir *In some sentences, you will have both a reflexive verb and a nonreflexive verb.*

1. *I wash my face, but I don't wash the clothes.*

_____

2. *He breaks a bone every time (that) he skis.*

_____

3. *He shaves his chin, but he doesn't shave his dog.*

_____

4. *She takes a shower in the morning.*

_____

5. *We wake up at 7 A.M.*

_____

6. *You all* [informal] *brush your hair in front of the mirror.*

_____

7. *They never shower; they always take a bath.*

_____

8. *He scratches his armpits at the table.*

_____

¿Para qué parte(s) del cuerpo compra una persona esto?

EJEMPLO   los guantes ___*las manos*___

1. los zapatos _____

2. el sombrero _____

3. el esmalte _____

4. la nitroglicerina _____

5. los lentes _____

6. el lápiz labial _____

7. el champú _____

8. los aretes _____

9. el reloj _____

10. la bufanda _____

11. el laxativo _____

12. el desodorante _____

13. las vitaminas con calcio _____

14. una botella de Viagra _____

VOCABULARIO

La adicción y la violencia (*Addiction and violence*)

Los sustantivos (Nouns)

abuse	**el abuso**	drug scene	**el mundo de las drogas**
act of violence	**el acto de violencia**	drug traffic	**el tráfico de drogas,**
addict	**el adicto / la adicta**		**el narcotráfico**
addiction	**la adicción**	effect	**el efecto**
aggression	**la agresión**	fear	**el temor, el miedo**
alcohol	**el alcohol**	force	**la fuerza**
alcoholism	**el alcoholismo**	gang	**la banda**
anger	**la rabia, el enfado**	glue	**el pegamento, el pegante**
attack	**el ataque**	habit	**el vicio**
bully	**el matón, el valentón**	hard drugs	**las drogas duras**
child abuse	**el maltrato de los hijos**	hashish	**el hachís**
cocaine	**la cocaína**	heroin	**la heroína**
consumption	**el consumo**	hoodlum	**el gamberro, el vándalo**
crack	**el crack**	hooker	**la prostituta, la fulana**
crime	**el crimen**	infection	**la infección**
drug addict	**el drogadicto /**	injection	**la inyección**
	la drogadicta	insult	**el insulto**

junkie	el/la yonqui, el/la toxicómano, el drogadicto / la drogadicta	rehabilitation	la rehabilitación
		sexual harassment	el hostigamiento sexual
		skinhead	el/la cabeza rapada
		soft drugs	las drogas blandas
LSD	el LSD	solvent	el solvente
marijuana, cannabis	la marihuana, el cannabis	stimulant	el estimulante
		stimulation	la estimulación
meth(amphetamine)	la metanfetamina	supply	el suministro, el abastecimiento
mugger	el asaltante		
narcotic	el narcótico	syringe	la jeringuilla
nervousness	los nervios, el estado nervioso	tattoo	el tatuaje
		thug	el gamberro, el desalmado
overdose	la dosis excesiva		
pimp	el chulo, el proxeneta	tranquilizer	el tranquilizante
pornography	la pornografía	vandal	el gamberro, el vándalo
prostitution	la prostitución	vandalism	el gamberrismo, el vandalismo
punk	el punki		
pusher	el camello, el traficante de drogas	victim	el/la víctima
		withdrawal	la retirada, el abandono
rape	la violación	withdrawal symptoms	el síndrome de la abstinencia
rapist	el violador		

Los verbos (Verbs)

to abuse	abusar	to inject (oneself)	inyectar(se) con
to attack	atacar	to insult	insultar
to be under the influence (of)	estar bajo los efectos (de)	to kick the habit	desintoxicarse
		to legalize	legalizar
to beat up	dar una paliza	to mug someone	asaltar a alguien, aporrear a alguien
to bully	intimidar		
to deal (in drugs)	traficar (las drogas)	to rape	violar
to drive drunk	conducir bajo los efectos del alcohol	to seduce	seducir
		to share	compartir
to dry out	desalcoholizarse	to smoke	fumar
to get drunk	emborracharse	to sniff	esnifar, inhalar
to get infected	infectarse	to take drugs	tomar drogas
to fear	temer, tener miedo de	to terrorize	aterrorizar
to harass	hostigar, perseguir (e > i)	to threaten	amenazar
		to turn to crime	recurrir a la criminalidad

Los adjetivos (Adjectives)

aggressive	agresivo	illegal	ilegal
alcoholic	alcohólico	legal	legal
angry	enfadado, enojado	nervous	nervioso
dangerous	peligroso	pornographic	pornográfico
fatal	fatal, mortal	troubling	preocupante
hostile	hostil	violent	violento

¿Sabes que...?

◆ El *crack* es el resulto de calentar la cocaína con una solución de soda y agua. Cuando el agua está evaporándose, la persona oye el sonido como un "crack". Esto es el origen del nombre.

◆ La heroína es derivada de la morfina. Aproximadamente veinte por ciento de las personas que usan la heroína van a tener una dependencia de esta droga. La mayoría de las personas que usan la heroína se inyectan la droga. Una persona también puede fumarla o esnifarla.

◆ Timothy Leary es un profesor de la psicología en la Universidad Harvard cuando comienza a usar LSD. Durante su vida, Leary toma LSD más de cinco mil (¡5.000!) veces. El presidente Richard Nixon le llama "el hombre más peligroso en América". El profesor Leary muere en 1996 del cáncer de la próstata.

◆ El cannabis es el nombre botánico de la planta de donde viene la marihuana y el hachís. La diferencia entre estos es en la preparación: Para preparar la marihuana, tú simplemente cortas la planta en pedacitos y entonces puedes fumarla o ponerla en galletitas u otra comida. Para preparar el hachís, necesitas más tiempo y paciencia: Necesitas extraer solamente la resina. Por eso, el hachís es más potente y más costoso que la marihuana. Estas drogas son consideradas drogas blandas.

◆ Técnicamente, una droga dura es una que es ilegal (excepto en el campo de la medicina— por ejemplo, la morfina) y tiene la consecuencia de la adicción profunda y severa para muchas personas.

◆ Muchos adolescentes inhalan los vapores de los solventes orgánicos que se puede encontrar en la pintura y en el pegamento. Además de ser adictivos, los solventes son peligrosos por sus efectos en el hígado, el corazón, los pulmones y el cerebro.

EJERCICIO
8·6

¿Verdadero o falso?

1. _____ Un hombre violento es un mal esposo y un peor padre.

2. _____ Muchos toxicómanos recurren a la criminalidad para mantener su suministro de drogas.

3. _____ El alcoholismo es un problema social que afecta solamente la clase media.

4. _____ Es fácil infectarse si una persona se inyecta con cualquier droga usando un jeringuilla sucia.

5. _____ Si una persona se emborracha, fuma marihuana, se inyecte con heroína y esnifa cocaína, debe por lo menos regresar a su casa en un taxi, y el próximo día debe comenzar a desintoxicarse.

6. _____ El hostigamiento puede ocurrir solamente en la oficina de una compañía grande.

7. _____ La víctima de una violación va a recordar la experiencia el resto de la vida.

8. _____ Una persona puede fumar la cocaína o inhalarla por la ventana de la nariz.

9. _____ Se inyecta la heroína o morfina directamente a la aorta.

10. _____ Para desintoxicarse, una persona tiene que sufrir los efectos del síndrome de la abstinencia.

Ponerse, hacerse, volverse a, convertirse en, llegar a ser (*to become*)

As with "to be," "to know," "to take," and "to finish"—each of which is an English verb that has multiple equivalents in Spanish—we now turn to five Spanish verbs, each of which translates as "to become." We saved these until now, because all but one of them is reflexive.

ponerse (*to become [involuntarily]*)

This verb indicates that something occurring independently of a person causes a change in him or her. In English, we often used the verb "get(s)" in casual conversation.

Me pongo triste cuando escucho esa canción.	*I **become (get)** sad when I hear that song.*
Ella **se pone** feliz cuando recibe regalos.	*She **becomes (gets)** happy when she receives gifts.*
Nos ponemos enfermos cuando hay perros en la casa.	*We **become (get)** sick when there are dogs in the house.*

hacerse (*to become [voluntarily]*)

Think about it: **Hacerse** means, literally, "to make oneself." Thus, you use **hacerse** predominantly when someone does something that has direct consequences for himself or herself, emotionally or physically.

Me hago enfermo cuando fumo hachís.	*I **become** sick when I smoke hashish.*
Él **se hace** feliz cuando se compra un Ferrari rojo.	*He **becomes** happy when he buys a red Ferrari for himself.*
Os hacéis bonitas cuando os aplicáis el maquillaje.	*You (all) **become** beautiful when you put on makeup.*

NOTE **Ponerse** and **hacerse** are often used interchangeably; however, **ponerse** indicates a greater emotional involvement on the part of the person.

volverse (o > ue) a (*to become [rapidly and drastically]*)

Volverse usually translates familiarly as "to go," for example, "to go crazy," "to go nuts," "to go ballistic," "to go bonkers," "to go berserk."

Me vuelvo loco cuando hay mucho tráfico.	*I **go** crazy when there is a lot of traffic.*
Se vuelven balísticos durante toda la competición.	*They **go** ballistic during the entire contest.*
Te vuelves pálido al ver un fantasma.	*You **go (turn)** pale when you see a ghost.*

convertirse (e > ie) en (*to become [substantially different]*)

You use **convertirse** to indicate a conversion from one entity to an altogether different one. In English, we often translate this as "to turn into." Note that **convertirse** is followed by **en** + a noun.

En "Cinderella" los ratones **se convierten en** caballos.	*In "Cinderella," the mice **become (turn into)** horses.*
La oruga **se convierte en** mariposa.	*The caterpillar **becomes (turns into)** a butterfly.*
El carbón **se convierte en** diamante.	*Carbon **becomes (turns into)** diamond.*

llegar a ser (to become [with great effort over time])

As with **hacerse**, consider the literal meaning of **llegar a ser**: "to arrive at being." You can "become sick," "become happy," "become angry," "become rabid," or "become unconscious" at the flip of a switch. But some things just take time—lots of it:

Después de muchos años en la política, la mujer **llega a ser** presidenta.	*After many years in politics, the woman **becomes** president.*
Él príncipe Carlos de Gales quiere **llegar a ser** rey de Inglaterra.	*Prince Charles of Wales wants **to become** the king of England.*
Por fin, el renacuajo **llega a ser** rana.	*At long last, the tadpole **becomes** a frog.*

EJERCICIO 8·7

Usa la forma más apropiada del verbo "to become".

1. Cuando me das un regalo, yo _____ feliz.

2. Tú _____ loco porque el perro te ladra.

3. Ellos _____ gordos porque comen galones de helado cada día.

4. Cinderella _____ princesa con la ayuda de su madrina especial.

5. Estas semillas _____ flores magníficas.

6. Ella _____ triste cada vez que recuerda la violación.

7. Nosotros _____ monstruos en frente de los espejos en la casa de horror del carnaval.

8. Yo _____ fuerte después de hacer ejercicios.

9. Tú _____ furioso cuando una persona te llama por teléfono tratando de venderte algo.

10. Madre Teresa _____ santa por su trabajo durante la vida.

VOCABULARIO

La religión 101 (Religion 101)

Los sustantivos (Nouns)

alms	**la limosna**	chapel	**la capilla**
apostle	**el apóstol**	charity	**la caridad**
Apostles' Creed	**el símbolo de los Apóstoles**	christening	**el bautizo, el bautismo**
		church	**la iglesia**
archbishop	**el arzobispo**	Church of England	**la Iglesia Anglicana**
baptism	**el bautismo, el bautizo**	clergy, clergyman/ clergywoman	**el clérigo / la clériga**
bar mitzvah	**el bar mitzvah**		
Bible	**la Biblia**	(Ten) Commandments	**los (Diez) Mandamientos**
bishop	**el obispo / la obispa**		
cathedral	**la catedral**	communion	**la comunión**

community	**la comunidad**	mullah	**el mullah**
confession	**la confesión**	nun	**la monja**
confirmation	**la confirmación**	parish	**la parroquia**
congregation	**la congregación**	parishioner	**el feligrés / la feligresa**
convent	**el convento**	pastor	**el pastor / la pastora**
curia	**la curia**	Pentateuch	**el Pentateuco**
deacon	**el decano**	Pentecost	**el Pentecostés**
Eucharist	**la Eucaristía**	pilgrimage	**el peregrinaje**
evangelist	**el/la evangelista**	Pope	**el papa**
Holy Communion	**la santa comunión**	prayer	**la oración**
Imam	**el Imán**	priest	**el sacerdote, el cura**
intercession	**la intercesión,**	rabbi	**el rabino / la rabina**
	la mediación	Reformation	**la Reforma**
laity	**el laicado**	repentance	**el arrepentimiento**
layperson	**el/la seglar,**	reverence	**la veneración, la reverencia**
	el laico / la laica	rite	**el rito**
Lord's Supper,	**la Santa Cena,**	ritual	**el ritual**
Last Supper	**la Última Cena**	sacrament	**el sacramento**
mass	**la misa**	service	**el servicio religioso, la misa**
minister (of	**el ministro / la ministra**	sin	**el pecado**
the church)	**(de la iglesia)**	synagogue	**la sinagoga**
ministry	**el ministerio eclesiástico**	synod	**el sínodo**
mission	**la misión**	temple	**el templo**
missionary	**el misionario /**	vow	**el voto**
	la misionaria,	wedding	**la boda**
	el misionero /	witness	**el/la testigo**
	la misionera	zealot	**el fanático / la fanática,**
monastery	**el monasterio**		**el partidario ciego /**
monk	**el monje**		**la partidaria ciega**
mosque	**la mezquita**		

Los verbos (Verbs)

to adore	**adorar**	to pray (*a prayer*)	**orar**
to bear witness	**testificar, dar testimonio**	to pray for (*something*)	**pedir (e > i)**
to confess	**confesar (e > ie)**	to repent	**arrepentir (e > ie)**
to convert (oneself)	**convertir(se) (e > ie)**	to revere	**venerar, reverenciar**
to give alms	**dar limosna**	to sin	**pecar**
to meditate	**meditar**	to witness	**testificar**
to minister	**administrar**	to worship	**adorar**
to praise	**rezar**		

Los adjetivos (Adjectives)

celibate	**celibato**	pastoral	**pastoral**
evangelical	**evangélico**	repentant	**arrepentido**
lay	**seglar, profano**	reverent	**reverente**

EJERCICIO
8·8

¿Verdadero o falso?

1. _____ El papa es el líder de la Iglesia Anglicana.

2. _____ Una de las pinturas más conocidas del pintor Leonardo da Vinci se llama *La santa cena*.

3. _____ Usualmente, cuando una persona da limosna a los pobres, es un acto de la caridad. A veces, sin embargo, es un acto de manipulación, para "ponerse el nombre en las luces".

4. _____ El Imán es el líder de los musulmanes.

5. _____ Los luteranos adoran a Dios en una sinagoga.

6. _____ Hay diez mandamientos, y uno es que una persona nunca debe dar testimonio falso contra su vecino.

7. _____ Un rabino necesita ser celibato, como el sacerdote católico.

8. _____ Típicamente, una boda es considerada un rito reconocido por la iglesia y también el estado.

9. _____ El Pentateuco se consiste en los primeros cinco libros del Viejo Testamento.

10. _____ En la Biblia, el Árbol de la Vida está en el Jardín de Edén.

¿Qué pasa con los Santos? (*What's the deal with the Saints?*)

There are countless cities and landmarks throughout the world named after saints. Several of them are in Spanish. Many people are confused about the three words for "Saint" in Spanish: **San**, **Santo**, and **Santa**. Untangling them is simple and straightforward.

1 **San** precedes the name of a male saint, except . . .

2 **Santo** precedes the name of a male saint whose name begins with either **To-** or **Do-**. (**Tomás** and **Domingo** come to mind.)

3 **Santa** precedes the name of a female saint. No exceptions.

EJERCICIO
8·9

Write the appropriate Spanish title before each saint's name.

1. _____ Juan es la capital de Puerto Rico.

2. _____ Anita es el sitio de un hipódromo (donde corren los caballos) en California.

3. _____ Tomás es el nombre de una de las universidades más viejas en las Filipinas.

4. _____ Antonio es el patrón de las cosas perdidas.

5. _____ Dorotea de Cesárea es la patrona de los floristas y jardineros.

6. _____ Domingo es la capital de la República Dominicana.

7. _____ Timoteo es el Obispo de Ephesus y un martirio.

8. _____ Margarita es la patrona de una buena Margarita (la bebida hecha con tequila, lima y sal). ¡Es la verdad!

9. _____ Francisco de Assisi, Italia, es el patrón de los animales.

10. _____ Dominion es una ciudad en el videojuego para los adolescentes (edades 8 a 11) que se llama "Crossfire".

VOCABULARIO

La religión 102 (Religion 102)

Los sustantivos (Nouns)

agnostic	el agnóstico / la agnóstica	grace	la gracia
Anglican	el anglicano / la anglicana	heaven	el cielo, el paraíso
atheism	el ateismo	Hebrew	el hebreo / la hebrea
atheist	el ateo / la atea	hell	el infierno
authority	la autoridad	Hindu	el/la hindú
belief	la creencia	Hinduism	el hinduismo
believer	el/la creyente	holiness	la santidad
Buddha	Buda	Holy Spirit	el espíritu santo
Buddhism	el budismo	hope	la esperanza
Buddhist	el/la budista	human (being)	el (ser) humano
Calvinist	el/la calvinista	humanism	el humanismo
cantor	el cantor / la cantora	humanist	el/la humanista
Catholic	el católico / la católica	humanity	la humanidad
Christ	Cristo	infallibility	la infalibilidad
Christian	el cristiano / la cristiana	Islam	el Islam
conscience	la conciencia	Jehovah	Jehová
conversion	la conversión	Jehovah's Witness	el/la testigo de Jehová
covenant	la alianza, el pacto	Jesus	Jesús
creed	el credo	Jew	el judío / la judía
cross	la cruz	Judaism	el judaísmo
disciple	el discípulo / la discípula	judgment	el juicio
doctrine	la doctrina	Koran, Qur'an	el Corán
duty	el deber, la obligación	Lord	el Señor
ecumenism	el ecumenismo	mercy	la misericordia
evil	el mal, la maldad	message	el mensaje
faith	la fe	messenger	el mensajero /
fast, fasting	la ayuna		la mensajera
follower	el seguidor / la seguidora,	Messiah	el Mesías
	el discípulo / la discípula	Mohammed	Mahoma
forgiveness	el perdón	morality	la moralidad
free will	la libre voluntad	muezzin	el muecín
fundamentalism	el fundamentalismo	Muslim	el musulmán /
fundamentalist	el/la fundamentalista		la musulmana
god	el dios	mysticism	la mística, el misticismo
God	Dios	myth	el mito
goddess	la diosa	New Testament	el Nuevo Testamento
gospel	el evangelio	nirvana	la nirvana

Old Testament	**el Viejo Testamento**	savior	**el salvador / la salvadora**
orthodox	**el ortodoxo / la ortodoxa**	scripture	**la escritura**
pagan	**el pagano / la pagana,** **el/la infiel**	shame	**la vergüenza, la deshonra**
		soul	**el alma** (*f.*)
prophet	**el/la profeta**	spirit	**el espíritu**
Protestant	**el/la protestante**	spirituality	**la espiritualidad**
Protestantism	**el protestantismo**	Talmud	**el Talmud**
psalm	**el salmo**	Taoism	**el taoísmo**
purpose	**el propósito**	theology	**la teología**
Quaker	**el cuáquero / la cuáquera**	Trinity	**la Trinidad**
redemption	**la redención, el perdón**	truth	**la verdad**
Saint Peter	**San Pedro**	vision	**la visión**
Satan	**Satanás, Satán**	vocation	**la vocación**

Los verbos (Verbs)

to believe (in)	**creer (en)**	to kneel down	**arrodillarse**
to canonize	**canonizar**	to ordain	**ordenar**
to cross oneself	**santiguarse**	to sanctify	**santificar**
to fast	**ayunar**	to save (*a person*)	**salvar**
to forgive	**perdonar**		

Los adjetivos (Adjectives)

atheistic	**ateístico**	Islamic	**islámico**
biblical	**bíblico**	Jewish	**judío**
blessed	**bendito**	merciful	**misericordioso**
Buddhist	**budista**	Muslim	**musulmán/musulmana**
Catholic	**católico**	mystical	**místico**
charismatic	**carismático**	orthodox	**ortodoxo**
Christian	**cristiano**	Protestant	**protestante**
divine	**divino**	sacred	**sagrado**
ethical	**ético**	sinful	**pecaminoso**
faithful	**fiel**	spiritual	**espiritual**
heretical	**herético**	theological	**teológico**
holy	**santo, sagrado**	transcendental	**trascendental**

Padre nuestro

Probablemente no hay ninguna oración más conocida en español que el *Padre nuestro*. Es una oración que se dice en todas las iglesias cristianas por el mundo. Aquí tienes una traducción:

"Padre nuestro, que estás en el cielo, santificado sea tu nombre. Venga a nosotros tu reino, hágase tu voluntad en la tierra como en el cielo. Danos hoy nuestro pan de cada día, perdona nuestras ofensas, como también nosotros perdonamos a los que nos ofenden. No nos dejes caer en la tentación y líbranos del mal. Tuyo es el reino, el poder y la gloria por siempre, Señor. Amen."

¿Verdadero o falso?

1. _____ Para ser cristiano, una persona necesita creer en Jesús Cristo, el hijo de Dios.

2. _____ Un hombre que se llama Saul Rabinowitz probablemente es judío, un hombre que se llama John Fitzpatrick probablemente es católico y un hombre que se llama Bjorn Svensen probablemente es luterano.

3. _____ Los católicos se santiguan antes de orar, pero no después.

4. _____ Los musulmanes y los católicos se arrodillan cuando oran a Dios.

5. _____ Una diferencia importante entre los sacerdotes católicos y los pastores luteranos es que los pastores pueden casarse.

6. _____ La mezquita es la iglesia de los cuáqueros.

7. _____ Los judíos y los budistas adoran a Dios en templos.

8. _____ El sacerdote perdona los pecados durante el sacramento católico que se llama "la Confesión" o "la Reconciliación".

9. _____ Si una persona estudia la teología por muchos años en un seminario, un día él o ella puede llegar a ser ministro/ministra.

10. _____ Es fácil tener una conversación racional y agradable con un fanático.

Una historia breve de la religión de Islam

La base de la doctrina islámica se encuentra en el Corán. Es la escritura de Islam, escrita por Mahoma y sus discípulos, dictada por el Ángel Gabriel. Es considerada infalible, absolutamente sin error. El Corán contiene 114 *surahs* (capítulos) arreglados en orden de los más largos a los más cortos. Para los musulmanes (las personas que creen en el Dios de Islam), el Corán es la palabra de Dios y tiene la revelación de Mahoma, el último y más perfecto de los mensajeros de Dios.

Además del Corán, hay otros documentos que los musulmanes estudian: Más proverbios de Mahoma son compilados en el *Hadith* (la tradición), el *Torat* (de Moisés), *Suhuf* (los libros de los profetas), *Zabur* (los salmos de David) y el *Injil* (el evangelio de Jesús Cristo). Para los musulmanes estos documentos son revelaciones, pero no son tan perfectos como el Corán.

Los cinco artículos de la fe

Hay cinco artículos de la fe que se forman las doctrinas principales de Islam. Todos los musulmanes necesitan creer lo siguiente:

1. **Allah:** Hay un verdadero Dios, creador del universo. (Allah es la palabra árabe por Dios.)

2. **Los ángeles:** Los ángeles existen y interactúan con las vidas humanas. Son de la luz, y cada tiene un propósito distinto o mensajes para los seres humanos. Cada hombre y mujer tiene dos ángeles que registran sus acciones. Un ángel registra los actos buenos y el otro registra los malos.

3. **Las escrituras:** Hay cuatro libros de inspiración: el *Torat* de Moisés, los salmos (*Zabur*) de David, el evangelio de Jesús Cristo (*Injil*) y el Corán. Los musulmanes creen todos—menos el Corán—son corruptos por los judíos y los cristianos.

4. **Los profetas:** Dios habla por varios profetas. Los seis más importantes son Adán, Noé, Abrahán, Moisés, Jesús y Mahoma. Mahoma es el último y más magnífico de todos los mensajeros de Allah.

5. **Los últimos días:** Durante el último día, hay tiempo para la resurrección y el juicio. Los seguidores de Allah y Mahoma se van al cielo islámico, o el Paraíso. Los otros se van al infierno.

Los cinco pilares de la fe

Los cinco pilares de la fe se forman las obligaciones que cada musulmán tiene que cumplir. Estos son:

1. **El Credo (*Shahadah*):** Cada persona tiene que decir en público: "No hay Dios excepto el Dios Allah, y Mahoma es el Profeta de Allah" para hacerse musulmán.

2. **La Oración (*Salat*):** Cada musulmán tiene que orar cinco veces cada día: al levantarse, al mediodía, en media tarde, después de ponerse el sol y antes de dormirse. Siempre la persona necesita mirar hacia *Mecca*. El muecín (gritador musulmán) hace la llamada a orar de una torre dentro de la mezquita.

3. **La Limosna (*Zakat*):** Los musulmanes tienen que dar un cuarentavo (¹⁄₄₀) de los ingresos a los pobres. Porque las personas que reciben la limosna ayudan al donante en alcanzar la salvación, no hay vergüenza al recibir la caridad.

4. **La Ayuna (*Ramadán*):** Durante el mes santo de *Ramadán*, los musulmanes fieles ayunan del amanecer hasta el puesto del sol. Esto es para aumentar el autocontrol y la devoción a Dios, y para identificar con los pobres.

5. **El Peregrinaje (*Hajj*):** Cada musulmán debe hacer el peregrinaje a *Mecca* por lo menos una vez durante su vida si tiene suficiente dinero y está de buena salud. Mecca, Arabia, es la ciudad santa de Islam y es donde nace Mahoma. Es una parte esencial de ganar la salvación.

Hay un sexto deber asociado con los cinco pilares: ***el Jihad* (guerra santa)**. Si la situación es apropiada, los hombres tienen que hacer la guerra al enemigo para defender o aumentar Islam. Si mueren durante la guerra, reciben la vida eterna en el Paraíso.

EJERCICIO
8·11

Responde a estas preguntas sobre las creencias de la religión de Islam.

1. ¿Cómo se llama el profeta principal de los musulmanes? _____

2. ¿Cuántos artículos hay de la fe? _____

3. ¿Cuántas veces oran cada día los musulmanes? _____

4. ¿Qué ciudad es el destino del peregrinaje de los musulmanes? _____

5. ¿Cómo se llama el Dios de los musulmanes? _____

6. ¿Cómo se llama la guerra santa? _____

7. ¿Cuántos ángeles tiene cada musulmán? _____

8. Durante el último día, hay dos destinos. ¿Cuáles son? _____

9. ¿Dónde nace Mahoma? _____

10. ¿Cómo se llama la persona que informa a los musulmanes que necesitan orar a Dios?

_____

Los puntos en cuestión de la sociedad (*Social issues*)

Los sustantivos (Nouns)

abortion	**el aborto**	gay club/bar	**el club para**
AIDS	**el SIDA**		**homosexuales**
anti-Semitism	**el antisemitismo**	gay movement	**el movimiento**
asylum	**el asilo**		**homosexual**
asylum seeker	**el/la solicitante de asilo**	gender	**el género**
	político	ghetto	**el gueto**
bias	**la inclinación,**	guarantee	**la garantía**
	la predisposición	hate, hatred	**el odio**
black (*person*)	**el negro / la negra**	hate crime	**el crimen de odio**
citizenship	**la ciudadanía**	heterosexual	**el/la heterosexual**
country of origin	**el país de origen**	heterosexuality	**la heterosexualidad**
culture	**la cultura**	homosexual	**el/la homosexual**
disability	**la incapacidad,**	homosexuality	**la homosexualidad**
	el impedimento	human rights	**los derechos humanos**
dual nationality	**la doble nacionalidad**	ideology	**la ideología**
emigrant	**el/la emigrante**	immigrant	**el/la inmigrante**
emigration	**la emigración**	immigration	**la inmigración**
employment	**el empleo**	inequality	**la desigualdad**
equal opportunities	**las oportunidades**	injury	**la herida**
	iguales	integration	**la integración**
equal pay	**la paga igualitaria**	intolerance	**la intolerancia**
equal rights	**los derechos igualitarios**	law	**la ley**
equality	**la igualdad**	lesbian	**la lesbiana**
far right	**la extrema derecha**	lynching	**el linchamiento**
fascism	**el fascismo**	majority	**la mayoría**
fascist	**el/la fascista**	minority	**la minoría**
female	**la mujer, la hembra**	mother tongue	**la lengua madre**
feminism	**el feminismo**	movement	**el movimiento**
feminist	**la feminista**	neo-Nazism	**el neonazismo**
foreign worker/	**el trabajador extranjero /**	persecution	**la persecución**
laborer	**la trabajadora**	prejudice	**el prejuicio**
	extranjera	race	**la raza**
foreigner	**el extranjero /**	racism	**el racismo**
	la extranjera	racist	**el/la racista**
freedom	**la libertad**	refugee	**el refugiado /**
freedom of speech	**la libertad de expresión**		**la refugiada**
	o palabra	residence	**la residencia**
gay (*person*)	**el homosexual,**	residence permit	**el permiso de residencia**
	el marica	right	**el derecho**

right to residence	el derecho de residencia	white (*person*)	el blanco / la blanca
sexual orientation	la orientación sexual	women's liberation	la liberación de la mujer
sexuality	la sexualidad	women's libber	la activista por la
supremacist	el/la supremacista		liberación de la mujer
tolerance	la tolerancia	women's rights	los derechos de la mujer
torture	el suplicio, la tortura	work permit	el permiso de trabajo

Los verbos (Verbs)

to be biased	ser parcial, tener prejuicio	to integrate (oneself)	integrar(se)
to call names, insult	insultar	to interfere with, obstruct	estorbar
to demand	exigir		
to discriminate	discriminar	to lynch	linchar
to emigrate	emigrar	to persecute	perseguir (e > i)
to immigrate	inmigrar	to repatriate	repatriar
to injure	herir (e > ie)	to tolerate	tolerar

Los adjetivos (Adjectives)

anti-Semitic	antisemítico	lesbian	lesbiano, lésbico
Asian	asiático	male	masculino, varón
black	negro	masculine	masculino
Caribbean	del Caribe	politically correct	políticamente correcto
dark-skinned	de piel oscura	prejudiced	lleno de prejuicios
equal	igual	rabid	fanático
ethnic	étnico	racist	racista
female	femenino	serious	serio
feminine	femenino	sexual	sexual
foreign	extranjero	stereotypical	estereotípico
heterosexual	heterosexual	tolerant	tolerante
HIV positive	VIH positivo	unemployed	desempleado
homosexual, gay	homosexual	unequal	desigual
intolerant	intolerante	white	blanco

Los crímenes de odio

En Los Estados Unidos, hay una garantía por la libertad de expresión: Esto permite mucha latitud a las organizaciones políticas y religiosas si quieren expresar las ideologías de los Nazis, de racismo, de antisemitismo, de sentimientos contra la homosexualidad, de la religión de otras personas, de la nacionalidad de otras personas y más—¡Hay tantas cosas que una persona puede odiar!

En 1992, el Congreso de Los Estados Unidos defina el crimen de odio como esto: Es un crimen en que la motivación es el odio, inclinación o prejuicio, basada en la raza, color, religión, origen nacional, origen étnico, género, orientación sexual o identidad de género, de otro individual o grupo de individuales. Ahora la lista incluye también las incapacidades físicas, mentales y emocionales.

Se considera criminal cuando las acciones incluyen la fuerza, la amenaza, la intimidación, la opresión, o si las acciones estorban de cualquier modo los derechos humanos mencionados en la Constitución o en las leyes del estado o del país.

Una persona no puede discutir los crímenes de odio sin considerar los linchamientos de los negros en Los Estados Unidos. Es increíble, pero los supremacistas blancos creen que los negros no tienen un alma—es su excuso patético por herir e insultar a estas personas en una manera inhumana.

El nombre "linchamiento" y el acto horrible se deriva de Charles Lynch (1736–1796), un juez de paz de Virginia que cree en "la justicia dura". Originalmente, el linchamiento es un sistema del castigo administrado por los blancos contra los esclavos negros. Ahora, este término se refiere a cualquier ejecución horrible, inmoral, cruel, brutal, inhumana, violenta y sin conciencia, corazón o misericordia, basada en el prejuicio e ignorancia del matador. El (o la) víctima puede ser homosexual, viejo, pobre, sin hogar, mujer, judío, cristiano, musulmán, budista, desempleado, enfermo, inmigrante—en otras palabras, el víctima simplemente tiene cualquier atributo distinto del matador intolerante y fanático.

EJERCICIO
8·12

¿Verdadero o falso?

1. _____ El Holocausto es un buen ejemplo de los crímenes de odio.

2. _____ Para cometer un crimen de odio, una persona, por definición, es intolerante y tiene sentimientos de la supremacía.

3. _____ Los crímenes de odio no tienen nada en común con la discriminación.

4. _____ Tamerlane, Iván el Terrible, Robespierre, Joseph Stalin, Adolf Hitler, Mao Zedong, François Duvalier, Nicolae Ceauşescu, Idi Amin y Pol Pot son déspotas clásicos y culpables de innumerables crímenes de odio.

5. _____ Adolf Hitler y sus discípulos son antisemíticos.

6. _____ Muchas víctimas del suplicio piden asilo político en otro país.

7. _____ El país en que una persona nace le garantiza la ciudadanía.

8. _____ Los proponentes del movimiento de la liberación de la mujer creen que las mujeres no deben tener el derecho de votar.

9. _____ Una persona que necesita una silla de ruedas tiene incapacidades físicas.

10. _____ Una persona con doble nacionalidad necesita dos pasaportes si quiere viajar a otros países.

Whew! Enough seriousness for awhile—how about something light?

El arte culinario (*Cooking*)

Los sustantivos (Nouns)

additive	**el aditivo**	helping, serving	**la ración**
appetite	**el apetito**	hunger	**el hambre** (*f.*)
barbecue	**la barbacoa**	ingredient	**el ingrediente**
bone	**el hueso**	meat eater	**el carnívoro / la carnívora**
breast (*fowl*)	**la pechuga**	olive oil	**el aceite de oliva**
calorie	**la caloría**	pastry	**la pasta (quebradiza)**
condiment	**el condimento**	piece	**el pedazo, el trozo**
diet	**el régimen, la dieta**	portion	**la porción**
dough	**la masa**	recipe	**la receta**
egg	**el huevo**	roast	**el asado**
fat	**la grasa**	salt and pepper	**la sal y la pimienta**
flavor	**el sabor**	slice	**la tajada, la rebanada**
flour	**la harina**	stuffing	**el relleno**
food preparation	**la preparación de alimentos**	sunflower oil	**el aceite de girasol**
		thirst	**la sed**
gravy	**la salsa (hecha con jugo de carne asada)**	vegan	**el vegetariano estricto / la vegetariana estricta**
grease	**la grasa**	vegetarian	**el vegetariano / la vegetariana**
grill	**la parrilla**		

Los verbos (Verbs)

to bake	**cocer (o > ue)**	to mix	**mezclar**
to beat	**batir**	to offer	**ofrecer**
to bite	**morder (o > ue)**	to pass (*food*)	**pasar**
to boil	**hervir (e > ie)**	to peel	**pelar**
to (de)bone fish	**quitar las espinas**	to pour (a liquid)	**echar, servir (e > i) (un líquido)**
to (de)bone meat	**deshuesar**		
to braise	**brasear**	to provide	**proveer, proporcionar**
to carve	**trinchar**	to roast	**asar al horno**
to chew	**masticar**	to season	**sazonar, condimentar**
to chop	**cortar en trozos pequeños**	to serve	**servir (e > i)**
		to set the table	**poner la mesa**
to clear the table	**quitar la mesa**	to sift	**tamizar, cernir (e > ie)**
to cook	**cocinar**	to slice	**cortar en rodajas**
to crumble	**desmenuzar**	to smell	**oler (o > ue)**
to cut	**cortar**	to spread	**extender (e > ie)**
to dice	**cortar en cubitos**	to steam	**cocer (o > ue) al vapor**
to diet, be on a diet	**seguir (e > i) un régimen, estar a dieta**	to swallow	**tragar**
		to taste, sample	**probar (o > ue)**
to dry	**secar**	to taste like	**saber a**
to fry	**freír (e > i)**	to thicken	**espesarse**
to grate	**rallar**	to toast	**tostar (o > ue)**
to grill	**asar a la parrilla**	to wash (*dishes*)	**fregar (e > ie)**
to help oneself (*to food*)	**servirse (e > i)**	to weigh	**pesar**
		to whip	**batir**
to marinate	**marinar**	to whisk	**batir con batidora**

Los adjetivos y las expresiones (Adjectives and expressions)

appetizing	**apetitoso**	moldy	**mohoso**
baked	**al horno**	oily	**aceitoso**
beaten	**batido**	peeled	**pelado**
bitter	**amargo**	rancid (*cheese*)	**rancio**
boiled	**hervido**	rare	**poco hecho**
(de)boned (*fish*)	**sin espinas**	raw	**crudo, descocido**
(de)boned (*meat*)	**deshuesado**	salty	**salado**
braised	**braseado**	(in) sauce	**(en) salsa**
breaded, coated	**empanado**	sharp (*taste*)	**ácido**
in breadcrumbs		sifted	**tamizado, cernido**
crisp, crunchy	**crujiente**	sliced	**en rodajas**
crumbled	**desmenuzado**	smoked	**ahumado**
delicious	**sabroso, delicioso**	soft	**blando**
dried (*food*)	**desecado, seco**	spicy	**picante**
fatty	**graso**	stale (*bread*)	**duro**
fresh	**fresco**	steamed	**cocido al vapor**
fried	**frito**	stewed	**estofado**
grated	**rallado**	strong	**fuerte**
greasy	**grasiento**	stuffed	**rellenado**
healthy (*food*)	**sano**	tasty	**sabroso**
hot (*spicy*)	**picante**	to taste	**al gusto**
hot (*temperature*)	**caliente**	toasted	**tostado**
medium	**a punto, término medio**	well-done	**muy hecho, bien cocido**
mild	**suave**	whipped	**batido**
mixed	**mezclado**	whisked	**batido con batidora**

EJERCICIO
8·13

¿A, B o C?

1. _____ Mezclo lechuga, tomates y queso desmenuzado en una ensaladera. Encima de esto yo echo aceite y vinagre. Estoy mezclando _____.
   a. una ensalada
   b. la masa para galletitas
   c. un cóctel muy sano

2. _____ Tuesto dos pedazos de pan, frío dos huevos, echo jugo de naranja a un vaso. Estoy preparando _____.
   a. el almuerzo
   b. el desayuno
   c. la cena

3. _____ Pongo a marinar un filete grande, enciendo la parrilla, aso la carne. Estoy en el patio tomando una cerveza y mi delantal dice "Besa al cocinero". Estoy preparando

   _____.

   a. un sándwich
   b. una cena del estado para el presidente
   c. una barbacoa

4. _____ Estoy en un restaurante oscuro. La mayoría de los clientes son hombres muy machos.
Soy carnívoro y tengo mucha hambre. Yo pido _____.
   a. los huevos revueltos
   b. un pedazo de torta con helado
   c. un bistec poco hecho, papa al horno y legumbres cocidas al vapor

5. _____ Como la carne solamente bien hecha. Si yo veo el color rojo en cualquier forma
la devuelvo al horno. Hiervo el agua antes de beberla. Me lavo las manos al mínimo
veinte veces al día.
   a. Estoy casual en mi actitud por la comida.
   b. Estoy preocupado por las bacterias.
   c. Soy gastrónomo.

6. _____ Mi comida favorita consiste en hamburguesa, papas fritas y una malteada chocolate.
   a. No me preocupo por el peso.
   b. Tengo menos de seis meses.
   c. Soy vegetariano.

7. _____ No como la carne en ninguna forma. No como ningún producto del animal:
el queso, los huevos, el helado, la gelatina (tiene extractos de los huesos de la vaca).
Con frecuencia soy activista y soy miembro de la PETA. Soy _____.
   a. carnívoro
   b. el dueño de Morton's (la bistequería)
   c. vegetariano estricto

8. _____ Preparo café de toda clase: fuerte o no, caliente o frío, a veces con crema batida
encima casi hasta el cielo raso. Soy _____.
   a. barrista en Starbucks
   b. solicitante de asilo político
   c. el espíritu santo

EJERCICIO
8·14

¿Verdadero o falso?

1. _____ Usualmente, una persona pela una zanahoria antes de comerla.

2. _____ Un cocinero en una pastelería usa mucha harina cernida.

3. _____ Muchas personas creen que la rana sabe al pollo.

4. _____ Cuando una persona pone la mesa para una cena formal, no hay más de un tenedor.

5. _____ Un pavo rellenado está deshuesado.

6. _____ Las tres opciones principales para el bistec a la parrilla son: poco hecho, término
medio y bien hecho.

7. _____ Típicamente, los niños prefieren la comida muy picante.

8. _____ La crema batida es popular encima del pastel de calabaza.

9. _____ Es importante quitar las espinas del pescado antes de comerlo porque las espinas
pueden ser peligrosas.

10. _____ Usualmente, cuando una persona compra una pizza entera, está en rodajas.

Gustar

The verb **gustar** means "to like" when it refers to an object or an action. Yet because of its constructions, **gustar** ("to be pleasing") is almost an entire grammatical category unto itself. While there are several other verbs that operate in the same manner, none is used as frequently or with such necessity as **gustar**. First, we'll consider the unique features of this verb, then we'll tackle the other verbs in this class (verbs that take an indirect object pronoun) *en masse*.

Syntax of gustar

The quirkiest feature of **gustar** is that, for lack of any better way to put it, **gustar** translates backwards for the native speaker of English. In English, we say "I like the table." Let's parse this sentence: the subject = *I*, the verb = *like*, the direct object = *the table*.

In Spanish, we say **Me gusta la mesa**, which translates literally as "The table is pleasing to me." Under the parsing microscope, we see: the subject = *The table*, the verb = *is pleasing*, the indirect object = *to me*.

There's a big difference!

Perhaps a simpler way to think about this is to remember that in English *we like things*, while in Spanish *things are pleasing to / please us*. However different the wording may be, the message is the same, and that's what counts.

We'll cover most of the features of **gustar** using the **me** form ("I like _____") first. Then we'll continue with the other persons.

Conjugation of gustar

Because a thing *is* or things *are* pleasing to us, the verb **gustar** (except in extremely rare situations that we are not going to worry about in this book) is conjugated only in the third-person singular (**gusta**) and plural (**gustan**):

Me **gusta** la manzana.	*I like the apple.* (lit., *The apple **is pleasing** to me.*)
Me **gustan** las manzanas.	*I like the apples.* (lit., *The apples **are pleasing** to me.*)

Remember that **gustar** is conjugated according to the thing liked—not the person doing the liking or being pleased.

In English, to make a general statement about liking apples, you'd be likely to say simply "I like apples" instead of "I like the apples." In this general statement, you're referring to the abstraction of the noun "apples." In Spanish, you would say **Me gustan las manzanas** to make the same general statement.

In fact, you nearly always use the definite article with **gustar**: If you're not making a general statement, you're most likely referring to something specific, for example, **Me *gusta* la rata** ("I like the rat" [in particular]). You might also use a specific modifier for the noun, for example, **Me gusta esta rata gris** ("I like this gray rat").

If you like more than one individual item, you use **gustan**—even if it's a string of singular nouns: **Me *gustan* la corbata, el chaleco, el cinturón, la camisa y el sombrero** ("I like the tie, the jacket, the belt, the shirt, and the hat").

Para traducir

1. *I like the hot salsa.* _____

2. *I like fried tortillas.* _____

3. *I like strong beer.* _____

4. *I like the moldy bread.* _____

5. *I like the stewed tomatoes.* _____

6. *I like the fresh fruit.* _____

7. *I like salty meats.* _____

8. *I like the additives in this food.* _____

To negate a sentence using **gustar**, simply place **no** directly before **me**:

No me gusta el café amargo.	*I **don't like** the bitter coffee.*
No me gustan las papas rancias.	*I **don't like** the rancid potatoes.*

To indicate the negative "anymore" or "not anymore," place **ya** in front of **no**:

Ya no me gusta fumar los cigarrillos.	*I **don't like** to smoke cigarettes **anymore**.*

If an English-speaking person likes something a lot, he or she often uses the verb "to love": "I *love* your fake Rolex." If you use the verb **amar** in this context in Spanish, people will think you're nuts (and not just because you're a big fan of junk). To say you *love* something in Spanish, use **gustar** and add **mucho: Me gusta mucho tu Rolex falso.**

Here's a brief rundown of the likes and loves in your life:

amar *to love profoundly*
Amar is reserved for those you cherish most: family members (at least the ones you're on speaking terms with), spouse, children, oldest and dearest friends, your pet.

querer *to love romantically*
Don't use this verb with anyone you don't want to make out with. Enough said.

llevarse bien con *to get along with*
You use this verb a lot to refer to your buddies, for example, **Me llevo bien con Abby** ("I get along with Abby").

gustar *to like*
Gustar is used with inanimate things (**Me gusta la silla** ("I like the chair")), people in the abstract (**Me gustan los aztecas** ("I like the Aztecs")), people in the public eye (**Me gusta el meteorólogo en canal 4** ("I like the weatherman on channel 4")), and people whose role, rather than the persons they are, affects you more (**Me gusta mi profesor de matemáticas** ("I like my math professor")).

Here's an easy one: If you like "it" or "them," do nothing! Remember that the direct object in English is the subject in Spanish, so "it" and "they" have no translation in Spanish.

Me gusta.	*I like it.*
Me gustan.	*I like them.*

Finally, use **gustar** to tell the things you like *to do.* If it's one activity, use **gusta**, for example, **Me gusta pescar** ("I like to fish"). If there are multiple activities, use **gustan**, for example, **Me gustan inhalar y exhalar** ("I like to inhale and exhale"). In all cases, the form of the conjugated **gustar** (**gusta** or **gustan**) is followed by the infinitive.

Taking all of this into account, and before we go any further, let's find out what you've learned—from **A** to **Z**.

EJERCICIO
8·16

Para traducir

1. *I like cats.* _____

2. *I like to chew tobacco.* _____

3. *I don't get along with my boss.* _____

4. *I love my daughters.* _____

5. *I don't like smoked fish.* _____

6. *The grandmother tells her grandchildren, "I love you."* _____

_____

7. *I like my friends Stacia and Niki.* _____

8. *Liza tells me, "I want a divorce, because I don't love him anymore."* _____

_____

9. *I don't like these pants anymore.* _____

10. *The waiters don't get along with the cook anymore.* _____

_____

Gustar in full bloom

Now that we've been through basic training with **gustar**, it's time to complete our mission. First, we'll wind up our study of **gustar**, and then we'll study other useful verbs that take the indirect object pronoun—in other words, other verbs that behave like **gustar**.

Working with **gustar** in all its glory requires you to reacquaint yourself intimately with indirect object pronouns:

INDIRECT OBJECT PRONOUNS

me	nos
te	os
le	les

Recall that the Spanish indirect object pronoun includes and implies the preposition "to" or "for." Since **gustar** (and verbs like it) indicate that something is happening "to someone" or "for someone," you always use an indirect object pronoun with these verbs. Always.

Me gusta el gato.	*I like the cat.*
Te gusta el ratón.	*You (informal sing.) like the mouse.*
Le gusta la tarántula.	*He/She/You (formal sing.) like(s) the tarantula.*
Nos gusta el gusano.	*We like the worm.*
Os gusta el sapo.	*You (informal pl.) like the toad.*
Les gusta la jirafa.	*They like the giraffe.*
Me gustan los gatos.	*I like cats.*
Te gustan los ratones.	*You (informal sing.) like the mice.*
Le gustan las tarántulas.	*He/She/You (formal sing.) like(s) tarantulas.*
Nos gustan los gusanos.	*We like worms.*
Os gustan los sapos.	*You (informal pl.) like the toads.*
Les gustan las jirafas.	*They like giraffes.*

As you can see in these sentences, the third-person indirect object pronouns, both singular and plural, are hopelessly ambiguous (him? her? it? them? Bobby? Mary-Kate and Ashley? Popeye? the Munsters?). The list of possibilities is endless.

If the referent is clearly understood, you don't need to do anything: **Le** or **les** suffices nicely. However, when clarity is called for, this is what you do: You clarify.

A Bobby le gusta la tarántula.	*Bobby likes the tarantula.*
A los Munster les gusta el murciélago.	*The Munsters like the bat.*
A Sinbad le gustan las ballenas.	*Sinbad likes the whales.*
A Bob y a Tim les gustan los gusanos.	*Bob and Tim like the worms.*

As you know, the conjugated form of **gustar** is dependent on the thing liked, not the person(s) doing the liking or being pleased.

EJERCICIO
8·17

Para traducir

1. *I like the books.* _____

2. *You like the house.* _____

3. *She likes the garage.* _____

4. *He likes the trees.* _____

5. *King Henry likes the Church of England.* _____

6. *We like fresh milk.* _____

7. *You all* [informal] *like raw carrots.* _____

8. *They like the new grill.* _____

9. *Bob and Carol like to swim.* _____

10. *Ted and Alice like to sleep and read.* _____

EJERCICIO

8·18

¿Verdadero o falso?

1. _____ Me gusta dormir cuando tengo sueño.

2. _____ A un ateísta le gusta adorar a Dios.

3. _____ A Julia Child le gusta comer en McDonald's.

4. _____ A Tiger Woods le gusta jugar al golf.

5. _____ A los peluqueros les gustan las cabezas rapadas.

6. _____ A David Beckham no le gusta jugar al fútbol.

7. _____ A las feministas les gusta la idea de una presidenta.

8. _____ No me gustan la verdad y el honor.

9. _____ A los narcisistas les gusta recibir muchísima atención.

10. _____ A los traficantes de drogas, les gustan las personas inocentes y vulnerables con mucho dinero.

Verbs that take an indirect object pronoun

Besides **gustar**, there are several other common verbs that take an indirect object pronoun.

SPANISH INFINITIVE	LITERAL MEANING
bastar	*to be enough (to/for someone)*
disgustar	*to be repugnant (to someone)*
doler (o > ue)	*to be painful (to someone)*
encantar	*to be enchanting (to someone)*
faltar	*to be lacking/missing (to someone)*
importar	*to be important (to someone)*
interesar	*to be interesting (to someone)*
molestar	*to be bothersome (to someone)*
parecer	*to seem/appear (to someone)*
sobrar	*to be extra / left over (to someone)*

The literal meaning of one of these verbs and its actual translation are often very different beasts. If you say to someone "A button is lacking to my shirt," that person probably would understand two things: (1) that you lost a button and (2) that you lost your mind. No one talks like that. You would say "I'm (My shirt is) missing a button."

Thus, the verbs above have messages that are as casual as they are common:

Me basta este programa.	*I've had enough of this program.*
Me disgusta ese oler.	*That smell disgusts me (grosses me out).*
Me duele mucho la espalda.	*My back is killing me.*
Me encantan los (tus) aretes.	*I love/adore your earrings.*
Te falta un arete.	*You're missing an earring.*

No me importa.	*I don't care. / It doesn't matter to me.*
No me interesa esto.	*I'm not interested in this.*
Me molestan los bichos.	*Bugs bug (bother) me.*
Jorge me parece loco.	*George seems crazy (to me).*
Nos sobra mucho.	*We have a lot left over (lots of leftovers).*

EJERCICIO
8·19

Refer to the "casual translations" above to translate the following sentences into Spanish. Consider "you" as informal singular.

1. *The heat bothers me.* _____

2. *We've had enough of this nonsense* (la tontería). _____

3. *He adores women with long fingernails.* _____

4. *Are you interested in this book?* _____

5. *Do you care? (Does it matter to you?)* _____

6. *Spiders gross me out.* _____

7. *This migraine* (la jaqueca) *is killing me.* _____

8. *He's missing a finger.* _____

9. *What do you like to do in the afternoon?* _____

10. *They don't vote, because all the candidates seem horrible (to them).* _____
_____

11. *I can't stand that restaurant.* _____

12. *We have lots of wine and food left over. Should we have another party?* _____
_____

Doler

Doler deserves special attention, not because of any magical powers, but because you will use it often. And if you tend toward hypochondria, you'll wear it out.

In English, we have lots of words to describe our aches and pains: My tooth *hurts,* I *have a headache,* my back *is sore,* my eyes *sting,* my dogs *are barking* (but that's another story). In Spanish, nearly all of your physical woes can be gathered under the umbrella of **doler**.

Me duele la cabeza.	*I have a headache. / My head aches (me).*
Te duelen los pies.	*Your feet hurt.*
A él le duele el oído.	*He has an earache.*
Nos duelen los ojos.	*Our eyes sting.*
Os duelen los músculos.	*Your muscles are sore.*
A ellas les duele la espalda.	*They have a backache.*

EJERCICIO
8·20

Para traducir *Here's a good opportunity to review and use the words for parts of the body. To ask a question, simply use question marks. Consider "you" as informal singular unless otherwise noted.*

1. *I have a toothache.* _____

2. *You have a neck ache. (Your neck aches.)* _____

3. *His finger hurts.* _____

4. *Her legs are sore.* _____

5. *Our elbows hurt.* _____

6. *Your* [informal pl.] *gums are sore.* _____

7. *Their jaws are sore.* _____

8. *My index finger hurts.* _____

9. *Does your ankle hurt?* _____

10. *My body is sore.* _____

And now it's off to the hospital. . . .

VOCABULARIO

La sala de emergencia (*The emergency room*)

Los sustantivos (Nouns)

abrasion	**la abrasión, la rozadura**	convalescence	**la convalecencia**
accident	**el accidente**	crash	**el choque**
ache	**el dolor**	death	**la muerte**
admission interview	**la entrevista de admisión**	discomfort	**el malestar**
		dizziness	**el mareo, el vértigo**
ambulance	**la ambulancia**	drug seeker	**el buscador de drogas /**
black eye	**el ojo amoragado**		**la buscadora de drogas**
blood	**la sangre**	earache	**el dolor de oídos**
break	**la rotura, la ruptura**	emergency	**la emergencia,**
breakage	**la rotura, la ruptura, el rompimiento**		**la urgencia**
		emergency exit	**la salida de emergencia, la salida de urgencia**
breath	**el aliento, la respiración**		
bruise	**la contusión, el cardenal**	emergency room	**la sala de emergencia**
bullet	**la bala**	explosion	**la explosión, el estallido**
burn	**la quemadura**	fault, blame	**la culpa**
casualty	**el herido, la víctima**	fever	**la fiebre**
collision	**la colisión**	fine (*citation*)	**la multa**
concussion	**la concusión**	fire (*in a fireplace*)	**el fuego**

---

fire (*destructive*)	**el incendio**	odor	**el olor**
fire department	**el departamento de bomberos**	operating room	**la sala de operaciones**
		operating table	**la mesa de operaciones**
fire extinguisher	**el extintor**	operation	**la operación**
firefighter	**el bombero / la bombera**	oxygen	**el oxígeno**
		pain	**el dolor**
gash	**la cuchillada, la raja**	paralysis	**el parálisis**
graze	**la abrasión**	paramedic	**el paramédico / la paramédica**
heart attack	**el ataque cardiaco**		
high blood pressure	**la hipertensión**	physician	**el médico / la médica, el doctor / la doctora**
(patient's) history	**la historia (del / de la paciente)**	recovery	**la recuperación, el restablecimiento**
hospital	**el hospital**	rescue	**el rescate, el salvamento**
impact	**el impacto**	rescue services	**los servicios de rescate**
incident	**el incidente**	seatbelt	**el cinturón de seguridad**
injury	**la herida**		
insurance	**el seguro, los seguros**	stab, stabbing	**la puñalada**
insurer	**el asegurador / la aseguradora**	stretcher	**la camilla**
		stroke	**el ataque cerebral**
interview	**la entrevista**	terrorist attack	**el ataque de terroristas**
jaundice	**la ictericia**	third party	**la tercera persona**
life jacket	**el chaleco salvavidas**	vomit	**el vómito**
mental illness	**la enfermedad mental**	waiting room	**la sala de espera**
migraine	**la jaqueca**	witness	**el/la testigo**
nausea	**la náusea, la basca**	wound	**la herida**

Los verbos (Verbs)

to attack	**atacar**	to have an accident	**sufrir un accidente**
to be on duty	**estar de servicio, estar de guardia**	to injure	**herir (e > ie), hacer daño a**
to bleed	**desangrar, sangrar**	to insure	**asegurar**
to break (*a body part*)	**romperse, quebrarse (e > ie)**	to kill	**matar**
		to lie down	**acostarse (o > ue)**
to breathe	**respirar**	to lose consciousness	**perder (e > ie) el conocimiento**
to bruise	**magullar**		
to burn (oneself)	**quemar(se)**	to recover	**recuperar, recobrarse**
to catch on fire	**encenderse (e > ie)**	to rescue	**rescatar, salvar**
to collide (with)	**colisionar (con)**	to run over	**atropellar**
to crash (into)	**chocar (con)**	to rush	**ir de prisa, apresurarse**
to crush	**aplastar**		
to cut oneself	**cortarse**	to save	**salvar, rescatar**
to explode	**explotar, estallar, explosionar**	to shoot (*a gun/weapon*)	**tirar**
to extinguish	**apagar, extinguir**	to stab	**apuñalar**
to faint	**desmayarse**	to swallow	**tragar**
to fall, fall down	**caer(se)**	to treat (a patient)	**tratar (a un/una paciente)**
to fill out (a form)	**llenar (una forma)**		
to graze	**rascar**	to vomit	**vomitar**
to have a temperature	**tener fiebre**	to witness	**ser testigo de, atestar**

Los adjetivos (Adjectives)

aching	**adolorido**	nauseous	**nauseabundo, asqueroso**
breathless	**desalentado, jadeante**	paralyzed	**paralizado**
broken (*bone*)	**roto, quebrado**	queasy, seasick	**mareado, bascoso**
dead	**muerto**	recovered	**recuperado**
dizzy, faint	**mareado**	run over	**atropellado**
fatal	**fatal, mortal**	safe	**sano**
feverish	**febril**	safe and sound	**sano y salvo**
injured	**herido, dañado**	uninsured	**no asegurado**
insured	**asegurado**	wounded	**herido**
killed	**matado**		

EJERCICIO
8·21

¿Debes ir a la sala de emergencia? Responde **Sí** o **No**.

1. _____ Te cortas con un cuchillo y estás sangrando profusamente porque te falta el pulgar.

2. _____ Tienes un ataque cardiaco.

3. _____ Un hombre muy macho te apuñala en la taberna por bailar con su novia.

4. _____ Te duele la garganta por media hora.

5. _____ Un perro extraño que tiene espuma a la boca te muerde.

6. _____ Pierdes el conocimiento por media hora y al levantarte no puedes recordar tu nombre ni la fecha.

7. _____ Estás borracho después de tomar tres cócteles fuertes de "destornillador".

8. _____ Te despiertas y estás paralizado/paralizada del cuello hasta los dedos del pie.

9. _____ Tomas una dosis excesiva de heroína.

10. _____ Tienes una cita muy romántica esta noche y al vestirse descubres un grano enorme en el centro de la frente y crees que te pareces a un cíclope.

VOCABULARIO

La higiene personal (*Personal hygiene*)

Los sustantivos (Nouns)

alcohol	**el alcohol**	beauty treatment	**el tratamiento de belleza**
bath	**el baño**	blister	**la ampolla**
beauty	**la belleza**	body odor	**el olor a sudor**
beauty queen	**la reina de la belleza**	boil	**el divieso, el furúnculo**
beauty salon	**el salón de belleza**	bowel movement	**la deposición**

brush	el cepillo	menstrual pains	los dolores de la regla
burp	la eructación	menstruation	la menstruación
carbuncle	el carbunco, el carbúnculo	mirror	el espejo
		mouthwash	el enjuague
comb	el peine	nail clippers	el cortaúñas
comfort	la comodidad	nailbrush	el cepillo para las uñas
condom	el condón, el preservativo	nit	el piojo
		pedicure	la pedicura
contraception	la contracepción, las medidas anticonceptivas	period	el periodo, la regla
		pimple	el grano
		pumice stone	la piedra pómez
contraceptive	el anticonceptivo	(electric) razor	la afeitadora, la rasuradora
cotton	el algodón		
cuticle	la cutícula	(safety) razor	la navaja de afeitar
dandruff	la caspa	sanitary napkin	el paño higiénico, la compresa higiénica
dental floss	la seda dental		
deodorant	el desodorante	scissors	las tijeras
diet (*regular food*)	la dieta	sink	el fregadero, el tazón
diet (*special food*)	el régimen	smell, odor	el olor
facial	el tratamiento facial	soap	el jabón
fleas	las pulgas	spa	el balneario
haircut	el corte de pelo	sponge	la esponja
hairdo	el peinado	sweat	el sudor
hairpin, bobby pin	la horquilla	tampon	el tampón
hairspray	el spray	toilet	el inodoro
hemorrhoids	las hemorroides, las almorranas	toilet paper	el papel higiénico
		toothbrush	el cepillo de dientes
laundry (*room, building*)	la lavandería	toothpaste	la pasta de dientes, la pasta dentífrica
(dirty) laundry (*clothes*)	la ropa sucia, la ropa por lavar	towel	la toalla
		tweezers	las pinzas
laxative	el laxante	washcloth, facecloth	el paño de la cara
louse	el piojo		
manicure	la manicura	whisker	el pelo (de la barba)

Los verbos (Verbs)

to be on a diet	seguir (e > i) un régimen	to pluck	arrancar, coger, pelar
to brush (one's) teeth/hair	cepillar(se) los dientes / el pelo	to put on makeup	maquillarse
		to shave oneself	afeitarse
to brush off (one's) clothing	cepillar(se) la ropa	to smell, stink	oler (o > ue)
		to squeeze	apretar (e > ie)
to burp, belch	eructar	to sweat	sudar
to clean one's teeth	limpiarse los dientes	to take a bath	bañarse
to defecate	defecar	to take a shower	ducharse
to get one's hair cut	hacerse cortar el pelo	to urinate	orinar
to lose one's hair	perder (e > ie) el pelo	to wash by hand	lavar por mano

¿Verdadero o falso?

1. _____ Si te sientas en una sauna por más de quince minutos vas a sudar mucho.

2. _____ El condón es una contracepción efectiva cien por ciento del tiempo.

3. _____ Las mujeres que eructan y se maquillan en público son muy elegantes.

4. _____ Si una persona hace ejercicios cuando hace mucho sol, y suda mucho pero no se ducha, va a oler muy mal.

5. _____ En un salón de belleza, tú puedes tener una manicura, una pedicura y un tratamiento de la cara además de hacerse cortar el pelo.

6. _____ Con frecuencia los adolescentes tienen granos en la cara y en la espalda, pero nunca los aprietan.

7. _____ Las pinzas son para arrancar los pelos de la barba (y los otros pelos que no quieres).

8. _____ En las secciones pobres de las ciudades enormes, a veces algunas personas orinan y defecan en las calles.

9. _____ Si una reina de belleza se despierta y encuentra un carbúnculo en la nariz, va a volverse loca.

10. _____ Muchos hombres, al cumplir treinta años, comienzan a perder el pelo.

VOCABULARIO

En la oficina del médico (*In the doctor's office*)

Los sustantivos (Nouns)

ache	**el dolor**	crippled person	**el lisiado / la lisiada,**
amputation	**la amputación**		**el mutilado / la mutilada**
amputee	**el amputado / la amputada**	cure	**la cura**
anesthetic	**el anestésico**	danger	**el peligro**
appointment	**la cita**	deafness	**la sordera**
arthritis	**la artritis**	depression	**la depresión,**
asthma	**el asma** (*f.*)		**el abatimiento**
bandage	**la venda**	diagnosis	**la diagnosis**
(dog) bite	**la mordedura (de perro)**	diarrhea	**la diarrea**
(insect) bite	**la picadura (de insecto)**	disease	**la enfermedad, el mal**
blind person	**el ciego / la ciega**	dizziness	**el mareo, el vértigo**
blood	**la sangre**	doctor, physician	**el médico / la médica,**
blood test	**el análisis de sangre**		**el doctor / la doctora**
capsule	**la cápsula**	dose, dosage	**la dosis**
cast	**el yeso**	dressing	**el vendaje**
checkup	**el reconocimiento**	drop	**la gota**
chemotherapy	**la quimioterapia**	drowsiness,	**la somnolencia**
cold	**el resfriado, el catarro**	sleepiness	
constipation	**el estreñimiento**	examination	**el examen (médico)**
cough	**la tos**	(medical)	

fitness	**la buena salud, el buen estado físico**	physical therapy	**la fisioterapia**
		pill	**la píldora**
flu	**la gripe, la influenza**	plaster of Paris	**el yeso, la escayola**
gland	**la glándula**	prescription	**la receta**
(physical) handicap	**el impedimento (físico)**	radiation	**la radiación**
		receptionist	**el/la recepcionista**
hay fever	**la fiebre del heno**	rheumatism	**el reuma, el reumatismo**
headache	**el dolor de cabeza**	sore throat	**el dolor de garganta**
health	**la salud**	stamina	**la resistencia, el aguante**
human (being)	**el (ser) humano**	sting	**el escozor**
illness	**la enfermedad**	stitch	**el punto, la sutura**
injection	**la inyección**	stomach upset	**el trastorno estomacal**
insomnia	**el insomnio**	stomachache	**el dolor de estómago**
itch	**la picazón**	surgery	**la cirugía**
medical insurance	**el seguro médico**	symptom	**el síntoma**
medicine	**la medicina**	syringe	**la jeringa, la jeringuilla**
mental illness	**la enfermedad mental**	tablet	**la tableta, la pastilla, el comprimido**
midwife	**la comadre, el/la comadrona, la partera**		
		test (*laboratory*)	**el análisis**
		therapist	**el/la terapeuta**
nurse	**el enfermero / la enfermera**	therapy	**la terapia**
		thermometer	**el termómetro**
office hours	**las horas de consulta**	tiredness	**el cansancio, la fatiga, el sueño**
pain	**el dolor**		
patient	**el/la paciente, el enfermo / la enferma**	tonsil	**la amígdala**
		tonsillitis	**la amigdalitis**
		treatment	**el tratamiento**
pharmacist	**el farmacéutico / la farmacéutica**	ward	**la sala**
		well-being	**el bienestar**
pharmacy	**la farmacia**	wound	**la herida**
physical therapist	**el/la fisioterapeuta**	X-ray	**el rayo x**

Los verbos (Verbs)

to amputate	**amputar**	to get well	**mejorarse, ponerse, restablecerse**
to be in labor	**estar en parto**		
to be tired	**tener sueño, estar cansado**	to have a cold	**tener un resfriado**
		to improve (oneself)	**restablecer(se), reponer(se)**
to bleed	**desangrar, sangrar**		
to break an appointment	**faltar a una cita**	to look (*a certain way*)	**parecer**
to breathe	**respirar**		
to catch a cold	**coger frío, coger un resfriado**	to look ill	**parecer enfermo**
		to make an appointment	**hacer una cita**
to convalesce	**convalecer**		
to cough	**toser**	to prescribe	**recetar**
to cry	**llorar**	to scratch (oneself)	**rascar(se)**
to diagnose	**diagnosticar**	to set (a bone)	**encasar (un hueso)**
to feel faint	**sentirse (e > ie) mareado**	to sneeze	**estornudar**
to feel ill	**sentirse (e > ie) enfermo, sentirse (e > ie) mal**	to sting	**picar**
		to treat	**tratar**
		to X-ray	**radiografiar**
to feel well	**sentirse (e > ie) bien**		

Los adjetivos (Adjectives)

afflicted/suffering (with)	**aquejado (de)**	handicapped	**minusválido**
alive	**vivo**	healthy	**bien de salud**
asleep	**dormido**	painful	**doloroso**
blind	**ciego**	pale	**pálido**
comfortable	**confortable**	pregnant	**embarazada**
constipated	**estreñido**	sleepy	**soñoliento**
deaf	**sordo**	strange	**extraño**
disabled	**minusválido**	tired	**cansado**
dizzy	**mareado**	uncomfortable	**incomodo, molesto**
drowsy	**soñoliento**	under the weather	**indispuesto**
drugged	**drogado**	unwell	**enfermo, indispuesto,**
drunk	**borracho**		**de mala salud**
dumb (*mute*)	**mudo**		

Frequently asked questions in the doctor's office

Some frequently asked questions (**preguntas hechas con frecuencia**) are listed below.

¿Qué (te/le) pasa?	*What's wrong (with you)?*
¿Dónde (te/le) duele?	*Where does it hurt (you)?*
¿Por cuánto tiempo tienes/tiene _____?	*How long have you had _____?*
¿Tienes/Tiene alergia a _____?	*Are you allergic to _____?*

EJERCICIO 8·23

¿A, B o C?

1. _____ A una persona con amigdalitis le duele _____.
   a. la nariz
   b. la mejilla
   c. la garganta

2. _____ Una persona aquejada del insomnio no puede _____.
   a. ver
   b. dormir
   c. oír

3. _____ La comadre te ayuda cuando _____.
   a. estás en parto
   b. estás soñoliento
   c. estás borracho

4. _____ Muchas personas tienen alergias _____.
   a. a la sangre
   b. al termómetro
   c. a los gatos

5. _____ El rayo x le muestra al radiólogo la condición de _____.
   a. la gripe
   b. los huesos
   c. el seguro de médico

6. ____ Si te cortas la mano y estás sangrando como una fontana, vas a necesitar _____.
   a. una comadre
   b. la amputación
   c. unos puntos

7. ____ Todavía no hay una cura para _____.
   a. el resfriado común
   b. un hueso roto
   c. el dolor de cabeza

8. ____ Cuando te sientes indispuesto, debes _____.
   a. marcar 911
   b. ir de compras
   c. acostarte

VOCABULARIO

Los especialistas en el campo de la medicina (*Medical specialists*)

allergist	el/la alergista
anesthesiologist	el anestesiólogo / la anestesióloga
cardiologist	el cardiólogo / la cardióloga
dermatologist	el dermatólogo / la dermatóloga
emergency physician	el médico / la médica de emergencias
endocrinologist	el endocrinólogo / la endocrinóloga
gastroenterologist	el gastroenterólogo / la gastroenteróloga
general practitioner	el médico / la médica de la familia
gynecologist	el ginecólogo / la ginecóloga
hematologist	el hematólogo / la hematóloga
internal medicine physician	el médico / la médica de la medicina interna
internist	el/la internista
nephrologist	el nefrólogo / la nefróloga
neurosurgeon	el neurocirujano / la neurocirujana
obstetrician	el obstétrico / la obstétrica
oncologist	el oncólogo / la oncóloga
ophthalmologist	el oftalmólogo / la oftalmóloga
orthopedist	el/la ortopedista
otolaryngologist	el otolaringólogo / la otolaringóloga
pathologist	el patólogo / la patóloga
pediatrician	el/la pediatra
plastic surgeon	el cirujano plástico / la cirujana plástica, el cirujano estético / la cirujana estética
psychiatrist	el/la psiquiatra
pulmonologist	el pulmonólogo / la pulmonóloga
radiologist	el radiólogo / la radióloga
surgeon	el cirujano / la cirujana
urologist	el urólogo / la uróloga

¿Con qué clase de médico hace una persona la cita? (Responde con la forma femenina del sustantivo.)

EL SÍNTOMA	LA ESPECIALISTA
1. Estornuda todo el día.	_____
2. Quiere una nariz nueva.	_____
3. Oye voces en la cabeza y tiene alucinaciones.	_____
4. Tiene gran dolor del oído.	_____
5. Está embarazada.	_____
6. Tiene el cáncer.	_____
7. Necesita trasplante de corazón.	_____
8. Tiene glaucoma.	_____
9. Quiere saber por qué su esposo está muerto.	_____
10. Tiene un caso terrible de acné.	_____
11. Los riñones ya no funcionan.	_____
12. Necesita un rayo x.	_____
13. Necesita un análisis completa de la sangre.	_____
14. Tiene un tumor en el cerebro y necesita cirugía.	_____
15. Su niño necesita un reconocimiento anual.	_____

En la oficina del dentista (*In the dentist's office*)

Los sustantivos (Nouns)

abscess	**el absceso**	front teeth	**los dientes de delante**
bad breath	**la halitosis**	gas	**el gas**
bite	**la oclusión**	gingivitis	**la gingivitis**
blemish	**la tacha, el defecto**	gum abscess	**el flemón**
braces	**los frenos, las bandas de goma**	gums	**las encías**
		molar	**el molar, la muela**
bristle (*toothbrush*)	**la cerda**	novocaine	**la novocaína**
cavity (*tooth*)	**la carie**	occlusion	**la oclusión**
checkup	**el reconocimiento**	palate	**el paladar**
dental floss	**la seda dental**	plaque	**la placa**
dental hygienist	**el/la higienista del dentista**	saliva	**la saliva**
		set of teeth	**la dentadura**
dentist	**el/la dentista**	tartar	**el sarro**
denture	**la dentadura**	tongue	**la lengua**
drill	**el taladro**	tooth	**el diente**
enamel	**el esmalte**	tooth decay	**las caries**
eyetooth	**el diente canino**	toothache	**el dolor de muelas**
filling	**el empaste**	toothpick	**el palillo**
fluoride	**el fluoruro**	waiting room	**la sala de espera**

Los verbos (Verbs)

to drill	**taladrar**	to have a sweet tooth	**ser goloso**
to extract	**sacar**	to have a toothache	**tener dolor de muelas**
to gargle	**gargarizar, hacer gárgaras**	to implant	**implantar**
to grind	**moler (o > ue)**	to pick one's teeth	**hurgarse los dientes con un palillo**
to grind one's teeth	**molerse (o > ue) los dientes**	to spit	**escupir**
to have a cavity	**tener una carie**	to teethe	**echar los dientes, dentar**

Los adjetivos (Adjectives)

bucktoothed, toothy	**dentón, dentudo**	sticky (*food*)	**pegajoso**
		toothless	**desdentado**

¿Sabes que...?

- El adulto típico tiene treinta y dos dientes.
- Los gatos tienen treinta dientes y los perros tienen cuarenta y dos.
- Un mosquito tiene cuarenta y siete dientes. Las tortugas no tienen dientes.
- Además de masticar la comida, los dientes nos ayudan hablar claramente. Por ejemplo, es imposible pronunciar las letras *d* y *t* sin tocar la yema de la lengua con los dientes de delante.
- Increíble, pero verdadero: El chocolate es mejor para los dientes que las pasas—pero solamente si la persona no se cepilla los dientes después de comer—porque las pasas se pegan a los dientes y las comidas pegajosas se quedan en los dientes y causan las caries.
- Uno en cada dos mil bebés nace con un diente.
- El humano medio produce un cuarto de saliva al día—más o menos 10.000 galones durante la vida.

En la oficina del óptico (*In the optician's office*)

Los sustantivos (Nouns)

blind side	**el lado ciego**	eyesight	**la vista**
chart	**la carta, el gráfico**	eyestrain	**la fatiga visual**
conjunctiva	**la conjuntiva**	(eyeglass) frame	**la montura**
contact lenses	**los lentes de contacto**	glasses	**las gafas, los lentes**
eye	**el ojo**	glaucoma	**el glaucoma**
eyeball	**el globo del ojo**	iris	**el iris**
eyebrow	**la ceja**	lens	**el lente**
eyedrops	**el colirio**	optician	**el óptico / la óptica**
eyeglass case	**el estuche para las gafas**	pupil (*of the eye*)	**la pupila**
eyelash	**la pestaña**	retina	**la retina**
eyelid	**el párpado**	sunglasses	**las gafas de sol,**
eyepatch	**el parche (en el ojo)**		**los lentes de sol**
eyepiece	**el ocular**	tear	**la lágrima**
eyeshade, visor	**la guardavista, la visera**	uvea	**la úvea**

Los verbos (Verbs)

to blink	**parpadear**	to refract	**refractar**
to go blind	**cegarse (e > ie)**	to test (for)	**controlar (por)**
to have eyestrain	**tener la fatiga visual**		

Los adjetivos (Adjectives)

bleary-eyed	**legañoso**	farsighted	**présbite, hipermétrope**
blind	**ciego**	nearsighted	**miope**
blind in one eye	**tuerto**	tinted (*lenses*)	**ahumado**
blue-eyed	**ojiazul, ojizarco**		

EJERCICIO
8·25

¿Verdadero o falso? *Imagine that each person is alive.*

1. _____ Jackie Onassis es conocida por llevar gafas de sol pequeñísimas.

2. _____ Stevie Wonder, Ray Charles y Helen Keller son ciegos.

3. _____ Sammy Davis, Jr. es tuerto.

4. _____ Una persona hipermétrope necesita gafas para leer.

5. _____ Una persona miope no puede ver las cosas cercanas.

6. _____ Toni Morrison, ganadora del premio Nobel en la literatura, escribe la novela *El ojo más azul.*

7. _____ Un castor es un animal dentón.

8. _____ Antes de taladrar el diente, el dentista le da una inyección de novocaína al paciente.

9. _____ Una persona que siempre lleva lentes de contacto necesita escoger la montura perfecto y entonces un escuche para las gafas.

10. _____ La pupila es el punto negro en el centro del ojo, el iris es la parte colorada, la parte blanca se llama conjuntiva y cuando se cierra el párpado una persona no puede ver nada.

The medical suffixes -itis and -osis

As we wind down our lengthy vocabulary of words related to the medical field, let's look at two handy suffixes that are a snap to learn because there's almost nothing to do in order to master them. That's because these words are almost always cognates of their English counterparts, and frequently they are pure cognates.

These suffixes are **-itis**, indicating disease and/or inflammation, and **-osis**, meaning condition, process, and/or disease. Listed below are only the most common of these words. However, if you run across a medical word in English that ends in either **-itis** or **-osis**, you can be virtually certain that it translates easily and tidily into Spanish. And you can be absolutely certain that it is feminine.

The suffix -itis

SPANISH WORD	ENGLISH WORD	BASE NOUN	ENGLISH WORD
la amigdalitis	*tonsillitis*	la amígdala	*tonsil*
la apendicitis	*appendicitis*	el apéndice	*appendix*
la celulitis	*cellulitis*	la célula	*cell, cellule*
la colitis	*colitis*	el colon	*colon*
la conjuntivitis	*conjunctivitis*	la conjuntiva	*conjunctiva*
la esplenitis	*splenitis*	el esplín	*spleen*
la laringitis	*laryngitis*	la laringe	*larynx*
la pancreatitis	*pancreatitis*	el páncreas	*pancreas*
la sinusitis	*sinusitis*	el seno	*sinus*
la vaginitis	*vaginitis*	la vagina	*vagina*

The suffix -osis

SPANISH WORD	ENGLISH WORD	BASE NOUN	ENGLISH WORD
la acidosis	*acidosis*	el ácido	*acid*
la alcalosis	*alkalosis*	el álcali	*alkali*
la cirrosis	*cirrhosis*	(Gr.) kirrhos	*orange-colored*
la fibrosis	*fibrosis*	la fibra	*fiber*
la halitosis	*halitosis*	el hálito	*breath*
la hipnosis	*hypnosis*	(Gr.) hypnos	*sleep*
la nefrosis	*nephrosis*	(Gr.) nephros	*kidney*
la neurosis	*neurosis*	la neura	*obsession*
la osmosis	*osmosis*	(Gr.) osmos	*impulse*
la psicosis	*psychosis*	la psique	*psyche*
la tuberculosis	*tuberculosis*	el tubérculo	*tubercle, tuber*

¿Quién soy?

1. Soy "el padre de la medicina". Nazco en 460 antes de Cristo en la isla de Cos, Grecia. Muchas personas me consideran el fundador de la medicina y también el mejor médico de mi tiempo. Antes que yo, los "médicos" creen que las enfermedades vienen por razones supernaturales. Mi idea radical es que las enfermedades tienen una explicación física y racional. Por eso, el médico necesita tratar el cuerpo entero—porque el cuerpo es un sistema completo, no simplemente una serie de partes distintas. Soy el primer médico que cree que los pensamientos, ideas y sentimientos vienen del cerebro, no del corazón. Desarrollo un juramento de éticas médicas. Hoy todos los médicos prestan este juramento al cumplir la escuela de medicina.

    Me llamo _____.

2. Soy médico muy famoso. Nazco en Beaufort al Oeste, Sudáfrica, el ocho de noviembre, 1922. Me hago famoso el tres de diciembre, 1967, cuando hago el primer trasplante de corazón de un ser humano a otro. El paciente es un dentista de cincuenta y tres años que se llama Louis Washkansky. El señor Washkansky recibe el corazón de una mujer que se llama Denise Darvall. Ella muere después de un choque de coche fatal. Desgraciadamente, el señor Washkansky muere dieciocho días después del trasplante, pero ya soy famoso, tan famoso que llego a ser símbolo sexual y salgo con las actrices italianas Gina Lollobrigida y Sofía Loren. Tengo que renunciar al trabajo en 1983 por mi artritis, y muero en 2001 durante las vacaciones en Ciprés, Grecia, después de un ataque de asma.

    Me llamo _____.

3. Mi título es "el Doctor", pero no soy médico. Gano una citación especial del comité Pulitzer (1984), pero no soy novelista ni dramaturgo. Gano tres premios Oscar, pero no soy actor. ¿Curioso? Espero que sí porque soy el extraoficial "Padre de la Curiosidad". Nazco en Springfield, Massachusetts, el dos de marzo, 1904. Después de graduarme de Dartmouth en 1925, me matriculo en la Universidad de Oxford para estudiar la literatura. Salgo de Oxford antes de recibir mi doctorado. Por un rato, trabajo en el campo de la publicidad. Tengo la idea por mi primer libro—*Increíblemente, lo veo en la calle Mulberry* (1937)—en un crucero: El ritmo del motor del barco es la inspiración de la cadencia de este libro. Veinte años después, se publica *El gato ensombrerado,* mi libro, sin excepción, más famoso y popular. Increíblemente, hay solamente doscientas veinte palabras distintas usadas en este libro. (¡Mi libro *Los huevos verdes y el jamón* tiene solamente cincuenta palabras distintas!) Muero el veinticuatro de septiembre, 1991, después de una carrera larga y distinguida en que escribo y ilustro cuarenta y ocho libros para los niños.

    Me llamo _____.

Para and por

·9·

If vocabulary is what you're after, then you will be richly rewarded in this unit. The framework of the Spanish language has been laid out—you're almost ready to move into the house, so to speak, and now it's time to decorate in earnest.

Building a house is a wonderful analogy for learning a language for many reasons. First, there are the twin dichotomies of structure~decoration and grammar~vocabulary. Then, there is the realization of their interdependence: Each part helps to define and enhance the other. At first, the process is foundation-heavy (structure/grammar), with less emphasis on decoration/vocabulary: The prettiest sofa won't look good if the floor isn't level, and a million-dollar sink is a bowl with a hole if the plumbing doesn't work. But once the foundation is laid, the walls are in place, and the house's frame is up to code, it's time to make the house your home.

This isn't to say that once you've covered the basics of grammar, you never need to return or refer to them again. Find a homeowner who's never discovered a plumbing or electrical problem, or a leak or ding to deal with. In a similar way, there will always be another quirk to master in any language you study, including your native tongue, whether it's grammar or vocabulary. Language never stops evolving.

The point here is that once a good structure is built, maintenance is marginal, as opposed to the bottomless pit of problems one encounters in living in a structure that's built poorly. Learning language is like building a house: The more solid the foundation, the greater one's chances are for success and happiness.

In this unit's world of new vocabulary, we'll cover words that have to do with travel, vacations, and geography, as well as with our damaged ecosystem, war, and weaponry. You're building a very big house indeed.

Para and por

The present tense in Spanish—which is all we're using in this book—presents the student with two enormous hurdles. The first (no surprise!) is **ser** and **estar**, which we studied in great detail in Unit 5. The other hurdle is **para** and **por**.

Each of these two prepositions comes with good news and bad news. With **ser** and **estar**, the bad news (especially when you begin to work with them) is that it's very easy to make a grammatical mistake (for example, use the wrong verb). The good news is that even when you make a mistake, you'll probably be understood because the mistake will be obvious. And as awful as making a mistake may sound and feel, it's worse not to be understood.

Para and **por**, on the other hand, are grammatically interchangeable a good deal of the time. You can use one or the other and you will often, if not usually, produce a perfectly well-structured sentence—this is the good news. However, listeners are not mind readers, and they will therefore assume that you mean what you are inadvertently saying—and that is very bad news. Therefore, in an effort to lift the cloud of confusion these two words often attract, we will dive into the nitty-gritty of **para** and **por**, as we did with **ser** and **estar**.

We used the concept of sea level to distinguish the fundamental senses of **ser** and **estar**. For **para** and **por**, visualize this: **Para** is an arrow and **por** is a balancing scale.

Para

Like an arrow, **para** moves the sentence forward, away from its original location to a specific destination, and usually in a direct, straight route. This leads us straight to our delineation of **para**.

Destination

The destination of a physical, tangible thing involves the use of **para**: **Este regalo es para Marcos.** The destination of the gift is Marcos, and it's not going anywhere else.

Tenemos suficiente comida para todos.	*We have enough food **for** everybody.*
Este tirador es para la puerta principal.	*This knob is **for** the front door.*
Ella compra juguetes para los niños.	*She buys toys **for** the children.*
La canela es para el café.	*The cinnamon is **for** the coffee.*

Viajar (Travel)

Los sustantivos (Nouns)

accident	el accidente	one-way ticket	el billete de ida
announcement	el anuncio	passenger	el pasajero / la pasajera
arrival	la llegada	passport	el pasaporte
assistance	la ayuda	porter (airport, station)	el mozo
bag	la bolsa		
baggage	el equipaje, las maletas	porter (apartment building, hotel)	el portero, el conserje
booking/reservation office	la oficina de reservaciones	reduced fare	la tarifa reducida
briefcase	el maletín	reduction	el descuento, la rebaja
business trip	el viaje de negocios	rescue	el rescate
class	la clase	reservation	la reserva, la reservación
connection	el trasbordo	resort	el centro turístico
delay	el retraso	restroom	el servicio
departure	la salida	return	la vuelta
destination	el destino	round-trip ticket	el billete de ida y vuelta
direction	la dirección	safety	la seguridad
discount	el descuento, la rebaja	schedule, timetable	el horario
distance	la distancia	seat	el asiento
documents	los documentos	seatbelt	el cinturón de seguridad
driver	el conductor / la conductora	signal	la señal
		smoking section	la sección de fumar
emergency call	la llamada de emergencia, la llamada de urgencia	speed	la velocidad
		staff	el personal
		stop	la parada
		ticket	el billete
emergency stop	la parada de emergencia	ticket counter	la taquilla
		ticket office	la oficina de billetes, el despacho de billetes, la taquilla
entrance	la entrada		
exit	la salida		
extra charge, surcharge	el recargo, el suplemento	ticket window	la ventanilla
		travel	el viajar
fare	la tarifa	travel agency	la agencia de viajes
fare reduction	la reducción de tarifa	travel agent	el/la agente de viajes
help	la ayuda, el socorro	travel documents	los documentos de viajes
honeymoon	la luna de miel	travel information	la información de viajes
inquiry	la pregunta	travel sickness	el mareo
insurance (travel)	el seguro (de viaje)	traveler	el viajero / la viajera
lost and found office	la oficina de objetos perdidos	trip, journey	el viaje
		tunnel	el túnel
loudspeaker	el altavoz, el altoparlante	turn	el giro, la vuelta
		visitor	el/la visitante
luggage	el equipaje, las maletas	warning	el aviso
message	el mensaje, el recado	way in	la entrada
nonsmoker	el no fumador / la no fumadora	way out	la salida
		weekdays	los días de semana
nonsmoking section	la sección de no fumar	weekend	el fin de semana
notice	el aviso	window seat	el asiento junto a la ventana
nuisance	la molestia		

Los verbos (Verbs)

to accelerate	**acelerar**	to leave, depart for (*a place*)	**salir para**
to arrive (at)	**llegar (a)**	to leave, depart from (*a place*)	**salir de**
to ask for assistance	**pedir (e > i) ayuda**	to miss (*a train*)	**perder**
to be delayed	**tener retraso, estar retrasado**	to pack one's suitcase	**hacer la maleta**
to be en route	**estar en ruta**	to reserve	**reservar**
to book	**reservar**	to return	**volver (o > ue), regresar**
to buy a ticket	**comprar un billete**		
to cancel	**cancelar**	to set out for (*a place*)	**salir para**
to carry	**llevar**	to slow down	**reducir la velocidad**
to catch (*a train, bus*)	**coger**	to start from	**salir de**
		to stay	**quedarse**
to confirm (*a reservation*)	**confirmar**	to stop	**parar**
		to take (*a train, bus*)	**coger**
to cross	**cruzar**	to travel	**viajar**
to depart	**salir**	to turn	**girar, dar la vuelta**
to fill out a form	**rellenar un formulario**	to unpack one's suitcase	**deshacer la maleta**
to inquire, ask of	**preguntar, pedir (e > i) información**		
to leave (*someone*)	**dejar a**	to welcome	**dar la bienvenida (a)**
to leave (*something*)	**dejar**		

Los adjetivos (Adjectives)

direct	**directo**	lost	**perdido**
disabled, handicapped	**minusválido**	occupied	**ocupado**
		on board	**a bordo**
early	**temprano**	on strike	**de huelga**
fast	**rápido**	on time	**a tiempo**
free	**gratis**	safe	**seguro**
helpful	**útil**	slow	**lento**
invalid	**inválido**	useless	**inútil**
late	**tarde**	valid	**válido**

Las frases y las palabras importantes (Phrases and important words)

one-way only	**ida sólo**
via, through	**a través de, por**
Welcome!	**¡Bienvenido! / ¡Bienvenida!**

Para traducir La traducción de cada frase abajo usa la palabra **para**.

1. *We depart for Miami at 5:30 A.M.*

_____

2. *This ticket is for tomorrow, not today.*

_____

3. *These clothes are (This clothing is) for your big suitcase.*

_____

4. *The round-trip ticket is for you, and the one-way ticket is for your mother-in-law.*

_____

5. *This little bag is for travel sickness.*

_____

6. *I'm going to leave the documents for them on the ticket counter.*

_____

7. *We need to catch a train for Amsterdam early in the morning.*

_____

8. *This entrance is for the restrooms.*

_____

9. *These books are for the lost and found office.*

_____

10. *The reduced fare is for you, if you arrive on time.*

_____

Purpose (before an infinitive)

Things exist for a reason or for a purpose. To describe what something does or what it is used for, use **para** immediately followed by an infinitive. (Remember that a verb cannot be conjugated after a preposition.) In this situation, **para** nearly always translates as "for," and the infinitive usually takes the gerund ("-ing" form) in English. Sometimes the construction translates as "to" plus the verb in English.

Los pulmones son para respirar.	*Lungs are **for** breathing.*
El mozo es para llevar el equipaje.	*The porter is **for** carrying luggage.*
El freno es para reducir la velocidad.	*The brake is **for** slowing down.*
Esta medicina es para curarte.	*This medicine is **to** cure you.*

Viajar por carretera (*Road travel*)

Los sustantivos (Nouns)

access	el acceso	gas station	la gasolinera
auto show	la exposición de coches, la exposición de automóviles	gear	la marcha
		gearshift	la palanca de cambio
		highway	la carretera
black ice	el hielo invisible en la carretera	highway police	la policía de carreteras
		hitchhiker	el/la autoestopista
bottleneck	el embotellamiento	hitchhiking	el autoestop
brakes	los frenos	insurance policy	la póliza del seguro
breakdown	la avería	jack	el gato
breathalyzer	el alcoholímetro	key	la llave
breathalyzer test	la prueba de alcoholemia	key ring	el llavero
		lane	el carril
bus	el autobús	lights	las luces
bus fare	la tarifa del autobús	limousine	la limusina
bus stop	la parada del autobús	line of cars	la fila de coches
camper	el cámper	make of car	la marca de coche
car parts	las piezas del coche	mechanics	la mecánica
car wash	el túnel de lavado, el autolavado	motel	el motel
		motor home	el motor caravana
caution	la prudencia	parking	el aparcamiento
chauffeur	el chofer	parking ban	la prohibición de aparcar
check (*test*)	el control		
city map	el mapa de la ciudad	parking lot	el aparcamiento, el estacionamiento
city traffic	el tráfico urbano		
clutch	el embrague	parking meter	el contador de aparcamiento
collision	la colisión, el choque		
detour	el desvía, la desviación	parking space	el espacio para aparcar
diesel	el diesel	parking ticket	el ticket, la multa
driver	el conductor / la conductora	passenger	el pasajero / la pasajera
		passing	el adelantamiento
driver's license	el carné de conducir, el carnet de conducir	pedestrian	el peatón / la peatona
		picnic area	la zona de picnic
driving	la conducción	police	la policía
driving instructor	el profesor / la profesora de conducir	police station	la comisaría, la estación de policía
driving lesson	la lección de conducir	policeman	el policía
driving school	la autoescuela	policewoman	la mujer policía
driving test	el examen de conducir	private car	el coche particular
drunk driving	la conducción bajo los efectos del alcohol	public transportation	el transporte público
		puncture	el pinchazo
engine trouble	el problema del motor	ramp	la rampa
fine (*traffic citation*)	la multa	registration papers	los papeles de inscripción, los documentos del coche
flat tire	el neumático desinflado, la llanta desinflada		
garage (*repair shop*)	el taller, el garaje		
gas pump	el surtidor de gasolina	rental car	el coche alquilado

rental charge	el precio de alquiler	taxi stand	la parada de taxis
repair	el arreglo, la reparación	tire	el neumático, la llanta
road	el camino, la carretera	toll, tollbooth	el peaje
road hog	el loco / la loca del volante	traffic	el tráfico, la circulación
road map	el mapa de carreteras	traffic code	el código de la circulación
road rage	la rabia de camino		
road sign	la señal de tráfico	traffic jam	el atasco de tráfico
roadblock	el bloqueamiento de la carretera	traffic light	el semáforo
		traffic police	la policía de tráfico
roadside service/ repair	el servicio de avería	traffic report	el informe del tráfico
		trailer	la caravana
roadwork	las obras en la carretera	truck	el camión
route	la ruta	truck driver	el camionero / la camionera
rush hour	la hora pico, la hora punta		
service area	el área de servicio	turn signals, blinkers	las direccionales
signpost	el poste indicador		
spare tire	el neumático de recambio, la llanta de recambio	used car	el coche de segunda mano
speed	la velocidad	U-turn	el giro en U, la vuelta en U
speed limit	el límite de velocidad		
student driver	el conductor novato / la conductora novata	vehicle	el vehículo
		vehicle registration	los documentos del coche
(gas) tank	el tanque (de gasolina)		
taxi	el taxi	warning	el aviso
taxi driver	el/la taxista	witness	el/la testigo

Los verbos (Verbs)

to back up	dar marcha atrás	to pass	pasar, adelantar, doblar
to be for rent	estar para alquilar	to pump (gas)	bombear
to be insured	estar asegurado	to put in gear	engranar
to change gear	cambiar de marcha	to rent	alquilar
to collide (with)	chocar (con), estrellarse (con)	to repair	reparar, arreglar
		to reverse	dar marcha atrás
to cross	cruzar	to run over	atropellar
to drive	conducir, manejar	to shift (gear)	cambiar (la marcha)
to fasten (seatbelt)	ajustarse	to speed up	acelerar
to fill up with gasoline	llenar con gasolina	to start (an engine)	encender (e > ie), arrancar
to fix (a breakdown)	arreglar, reparar		
to get in (a car)	montarse en, subir a	to switch off	apagar
to get in the lane	meterse en el carril	to switch on	encender (e > ie)
to get out of (a car)	salir	to tow away (a car)	quitar remolcando
to go ____ miles per hour	ir a ____ millas por hora	to turn	girar, doblar
		to turn left	girar a la izquierda, doblar a la izquierda
to have a breakdown (vehicle)	tener avería		
		to turn off (engine)	apagar
to hitchhike	hacer autoestop	to turn right	girar a la derecha, doblar a la derecha
to honk	tocar la bocina		
to keep one's distance	guardar la distancia	to yield (to)	dar paso (a)
to park	aparcar, estacionar		

Los adjetivos (Adjectives)

automatic	**automático**	mechanical	**mecánico**
broken	**roto**	prohibited	**prohibido**
competent	**competente**	slippery	**resbaladizo**
dangerous	**peligroso**	slow	**lento**
jammed	**bloqueado**	underground	**subterráneo**

Las frases (Phrases)

for rent	**en alquiler, para alquilar, se alquila**	one-way	**la dirección única, el sentido único**
in first gear	**en primera marcha**	premium gas	**la gasolina súper**
in gear	**en marcha**	regular gas	**la gasolina normal**
in neutral	**en punto muerto, en neutro**	right-of-way	**la preferencia**
in reverse	**en reversa, en marcha atrás**	self-service	**el autoservicio**
leaded gas	**la gasolina con plomo**	unleaded gas	**la gasolina sin plomo**
multistory	**de muchos pisos**		

EJERCICIO
9·2

¿Verdadero o falso?

1. _____ El gato es para levantar el coche cuando una persona tiene un neumático desinflado.

2. _____ Después de comprar un camión, puedes tirar en la basura los papeles de inscripción.

3. _____ Cuando el coche está en punto muerto, no se puede mover ni adelante ni atrás.

4. _____ Hay muchos atascos de tráfico durante la hora punta.

5. _____ Es posible atropellar una bicicleta—o peor, un perrito—cuando el conductor mete el coche en reversa y no mira en todas direcciones.

6. _____ Cerca de las zonas comerciales enormes hay estacionamientos de muchos pisos.

7. _____ La gasolina con plomo causa más polución a la atmósfera que la gasolina sin plomo.

8. _____ Después de la boda, muchas parejas conducen los coches por la ciudad tocando la bocina, con una señal atrás del vehículo que dice "recién casados".

9. _____ Nunca necesitas dar paso a la ambulancia y los vehículos de la policía y los bomberos.

10. _____ Es prohibido tomar el alcohol cuando una persona conduce un coche, un camión, un barco o un avión.

¿A, B o C?

1. _____ La palanca es para _____.
   a. cambiar la marcha
   b. encender el motor
   c. apagar la radio

2. _____ Las direccionales son para _____.
   a. estacionar el coche
   b. reducir la velocidad
   c. indicar la dirección en que quieres girar el coche

3. _____ El área de servicio es para _____.
   a. alquilar un camión
   b. reparar el coche
   c. pagar una multa

4. _____ El semáforo es para _____.
   a. controlar el movimiento del tráfico
   b. examinar el pinchazo en un neumático
   c. llenar el tanque con gasolina

5. _____ La parada de taxis es para _____.
   a. alquilar un camión
   b. quitar remolcando un coche
   c. contratar a un taxista

6. _____ Una persona cambia la marcha en reversa para _____.
   a. hacer autoestop
   b. dar marcha atrás
   c. girar a la izquierda

7. _____ El coche alquilado es para _____.
   a. robar un banco
   b. fumar el hachís
   c. conducir en una ciudad lejos de tu casa

8. _____ Los papeles de inscripción son para _____.
   a. identificar el dueño del automóvil
   b. leer cuando estás aburrido
   c. usar para papel higiénico si estás desesperado

Reason for doing something (before an infinitive)

Para is also used to express why someone does something. In English, we often say "in order to" (or simply "to" or "for") just before the verb. Because **para** is a preposition, the verb that follows must remain in the infinitive.

Él grita para fastidiar a su esposa.	*He shouts **to** irritate his wife.*
Ella miente para sentirse importante.	*She (tells) lies **to** feel important.*
Enciendo las luces para ver.	*I turn on the lights **for** seeing.*
Comemos para vivir.	*We eat **in order to** live.*

Viajar por avión (*Travel by plane*)

Los sustantivos (Nouns)

air travel	el viaje por avión	hand luggage	el equipaje de mano
airline	la aerolínea	headphones	los auriculares
airline counter	la ventana de la línea aérea	hijacker	el secuestrador / la secuestradora
airplane, aircraft	el avión	immigrant	el/la inmigrante
airport	el aeropuerto	immigration rules	las normas de inmigración
aisle seat	el asiento junto al pasillo		
baggage	el equipaje, las maletas	information desk	el mostrador de información
baggage carousel	la cinta de equipaje		
boarding pass	la tarjeta de embarque	instructions	las instrucciones
body search	el registro personal, la requisa	landing	el aterrizaje
		landing lights	las luces de aterrizaje
business class	la clase de ejecutivo	layover	la parada, la escala
cabin	la cabina	lifejacket	el chaleco de salvavidas
canceled flight	el vuelo cancelado	parachute	el paracaídas
charter flight	el vuelo chárter	pilot	el piloto / la pilota
coach class	la clase económica	refreshments	los refrescos
cockpit	la cabina de mando	runway	la pista de aterrizaje
control tower	la torre de control	security measures	las medidas de seguridad
copilot	el copiloto / la copilota	security staff	el personal de seguridad
crew	la tripulación	steward	el auxiliar de vuelo
customs	la aduana	stewardess	la auxiliar de vuelo, la azafata
direct flight	el vuelo directo		
domestic flight	el vuelo interior, el vuelo interno	takeoff	el despegue
		terminal	la terminal
flight	el vuelo	tray	la bandeja
flight attendant	el/la asistente de vuelo	turbulence	la turbulencia
flight number	el número del vuelo	view	la vista, el panorama
flying	la aviación	window	la ventana, la ventanilla
fuselage	el fuselaje	window seat	el asiento junto a la ventana
gate	la puerta		

Los verbos (Verbs)

to be airsick	estar mareado	to fly	volar (o > ue)
to board an airplane	subir a bordo de un avión	to fly at an altitude of _____	volar (o > ue) a una altura de _____
to check in	facturarse	to land	aterrizar
to check one's luggage	facturar el equipaje	to miss one's flight	perder (e > ie) el vuelo
		to take off	despegar
to fasten one's seatbelt	ajustarse el cinturón de seguridad		

Los adjetivos (Adjectives)

closed	cerrado	opened	abierto
lit	encendido	overseas	de ultramar
loaded	cargado	unloaded	descargado

Las frases (Phrases)

by air	**por avión**	excess baggage	**el exceso de equipaje**
during landing	**durante el aterrizaje**	How long does ___ last?	**¿Cuánto dura ___?**
during takeoff	**durante el despegue**	last call	**la última llamada**
during the flight	**durante el vuelo**	no smoking sign	**la señal de no fumar**
duty-free goods	**los productos libres de impuestos**	nonstop	**sin parada**
emergency exit	**la salida de emergencia**	on board	**a bordo**
emergency landing	**el aterrizaje de emergencia**		

EJERCICIO
9·4

¿Verdadero o falso?

1. _____ Me facturo temprano para perder el vuelo.

2. _____ Un aterrizaje de emergencia es muy espantoso.

3. _____ No se puede fumar durante el despegue.

4. _____ Durante el vuelo las salidas de emergencia están abiertas para refrescar el avión.

5. _____ El avión despegue y aterriza en la pista.

6. _____ Ahora, excepto durante los vuelos largos, los pasajeros reciben solamente un paquete de nueces u otra comida insignificante (excepto en primera clase).

7. _____ Los vuelos siempre despegan y aterrizan a tiempo para dar a los pasajeros un viaje tranquilo y sin problemas.

8. _____ Durante los vuelos de ultramar los pasajeros pueden mirar películas para pasar el tiempo.

9. _____ Si una persona tiene el exceso de equipaje, tiene que pagar una multa.

10. _____ El copiloto está en la cabina de mando para servir al piloto la comida y las bebidas.

A deadline or specific time limit (in the future)

When you want to remodel your kitchen, you want it done *by* the time the contractor says it will be done (not three months later). In this context, **para** is used to indicate a time limit or deadline, and usually translates as "by"; however, it can also translate as "for," "on," or "before."

Tenemos que salir para la una.	*We have to leave **by** one o'clock.*
La reserva es para el sábado.	*The reservation is **for** Saturday.*
Necesito la pintura para el viernes.	*I need the painting **on** Friday.*
Debo hacerlo para el domingo.	*I should do it **before** Sunday.*

Viajar por ferrocarril (*Travel by train*)

Los sustantivos (Nouns)

announcement	el anuncio	schedule, timetable	el horario
barrier	la barrera	schedule/timetable changes	los cambios de horario
club car	el vagón-cafetería, el coche-comedor	second-class ticket	el billete de segunda clase
coach	el vagón	sleeper car	el coche cama, el coche dormitorio
coach ticket	el billete económico		
compartment	el compartimento	smoker	el fumador / la fumadora
conductor	el jefe / la jefa de tren		
connection	la conexión, el enlace	speed	la velocidad
dining car	el vagón restaurante	stationmaster	el jefe de estación
direct train	el tren directo	steps	las escaleras
elevated railway	el ferrocarril elevado	stop	la parada
express train	el tren expreso, el rápido	subway	el metro
fare	la tarifa	summer schedule/ timetable	el horario de verano
first-class ticket	el billete de primera clase		
group ticket	el billete de grupo	taxi stand	la parada de taxis
inspector	el inspector / la inspectora	ticket	el billete, el boleto
intercity train	el tren interurbano	ticket collector	el revisor / la revisora de billetes
level crossing	el paso a nivel		
local train	el tren local	ticket office	la oficina de billetes, la taquilla
luggage rack	la reja de equipaje, la baca		
menu	el menú, la carta	train	el tren
night train	el tren nocturno	train station	la estación de tren
nonsmoking car	el compartimento de no fumadores	train track	el rail, el raíl, la vía férrea
one-way ticket	el billete de ida	transfer	el transbordo
platform	el andén, la plataforma	traveler	el viajero / la viajera
porter	el portero / la portera	waiting room	la sala de espera
railroad	la red ferroviaria, el ferrocarril	warning	el aviso
		winter schedule/ timetable	el horario de invierno
reservation	la reserva, la reservación		
return ticket	el billete de vuelta		
round-trip ticket	el billete de ida y vuelta		

Los verbos (Verbs)

to change (trains)	cambiar (los trenes), hacer transbordo	to miss the train	perder (e > ie) el tren
		to punch (the ticket)	perforar (el billete)
to lean out (the window)	asomarse (la ventana)	to stow (*luggage*)	guardar
		to travel by rail	viajar por ferrocarril

Los adjetivos (Adjectives)

nonrefundable	sin devolución
occupied	ocupado
reserved	reservado

Para traducir

1. *These tickets are for Thursday, not Friday.*

   _____

2. *We have to change trains by 4 o'clock.*

   _____

3. *The conductor is going to punch your ticket by 5:30.*

   _____

4. *This schedule is only for the summer, not (for) the winter.*

   _____

5. *She has a one-way ticket for Tuesday.*

   _____

6. *If you want to travel by rail, you have to leave by Wednesday.*

   _____

7. *The reserved seats are for tomorrow morning.*

   _____

8. *They need to be on the platform by noon.*

   _____

9. *If you want to eat lunch, you have to be in the dining car by 11 A.M.*

   _____

10. *If you want a nonsmoking car, you must reserve it by midnight.*

   _____

Comparison with a certain standard

When someone or something is outside the norm or goes beyond what is expected, **para** is used to draw attention to that distinction and make the comparison. In this context, **para** translates as "for" or "considering."

Ella es alta para su edad.	*She is tall **for** her age.*
Es rápido para una tortuga.	*It's fast **for** a turtle.*
Hace frío para agosto.	*It's cold **for** August.*
Para su edad, es fuerte.	***Considering** his age, he's strong.*

Viajar por barco (*Travel by boat*)

Los sustantivos (Nouns)

boat	**el barco**	port of call	**el puerto de escala**
bridge	**el puente**	purser	**el contador**
cabin	**el camarote**	quay	**el muelle**
captain	**el capitán, el comandante**	reclining chair	**el asiento reclinable**
coast	**la costa**	sail	**la vela**
crew	**la tripulación**	sailboat	**el barco de vela**
crossing	**la tranvía**	sailing	**la navegación**
cruise	**el crucero**	sea	**el mar**
deck	**la cubierta**	seaman	**el marinero, el marino**
deck chair	**la butaca de cubierta**	seasickness	**el mareo**
destination	**el destino**	ship	**el buque**
dock	**el muelle**	shipping forecast	**el pronóstico del mar**
embarkation card	**la tarjeta de embarque**	shipyard	**el astillero**
ferry	**el ferry**	storm	**la tormenta**
harbor	**el puerto**	tide	**la marea**
lifeboat, raft	**el bote de salvamento**	upper deck	**la cubierta superior**
lifejacket	**el chaleco salvavidas**	wave	**la ola**
lounge	**la sala**	weather forecast	**el pronóstico del tiempo**
lower deck	**la cubierta inferior**	wind	**el viento**
mermaid	**la sirena**	yacht	**el yate**
ocean	**el océano**	yachting	**la navegación en yate**
open sea	**el mar abierto, la alta mar**		

Los verbos (Verbs)

to be on board	**estar a bordo**	to sail	**navegar**
to disembark	**desembarcar**	to sink	**hundirse**
to embark	**embarcar**	to vomit	**vomitar**
to get on board	**entrar a bordo**		

Los adjetivos y las frases (Adjectives and phrases)

calm	**calmo, tranquilo**	sailing	**de vela**
calm (sea)	**(el mar) en calma**	seasick	**mareado**
choppy (sea)	**(el mar) picado, agitado**	smooth (sea)	**(el mar) en calma**
heavy (sea)	**(el mar) grueso**	(on the) starboard side	**a estribor**
on board	**a bordo**		
overboard	**por la borda**	stormy	**borrascoso, tormentoso**
(on the) port side	**a babor**	windy	**ventoso**

Para traducir

1. *It's comfortable for a deck chair.*

_____

2. *It's small for a yacht, but big for a sailboat.*

_____

3. *We need to get on board by 8:15.*

_____

4. *Considering you're seasick, you eat a lot.*

_____

5. *The captain is starboard (to the right) and his girlfriend is port (to the left).*

_____

6. *I know that she's going to leave her luggage on the dock.*

_____

7. *The singer in the lounge is terrible. That's why everybody drinks so much on this cruise.*

_____

8. *The shipyard is not a good place for a party.*

_____

9. *The* Titanic *doesn't have enough lifeboats, and it's going to sink.*

_____

10. *Jack and Rose are on the upper deck, vomiting overboard.*

_____

El Barco de Amor

Desde 1977 hasta 1986, en la historia de la televisión, vivimos en la época de *El Barco de Amor*. Todo el mundo lo odia (verdaderamente es un programa deliciosamente terrible); sin embargo, todo el mundo lo mira (pero pocos lo admiten). El sábado tras sábado, los televidentes encienden la televisión para ver la procesión de estrellas (de cine, de teatro, de televisión) a bordo del buque de crucero *La Princesa Pacífica*.

La primera escena siempre es la misma: Las estrellas de la semana entran a bordo y la facultad del buque (el capitán Stubing, el médico Adam Bricker, el contador Burl "Geomís" Smith, la directora del crucero Julie McCoy, ¡aún el cantinero Isaac Washington!) les dan la bienvenida. Después de las salutaciones, el circo comienza. Todos los pasajeros tienen razones distintas por embarcar en el crucero: Para unos es la luna de miel y para otros es para celebrar un aniversario u otra ocasión especial. Unas personas embarcan el buque para demarcar un paso importante en la vida—por ejemplo, el retiro, el divorcio, la graduación o la reunión de familia o amigos. Usualmente hay por lo menos un pasajero malo para la intriga: un bandito de dinero, de joyas—o peor—del corazón.

La lista de estrellas que entran a bordo de *La Princesa Pacífica* no tiene fin: Tom Hanks, Ethel Merman, las hermanas Gabor (Eva y Zsa Zsa)—aún el artista Andy Warhol—hacen los papeles de pasajeros en una forma u otra. Teri Hatcher—bien conocida por su papel en el programa *Las damas de casa desesperadas*—comienza su carrera haciendo el papel de una sirena cantante.

Los destinos de *El Barco de Amor* siempre son exóticos: Acapulco, Las Islas Vírgenes, Puerto Vallarta, varios sitios en el Caribe—pero un episodio toma lugar en Alaska, para celebrar una boda. No importa el puerto de escala, porque donde hay amor, hay felicidad.

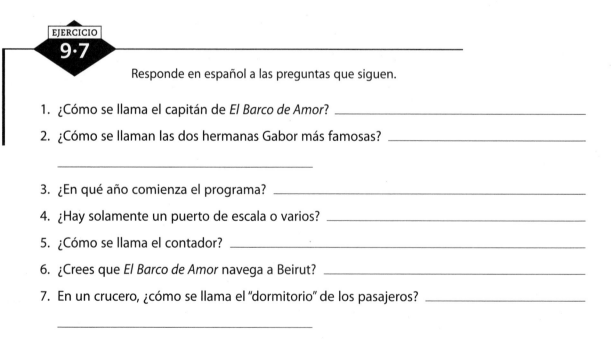

EJERCICIO
9·7

Responde en español a las preguntas que siguen.

1. ¿Cómo se llama el capitán de *El Barco de Amor*? _____

2. ¿Cómo se llaman las dos hermanas Gabor más famosas? _____

_____

3. ¿En qué año comienza el programa? _____

4. ¿Hay solamente un puerto de escala o varios? _____

5. ¿Cómo se llama el contador? _____

6. ¿Crees que *El Barco de Amor* navega a Beirut? _____

7. En un crucero, ¿cómo se llama el "dormitorio" de los pasajeros? _____

_____

8. En el lenguaje del marinero, ¿si tú estás a la izquierda, estás dónde? _____

_____

9. ¿Si tú estás a la derecha, dónde estás? _____

10. En un crisis, ¿qué artículo de ropa necesita un pasajero? _____

_____

An opinion or personal standard

If you want to say "in my opinion," you can say, literally, **en mi opinión**; however, for simplicity and for efficiency's sake, just say **para mí**. This construction works with names as well as pronouns; in this context, **para** translates as "for."

Para mí, el español es hermoso.	***In my opinion**, Spanish is beautiful.*
Para él, la vida es una lucha.	***In his opinion**, life is a struggle.*
Para ti, la vida es buena.	***For you**, life is good.*
Para Elsa, la carne es venenosa.	***For Elsa**, meat is poisonous.*

VOCABULARIO

Las calles y los caminos (*Streets and roads*)

alley	**el callejón**	lane	**el carril**
avenue	**la avenida**	level crossing	**el paso a nivel**
beltway, bypass	**la carretera de circunvalación**	main street	**la calle principal**
		median (*divider*)	**la mediana**
bend	**la curva**	model (*car*)	**el modelo**
bridge	**el puente**	one-way street	**la calle de dirección única**
built-up area	**la zona edificada, la zona urbanizada**		
		outside lane	**el carril exterior**
corner (*street*)	**la esquina**	passing lane	**el apartadero**
crossing	**el cruce**	pedestrian	**el peatón / la peatona**
crossroad	**el cruce de carreteras**	pothole	**el badén, el bache**
cul-de-sac	**la calle sin salida**	risk	**el riesgo**
curve	**la curva**	road	**la carretera**
divider	**la barrera central**	roundabout, rotary	**la glorieta, la rotonda**
entrance (ramp)	**la entrada, el acceso**	set of keys	**el juego de llaves**
exit (ramp)	**la salida**	shoulder (*road*)	**el arcén**
flat tire	**el neumático desinflado, la llanta desinflada**	side street	**la calle lateral**
		sidewalk	**la acera**
frontage road	**el carril de acceso**	speed bump	**el badén**
highway, freeway	**la autopista**	square	**la plaza**
inside lane	**el carril interior**	white line	**la raya blanca**
intersection	**el cruce, la intersección**	yellow (*no passing*) line	**la raya amarilla**
junction	**el cruce**		

¿Verdadero o falso?

1. _____ Para un peatón, el semáforo no es importante.

2. _____ Para el conductor del coche, la raya amarilla le indica que no puede pasar otro coche.

3. _____ Para un basurero, el callejón es como una "oficina".

4. _____ Para un borracho, la raya blanca le parece encorvada.

5. _____ Para mí, una llanta con pinchazo es una gran diversión.

6. _____ Para una sirena, la acera es un lugar perfecto para una fiesta.

7. _____ Para el capitán de un buque, hay un riesgo de chocar con un iceberg.

8. _____ Para un perrito, la autopista es un buen lugar para jugar.

9. _____ Para un criminal, una calle sin salida es una mala opción por escapar de la policía.

10. _____ Para mí, un día libre, sin obligaciones, es una pesadilla.

Por

Like a balancing scale, **por** is the great equalizer. You can often feel the equality on either side of **por**. We trade things because they are perceived to be of equal value. When we say how long something lasts, we are equating the action with a certain amount of time. When we substitute one person or thing for another, we consider the two to have equal value or capabilities, at least temporarily.

Duration of time

To tell how long something lasts, use **por**. In this context, **por** translates as "for."

Cada noche duermo por ocho horas.	*Every night I sleep **for** eight hours.*
Él ve la tele por once horas.	*He watches TV **for** eleven hours.*
¿Puedes escucharme por un rato?	*Can you listen to me **for** a while?*
Ella viaja por dos días.	*She travels **for** two days.*

Las vacaciones y el camping (Vacations and camping)

Los sustantivos (Nouns)

air mattress	el colchón inflable	land	la tierra
amenities	las facilidades	landscape	el paisaje
ant	la hormiga	map (city)	el mapa
antihistamine cream	la crema antihistamínica	medicine kit	el botiquín
		meter	el contador
arrival	la llegada	money	el dinero
barbecue	la barbacoa	mosquito	el mosquito
battery	la pila	mosquito bite	la picadura de mosquito
beach	la playa	mosquito net	la red contra los mosquitos,
camera	la cámara		el mosquitero
camper	el/la campista		
camping	el camping	mountain climbing	el montañismo
campsite	el camping, la zona de camping	rock climbing	la escalada en rocas
		sailing	la navegación
canoe	la canoa	sandcastle	el castillo de arena
canoeing	el viaje en canoa	sea	el mar
climate	el clima	seascape	el paisaje marino
comfort	el confort, la comodidad	seaside resort	el punto de veraneo en la playa
cost	el costo, el precio		
countryside	el campo	shopping	las compras
cycling	el ciclismo	show	el espectáculo
disadvantage	la desventaja	sight	la vista
drinking water	el agua potable	sightseeing	el excursionismo
exchange (rate)	el cambio	skiing	el esquí
extension cord	la extensión	sleeping bag	el saco de dormir
fire (in a fireplace)	el fuego	spare keys	las llaves de repuesto
fire (out of control)	el incendio	stay (in a hotel, etc.)	la estancia
fishing	la pesca	sun	el sol
flashlight	la linterna	torch	la antorcha
folding chair	la silla plegable	tour	la gira, la excursión
folding table	la mesa plegable	tourism	el turismo
food	la comida	tourist	el/la turista
group	el grupo	tourist office	la oficina de turismo
group travel	el viaje en grupo	town	el pueblo
guide	el/la guía	trip	el viaje
guidebook	la guía	vacation	las vacaciones
guided tour	el viaje con guía	visit	la visita
guided walk	la visita con guía	visiting hours	las horas de visita
honeymoon	la luna de miel	visitor	el/la visitante
hotel	el hotel	water filter	el filtro de agua
hunting	la caza	welcome	la bienvenida
journey	el viaje	well	el pozo
knapsack	la mochila	wine tasting	la cata de vinos

Los verbos (Verbs)

to camp	**acampar**	to spend time	**pasar tiempo**
to go on vacation	**ir de vacaciones**	to stay (*in a hotel, etc.*)	**quedarse**
to hunt	**cazar**	to sunbathe	**tomar el sol**
to organize	**organizar**	to take down the tent	**quitar la tienda de**
to pack a suitcase	**hacer una maleta**		**campaña**
to pitch a tent	**poner una tienda**	to tan	**broncearse**
	de campaña	to unpack	**deshacer una maleta**

Los adjetivos (Adjectives)

alone	**solo**	open	**abierto**
clean	**limpio**	organized	**organizado**
closed	**cerrado**	portable	**portátil**
comfortable	**confortable, cómodo**	ruined	**en ruinas, estropeado,**
congested	**congestionado**		**dañado**
dirty	**sucio**	self-service	**de autoservicio**
disorganized	**desorganizado**	sunny	**soleado**
free	**gratis**	tan	**bronceado**
full (*no vacancy*)	**lleno, completo**	worth seeing	**vista recomendada**
mild (*climate*)	**templado**		

EJERCICIO
9·9

¿Verdadero o falso?

1. _____ Es peligroso tomar el sol por dos horas cada día.

2. _____ Para un viaje de negocios, el negociante típicamente se queda en un hotel por un mes o más.

3. _____ A los introvertidos les gusta quedarse solos por muy poco tiempo; prefieren ir a fiestas cada noche.

4. _____ Limpio mi casa por seis o siete horas cada día.

5. _____ Unas gasolineras están abiertas por veinticuatro horas al día.

6. _____ Si una persona toma el sol por un día, va a estar bronceada por un año.

7. _____ Muchas personas están aburridas cuando están en la playa por más de cinco horas.

8. _____ Muchos pescadores pescan por dos o tres horas muy temprano en la mañana cuando el mar está bien calmo.

9. _____ Los gatos duermen solamente por tres o cuatro horas cada día.

10. _____ Los niños en la playa pueden ocuparse por horas construyendo los castillos de arena.

Periods of time in the 24-hour day

When **por** is used before **la mañana**, **la tarde**, **la noche**, or **el día**, it indicates an unspecified amount of time and implies that whatever is taking place lasts for quite a while (rather than for either a very short or specified amount of time). In this context, **por** translates as "for," "at," "during," "in," or "throughout."

Miramos la tele por un rato.	We watch TV **for** a while.
Estudio por la noche.	I study **at** night.
Tomo el sol por la tarde.	I sunbathe **during** the afternoon.
Pescamos por la mañana.	We fish **in** the morning.
Ellos fuman por el día.	They smoke **throughout** the day.

VOCABULARIO

En el hotel (At the hotel)

Los sustantivos (Nouns)

air-conditioning	el aire acondicionado	family room	la habitación familiar
amenities	los servicios	fire exit	la salida de incendios
apartment	el apartamento	fire extinguisher	el extintor de fuego, el extinguidor
balcony	el balcón		
bath	el baño	form	el impreso, el formulario
bed	la cama		
bed and breakfast	la pensión	guest	el/la huésped
bedding (*linens*)	la ropa de cama	hair salon	la peluquería
bedspread	el cubrecama, el cobertor	hairdresser	el peluquero / la peluquera
bellhop	el botones		
bill	la cuenta	hairdryer	el secador de pelo
billiard room	la sala de billar	heating	la calefacción
breakfast	el desayuno	hotel	el hotel
brochure	el folleto	inn	la posada, la fonda, el mesón
business meeting	la reunión de negocios		
call (*telephone*)	la llamada	iron	la plancha
check	el cheque	ironing board	la tabla de planchar
coat hanger	la percha	key	la llave
complaint	la queja	laundry	la lavandería
concierge	el/la conserje	laundry service	el servicio de lavandería
conference	la conferencia	meal	la comida
conference room	el salón de conferencias	mobile home, trailer	la caravana
credit	el crédito		
credit card	la tarjeta de crédito	nuisance	la molestia
damage	el daño	overnight bag	el maletín de fin de semana
dining room	el comedor		
dinner, evening meal	la cena	parking lot	el aparcamiento, el estacionamiento
discount	el descuento, la rebaja	parking space	el espacio para aparcar
double room	la habitación doble	payment	el pago
efficiency unit	el piso con cocina propia	plug (*electrical outlet*)	el enchufe
elevator	el ascensor, el elevador		
euro	el euro	porter	el portero
extra charge	el suplemento, el recargo	price, fee	el precio
facilities	los servicios	price list	la lista de precios

privacy	**la privacidad, la intimidad**	sales tax	**el IVA (Impuesto al Valor Agregado)**
private bathroom	**el baño privado**	shower	**la ducha**
quilt	**la colcha**	shower cap	**el gorro de ducha**
receipt	**el recibo**	signature	**la firma**
reception area	**la sala de recepción**	stay (*in a hotel, etc.*)	**la estancia**
receptionist	**el/la recepcionista**		
refund	**el reembolso, la devolución**	suite	**la suite**
reservation	**la reserva, la reservación**	toilet	**el inodoro**
room	**la habitación**	traveler's check	**el cheque de viajero**
room service	**el servicio a la habitación**	view	**la vista**
rug (*area*)	**la alfombrilla**	villa	**la villa**
rug (*carpet*)	**la alfombra**	youth hostel	**el albergue juvenil**

Los verbos (Verbs)

to book (*a room*)	**reservar**	to locate	**colocar**
to cash (*a check*)	**cobrar, hacer efectivo**	to pay (for)	**pagar**
to check in	**facturarse**	to sign	**firmar**
to check out	**retirarse**	to stay (*in a hotel, etc.*)	**alojarse, quedarse**
to complain	**quejarse**		
to fill in (*a form*)	**rellenar, llenar**		

Los adjetivos y las frases (Adjectives and phrases)

affordable	**asequible, razonable**	expensive	**costoso, caro**
all included	**todo incluido**	full board	**la pensión completa**
broken	**roto**	half board	**la media pensión**
cheap	**barato**	inclusive	**completo**
Do not disturb.	**No molestar.**	in-room bathroom	**el baño adjunto**
economical	**económico**	noisy	**ruidoso**
excluding	**excluido**	wake-up call	**la llamada por la mañana temprano**
exclusive	**exclusivo**		

EJERCICIO

9·10

¿A, B o C?

1. _____ Eres universitario y no tienes mucho dinero, pero quieres viajar por Europa por todo el verano. Te alojas en _____.
   a. un hotel de cuatro estrellas
   b. una pensión
   c. un albergue juvenil

2. _____ Tienes una reunión de negocios a las seis y media de la mañana. ¡Caramba! Dejas el despertador en la casa. Tú necesitas _____.
   a. un gorro de ducha
   b. una llamada por la mañana temprano
   c. una tabla de planchar

3. _____ Vas a hacer la cama. Primero, necesitas las sábanas y las fundas, entonces una cobija. Finalmente, encima de todo, pones _____.
   a. la plancha
   b. la colcha
   c. la percha

4. _____ Tú reservas una habitación que cuesta cien dólares la noche. Pero la cuenta dice que debes ciento quince dólares. El suplemento se refiere _____.
   a. al reembolso
   b. a la alfombra
   c. al IVA

5. _____ Estás planeando tu luna de miel y obviamente no quieres alojarte por dos semanas en un basurero. Reservas una habitación en _____.
   a. un hotel exclusivo y costoso
   b. una pensión
   c. un albergue juvenil

6. _____ Quieres usar tu nueva afeitadora eléctrica. Primero tienes que colocar _____.
   a. el ascensor
   b. la percha
   c. el enchufe

7. _____ Al entrar en su habitación de un hotel exclusivo, Alina descubre que el despertador está roto, la televisión no funciona, la alfombra está sucia, el mini-bar está vacío, la vista es de un muro de ladrillo, las perchas están torcidas y el olor es una fusión de humo y orina. Inmediatamente, le llama al conserje para _____.
   a. pedir servicio a la habitación
   b. quejarse
   c. darle cumplidos efusivos

8. _____ Para hacer una reserva por teléfono en la mayoría de los hoteles, una persona necesita darle al recepcionista su número de _____.
   a. Seguro Social
   b. carné de conducir
   c. tarjeta de crédito

An equal exchange or substitution

Always keep in mind the image of **por** as a balancing scale. No one would pay a thousand dollars *for* a cup of coffee because there is absolutely nothing approaching equality there; however, a few dollars for a nice cappuccino seems fair to most. Think of money as a substitution: Is the object desired a fair substitution for the money in your hand? It's the same with people and things: A substitute teacher, in a sense, replaces the regular teacher, and when you trade baseball cards or baseball players, they must be (or at least be perceived to be) of equal value.

This is why you always use **por** when giving thanks *for* something: The expression of gratitude balances the giver and receiver of the gift. In this context, **por** nearly always translates as "for"; in a substitution, **por** can also translate as "on behalf of" or "in place of."

Pago tres dólares por la revista.	*I pay three dollars **for** the magazine.*
Gracias por el regalo.	*Thank you **for** the gift.*
Él habla por ella esta noche.	*He speaks **on behalf of** her tonight.*
Substituyo manteca por mantequilla.	*I substitute lard **in place of** butter.*

El lenguaje (Language)

Los sustantivos (Nouns)

accuracy	la exactitud	major languages	los idiomas principales
alphabet	el alfabeto	minor languages	los idiomas secundarios
aptitude	la aptitud	mistake	el error
artificial language	el lenguaje artificial	modern languages	las lenguas modernas
bilingualism	el bilingüismo	mother tongue	la lengua madre,
branch	la rama		la lengua materna
classical languages	las lenguas clásicas	name	el nombre
culture	la cultura	native	el nativo / la nativa,
development	el desarrollo		el/la natural
dialect	el dialecto	offshoot	el ramal
foreign language	el idioma extranjero	oral tradition	la tradición oral
grammar	la gramática	origin	el origen
Greek	el griego	phenomenon	el fenómeno
illiterate (*person*)	el analfabeto /	Romance language	el idioma románico
	la analfabeta	self-assessment	la autoevaluación
influence	la influencia	sign language	el lenguaje de señas
language (*general*)	el lenguaje	survival	la supervivencia
language (*specific*)	el idioma, la lengua	teacher	el maestro / la maestra,
language skills	las habilidades para		el profesor /
	los idiomas		la profesora
Latin	el latín	teaching	la enseñanza
learning	el saber, el aprendizaje	test	el examen, la prueba
level	el nivel	tradition	la tradición
linguist	el/la lingüista	translation	la traducción
linguistics	la lingüística	variation	la mutación, el cambio
link	el nexo	witticism	la agudeza

Los verbos (Verbs)

to adapt	adaptar	to mean	significar,
to adopt	adoptar		querer (e > ie) decir
to be preserved	preservarse	to mime	representar con gestos
to criticize	criticar	to practice	practicar
to derive (from)	derivarse (de)	to teach	enseñar
to forget	olvidar	to test (*someone*)	evaluar
to improve	mejorar	to translate	traducir
to learn, learn to do	aprender, aprender a	to understand	entender (e > ie),
(*something*)			comprender

Los adjetivos y las frases (Adjectives and phrases)

adopted	adoptado	living	vivo
advanced	avanzado	monolingual	monolingüe
based on	basado en	national	nacional
bilingual	bilingüe	official	oficial
difficult	difícil	separate	separado,
easy	fácil		independiente
gifted	dotado	spoken	hablado
grammatical	gramático	unknown	desconocido
Indian	indio	widely	ampliamente
known	conocido		

EJERCICIO

9·11

Para traducir

1. *In order to learn how to speak a foreign language, you have to pay at least $50 for each class in this school.*

_____

_____

2. *If you want to teach sign language here, you have to pay for your own (propio) books.*

_____

3. *No one wants to pay a thousand dollars for a book based on the life of a native of Mercury.*

_____

4. *I'm going to teach linguistics for Mr. Chomsky, because he wants to study the minor languages of Asia.*

_____

_____

5. *She's going to speak for me tonight, because I don't want to work on my birthday.*

_____

6. *These words are adopted from Latin and those are from Greek, and they're all Spanish. Spanish is a living language.*

_____

_____

7. *Many people believe that Latin is a dead language and that Greek is alive.*

_____

8. *Many people in the United States are monolingual. It's a shame, because the majority of the rest of the world is at least bilingual: A Spaniard can speak for a Frenchman, and a German can speak for a Japanese.*

_____

_____

_____

9. *The official language of Guatemala is Spanish; however, there are many Indian dialects spoken in that country.*

_____

_____

10. *Many deaf persons learn sign language when they are very young.*

_____

UNIT 9 **Para and por** 331

Motivation or reason for doing something

Por before an infinitive generally translates as "because of" or "due to" and clues the listener or reader as to why something is being done.

In this context, **por** can precede a noun to indicate why something is happening.

Estoy desfigurada, pero más fuerte por la experiencia.	I'm disfigured, but stronger **for** the experience.
Por divorciarse, ella experencia la libertad por primera vez en su vida.	**By** getting divorced, she experiences freedom for the first time in her life.
Reconstruimos el hipódromo por el tornado.	We're reconstructing the hippodrome **because of** the tornado.
Por el huracán Katrina, muchas personas tienen que mudarse.	**Due to** Hurricane Katrina, many people have to move.

VOCABULARIO

Escuchar y hablar (Listening and talking)

Los sustantivos (Nouns)

accent	**el acento**	pun	**el retruécano, el juego de palabras**
consonant	**el consonante**		
conversation	**la conversación**	quote	**la citación**
dialect	**el dialecto**	rhythm	**el ritmo**
diction	**la dicción**	sentence	**la frase**
dictionary	**el diccionario**	sound	**el sonido**
expression	**la expresión**	slang	**el argot**
fluency	**la fluidez, la soltura, la facilidad**	speaker	**el/la hablante**
		speaking skills	**las habilidades verbales, las habilidades para hablar**
idiom	**la expresión idiomática**		
interpreter	**el/la intérprete**		
intonation	**la entonación**	speech	**el discurso**
jargon	**la jerga**	speech therapy	**la terapia lingüística**
lexicon	**el léxico**	speed	**la velocidad**
lisp	**el ceceo**	spoken language	**el lenguaje hablado**
listener	**el oyente**	stress	**la entonación**
listening	**la audición**	syllable	**la sílaba**
listening skills	**las habilidades para audición**	vowel	**la vocal**
		wisdom	**la sabiduría**
mispronunciation	**el error de pronunciación**	wit	**el ingenio, la agudeza**
phrase book	**el libro de frases**	wordplay	**el juego de palabras**

Los verbos (Verbs)

to articulate	**articular**	to pronounce	**pronunciar**
to communicate	**comunicar**	to pun	**hacer retruécanos**
to converse	**conversar, hablar**	to sound	**sonar (o > ue)**
to express oneself	**expresarse**	to speak	**hablar**
to interpret	**interpretar**	to spell	**deletrear**
to lisp	**cecear**	to stutter	**tartamudear**
to listen (to) (*a person*)	**escuchar (a)**	to swear (at) (*a person*)	**maldecir (e > i) (a)**
to mispronounce	**pronunciar mal**		

Los adjetivos (Adjectives)

articulate	**elocuente**	stressed	**acentuado**
clear	**claro**	unpronounceable	**impronunciable**
clever	**agudo**	unstressed	**inacentuado**
fluent	**fluido**	witty	**gracioso, chistoso**
idiomatic	**idiomático**		

¿Verdadero o falso?

1. _____ Por ganar la lotería, muchas vidas son cambiadas—algunas son mejores y otras son peores.

2. _____ Una persona puede viajar en una manera completamente nueva por aprender a hablar otro idioma.

3. _____ Por maldecir al juez, una persona recibe muchos cumplidos por su elocuencia.

4. _____ Por tartamudear mucho, varias personas contratan los servicios de un especialista en la terapia lingüística.

5. _____ Jerry Seinfeld es un cómico famoso pero, por no ser ni suficiente gracioso ni agudo, su programa de la televisión es cancelado después de seis episodios porque casi nadie lo mira.

6. _____ Mark Twain es un autor famoso por su uso de expresiones idiomáticas de los aztecas.

7. _____ La palabra inglesa *facetiously* es excepcional por tener todas las vocales (¡incluso la *y*!) en orden.

8. _____ Por sonar las letras individualmente, muchas personas pueden deletrear una palabra larga.

9. _____ Por su acento fuerte, todo el mundo cree que Ricardo Montalbán es japonés.

10. _____ Es imposible pronunciar mal una palabra que tiene solamente una sílaba.

Winston Churchill

Winston Leonard Spencer Churchill nace el treinta de noviembre, 1874, en el Palacio Blenheim, Oxfordshire, la Inglaterra. Durante su vida, Churchill es político, soldado, artista (pintor) y el primer ministro más famoso del siglo veinte. Se casa con Clementine Hozier y ellos tienen un hijo y cuatro hijas. Recientemente Churchill es nombrado (en un sondeo conducido por el BBC) "el británico más magnífico de todo tiempo".

Después de una carrera en el ejército, Churchill llega a ser miembro conservador del Parlamento en 1900, y se queda en el Parlamento hasta 1964. En 1963 él recibe la ciudadanía honoraria de Los Estados Unidos, otorgado a él por el presidente John F. Kennedy. Churchill muere dos años después de un ataque cerebral.

Winston Churchill es un hombre muy complicado: Excepcionalmente inteligente, con gran carácter y visión en el campo de la política y la guerra, paradójicamente él es artista y pinta varias pinturas de flores y paisajes. También, Churchill posee un ingenio único. Aquí tienes algunas de sus citaciones e historias más conocidas y chistosas.

El ingenio y la sabiduría de Winston Churchill

Algunas citaciones

- Un fanático es uno que no puede cambiar la mente y nunca cambia el tópico de la conversación.
- Hay muchas mentiras por aquí, y cincuenta por ciento de ellas son verdaderas.
- Todos nosotros somos gusanos. Pero yo creo que soy luciérnaga (gusano de luz).
- Cuando tienes que matar a un hombre, no cuesta nada mostrarle la cortesía.
- La democracia es la peor forma del gobierno, excepto todas las otras formas que tratamos de vez en cuando.
- Un prisionero de la guerra es uno que trata de matarte, pero no lo cumple. Entonces te pide la misericordia.
- Las cometas vuelan más altas contra el viento—no con el viento.

Dos historietas famosas

- A Churchill le gusta mucho tomar el alcohol. La doña Astor va a tener una fiesta de disfraz, y Churchill le pregunta a la doña, "¿Qué disfraz debo llevar?" La doña le responde: "Debes venir sobrio".
- Mujer en la calle: "Señor, usted está borracho—muy, muy borracho". Churchill: "Señora, usted es fea—muy, muy fea. En la mañana, voy a estar sobrio".

Una historia encantadora

Winston Churchill y el dramaturgo George Bernard Shaw tienen una afinidad del "amor-odio". Un día, Shaw le envía a Churchill dos billetes para el estreno de su nuevo drama con la nota siguiente: "Puedes llevar a un amigo—si tienes uno".

Churchill le devuelve los dos billetes con esta nota: "Gracias por los billetes, pero no puedo asistir al drama la primera noche. Favor de enviarme dos billetes para la segunda noche—si hay una".

EJERCICIO
9·13

Responde en español a las siguientes preguntas.

1. ¿En qué año nace Winston Churchill? _____

2. ¿Cómo se llama su esposa? _____

3. ¿Cuántos hijos tiene? _____

4. ¿Cuál es su pasatiempo artístico? _____

5. ¿De qué muere? _____

6. ¿En qué año muere? _____

7. ¿Es Churchill conservador o liberal? _____

8. ¿Tiene sentido de humor? _____

9. ¿Le gusta el alcohol? _____

10. ¿Es popular todavía u olvidado en la Inglaterra? _____

Movement of all kinds

Por is used before the name of any type of vehicle to indicate a means of transportation. It also indicates movement or a temporary stop (as opposed to one's final destination). In this context, **por** usually translates as "by," but sometimes as "at," "in," or "around."

Voy a Acapulco por avión.	*I'm going to Acapulco **by** airplane.*
Va por el banco antes del cine.	*He's stopping **at** (**by**) the bank before the movie.*
Ya no envío cartas por correo.	*I don't send letters **in** the mail anymore.*
Nos paseamos por el parque.	*We stroll **around** the park.*

VOCABULARIO

Leer y escribir (*Reading and writing*)

Los sustantivos (Nouns)

accent (mark)	**el acento**	lyrics (*song*)	**la letra**
acute accent	**el acento agudo**	mail	**el correo**
alphabet	**el alfabeto**	note	**la nota**
anonymous letter	**el anónimo**	paragraph	**el párrafo**
autograph	**el autógrafo**	philologist	**el filólogo / la filóloga**
Braille	**el Braille**	philology	**la filología**
character	**el carácter**	pictograph	**el pictograma**
code	**el código**	quip	**el chiste, la agudeza**
correspondence	**la correspondencia**	reading	**la lectura**
e-mail	**el correo electrónico,**	reading skills	**las habilidades para**
	el e-mail		**la lectura**
etymologist	**el etimólogo / la etimóloga**	scribbling, scrawl	**los garabatos**
etymology	**la etimología**	sign	**el signo**
graffiti	**los grafitis**	signature	**la firma**
handwriting	**la escritura a mano,**	spelling	**la ortografía**
	la letra	text	**el texto**
hieroglyph,	**el jeroglífico**	transcription	**la trascripción**
hieroglyphic		writing	**la escritura**
letter (*alphabet*)	**la letra**	writing skills	**las habilidades para**
letter	**la carta**		**la escritura**
(*correspondence*)		written language	**el lenguaje escrito**
literature	**la literatura**		

Los verbos (Verbs)

to correspond (with)	**estar en correspondencia (con)**	to scribble, scrawl	**garrapatear, hacer garabatos**
to decipher	**descifrar**	to sign (*one's name*)	**firmar**
to emphasize	**acentuar**	to spell	**deletrear**
to italicize	**poner en bastardilla**	to transcribe	**transcribir**
to print	**imprimir**	to type	**escribir a máquina**
to read	**leer**	to underline	**subrayar**
to rewrite	**escribir a nuevo**	to write	**escribir**

Los adjetivos y las frases (Adjectives and phrases)

_____ is spoken (here).	**(Aquí) se habla _____.**	in bold	**en negrito, en negrilla**
alphabetical	**alfabético**		
cursed, damned	**maldicho**	italic	**en bastardilla**
graphic	**gráfico**	literate	**alfabetizado**
illiterate	**analfabeto**	sloppy	**descuidado**

La puntuación (Punctuation)

accent mark	**el acento**	hyphen	**el guión**
apostrophe	**el apóstrofo**	(in) parentheses	**(entre) paréntesis**
asterisk	**el asterisco**	(in) quotation marks	**(entre) las comillas**
(square) bracket	**el corchete**	period	**el punto (final)**
colon	**los dos puntos**	question mark	**el signo de interrogación**
comma	**la coma**		
dash	**el guión**	semicolon	**el punto y coma**
exclamation mark	**el signo de exclamación**		

EJERCICIO
9·14

¿A, B, C (o más)?

1. _____ Es muy romántico y respetuoso garrapatear el nombre de tu enamorado _____.
   a. en el coche de la policía
   b. en tu diario
   c. en la pared de un baño público

2. _____ Si quieres acentuar tu punto, puedes poner algunas palabras _____.
   a. en bastardilla
   b. en negrilla
   c. entre comillas
   d. A, B y C

3. _____ En Brasil se habla (principalmente) _____.
   a. español
   b. italiano
   c. portugués

4. _____ A varios gamberros les gusta garrapatear los grafitis en _____.
   a. los museos de arte
   b. debajo de los puentes
   c. en los tatuajes en el cuerpo

5. _____ La puntuación correcta es importante _____.
   a. solamente en contratos legales
   b. en cartas escritas por mano, pero no en un e-mail
   c. siempre

6. _____ La firma importante en el fondo de la Magna Carta (15 junio 1215, en Runnymede, Inglaterra) es del _____.
   a. rey Juan de la Inglaterra
   b. presidente Ronald Reagan
   c. explorador Francis Drake

7. _____ Los libros escritos en Braille son para _____.
   a. los sordos
   b. los ciegos
   c. los tuertos

8. _____ Jack Kerouac, el autor de varios libros de la "Generación Beat" (el más conocido ciertamente es *En el camino*), escribe bajo los efectos de _____.
   a. bencedrina
   b. aspirina
   c. té herbal

Emotions and other intangibles for someone or something

When you have something tangible, such as a doll, *for* someone, you use **para**, because this indicates the item's final destination. But **por** has a peculiar relationship with destination, and it is a delightful one.

Think of it this way: If you give something tangible away, you're left with nothing—your hand is empty. But you cannot give away emotions and feelings: You can only move them around. No matter how much love (or hatred, or respect, or churlishness) you send to someone, you are still filled with that feeling. In fact, it is a paradox of feelings that the more you give away, the more you retain. Thus, because you can't ever completely and finally deliver feelings or emotions, you use **por** as you move them around in your world.

In this context (as with **para**), **por** nearly always translates as "for."

para	Tengo juguetes para mis hijas.	*I have toys for my daughters.*
por	Tengo amor por mis hijas.	*I have love for my daughters.*
para	Tengo algo para Martín.	*I have something for Martin.*
por	Tengo gran amor y respeto por Martín.	*I have great love and respect for Martin.*
para	Estos libros son para Daisy y Lily.	*These books are for Daisy and Lily.*
por	Mi amor es por Daisy y Lily.	*My love is for Daisy and Lily.*

EJERCICIO
9·15

¿Para o por?

1. Este regalo es _____ mi prima.

2. ¿Tienes sentimientos románticos _____ él?

3. No tengo nada menos el odio _____ las cucarachas.

4. ¿Qué tienes en la mano _____ mí?

5. Estos chocolates son _____ su esposa.

6. Don Juan tiene un anillo _____ su dedo y la lascivia _____ su cuerpo.

7. Te envió saludos _____ tu familia.

8. La felicidad es _____ su alma.

VOCABULARIO

La educación superior (Postsecondary education)

Los sustantivos (Nouns)

adult education	la educación de adultos	master's degree	el título de máster
alumnus	el graduado / la graduada	polytechnic school	el politécnico
		postgraduate course	el curso de post-licenciado
apprentice, assistant	el/la aprendiz		
apprenticeship	el aprendizaje	professor	el profesor / la profesora
assessment	la evaluación		
attendance	la asistencia	progress	el progreso
career	la carrera	reading comprehension	la comprensión de textos
certificate	el certificado		
chair (university)	la cátedra	research	la investigación
college	el colegio universitario	residence hall	la residencia de estudiantes
course (of study)	el curso		
degree	el título, la licenciatura	result	el resultado
diploma	el diploma, el título	retraining	la reeducación
dissertation	la tesis, el proyecto de fin de carrera	scholar	el/la escolar
		scholarship	la beca
distinction	la matrícula de honor	semester	el semestre
doctorate	el doctorado	seminar	el seminario
effort	la esfuerza	student	el/la estudiante
(final) exam	el examen (final)	student council	la junta de delegados de clase
faculty	el profesorado		
financial aid	la ayuda escolar, el apoyo económico	student teacher	el/la aprendiz
		teachers' college	la escuela de magisterio
full scholarship	la beca completa	technical college	el colegio técnico
(final) grade/mark	la nota (final)	test	el examen
grading system	el sistema de notas	thesis	la tesis
graduate (person with a degree)	el licenciado / la licenciada	trimester	el trimestre
		university	la universidad
grant	la beca	written test	el examen escrito
lecture	la clase, la conferencia		
lecture hall	el aula, el salón de conferencias		

Los verbos (Verbs)

to admit (a student)	**admitir (a un estudiante)**	to require	**exigir**
to apply	**solicitar**	to retrain	**hacer un curso de**
to assess	**evaluar**		**reeducación**
to depend (on)	**depender (de)**	to take a test	**presentarse a un**
to educate	**educar**		**examen**
to enroll (oneself)	**alistar(se), inscribir(se),**	to test	**examinar**
	matricular(se)	to transfer (between	**cambiar (los cursos)**
to fail (a test)	**suspender (un examen)**	classes)	
to grade	**calificar, dar nota a**	to turn in (an	**entregar (una tarea)**
to pass (*a test*)	**aprobar (o > ue)**	assignment)	

Los adjetivos y las frases (Adjectives and phrases)

adult (classes)	**(las clases) de adultos**	open university	**la universidad abierta**
good	**notable**	oral	**oral**
high grade	**la nota alta**	outstanding	**sobresaliente**
in-service training	**el cursillo de formación**	part-time student	**el/la estudiante**
	de profesorado		**a tiempo parcial**
length of the course	**la duración del curso**	poor (*grade*)	**insuficiente**
low grade	**la nota baja**	satisfactory	**bien, satisfactorio**

EJERCICIO
9·16

Favor de traducir lo siguiente. Cada palabra subrayada se traduce a **para** o **por**.

1. *For studying so much, he receives high grades.*

   _____

2. *These diplomas are for the graduates.*

   _____

3. *She has a lot of hope for a good career in the field of medicine.*

   _____

4. *A good professor has a lot of respect for her students.*

   _____

5. *It's impossible to have admiration for a person when his or her dog defecates on your grass and the cretin* (el cretino) *leaves it and goes away.*

   _____

   _____

6. *She's going to get a low grade for always turning in her assignments late.*

   _____

   _____

7. *In order to assess your progress, we're going to give you a test. You're going to take the test and later my assistant is going to grade it.*

_____

_____

8. *For your outstanding efforts and grades in high school, you're going to receive a full scholarship.*

_____

_____

9. *For many scholars, the oral exam is harder than the written (one).*

_____

10. *Her love for him depends on his efforts and grades and how many gifts he buys for her.*

_____

The suffix -ario

The noun ending **-ario** indicates a book, a bound collection, printed matter, or anything that is printed and/or collected with a particular function in mind. The words below demonstrate the beauty and efficiency of the Spanish language: Note how the addition of this suffix to its base word results in a rich new word, one that often requires several English words to convey its meaning, at times bordering on the clumsy. All nouns ending in **-ario** are masculine.

SPANISH WORD	ENGLISH MEANING	BASE WORD	ENGLISH MEANING
el abecedario	*alphabet or spelling book, primer*	el abecé	*(the letters) a, b, c; alphabet*
el anuario	*yearbook, yearly report*	el año	*year*
el calendario	*calendar*	las calendas	*calends (the first day of the month on the ancient Roman calendar)*
el confesionario	*treatise with rules for confession, confessional*	la confesión	*confession*
el cuestionario	*questionnaire*	la cuestión	*question, issue*
el devocionario	*prayer book*	las devociones	*prayers*
el diario	*diary*	el día	*day*
el diccionario	*dictionary*	la dicción	*diction*
el epistolario	*epistolary, collection of letters*	la epístola	*epistle, letter*
el glosario	*glossary*	la glosa	*gloss, comment, footnote*
el himnario	*hymnal*	el himno	*hymn, anthem*
el horario	*timetable, schedule*	la hora	*hour, time*
el inventario	*inventory, catalog of property*	el invento	*invention*
el maitinario	*book of matins*	los maitines	*matins (morning prayers)*
el noticiario	*newsreel, newscast*	la noticia	*news, news item*
el obituario	*obituary*	el óbito	*death*
el temario	*agenda, list of topics*	el tema	*theme, subject, topic*
el vocabulario	*vocabulary, compendium of words*	el vocablo	*word*

EJERCICIO
9·17

¿Qué necesitas? Usa una palabra nueva de la lista previa para cada frase.

1. Quieres una colección de las cartas de San Pablo a los corintios. _____

2. Quieres escribir y describir—en detalle minúsculo—cada aspecto del día.

   _____

3. Vas a graduarte de la escuela secundaria y quieres un recuerdo formal.

   _____

4. No recuerdas la fecha ni el día ni el mes. _____

5. Eres político y quieres saber si los constituyentes te aprueban. _____

6. Vas a coger un tren pero no sabes cuando sale de la estación. _____

7. Tienes cinco años y quieres investigar las letras del alfabeto. _____

8. Acabas de cometer siete pecados mortales y quieres confesarlos a un sacerdote,

   pero no recuerdas los Diez Mandamientos. _____

9. No sabes deletrear bien y tienes un gran problema con las vocales silenciosas

   en inglés. _____

10. Eres monja y perteneces a un orden que ora todo el día. Quieres unas nuevas ideas

    y oraciones frescas. _____

And now on to the natural world. . . .

VOCABULARIO

La geografía (*Geography*)

Los sustantivos (Nouns)

aqueduct	**el acueducto**	coastline	**el litoral**
archipelago	**el archipiélago**	continent	**el continente**
area	**el área** (*f.*), **la zona**	copse	**el soto, el bosquecillo**
bay	**la bahía**	country (*nation*)	**el país**
beach	**la playa**	country (*rural*),	**el campo**
border	**la frontera**	countryside	
bottom	**el fondo**	country road	**la carretera secundaria,**
bridge	**el puente**		**el caminito**
canal	**el canal**	creek	**la cala, el riachuelo,**
canyon	**el cañón**		**el arroyo**
capital (*city*)	**la capital**	dam	**la presa, la represa, el dique**
city	**la ciudad**	delta	**el delta**
cliff	**el acantilado, el precipicio**	desert	**el desierto**
coast	**la costa**	dike	**el dique**

dune	la duna	ocean	el océano
earthquake	el terremoto	ocean floor	el fondo del mar
embankment	el terraplén	peak	el pico, la cumbre
equator	el ecuador	peninsula	la península
eruption	la erupción	plateau	la meseta, el altiplano
escarpment	la escarpa	pole	el polo
estuary	el estuario	province	la provincia
factory	la fábrica	rain forest	la selva tropical
farm	la granja	reef	el arrecife
farmland	las tierras de labranza	region	la región
field	el campo	ridge	la cresta
fjord	el fiordo	river	el río
foot (*mountain,*	el pie	riverbank	la ribera del río
hill)		riverbed	el lecho del río
foothills	las estribaciones	rock pool	la charca entre rocas
forest	el bosque	salt marsh	la marisma
freshwater	el agua (*f.*) dulce,	salt water	el agua salada
	el agua limpia	sand	la arena
geyser	el géiser	scenery	el escenario, la vista
globe	el globo terráqueo,	sea	el mar
	el globo terrestre,	sea water	el agua de mar
	la esfera terrestre	seaside	el borde del mar
hamlet	la aldea, el caserío	shore	la orilla del mar
harbor	el puerto	slope	la pendiente, la gradiente
hemisphere	el hemisferio	spring	la fuente, el manantial
hill	la colina, la loma	steppe	la estepa
incline, gradient	la inclinación,	stream	el arroyo, la corriente
	la pendiente	summit	la cima, la cumbre
inhabitant	el/la habitante	territory	el territorio
island	la isla	tide	la marea
jungle	la jungla, la selva	top (*of hill,*	la cima, la cumbre
lake	el lago	*mountain*)	
land	la tierra	tropics	los trópicos
lava	la lava	tundra	la tundra
location	la situación, la posición,	valley	el valle
	la ubicación, el lugar	volcano	el volcán
map	el mapa	water	el agua (*f.*)
marsh, bog	el pantano, la ciénaga	waterfall	la catarata, el salto de agua
meridian	el meridiano	wood(s)	el bosque
mountain	la montaña	woodland	el bosque, la región boscosa
mountain range	la cordillera, la sierra	zenith	el zenit
national park	el parque nacional	zone	la zona
nature	la naturaleza		

Los verbos (Verbs)

to be located	localizarse, estar situado	to erupt	erupcionar
to be situated	estar situado	to flow	fluir
to climb	subir (una montaña)		
(a mountain)			

Los adjetivos (Adjectives)

beneficial	**saludable**	low	**bajo**
clean	**limpio**	marshy	**pantanoso**
dangerous	**peligroso**	national	**nacional**
deep	**profundo**	peaceful	**tranquilo**
equatorial	**ecuatorial**	pleasant (*nice weather*)	**agradable**
flat	**llano, plano**	regional	**regional**
geographical	**geográfico**	shallow	**poco profundo**
harmful	**perjudicial**	steep	**escarpado, empinado**
high	**alto**	tall	**alto, elevado**
international	**internacional**		

EJERCICIO
9·18

¿Verdadero o falso?

1. _____ Típicamente hace calor y está húmedo en los trópicos.

2. _____ La montaña Everest, que se localiza en Nepal, cerca de la frontera de Tibet, es una montaña muy escarpada.

3. _____ El crucero *Titánico* viaja por el océano atlántico en aguas bien tranquilas.

4. _____ Es peligroso subir una montaña sin compañero.

5. _____ Una charca entre rocas casi siempre está baja.

6. _____ El pájaro nacional de Los Estados Unidos es Jonathan Livingston Gaviota.

7. _____ Una ciénaga casi nunca está pantanosa.

8. _____ Australia es compuesto de seis estados y dos territorios principales. (Los territorios menores incluyen varias islas—por ejemplo, Christmas, Ashmore y McDonald— y también parte de Antártica.)

9. _____ A muchas personas les gustan sentarse en la costa y escuchar los sonidos de la marea.

10. _____ Es divertido y productivo contar los granos de arena en una playa.

La atmósfera y el ecosistema (*The environment and the ecosystem*)

Los sustantivos (Nouns)

acid rain	**la lluvia ácida**	nitrates	**los nitratos**
aerosol, aerosol can	**el aerosol**	nuclear testing	**las pruebas nucleares**
air pollution	**la contaminación del aire**	nuclear waste	**los residuos nucleares**
		oil slick	**la marea negra**
artificial fertilizer	**el fertilizante artificial**	ozone layer	**la capa de ozono**
atmosphere	**la atmósfera**	pesticide	**el pesticida**
balance of nature	**el equilibrio natural**	phosphates	**los fosfatos**
catalytic converter	**el catalizador**	poison	**el veneno, el tóxico**
CFC (chlorofluoro-carbon)	**el clorofluorocarbono**	pollutant	**el contaminante**
		pollution	**la contaminación**
conservation	**la conservación**	prediction	**la predicción, el pronóstico**
conservationist	**el/la conservacionista**		
consumption	**el consumo**	radioactive waste	**el residuo radioactivo**
contamination	**la contaminación**	rain forest	**la selva tropical, el bosque pluvial**
corrosion	**la corrosión, la oxidación**		
danger (to)	**el peligro (a)**	recycled paper	**el papel reciclado**
deforestation	**la deforestación**	recycling	**el reciclaje**
detergent	**el detergente**	reprocessing	**el reprocesado**
disaster	**el desastre, la catástrofe**	residue	**el residuo**
disposal	**la eliminación**	scrap metal	**la chatarra**
drainage	**el drenaje, el desagüe**	sea level	**el nivel del mar**
drought	**la sequía**	sewage	**las aguas negras, las aguas residuales**
dump (for garbage)	**el vertedero (de basura)**		
ecology	**la ecología**	sewage treatment	**el tratamiento de las aguas negras, el tratamiento de las aguas residuales**
ecosystem	**el ecosistema**		
emission	**la emisión**		
environment	**el medio ambiente**	sewer	**la cloaca, la alcantarilla**
exhaust pipe	**el tubo de escape**	sewer gases	**las emanaciones de las cloacas**
flooding	**la inundación**		
fossil fuel	**el combustible fósil**	sewer system	**el sistema de cloacas, el alcantarillado**
garbage, refuse	**la basura, el desperdicio, el desecho**		
		skin cancer	**el cáncer de piel**
gas	**el gas**	soil erosion	**la erosión del suelo**
glass	**el vidrio**	sulfur	**el azufre**
global warming	**el recalentamiento global**	toxic waste	**los residuos tóxicos**
		ultraviolet rays	**los rayos ultravioletas**
greenhouse effect	**el efecto invernadero**	unleaded gas	**la gasolina sin plomo**
hazardous waste	**los residuos peligrosos**	waste	**el residuo, la basura**
incinerator	**el incinerador**	waste gases	**los gases residuales**
industrial waste	**los residuos industriales**	waste products	**los productos de desecho**
landfill	**el relleno sanitario**	water level	**el nivel del agua**
lead	**el plomo**	water supply	**el abastecimiento de agua, el suministro de agua**
litter	**la basura, los desperdicios**		
		water supply system	**el sistema de abastecimiento de agua**
natural resources	**los recursos naturales**		
nature reserve	**la reserva natural, el parque natural**	weed killer	**el herbicida**

Los verbos (Verbs)

to conserve	**conservar, preservar**	to recycle	**reciclar**
to consume	**consumir**	to run out	**agotarse, gastarse,**
to damage	**dañar, estropear, hacer daño a**		**acabarse**
to destroy	**destruir**	to smell (like)	**oler (o > ue) (a)**
to dispose (of)	**deshacerse (de)**	to spray	**rociar, pulverizar,**
to do without	**arreglarse sin, no necesitar**		**atomizar**
to emit	**emitir**	to throw away	**desechar, tirar**
to give off	**emanar, desprender**	to throw in the	**botar a la basura**
to improve	**mejorar**	garbage	
to insulate	**aislar**	to waste	**desperdiciar, malgastar**
to poison	**envenenar**	to waste (money)	**despilfarrar, derrochar**
to pollute	**contaminar**		**(el dinero)**
to predict	**pronosticar**	to waste (time)	**perder (e > ie)**
to protect	**proteger**		**(el tiempo)**
to provide	**suministrar, proveer (de)**	to water	**regar (e > ie)**

Los adjetivos (Adjectives)

biodegradable	**biodegradable**	nuclear	**nuclear**
damaging	**dañoso**	poisonous	**venenoso**
disastrous	**desastroso**	radioactive	**radioactivo**
global	**global, mundial**	recyclable	**reciclable**
harmful	**perjudicial**		

¿Sabes qué...?

◆ La lluvia ácida simplemente significa que la lluvia está más acídula que debe estar. Se causa la lluvia ácida cuando hay una abundancia del azufre y el nitrógeno (en la forma del gas) en la lluvia (causada principalmente por el petróleo de vehículos y las estaciones de utilidades).

◆ El recalentamiento global es un recalentamiento gradual de la atmósfera de la tierra causado por la quemadura de los combustibles fósiles y los residuos industriales.

◆ El americano medio deposita 4.4 libras de basura por persona al día. Esto es una de las razones que muchas personas creen que los americanos son "los cerdos del mundo".

◆ Si una persona pasa mucho tiempo tomando el sol sin bloque del sol, los rayos ultra-violetas puedan causarle el cáncer de piel.

◆ Todas las baterías ahora son clasificadas "residuos peligrosos". Esto significa que una persona no puede desecharlas con la basura municipal porque contienen metales tóxicos y tienen componentes corrosivos. Por eso, tienes que encontrar un repositorio especial donde se puede desecharlas.

◆ La emanación de las cloacas, además de oler como huevos podridos, puede ser muy peligroso. Por su concentración alta del azufre, los gases son muy combustibles. Por eso, si una persona lo huele, debe llamar a los bomberos y salir del edificio.

◆ En Los Estados Unidos, las cinco mejores ciudades (por su baja cantidad de "días de aire malo") son San Francisco, Minneapolis, Seattle, San José y Miami.

◆ El niño medio usa entre ocho y diez mil lienzos desechables antes de entrenarse a usar el inodoro. Cada año los padres (y niñeros) desechan más o menos dieciocho billones de estos lienzos.

¿A, B o C?

1. _____ Vas a encontrar un catalizador en _____.
   a. una bicicleta
   b. un coche
   c. el sistema de cloacas

2. _____ El americano deposita más o menos _____ libras de basura por persona por semana.
   a. treinta
   b. cinco
   c. cuarenta y cuatro

3. _____ El azufre huele a _____.
   a. canela
   b. mofeta
   c. huevos podridos

4. _____ Los rayos ultravioletas pueden causar _____.
   a. el acné
   b. la caspa
   c. el cáncer de piel

5. _____ Se usa el herbicida típicamente en _____.
   a. el champú
   b. el jardín
   c. la ensalada

6. _____ Tú quieres desechar una bicicleta. Esta material es considerada _____.
   a. la chatarra
   b. el residuo peligroso
   c. el veneno

7. _____ El bebé típico lleva más de _____ lienzos antes de aprender a usar el inodoro.
   a. cien docenas
   b. diez millones
   c. ocho mil

8. _____ No puedes botar a la basura _____.
   a. los zapatos fétidos
   b. los huevos podridos
   c. las baterías

Reciprocal pronouns

The word "reciprocity" means that whatever is going on is happening equally between or among all parties involved. If I see you, but you don't see me, there is no reciprocity. However, when we see each other, reciprocity takes place. Since reciprocity can occur only when two or more persons are involved, reciprocal pronouns exist only in the plural forms.

The phrases "each other" and "one another" figure frequently in translations of Spanish sentences with reciprocal pronouns. In English, these two phrases are *not* interchangeable: "Each other" is used only when two people are involved, "one another" is used when there are two or more people involved.

RECIPROCAL PRONOUNS

nos	*ourselves (each other, one another)*
os	*yourselves (each other, one another)*
se	*themselves, yourselves (each other, one another)*

As you can see, reciprocal pronouns are the same as reflexive pronouns. All grammatical rules that apply to direct, indirect, and reflexive pronouns also apply to reciprocal pronouns.

1 The pronoun (direct, indirect, reflexive, or reciprocal) is placed directly before the conjugated verb.

Nos vemos cada día.	*We see each other (one another) every day.*
¿Se conocen todos en este grupo?	*Do they all know one another in this group?*

2 The pronoun (direct, indirect, reflexive, or reciprocal) is attached to the end of the infinitive when two verbs are used.

Romeo y Julieta no pueden verse muy a menudo.	*Romeo and Juliet can't see each other very often.*
¿Queréis visitaros cada semana?	*Do all of you want to visit one another every week?*

EJERCICIO
9·20

Para traducir *In this exercise, consider "you" as informal.*

1. *We love each other.* _____

2. *They hate each other.* _____

3. *They look at (watch) one another carefully (cuidadosamente).*

_____

4. *You touch each other too much. Shame on you! (¡Qué vergüenza!)*

_____

5. *Do you all write to each other throughout the year?*

_____

6. *You all need to listen to one another more.* _____

7. *She wants a divorce, because she and her husband disgust each other.*

_____

8. *At the wedding, we dance with one another. Can you believe that the Macarena is still popular?*

_____

9. *He and his lover visit each other five times a week. The rest of the time he looks at himself in the mirror.*

_____

_____

La guerra y la paz (War and peace)

Los sustantivos (Nouns)

aerial bombing	**el bombardeo aéreo**	hostilities	**las hostilidades**
aggressor	**el agresor / la agresora**	invasion	**la invasión**
air force	**las fuerzas aéreas**	maneuvers	**las maniobras**
air raid	**el ataque aéreo**	massacre	**la masacre**
air raid shelter	**el refugio antiaéreo**	military service	**el servicio militar**
air raid warning	**la alarma antiaérea**	mobilization	**la movilización**
ambush	**la emboscada**	morale	**la moral**
arms race	**la carrera de armamentos**	navy	**la armada,**
army	**el ejército**		**la marina de guerra**
assault	**el asalto**	occupation	**la ocupación**
attack	**el ataque**	offensive	**la ofensiva**
barracks	**las barracas, el cuartel**	peace	**la paz**
battle	**la batalla**	propaganda	**la propaganda**
battlefield	**el campo de batalla**	radar	**el radar**
blast	**la explosión**	(battle) rage	**el furor (de la batalla)**
blockade	**el bloqueo**	raid	**el ataque, la incursión**
bomb alert	**el aviso de bomba**	ranks	**las filas**
bombardment	**el bombardeo**	reinforcements	**los refuerzos**
camp	**el campo**	reprisal	**la represalia**
campaign	**la campaña**	resistance	**la resistencia**
capture	**la captura, el apresamiento,**	revolution	**la revolución**
	la toma	riot	**el motín, la sublevación**
cause	**la causa**	rubble	**los escombros**
civil war	**la guerra civil**	security check	**la inspección de seguridad**
conflict	**el conflicto**	shell	**el obús, el proyectil,**
confrontation	**la confrontación**		**la granada**
coup d'état	**el golpe de estado**	shelter	**el refugio**
court-martial	**el consejo de guerra,**	siege	**el asedio, el sitio**
	el consejo militar	skirmish	**la escaramuza**
coward	**el/la cobarde**	strategy	**la estrategia**
cowardice	**la cobardía**	striking power	**el poder ofensivo,**
defeat	**la derrota**		**el poder de ofensiva**
defense	**la defensa**	suicide bombing	**los bombardeos de suicidio**
enemy	**el enemigo / la enemiga**	tactics	**las tácticas**
espionage	**el espionaje**	terrorist	**el/la terrorista**
ethnic cleansing	**la limpieza étnica**	terrorist attack	**el ataque terrorista,**
evacuation	**la evacuación**		**el atentado terrorista**
front	**el frente**	total war	**la guerra total**
grenade	**la granada**	trench	**la trinchera**
guerilla	**el guerrillero /**	troops	**las tropas**
	la guerrillera	truce	**la tregua**
guerilla warfare	**la guerra de guerrilleros**	vessel	**la nave**
headquarters	**el cuartel general**	war	**la guerra**
hijacker	**el secuestrador /**	warmongering	**el belicismo**
	la secuestradora	wound	**la herida**

Los verbos (Verbs)

to abduct, kidnap	**raptar, secuestrar**	to flee	**huir, escapar**
to airlift	**transportar por avión**	to hijack	**secuestrar**
		to interrogate	**interrogar**
to assassinate	**asesinar, matar**	to intervene	**intervenir**
to attack	**atacar**	to invade	**invadir**
to be defeated	**estar derrotado**	to issue an ultimatum	**dar un ultimátum**
to be reduced to	**reducirse a**	to kidnap	**secuestrar**
to block, blockade	**bloquear**	to liquidate	**liquidar**
to blow up	**volar (o > ue), hacer explotar, explosionar**	to lose	**perder (e > ie)**
		to mobilize	**movilizar**
		to occupy	**ocupar**
to break out (in war)	**estallarse (de guerra)**	to patrol	**patrullar**
to call up (*for duty*)	**llamar a filas**	to provoke	**provocar**
to capture	**capturar**	to resist	**resistir**
to claim responsibility (for)	**reivindicar el atentado (por)**	to resume	**resumirse**
to commit (*an act*)	**cometer**	to review (troops)	**pasar revista (a la tropa)**
to contaminate	**contaminar**	to revolt	**rebelarse, sublevarse**
to crash (an airplane)	**estrellarse (un avión)**	to sink (*of its own accord*)	**hundirse**
to crush (the enemy)	**estrellar (al enemigo)**		
to declare (*war*)	**declarar**	to sink (a ship)	**hundir (un barco)**
to defeat	**derrotar**	to spy	**espiar**
to defend	**defender (e > ie)**	to start a war	**comenzar (e > ie) una guerra, declararse una guerra**
to destroy	**destruir**		
to detain	**detener**		
to detect	**detectar**	to submerge	**sumergirse**
to discharge (*a person*)	**licenciar**	to surface	**emerger**
to evacuate	**evacuar**	to threaten	**amenazar**
to fight (a battle)	**luchar (una batalla)**	to win	**ganar**
to fight off	**rechazar**	to wound	**herir (e > ie)**

Los adjetivos y las frases (Adjectives and phrases)

antiaircraft	**antiaéreo**	harmful	**perjudicial**
atomic	**atómico**	missing in action	**desaparecido en acción**
bloody	**sangriento**		
brave	**valiente**	multilateral	**multilateral**
cowardly	**cobarde**	nuclear	**nuclear**
damaging	**dañoso, dañino (para)**	offensive	**ofensivo**
		underground	**subterráneo**
devastating	**devastador**		

EJERCICIO
9·21

Para traducir *In this exercise, consider "you" as informal.*

1. *Why do you threaten each other?*

   _____

2. *They provoke each other all the time.*

   _____

3. *We wound one another in the trenches.*

   _____

4. *They resist each other because they are afraid of a bloody war.*

   _____

5. *We contaminate one another with our lies.*

   _____

6. *They attack each other with their filthy words.*

   _____

7. *You should defend one another, because rumor has it* (se rumorea que) *you're friends.*

   _____

8. *We can love each other or we can destroy each other. It's our decision.*

   _____

9. *They blow one another up in another atomic war.*

   _____

10. *We interrogate one another with harmful and offensive questions.*

   _____

Las armas (*Weapons*)

Los sustantivos (*Nouns*)

aircraft carrier	**el portaaviones**	launcher	**el lanzador**
ammunition	**la munición**	(grenade) launcher	**el lanzagranadas**
armaments	**los armamentos**	(missile) launcher	**el lanzamisiles**
armored (*bulletproof*) car	**el coche blindado**	(rocket) launcher	**el lanzacohetes**
		letter bomb	**la carta bomba**
arms	**las armas**	machine gun	**la ametralladora**
artillery	**la artillería**	manufacturer	**el/la fabricante**
atomic bomb	**la bomba atómica**	mine	**la mina**
barbed wire	**el alambre de púas**	minefield	**el campo de minas**
bayonet	**la bayoneta**	minesweeper	**el dragaminas**
bazooka	**la bazuca**	missile	**el misil**
bomb	**la bomba**	mortar	**el mortero**
bombardment	**el bombardeo**	neutron bomb	**la bomba de neutrones**
bomber (*aircraft*)	**el bombardero aéreo**	nuclear test	**la prueba nuclear**
bullet	**la bala**	poison gas	**el gas venenoso**
car bomb	**el coche bomba**	radar screen	**la pantalla de radar**
chemical weapons	**las armas químicas**	radiation	**la radiación**
crossbow	**la ballesta**	radiation sickness	**la radiotoxemia**
dagger	**el puñal, la daga**	revolver	**el revólver**
debris	**los escombros**	rifle	**el rifle**
destroyer	**el destructor**	rocket	**el cohete**
fighter (*aircraft*)	**el caza**	sabotage	**el sabotaje**
firearm	**el arma de fuego**	shell	**el obús, el proyectil**
frigate	**la fragata**	shotgun	**la escopeta**
gas	**el gas**	shrapnel	**la metralla**
gas attack	**el ataque de gas**	submachine gun	**la metralleta**
(hand) grenade	**la granada (de mano)**	submarine	**el submarino**
gun, pistol	**la pistola**	tank	**el tanque**
H-bomb, hydrogen bomb	**la bomba H**	target	**el blanco, el objetivo**
		torpedo	**el torpedo**
jet (*aircraft*)	**el avión a reacción**	torpedo attack	**el ataque de torpedo**
knife	**el cuchillo**	warship	**el barco de guerra**
laser	**el láser**	weapon	**el arma** (*f.*)

Los verbos (*Verbs*)

to aim	**apuntar**	to fire (a gun)	**disparar (una pistola)**
to attach, bind	**atar**	to hit (*a target*)	**impactar, alcanzar, dar**
to bombard	**bombardear**	to kill	**matar**
to discharge (*a person*)	**licenciar**	to sabotage	**sabotear**
to discharge (*a weapon*)	**disparar, tirar**	to shoot dead	**matar de un tiro, matar a tiros**
to drop (a bomb)	**lanzar (una bomba)**		
to drop (a weapon)	**soltar (o > ue) (el arma)**	to stockpile	**formar una reserva**
		to torpedo	**torpedear**
to execute	**ejecutar**		
to explode a bomb	**hacer explotar una bomba**		

¿Cuál es la respuesta correcta?

1. _____ Un buque que navega debajo del agua se llama _____.
   a. un tanque
   b. un submarino
   c. un bombardero aéreo
   d. una ballena

2. _____ ¿A qué cosa se apunta la ballesta?
   a. el blanco
   b. el cohete
   c. el rojo
   d. el ojo de vaca

3. _____ Si tú atas un puñal al cabo de tu rifle—¡poof!—tienes _____.
   a. un cohete
   b. una metralleta
   c. una bayoneta
   d. un proyecto de artesanía

4. _____ Si quieres molestar a una persona por correo (pero crees que un anónimo
   no es suficiente), puedes enviarle _____.
   a. un coche bomba
   b. un paquete de alambre de púas
   c. un obús
   d. una carta bomba

5. _____ El quince de mayo, 1957, la Gran Bretaña suelta su primera bomba H
   sobre _____.
   a. París, Francia
   b. la Isla Christmas (el territorio de Australia)
   c. Dallas, Texas
   d. Londres

6. _____ Los escombros que resultan de una explosión de un obús, una mina, o una bomba
   se llaman _____.
   a. el misil
   b. la bala
   c. la metralla
   d. el acné

7. _____ En una exhibición muy similar al papel de Tom Cruise en la película *Top Gun,*
   el presidente George W. Bush (llevando un traje de vuelo) aterriza al *USS Lincoln*
   en Everett, Washington, el primero de mayo, 2003. El *USS Lincoln* es _____.
   a. un coche blindado
   b. un portaaviones
   c. un bombardero aéreo
   d. una limusina

8. _____ ¿Qué "vehiculo" de lo siguiente no vuela?
   a. la bazuca
   b. el caza
   c. el cohete
   d. el avión a reacción

VOCABULARIO

El personal militar (*Military personnel*)

archer	**el arquero / la arquera**	military personnel	**el personal militar**
assassin	**el asesino / la asesina**	ministry of defense	**el ministerio de defensa**
cadet	**el/la cadete**	noncommissioned	**el/la suboficial**
casualty	**el bajo / la baja**	officer (NCO)	
cavalry	**la caballería**	officer	**el/la oficial**
civilian	**el/la civil**	orderly	**el/la ordenanza,**
colonel	**el coronel**		**el/la asistente**
commando	**el comando**	parachutist	**el/la paracaidista**
conscientious	**el objetor de conciencia**	prisoner of war	**el prisionero /**
objector			**la prisionera de**
conscript	**el conscripto /**		**guerra**
	la conscripta	rebel	**el/la rebelde**
convoy	**el convoy**	recruit	**el/la recluta**
corporal	**el cabo**	regiment	**el regimiento**
deserter	**el desertor / la desertora**	sailor	**el marino / la marina,**
division	**la división**		**el marinero /**
draft	**la quinta**		**la marinera**
ensign	**el alférez**	sergeant	**el sargento / la sargenta**
foot soldier	**el soldado / la soldada**	secret agent	**el/la agente secreto**
	de pie	sentry	**el/la centinela,**
general	**el/la general**		**el/la guardia**
guard	**el/la guardia**	sniper	**el francotirador /**
guerrilla	**el guerrillero /**		**la francotiradora**
	la guerrillera	soldier	**el soldado / la soldada**
hijacker	**el secuestrador /**	spy	**el/la espía**
	la secuestradora	squadron	**el escuadrón**
hostage	**el rehén**	staff	**el personal**
infantry	**la infantería**	terrorist	**el/la terrorista**
intelligence officer	**el/la oficial de la**	traitor	**el traidor / la traidora**
	inteligencia	troop(s)	**la tropa**
lieutenant	**el/la teniente**	victor	**el vencedor /**
marines	**la infantería de marina**		**la vencedora**
medic	**el médico / la médica**		

EJERCICIO
9·23

Responde a las siguientes preguntas con palabras de la lista previa de vocabulario.

1. Judas Iscariot, Benedicto Arnold y Julius y Ethel Rosenberg son _____.

2. Mata Hari, Alger Hiss y Christopher Marlowe son _____.

3. John Wilkes Booth (Abraham Lincoln), Gomal Godse (Mahatma Gandhi), Mark David Chapman (John Lennon) y James Earl Ray (Martin Luther King, Jr.)

   son _____.

4. Artemis, Robin Hood, Geena Davis, Rambo, Cupido y William Tell son

   _____.

UNIT 9 **Para** and **por** 353

5. George S. Patton, Napoleón, Charles de Gaulle y Robert E. Lee son _____.

6. Un hombre que mata a tiros a personas al azar (*at random*) es un _____.

7. Una mujer que salta de un avión con nada más que un paraguas es una

   _____.

8. Un hombre que trata de entrar en un avión con una bomba dentro de su zapato, con

   el intento de hacer explotarla, es un _____ o un _____.

9. Un hombre, capturado por el enemigo durante la guerra y puesto en la prisión es

   un _____ o un _____.

10. Un hombre que cree que la guerra es absurda y cuando recibe su noticia de la quinta

    la bota a la basura, es un _____.

M*A*S*H: Un programa excepcional de la televisión

Uno de los programas de la televisión más memorables se llama *M*A*S*H*. Por once años—más de doscientos cincuenta episodios, desde 1972 hasta 1983—los médicos, enfermeras y otro personal militar pasan sus días y noches en un hospital móvil en Corea durante la Guerra Coreana. (La guerra, en realidad, dura solamente tres años: 1950–1953.)

El carácter principal se llama Hawkeye Pierce, representado por el actor Alan Alda. Hawkeye es del estado Maine en Los Estados Unidos, el mismo origen del autor H. Richard Hornberger (su seudónimo es Richard Hooker), el cirujano que escribe la novela original la que es la inspiración por la película (del mismo nombre y dirigida por Robert Altman), la que es la inspiración por el programa.

Hay varios otros médicos que trabajan con Hawkeye en la Unidad 4077 M*A*S*H: Trapper John McIntyre, B.J. Hunnicutt, Frank Burns, Charles Winchester, los Coroneles Henry Blake y Sherman T. Potter. La enfermera Margaret Houlihan tiene el apodo "Labios Calientes". Labios Calientes y el Coronel Frank Burns tienen un lío amoroso por varios años (él está casado), y termina solo cuando Margaret se casa con el Coronel Teniente Donald Penobscot—tristemente, ellos se divorcian poco después.

¿Quién puede olvidar al Cabo Radar O'Reilly, el joven de Ottumwa, Iowa? Radar es su apodo—su nombre verdadero es Walter, pero se llama Radar porque tiene un talento especial por saber exactamente cuando los helicópteros van a llegar con los heridos—o peor, con los bajos. Radar es un hombre simple (duerme con su osito estofado), pero profundo con un corazón de oro puro.

Hay un sacerdote—el padre Francis Mulcahy—que siempre tiene las palabras perfectas por curar el alma. Para el alivio comedido, el cabo Maxwell Q. Klinger (de Toledo, Ohio) casi siempre se viste en ropa fantástica de la mujer—su teoría es que si él se presenta como loco, el ejercito va a licenciarlo. No tiene éxito, pero les da a los otros muchas ocasiones por reírse.

Posiblemente el carácter más conmovedor, irónicamente, es el psiquiatra, Sidney Freedman, representado a la perfección por el actor Allan Arbus. El programa, técnicamente, es una comedia; sin embargo, es sobre la guerra, y es imposible olvidar los horrores y tragedias y tristeza de las frecuentes pérdidas. Sidney es una combinación magnífica de la cabeza (la inteligencia) y el corazón (los sentimientos). El doctor Freedman es balanceador de todo: la locura de cualquier guerra y los mejores aspectos de cualquier vida.

Del principio, *M*A*S*H* trata de explorar las representaciones innumerables de la guerra. En todos casos, tiene muchísimo éxito. El último episodio se presenta el lunes, el 28 de febrero, 1983, con 77% de los televidentes mirándolo—hasta hoy este episodio es el programa más visto en la historia de la televisión americana.

(A propósito, los asteriscos en el título *M*A*S*H* no significan nada.)

EJERCICIO
9·24

Responde a las siguientes preguntas.

1. Respectivamente, ¿cómo se llama el carácter principal del programa *M*A*S*H* y qué actor hace el papel? _____ y _____

2. ¿Cómo se llama el sacerdote? _____

3. ¿De dónde es Walter O'Reilly? _____

4. Respectivamente, ¿cuáles son los apodos de Walter y Margaret? _____ y _____

5. Respectivamente, ¿quién escribe la novela y quién dirige la película que se llama *M*A*S*H*? _____ y _____

6. ¿Durante qué guerra toma lugar la novela, la película y el programa *M*A*S*H*? _____

7. ¿Quién hace el papel del psiquiatra Sidney Freedman? _____

8. Respectivamente, ¿por cuántos años dura el programa *M*A*S*H* y la guerra que trata de representar? _____ y _____

9. ¿Qué hace el coronel Klinger para parecer loco? _____

10. ¿Qué es el significado de los tres asteriscos entre las cuatro letras en el título? _____

The passive voice and negatives

We're in the final stretch now. At this point, you've encountered well over 10,000 new words, and a few hundred remain straight ahead. In this unit, you'll work—formally—with the passive voice. I say *formally*, because, whether you know it or not, you've already encountered the passive voice many times. We'll also enter the world of negatives, another aspect of Spanish you've already seen and used many times, but not under the microscope.

If you ever turn to a life of crime, this unit will be of great use to you: There are vocabulary sections on crime and on trial and sentencing. We'll cover words related to work—in the office, in the factory, and even in the toolshed—along with business, banking, and the economy. Finally, after all your labor, you'll have your astrological chart read and it will be time to celebrate, but only after we've covered words related to social life.

The passive voice

In English, the most common use of the passive voice is to express that an action *is being done* rather than that somebody or something *does* it ("The words *are spoken* by him" rather than "He *speaks*").

In Spanish, however, the use of the passive voice is much broader—a sort of linguistic hocus-pocus that allows the speaker to speak without speaking. Another way of putting this (let's hope a bit more clearly) is to say that the speaker is uttering words that could be said by anyone at all, often about anyone at all.

Who hasn't been warned, "You should wait an hour after eating before going swimming, or you'll drown for certain"? Aside from being untrue, this statement begs two questions: (1) Who says so? and (2) Who is *you*? The answer to both questions is "Nobody in particular." Virtually every old wives' tale is presented in this way.

- If you swallow an orange seed, a tree will grow in your stomach.
- If you eat uncooked pasta, it will turn to rocks in your stomach.
- If you keep making faces, your face will freeze in a grotesque position.
- If you sleep with a cat, it will suck away your breath and you will die.

Each of these bizarre statements has been delivered countless times to impressionable children, who believe them on the face of it and regard the adults in their lives as oracles of humanity. But each is a myth, formulated no doubt to impress the gullible into submission.

Now do you understand why your grade-school teacher admonished (albeit passively), "You shouldn't speak or write in the passive voice"? The essence of the passive voice is its utter passivity. And passivity in language is like passivity in people: It's often lazy, uninteresting, dishonest, annoying, and completely lacking in responsibility.

It is also, in the proper context, crucial and necessary.

Aquí se habla español

The key to the passive voice in Spanish is that, while there is a specific action, there is not a specific actor (and often no one knows the origin of the statement). The passive voice isn't always riddled with intent to deceive (as in the old wives' tales above); however, there is always something missing, and that missing item is a concrete, designated actor.

This leads us to a statement that we've all seen, often at the entrance of a store: **Aquí se habla español.** The translation is "Spanish is spoken here." While the action (speaking Spanish) is stated clearly, the actor (*Who* speaks Spanish?) is anonymous.

Formation of the passive voice

You've already encountered the Spanish passive voice many times in this book. Perhaps you mistook it for a reflexive verb (because the passive voice involves the use of **se**), or maybe you just rolled past it and simply understood the meaning of a sentence or phrase. (If you did, that's terrific!)

Only two possible verb forms are used in the passive voice: third-person singular and third-person plural. Every conjugated verb form, whether singular or plural, is preceded by **se**. The verb form is determined by the noun that follows it: If the noun is singular, the verb form is singular; if the noun is plural, the verb form is plural.

Se habla español.	*Spanish **is spoken**.*
Se hablan español y francés.	*Spanish and French **are spoken**.*

In Spanish, you lead off with the passive form of the verb (as opposed to its position in English). As you will see, the passive voice takes many permutations in English, while in Spanish there is only one: **se** + SINGULAR OR PLURAL VERB FORM.

Se dice que el amor es ciego.	*They **say** that love is blind.*
Se rompen huevos para un omelet.	*Eggs **are broken** for an omelet.*
Se come mucho arroz en China.	*They **eat** a lot of rice in China.*
Se venden cigarros en la tabaquería.	*Cigars **are sold** in the tobacco shop.*
Para bailar la Bamba, **se necesita** un poco de gracia.	*In order to dance la Bamba, **one needs** a little bit of grace.*

¿Verdadero o falso?

1. _____ Se usa el alambre de púas alrededor del corral de una prisión para impedir los escapes.

2. _____ Se matan todos los animales en el jardín zoológico.

3. _____ Se come mucha carne de vaca en Calcuta, India.

4. _____ Se evacuan las ciudades antes de un huracán grande.

5. _____ Se reciclan los periódicos, el plástico, el vidrio y el cartón estos días.

6. _____ Se dice que los rayos ultravioletas son buenos para la piel.

7. _____ Se conserva la energía cuando se apagan las luces al salir de un cuarto.

8. _____ Se emiten gases aromáticos de la cloaca.

9. _____ Se encuentran muchas ratas en el vertedero de basura.

10. _____ Se construyen muchos acueductos en Roma.

And now, words dealing with crime—especially apropos for our discussion of the passive voice and anonymous actors: *As they say*, there are no guilty people in prison.

VOCABULARIO

El crimen (*Crime*)

Los sustantivos (Nouns)

accomplice	**el cómplice**	burglar	**el ladrón / la ladrona**
arrest	**el arresto**	burglar alarm	**la alarma antirrobo**
arrest warrant	**la orden de arresto,**	burglary	**el robo**
	la orden de busca y	car theft	**el robo de coche**
	captura	chief of police	**el jefe / la jefa de policía**
assault	**el asalto**	child abuse	**el abuso de menores**
assault and battery	**el maltrato y la agresión**	clue	**la pista**
	física	crime	**el crimen, el delito**
autopsy	**la autopsia**	crime prevention	**la prevención de crimen**
battered child	**el niño golpeado /**	crime rate	**el índice de criminalidad**
	la niña golpeada,	crime wave	**la ola criminal,**
	el niño maltratado /		**la ola delictiva**
	la niña maltratada	criminal	**el/la criminal**
breaking and	**el allanamiento de**	delinquency	**la delincuencia**
entering	**morada**	detective	**el/la detective**

drug abuse	**el abuso de drogas**	kidnapping	**el rapto / el secuestro**
drug addict	**el drogadicto /**	killer	**el/la homicida**
	la drogadicta	lock	**la cerradura**
drug addiction	**la drogadicción**	mafia	**la mafia**
drug baron	**el capo de drogas,**	mugger	**el atracador /**
	el magnate		**la atracadora,**
	narcotraficante		**el/la asaltante**
drug dealer	**el/la traficante**	mugging	**el atraco, el asalto**
	de drogas,	murder	**el homicidio**
	el/la narcotraficante	murderer	**el asesino / la asesina,**
drug raid	**la redada de drogas**		**el/la homicida**
embezzlement	**el desfalco,**	padlock	**el candado**
	la malversación	pickpocket	**el ratero / la ratera,**
escape	**la escapada, el escape**		**el/la carterista,**
extortion	**la extorsión**		**el/la bolsista**
extradition	**la extradición**	pickpocketing	**el robo de cartera**
fight	**la pelea, la lucha, la riña**	pimp	**el chulo**
fingerprints	**las huellas dactilares,**	pimping	**el chuleo**
	las huellas digitales	plainclothes	**el policía vestido de**
forgery	**la falsificación**	police	**paisano / la mujer**
fraud	**el fraude**		**policía vestida de**
fugitive	**el fugitivo / la fugitiva**		**paisano**
gang	**la pandilla, la banda**	police	**la policía**
gang warfare	**la guerra de las**	police badge	**la placa policial**
	pandillas	police record	**el registro policial**
guard dog	**el perro guardián**	police station	**la comisaría**
handcuffs	**las esposas**	policeman	**el policía**
hijacker	**el secuestrador /**	policewoman	**la mujer policía**
	la secuestradora	purse snatching	**el tirón del bolso**
holdup	**el atraco, el asalto a**	rape	**la violación**
	mano armada	reward	**la recompensa**
homicide	**el homicidio**	riot	**el motín, la sublevación**
informer, "snitch"	**el informador /**	riot police	**la policía antidisturbios,**
	la informadora,		**la policía antimotines**
	el/la informante	search warrant	**la orden de búsqueda**
interview (*criminal*),	**el interrogatorio**	shootout	**el tiroteo**
questioning		shoplifting	**el hurto en las tiendas**
(private) investigator	**el investigador**	speed trap	**el control de velocidad**
	(privado) /		**por radar**
	la investigadora	speeding	**el exceso de velocidad**
	(privada)	stolen goods	**los bienes robados,**
joyride	**el robo de coches**		**las cosas robadas**
	para la conducción	thief	**el ladrón / la ladrona**
	temeraria	torture	**la tortura**
kidnapper	**el raptor / la raptora,**	traffic police	**la policía de tráfico**
	el secuestrador /	underworld	**el hampa, los bajos fondos**
	la secuestradora	warrant	**la orden**

Los verbos (Verbs)

to arrest	**arrestar**	to hide oneself	**esconderse**
to burglarize, burgle	**robar**	to hijack (an airplane)	**secuestrar (un avión)**
to come to blows	**pelearse a golpes**	to injure	**herir (e > ie)**
to commit a crime	**cometer un crimen**	to kidnap, abduct	**raptar, secuestrar**
to deceive, defraud	**defraudar, engañar**	to kill	**matar**
to embezzle	**desfalcar, malversar**	to mug	**asaltar, atracar**
to extort	**obtener por fuerza, obtener con amenazas**	to murder	**matar**
		to poison	**envenenar**
		to rape	**violar**
to fight	**pelear, luchar**	to shoot	**disparar**
to forge (*a signature*)	**falsificar**	to stab to death	**matar a cuchilladas**
to have a clean record	**no tener antecedentes penales**	to steal	**robar**
		to traffic (in drugs)	**traficar (en drogas)**

Los adjetivos (Adjectives)

armed	**armado**	off duty	**libre**
forged	**falsificado**	on duty	**de servicio**
grievous	**grave**	undercover	**secreto, clandestino**

Las frases útiles (Useful phrases)

Come quickly!	**¡Venga rápido!**	Stop it!	**¡Déjate de eso!, ¡Basta!, ¡Basta ya!**
Help!	**¡Socorro!**		
Shut up!	**¡Cállate!**	Stop or I'll shoot!	**¡Alto o disparo!**
Stop!	**¡Pare!, ¡Alto!**	Stop that noise!	**¡Suprimir ese ruido!, ¡Basta ya de ruido!**
Stop, police!	**¡Alto, policía!**		
Stop, thief!	**¡Al ladrón!**		

Translate the following sentences, each of which uses the passive voice in Spanish. The words involved in this construction are underlined in English.

1. A <u>person gets mugged</u> in this park every five minutes.

   _____

2. <u>They say</u> that there are lots of gangs in that neighborhood.

   _____

3. <u>They sell (traffic) cocaine and heroin and hashish</u> on that corner.

   _____

4. Because of the increase in security, <u>airplanes aren't hijacked</u> anymore.

   _____

5. <u>If you (any person) don't know</u> that to rape a woman is total perversion, <u>you don't know anything</u>.

   _____

   _____

6. <u>They say</u> that a policeman on duty gets (receives) free coffee in any restaurant.

   _____

7. <u>Checks are forged</u> in that store every day of the week.

   _____

8. <u>Houses</u> with burglar alarms and guard dogs <u>don't get burglarized</u>.

   _____

9. <u>An undercover cop</u> usually <u>doesn't get recognized</u> in the mall.

   _____

10. Help! <u>They're embezzling money</u> from this account.

   _____

El juicio y la sentencia (Trial and sentencing)

Los sustantivos (Nouns)

accusation	la acusación	jail	la cárcel, la prisión
accused person	el acusado / la acusada	jailbird	el/la presidiario
appeal	el recurso	judge	el/la juez
attempted murder	la tentativa de asesinato	juror	el/la miembro del jurado
attorney, counsel	el abogado / la abogada		
bail	la fianza	jury	el jurado
case	el caso	jury box	el estrado del jurado
charge	el cargo	justice	la justicia
civil law	el derecho civil	law	el derecho, la ley
compensation	la compensación, la indemnización	lawbreaking	la contravención de la ley, el incumplimiento de la ley
confession	la confesión		
convict	el convicto / la convicta		
court	la corte, el tribunal, el juzgado	lawsuit	el proceso civil, el pleito, el litigio
court costs	las costas de (la) corte	lawyer	el abogado / la abogada
court of appeals	el juzgado de apelación, la corte de apelación	leniency	la clemencia
		life imprisonment	la condena a cadena, la reclusión perpetua
courtroom	la sala de justicia, la sala de juicios	litigation	la litigación
criminal court	el juzgado criminal, el juzgado penal	magistrate	el magistrado / la magistrada
criminal law	el derecho penal	manslaughter	el homicidio sin premeditación
criminal record	los antecedentes penales		
death penalty	la pena de muerte	mercy	la misericordia
defendant	el demandado / la demandada, el acusado / la acusada	minor offense	la ofensa menor
		miscarriage of justice	el error de la justicia
defense	la defensa	misdemeanor	la falta, el delito común, el delito menor
district attorney	el/la fiscal de distrito		
docket	el banquillo de los acusados	motion	la petición
		motive	el motivo, el móvil
evidence	la evidencia	oath	el juramento
extenuating circumstances	las circunstancias atenuantes	objection	la objeción
		offense	el delito
eyewitness	el/la testigo ocular, el/la testigo presencial	order (writ)	la orden, el decreto, el mandato
felony	el delito grave, el delito mayor	overcrowding	la superpoblación, el hacinamiento
fine (citation)	la multa	parole	la palabra de honor
guilt, fault, blame	la culpa	perjury	el perjurio
hard labor	los trabajos forzados	plea	la declaración de la culpa o la inocencia
homicide	el homicidio		
impeachment	la acusación, la denuncia	plea bargaining	las negociaciones para los cargos
imprisonment	la reclusión		
indictment	la acusación, el sumario	premeditation	la premeditación
innocence	la inocencia	prison	la prisión, la cárcel
insufficient (lack of) evidence	la falta de pruebas	prisoner	el prisionero / la prisionera

prosecution	el procesamiento	Supreme Court	el Tribunal Supremo, la Corte Suprema
public prosecutor	el/la fiscal	suspect	el sospechoso / la sospechosa
public prosecutor's office	la fiscalía	suspended sentence	la suspensión de sentencia
responsibility	la responsabilidad	suspicion	la sospecha
sentence (*term*)	la sentencia	trial	el juicio, el proceso
settlement	la declaración	verdict	el veredicto
severity	la severidad, la dureza	witness	el/la testigo
suit	el pleito	witness stand	el estrado de los/las testigos
summons	la citación		
supporter	el partidario / la partidaria		

Los verbos (Verbs)

to accuse	acusar	to interrogate	interrogar
to acquit	absolver (o > ue)	to object	objetar
to appeal	recurrir	to pardon	indultar
to appear (*in court*)	comparecer	to pass judgment	pronunciar sentencia
to be off duty	estar libre	to plead guilty	declararse culpable
to be on duty	estar de servicio	to plead not guilty	declararse inocente
to be out on bail	salir bajo fianza	to prosecute	procesar, enjuiciar
to convict	declarar culpable	to punish	castigar
to debate	debatir	to put up bail	garantizar la fianza
to defend (oneself)	defender(se) (e > ie)	to question	preguntar
to deport	deportar	to reward	recompensar, indemnizar
to depose	deponer		
to disagree	disentir (e > ie)	to sentence to death	sentenciar a muerte, condenar a muerte
to discuss	discutir		
to escape	escapar	to serve a sentence	cumplir una condena
to find guilty	declarar culpable	to serve time	servir (e > i) tiempo
to fine	multar	to stand accused	estar acusado
to free	liberar	to sue (*take to court*)	demandar
to give evidence	declarar	to suspect	sospechar
to impeach	acusar	to swear, take an oath	jurar
to impose	imponer		
to imprison	hacer prisionero, meter en prisión	to take legal action	empezar un proceso
		to testify, witness	atestiguar, testificar
to indict	acusar (ante el juez)	to witness (*see*)	presenciar, ver
to inquire	preguntar		

Los adjetivos y frases (Adjectives and phrases)

alleged	presunto	(for) lack of evidence	(por) falta de pruebas
awaiting trial (*in custody*)	en prisión preventiva	needless to say	huelga decir
		Objection!	¡Protesto!
for the defense	en favor de la defensa	off duty	libre
for the prosecution	en favor del cargo	on duty	de servicio
from beginning to end	de cabo a rabo	on parole	bajo palabra
		Overruled!	¡Denegado!
guilty	culpable	Sustained!	¡Confirmado!
innocent, not guilty	inocente	unanimous	unánime
involved	embrollado		

¿Verdadero o falso?

1. _____ Un proceso nunca está aburrido—se fascinan a todos de cabo a rabo.

2. _____ Para instituir la pena de muerte, la votación del jurado necesita ser unánime.

3. _____ Antes de testificar, la persona tiene que prometer al juez que va a decir nada menos que la verdad por lo menos ochenta por ciento del tiempo.

4. _____ Es fácil escapar de las prisiones federales porque los guardias no trabajan por la noche.

5. _____ Para empezar un proceso, es una buena idea contratar a un abogado.

6. _____ Hay comida y refrescos en el estrado del jurado.

7. _____ Típicamente hay doce miembros del jurado.

8. _____ La suspensión de sentencia significa que el criminal presunto no tiene que ir a la prisión.

9. _____ Si presencias un choque de coches, debes salir del escenario porque no es divertido hablar con la policía.

El proceso del siglo

En la historia del mundo legal (pues, por lo menos de Los Estados Unidos), probablemente no hay un caso más notable, memorable ni absurdo (por la multitud de caracteres embrollados) que el del ex-jugador de fútbol americano (miembro del equipo los Buffalo Bills) O.J. Simpson. Por más de un año, comenzando el 12 de junio 1994, cuando se encuentran los cuerpos de Nicole Brown Simpson (la esposa de O.J.) y Ronald Goldman (el amigo de Nicole) en el patio del condominio de Nicole, matados a cuchilladas, hasta el 3 de octubre 1995, cuando termina el proceso, el mundo está fijado en este espectáculo.

Casi inmediatamente se sospecha O.J. Simpson por un montón de evidencia—una historia larga del abuso doméstico, sus huellas dactilares en todas partes, su furor de celos por la "amistad" entre Nicole y Ronald, sonidos extraños de su propio corral después del homicidio, el comportamiento raro de su perro y el comportamiento más raro de O.J.—especialmente su famoso viaje (17 junio 1994) por la autopista San Diego en su Ford Bronco blanco, conducido por su amigo Al Cowlings, mientras que O.J. está en el asiento atrás apuntándose una pistola a la cabeza. ¡¿Suficiente dramático!?

Pues, huelga decir que O.J. (que originalmente sale bajo fianza) pasa el resto del tiempo—hasta el fin del proceso—en la cárcel del Condado de Los Ángeles, California. El cargo es Homicidio del Primer Degrado de Nicole Simpson y Ronald Goldman. La pena de muerte no es una posibilidad en este caso (por la discreción de la prosecución)—la peor sentencia posible es la vida en prisión sin la oportunidad de la palabra de honor.

El famoso proceso se abre el 24 de enero 1995 con Simpson declarándose "cien por ciento inocente". Su equipo de abogados a favor de la defensa incluye los bien conocidos Johnnie Cochran, Robert Shapiro y F. Lee Bailey. Los abogados principales en favor del cargo son Marcia Clark y Christopher Darden. El juez Lance Ito preside el proceso y recibe mucha crítica por la falta de orden en la sala de justicia. El proceso dura ocho meses y medio, con el veredicto pronunciado finalmente el 3 de Octubre 1995—después de solamente cuatro horas de deliberación.

Todo el mundo lo mira y muchas personas no pueden creerlo cuando el veredicto, por todos cargos, es inocente. O.J. Simpson casi se cae, y los miembros de las familias de Nicole Brown Simpson y Ronald Goldman están furiosos. Esa noche O.J. Simpson y sus partidarios tienen una gran fiesta y celebran el resultado con comida, música y galones de champaña—todo capturado por los fotógrafos de los periodicuchos.

Simpson no pasa mucho tiempo en la serenidad: Solo veinte días después (el 23 de octubre 1995), se abre el pleito civil, por las familias de Nicole Brown Simpson y Ronald Goldman contra O.J. Simpson. Esta vez, el ganador del trofeo Heisman (el premio más prestigioso por el fútbol americano universitario) no tiene tanta suerte: Poco más de tres meses después, este jurado le encuentra a Simpson culpable y decide que él tiene que pagar a las dos familias 8,5 millones de dólares por daños compensatorios.

Simpson tiene que vender su mansión, su arte, aún su adorado trofeo Heisman para pagar esta deuda. Culpable o inocente, es una vida trágica.

EJERCICIO
10·4

Responde a las siguientes preguntas.

1. ¿Cómo se llama el juez? _____

2. ¿Cuántos abogados principales y famosos hay en favor de la defensa y cómo

   se llaman? _____

3. ¿En qué marca de coche está O.J. Simpson cuando huye de la policía?

   _____

4. ¿Cuánto tiempo dura el proceso civil? _____

5. ¿En qué fecha ocurren los dos homicidios? _____

6. ¿Por cuántas horas se delibera el jurado después del primer proceso?

   _____

7. ¿Cuál es la declaración (la cantidad de dinero que O.J. Simpson tiene que pagar
   a las familias Brown y Goldman) por ser responsable por las dos muertes?

   _____

8. ¿Qué premio gana Simpson por ser jugador de fútbol americano extraordinario

   cuando es universitario? _____

9. ¿Cómo se llama el equipo de fútbol americano profesional de O.J. Simpson?

   _____

10. ¿En qué condado pasa Simpson los meses en la prisión durante el proceso?

    _____

Negatives

When your grammar teacher told you not to use the passive voice too much, she was right—in any language. When she told you not to use double negatives because you'll sound like a clod ("I *don't* have *no* money"), she was right with regard to English. In Spanish, it's another matter entirely. Not only is the double negative construction allowed in Spanish, it is mandatory in many situations.

The constructions for negatives—double or otherwise—in Spanish vary, so we'll break them down into categories.

Double negatives

1 **No** means "no" and **no** means "not."

Many Spanish sentences use the word **no** twice. Almost always, the first time it means "no," and the second time it means "not."

¿Quieres una multa?	*Do you want a fine?*
No, no quiero una multa.	***No**, I do **not** want a fine.*
No, no la quiero.	***No**, I do **not** want one.*

2 **No... nada:** nothing = not anything

To say that you have, want, see, eat, etc., nothing, put **no** before the verb and **nada** after the verb.

No tengo **nada**.	*I **don't** have **anything**. / I have **nothing**.*
No puedo ver **nada**.	*I **cannot** see **anything**. / I can see **nothing**.*

3 **No... a nadie:** no one, nobody = not anyone

Nadie works exactly like **nada**, except that it requires the use of the personal **a**. (Go figure—there's nobody there.)

No oigo a **nadie**.	*I **don't** hear **anyone**. / I hear **no one**.*
No debo ver a **nadie**.	*I should **not** see **anyone**. / I should see **no one**.*

4 **No** + VERB + **nunca:** never

We've already used **nunca** a lot in this book. It means "never" ("not" + "ever"). **Nunca** follows the same syntactic rules as **nada** and **nadie**: **No** precedes the verb and **nunca** immediately follows it.

No como **nunca** en McDonald's.	*I **never** eat at McDonald's.*
No lo leemos **nunca**.	*We **never** read it.*
Ella **no** los compra **nunca**.	*She **never** buys them.*
¿**No** te preocupas **nunca**?	***Don't** you **ever** worry?*

5 **No... nada más / nadie más:** nothing else / no one else

The addition of **más** to either **nada** or **nadie** changes the usual translation of **más** ("more") to "else."

No quiero **nada más**.	*I **don't** want **anything else**. / I want **nothing else**.*
No veo a **nadie más**.	*I **don't** see **anyone else**. / I see **no one else**.*

6 **No... ningún/ninguna...**

To emphasize the absolute nonexistence of something, instead of saying simply **no tengo nada**, you can jack up the intensity using **ningún** (or **ninguna**, its feminine form) followed by the name of the thing you really, really, really don't have, see, want, eat, know, etc.

No tengo **ningún** amigo en el mundo.	*I **don't** have **a single** friend in the world.*
No veo **ninguna** cosa en la casa.	*I **don't** see **a single** thing in the house.*
No conozco a **ninguna** persona aquí.	*I **don't** know **a single** person here.*

7 No... ninguno, No... ninguna

To be dramatic and efficient at the same time, instead of adding the noun (as in item 6 above), just use the pronoun **ninguno** (masculine) or **ninguna** (its feminine form).

No preparo **ninguno**.	*I **don't** prepare **a single one** (of them).*
No leo **ninguna**.	*I **don't** read **a single one** (of them).*

8 No... en ninguna parte, No... en ningún lugar

If something is nowhere, as in "I've looked everywhere and my keys are nowhere in this house," **en ninguna parte** or **en ningún lugar** won't find your keys, but they'll help express your frustration. While **en ninguna parte** is more commonly used, the two phrases are nearly always interchangeable.

Mis llaves **no** están **en ninguna parte**.	*My keys **aren't anywhere**.*
No me siento **en ningún lugar** allí.	*I **don't** sit **anywhere** there.*
No veo a **nadie en ninguna parte**.	*I **don't** see **anyone anywhere**.*

9 Ni... ni...

This expression is used in the "neither . . . nor . . ." situations in your life.

Ni Jorge **ni** Paco quiere nadar.	***Neither** George **nor** Paco wants to swim.*
Ni los niños **ni** las niñas cantan.	***Neither** the boys **nor** the girls sing.*

Its affirmative counterpart ("either . . . or . . .") translates as **o... o....**

O Juan **o** Paco quiere nadar.	***Either** Juan **or** Paco wants to swim.*

10 Ya no + VERB: not anymore

You have already been exposed to this construction, and a dandy one it is. If something isn't happening anymore, use **ya no** to negate the sentence and to indicate that what isn't happening now once did. **Ya no** usually (but not always) begins a sentence.

Ya no fumo.	*I **don't** smoke **anymore**.*
Ya no comemos la carne.	*We **don't** eat meat **anymore**.*
Ya no vive aquí Alice.	*Alice **doesn't** live here **anymore**.*

11 No: not any

We've saved the easiest for last. If you don't have *any* of something (but you don't want to make a big deal out of it—see item 6 above), in the spirit of former First Lady Nancy Reagan's campaign to end drug use, "just say no." In English, we say "I don't have any money." In Spanish, it's **No tengo dinero**. The "any" isn't translated—how's that for simple, efficient, and not at all dramatic?

No tengo comida en la casa.	*I **don't** have **any** food in the house.*
No queremos balas.	*We **don't** want **any** bullets.*
¿**No** tienes tenedores?	***Don't** you have **any** forks?*

EJERCICIO
10·5

Para traducir *Consider "you" as informal singular.*

1. *I don't have anything.* _____

2. *I don't know anything.* _____

3. *I don't know anyone here.* _____

4. *I have neither time nor money for them.* _____

5. *I can't find it anywhere.* _____

6. *There isn't a single person here with a diploma.* _____

_____

7. *I can't see you anymore.* _____

8. *There aren't spiders in any part of this house.* _____

_____

9. *Can't you see anybody? Are you blind?* _____

10. *Can't you hear anything? Are you deaf?* _____

VOCABULARIO

Al trabajo (At work)

Los sustantivos (Nouns)

ad(vertisement)	**el anuncio**	discrimination	**la discriminación**
applicant	**el/la solicitante**	employee	**el empleado /**
application	**la solicitud**		**la empleada**
application forms	**las hojas de solicitud**	employer	**el empleador /**
apprentice, assistant	**el/la aprendiz**		**la empleadora, el patrón / la patrona**
benefits	**los beneficios**	employment agency	**la agencia de trabajo**
billboard	**la cartelera**	employment office	**la oficina de empleo**
bonus	**la prima, el sobresueldo**	employment patterns	**la estructura del empleo**
classified ad	**los anuncios por palabras**	executive	**el ejecutivo / la ejecutiva**
commission	**la comisión**	expense account	**la cuenta de gastos**
company	**la empresa**	expenses	**los gastos**
company car	**el coche de la empresa**	flextime	**la jornada flexible**
contract	**el contrato**	freelancer	**el trabador /**
curriculum vitae	**la hoja de vida**		**la trabajadora independiente**
day shift	**el turno de día, el turno diurno**	full-time	**la jornada completa**

income	**los ingresos**	qualification	**el requisito**
interview	**la entrevista**	racial discrimination	**la discriminación**
job application	**la solicitud de trabajo**		**racial**
job description	**la descripción del trabajo**	racial harassment	**el hostigamiento**
job openings	**los puestos vacantes**		**racial**
night shift	**el turno de noche,**	(pay) raise	**el incremento**
	el turno nocturno		**salarial, la subida**
opening, position	**el puesto**		**de sueldo**
overtime	**las horas**	range of services	**la gama de servicios**
	extraordinarias	reference	**la referencia**
overwork	**el recargado de**	résumé	**el currículo,**
	trabajo		**el currículum vitae**
part-time	**la jornada a tiempo**	retirement	**el retiro**
	parcial	salary	**el salario, el sueldo**
paycheck	**el cheque del sueldo,**	sales	**las ventas**
	el cheque de la paga	sex discrimination	**la discriminación**
payday	**el día de paga**		**sexual**
payroll	**la nómina**	sexual harassment	**el hostigamiento**
pension	**la pensión**		**sexual**
perk	**los beneficios**	shift	**el turno**
	adicionales	trial period	**el período de prueba**
personnel	**el personal**	vacancy	**la vacante**
personnel manager	**el jefe / la jefa**	vacation	**las vacaciones**
	del personal	wages	**el salario, el sueldo**
promotion	**la promoción**	working hours	**las horas laborales**

Los verbos (Verbs)

to advertise (for	**anunciar (un puesto**	to look for	**buscar**
a ___ job)	**de ___)**	to punch in,	**fichar la entrada**
to apply for a job	**solicitar un trabajo**	clock in	
to be employed	**tener trabajo**	to punch out,	**fichar la salida**
to be laid off	**ser despedido**	clock out	
to be promoted	**ser ascendido**	to quit (a job)	**renunciar a**
to employ	**emplear**		**(un trabajo)**
to find a job	**encontrar (o > ue)**	to retire	**retirarse, jubilarse**
	un trabajo	to start work (for)	**empezar (e > ie)**
to freelance	**ser autónomo**		**(para)**
to interview	**entrevistar**		

Los adjetivos y las frases (Adjectives and phrases)

badly lit	**mal iluminado**	qualified	**titulado, cualificado**
freelance	**autónomo**	self-employed	**autónomo**
full-time	**de jornada completa,**	temporary	**temporal**
	a tiempo completo	well lit	**bien iluminado**
part-time	**de media jornada,**	What can I do	**¿En qué puedo**
	a tiempo parcial	for you?	**servirle?**

EJERCICIO
10·6

¿Verdadero o falso?

1. _____ Es difícil trabajar en una oficina mal iluminada, y puede causar muchos problemas a los empleados.

2. _____ En muchas empresas el viernes es el día de paga.

3. _____ Muchas empresas anuncian un puesto en una cartelera.

4. _____ Varios trabajadores sufren de la depresión después de ser despedidos.

5. _____ La discriminación racial es ilegal, pero la discriminación sexual es legal si la empleadora cree que las mujeres son más inteligentes que los hombres.

6. _____ Si tú solicitas un trabajo en persona, debes llevar ropa profesional y no debes fumar ni masticar el chicle.

7. _____ Los trabajadores autónomos no tienen que pagar los impuestos ni registrarse con la Oficina de Seguridad Social.

8. _____ Durante una entrevista, la primera pregunta que debes hacer al empleador prospectivo es "¿Cuánto dinero voy a ganar?" y la segunda pregunta es "¿Cuántas semanas de vacaciones voy a tener?"

9. _____ Muchos ejecutivos reciben un coche de la empresa.

10. _____ Al retirarse, muchas personas reciben un reloj de oro.

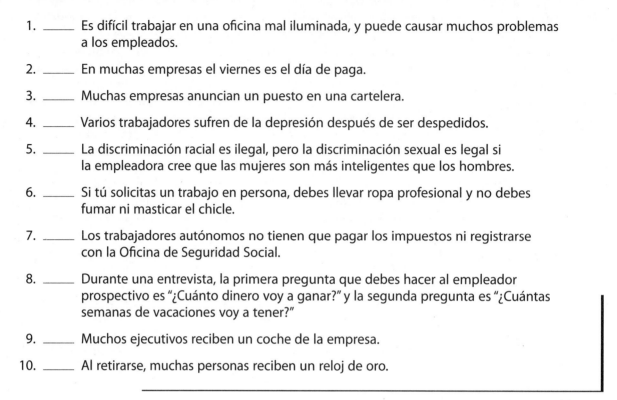

Simple negatives

You don't always have to use a double negative construction. In sentences that begin with certain negative words followed by a verb, you don't have to add another negative word.

So why bother with the extra effort it takes to use a double negative? For the same reason that you have more than one pair of shoes: Different circumstances allow for (indeed, require) different words. The double negative often emphasizes the negativity of a situation (and gives it that extra emotional punch), while using a negative word up front is a "just the facts, ma'am" approach. It's information minus the emotion.

Nada tengo.	*I don't have anything.*
Nadie está aquí.	*No one is here.*
Ningún hombre prefiere jabón perfumado.	*No man prefers scented soap.*
Ningunos animales conducen un coche.	*No animals drive a car.*
Ninguna máquina funciona aquí.	*Not a single machine works here.*
Ningunas pulgas merecen vivir.	*No fleas deserve to live.*
Nunca fichan la entrada.	*They never punch in.*

EJERCICIO
10·7

Translate each sentence below, using the simple negative as described above.

1. *I don't see anything.* _____

2. *No one lives here.* _____

3. *No sane* (cuerdo) *person eats in that restaurant.* _____

4. *No cockroaches are in my beautiful house.* _____

5. *No salary is enough for his needs. He's a bottomless pit* (el abismo). _____

_____

6. *No trees can survive in this climate.* _____

7. *I never eat chocolate.* _____

8. *I never lie.* _____

9. *Marta never sleeps.* _____

10. *No one can understand you* [informal sing.]. _____

En la oficina (*In the office*)

Los sustantivos (Nouns)

agenda	**el temario**	profession	**la profesión**
business lunch	**la comida de negocios**	professional	**el/la profesional**
business meeting	**la reunión de negocios**	publicity	**la publicidad**
business trip	**el viaje de negocios**	reception	**la recepción**
career	**la carrera, la trayectoria profesional**	receptionist	**el/la recepcionista**
		requirements	**los requisitos**
conference call	**la teleconferencia**	research	**la investigación**
conference room	**la sala de conferencias**	secretarial pool	**la sala de mecanógrafos**
correction fluid	**el líquido corrector**	shorthand	**la taquigrafía**
counter	**el mostrador**	swivel chair	**la silla giratoria**
cubicle	**el cubículo, el reservado**	trade	**el comercio**
desk	**el escritorio**	training course	**el curso de entrenamiento, el curso de aprendizaje**
disciplinary action	**el procedimiento disciplinario**		
e-mail	**el correo electrónico, el e-mail**	verbal warning	**la amonestación verbal**
		vocation	**la vocación**
extension	**la extensión**	wage	**el salario, el sueldo, la paga**
fax	**el fax**		
fax machine	**la máquina de fax**	wage earner	**el asalariado / la asalariada, el jornalero / la jornalera**
file	**el archivo**		
filing cabinet	**el archivador**		
grant	**la beca, la ayuda**		
intercom	**el interfono**	wastebasket	**la papelera**
job (*post, position*)	**el puesto**	word processor	**el procesador de textos**
job (*work*)	**el trabajo, el empleo**	work	**el trabajo**
management	**la administración, la gerencia**	worker	**el trabajador / la trabajadora**
manager	**el/la gerente**	workforce	**los trabajadores, la fuerza laboral**
meeting	**la reunión**		
misconduct	**la mala conducta**	workstation	**el puesto de trabajo, la estación de trabajo**
occupation	**la profesión, la ocupación**		
open office plan	**la oficina de plan abierto**	written warning	**la amonestación por escrito**
photocopier	**la fotocopiadora**		
photocopy	**la fotocopia**		

Los verbos (Verbs)

to be away on business	**estar en viaje de negocios**	to (photo)copy	**fotocopiar**
		to qualify (for a job)	**satisfacer los requisitos (por un puesto)**
to be on sick leave	**estar de baja, estar baja por enfermedad**		
		to report to	**hablar con (el superior inmediato / la superiora inmediata)**
to be responsible for	**ser responsable de**		
to chair a meeting	**presidir una reunión**	to sell	**vender**
to delegate	**delegar**	to teach	**enseñar**
to dictate	**dictar**	to train	**entrenar**
to fax	**mandar un fax**	to transfer, be transferred	**trasladarse**
to file	**archivar**		
to market	**comerciar**	to work hard	**trabajar duro**

Los adjetivos (Adjectives)

free	**gratis**
semi-skilled	**semiespecializado**
skilled	**especializado**
unskilled	**no especializado**

¿A, B o C?

1. _____ El mueble más grande en la sala de conferencias probablemente es _____.
   a. el archivador
   b. la mesa
   c. la silla giratoria

2. _____ La amonestación por escrito es _____.
   a. seria
   b. divertida
   c. ilegal

3. _____ Para mandar un fax, se necesita _____.
   a. una fotocopiadora
   b. una teleconferencia
   c. un teléfono

4. _____ Cuando una persona se traslada, con frecuencia necesita comprar _____.
   a. otro coche
   b. otra casa
   c. más liquido corrector

5. _____ Los ejecutivos ya no _____.
   a. son responsables por varios trabajadores
   b. reciben salarios grandes
   c. celebran la comida de negocios con tres martinis

6. _____ En el cubículo típico no vas a encontrar _____.
   a. una papelera
   b. un ascensor
   c. una silla giratoria

7. _____ Un médico es un trabajador _____.
   a. especializado
   b. semiespecializado
   c. no especializado

8. _____ Se dice que las mejores cosas en la vida son _____.
   a. temporales
   b. bien iluminadas
   c. gratis

En la fábrica (*In the factory*)

Los sustantivos (Nouns)

automation	la automatización	mass production	la producción en masa
automobile industry	la industria automotriz, la industria del automóvil	minimum wage	el salario mínimo
		mining	la minería
average	el promedio	picket	el piquete
ballot (*union*)	la votación	power industry	la industria eléctrica
blue-collar worker	el trabajador / la trabajadora, el obrero / la obrera	precision tool	el instrumento de precisión
		process	el proceso
bonus	la prima, el sobresueldo	product	el producto
bulldozer	el buldózer, la máquina excavadora, la topadora	productivity	la productividad
		raw materials	las materias primas
component	el componente, la pieza	robot	el robot
concrete	el hormigón	scaffold	el andamio
construction industry	la industria de la construcción	settlement	el ajuste
		shipbuilding	la construcción naval
crane	la grúa	steamroller	la apisonadora
demonstration	la manifestación	steel smelting	la fundición del acero
dispute	la disputa	strike	la huelga
factory	la fábrica	strikebreaker, scab	el/la esquirol, el/la rompehuelgas
firing, dismissal	el despido		
forklift	la carretilla elevadora	striker	el/la huelguista
heavy industry	la industria pesada	textile industry	la industria textil
industrial relations	las relaciones industriales	trade union	el sindicato
industry	la industria	unrest	el descontento
labor dispute	la disputa laboral, el conflicto laboral	wages	el salario, el sueldo, la paga
light industry	la industria ligera	wage freeze	la congelación de (los) salarios
manufacturing	la fabricación		

Los verbos (Verbs)

to be on strike	estar en huelga	to process	procesar
to boycott	boicotear	to quit (one's job)	renunciar (al trabajo)
to build	construir	to return to work	reanudar, volver (o > ue) al trabajo
to call (for), demand	exigir		
to cross the picket line	cruzar la línea de piquetes	to slow down	descender (e > ie) el ritmo de trabajo
to forge (*a metal*)	forjar	to smelt	fundir
to lock (someone) out	quedarse (a alguien) en la calle	to strike	hacer huelga
		to unionize	sindicarse, sindicalizarse
to manufacture	fabricar		
to picket	hacer de piquete		

Los adjetivos y las frases (Adjectives and phrases)

hourly	de cada hora	prefabricated	prefabricado
official	autorizado	unfair	injustificado
on strike	en huelga	unionized	sindicado
on the production line	en línea de producción	unofficial	no autorizado

¿Verdadero o falso?

1. _____ Una huelga usualmente sigue un período largo del descontento y mucho conflicto laboral.

2. _____ Nadie boicotea los productos que se consideran controversiales u obscenos.

3. _____ La congelación de salarios es mucho más común en el nivel de obrero que en el de la administración.

4. _____ Se usa el andamio para reparar las ventanas en el primer piso.

5. _____ Cuando un empleado es despedido en una manera injustificada, puede contratar a un abogado laboral.

6. _____ Se puede construir una casa prefabricada en menos de una hora.

7. _____ El esquirol es un representante de la unión.

8. _____ Muchos trabajadores en la línea de producción están aburridísimos.

9. _____ La industria textil usa mucho algodón, lana, seda, acrílico y nylon.

10. _____ Una apisonadora es magnífica para preparar tortillas y panqueques.

En el cobertizo para herramientas (*In the toolshed*)

air compressor	el compresor de aire	paint	la pintura
anvil	el yunque	paintbrush	la brocha, el pincel
ax	el hacha (*f.*)	pickax	el pico, el zapapico
blade	el filo, la cuchilla	plane	el cepillo de carpintería
bolt	el tornillo	pliers	los alicates, las pinzas
broom	la escoba	pump	la bomba
chisel	el formón, el cincel	rake	el rastrillo
clamp	la abrazadera	sandpaper	el papel de lija
crowbar	la palanca	saw	la sierra
drill	el taladro	screw	el tornillo
drill bit	la broca	screwdriver	el destornillador
file	la lima	shears (*garden*)	las tijeras de jardín
firewood	la leña	shovel, spade	la pala
hammer	el martillo	sledgehammer	la almádana
hedge	el seto	snowblower	el barrenieves
hedge clippers	las tijeras podaderas	stepladder	la escalera doble
hoe	la azada	tool	la herramienta
hose (*garden*)	la manguera	toolbox	la caja de herramientas,
ladder	la escalera, la escala		el estuche de herramientas
lawnmower	el cortacésped	toolkit	el juego de herramientas
level	el nivel	trowel	el desplantador
log	el leño	varnish	el barniz
mallet	el mazo	vise	el tornillo de banco
nail	el clavo	weed killer	el herbicida
nut	la tuerca	wheelbarrow	la carretilla de mano
oil (*motor*)	el petróleo	wood	la madera
oilcan	la aceitera	wrench	la llave inglesa

EJERCICIO

10·10

¿Qué herramienta necesitas?

1. Hay hojas en todas partes del corral. _____

2. Quieres extraer agua directamente de la tierra. _____

3. Quieres matar ciertas plantas malas. _____

4. Tienes un montón de cenizas y quieres moverlo al patio de tu vecino.

   _____

5. Quieres insertar un clavo en un pedazo de madera. _____

6. Quieres insertar un tornillo en un pedazo de madera. _____

7. El seto enfrente de tu casa está fuera del control y quieres cortarlo.

   _____

8. Después de la nevada necesitas limpiar el pavimento enfrente y detrás de tu casa.

   _____

9. Tienes que cavar un agujero para enterrar tu animal doméstico que trágicamente acaba

   de morir. _____

10. Eres mago y es la parte de tu exhibición cuando cortas la mujer hermosa en dos partes

    (directamente por su cintura). _____

Los negocios (Business)

Los sustantivos (Nouns)

agreement	el acuerdo	output	la producción
bureaucracy	la burocracia	priority	la prioridad
business (*in general*)	los negocios	production line	la línea de producción
business (*in particular*)	el negocio	productivity	la productividad
commerce	el comercio	quality	la calidad
company	la empresa, la compañía	quality control	el control de calidad
		raise (in pay)	el aumento (salarial)
cost of living	el coste de la vida	reliability	la fiabilidad
deal	el trato	sick leave	la baja por enfermedad, la licencia por enfermedad
decrease	la disminución		
demand	la demanda		
development	el desarrollo	skilled labor	el trabajo especializado
executive	el ejecutivo / la ejecutiva	skilled worker	el trabajador especializado / la trabajadora especializada
export	la exportación		
goods	los bienes		
import	la importación	standard of living	el nivel de vida
increase	el incremento, el aumento	supplier	el proveedor
		supply	el suministro
industry	la industria	tax	el impuesto
inflation	la inflación	unemployment	el desempleo
inflation rate	el índice de inflación	unemployment benefits	los subsidios de desempleo
investment	la inversión		
layoff	el despedido	work ethic	la ética laboral, la ética del trabajo
management	la administración, la dirección		
		work week	la semana laboral
multinational (*company*)	la multinacional	workforce	los trabajadores
negotiations	las negociaciones		

Los verbos (Verbs)

to administer	administrar	to make a living	ganarse la vida
to agree, be in agreement	estar de acuerdo	to manage	administrar, dirigir, gestionar
to decrease	disminuir		
to deliver (the goods)	suministrar (los bienes)	to negotiate	negociar
		to produce	producir
to earn a living	ganarse la vida	to raise prices	subir el precio, incrementar el precio
to export	exportar		
to import	importar	to sign a contract	firmar un contrato
to increase	aumentar, incrementar	to strengthen	reforzar
		to tax	cobrar un impuesto (por)
to invest	invertir (e > ie)		
to lower prices	bajar el precio	to trust	confiar en

Los adjetivos y las frases (Adjectives and phrases)

as a last resort	como último recurso
at cost	al costo
face-to-face	cara a cara

Para traducir

1. *No one can earn a living by selling dirty water.*

   _____

2. *If we sell these things at cost, we're not going to make (earn) any money.*

   _____

3. *We can't negotiate your salary, because we're not going to hire you, because the police tell us that you grow marijuana in your basement.*

   _____

   _____

4. *Many countries in Africa export coffee, and Brazil exports a lot of sugar.*

   _____

5. *It isn't a good idea to use all your sick leave during the first month of the year; as a last resort, another employee can punch in for you.*

   _____

   _____

6. *If we raise prices too much, we're not going to sell anything.*

   _____

7. *The standard of living increases when people* (la gente) *are healthy and happy.*

   _____

8. *Your raise depends on the reliability of your résumé.*

   _____

9. *You should never negotiate anything with a suspicious character.*

   _____

10. *The cost of living increases five percent each year.*

    _____

La banca y la economía (Banking and the economy)

Los sustantivos (Nouns)

account	la cuenta	deficit	el déficit
accountant	el/la contable	deflation	la deflación
actuary	el actuario / la actuaria de seguros	deposit	el depósito
		depression	la depresión
advance (*money*)	el anticipo	down payment	el desembolso inicial, la entrada
appreciation in value	el incremento de valor	economy	la economía
assets	los bienes, el activo	efficiency	la eficacia
audit	la auditoría	euro	el euro
auditor	el auditor / la auditora	exchange rate	el tipo de cambio
automatic teller	el cajero automático	funds	los fondos
bank	el banco	government spending	el gasto público
bank card	la tarjeta de dinero		
bank manager	el director / la directora del banco	gross income	el ingreso bruto, la renta bruta
banker	el banquero / la banquera	gross profit	la ganancia total, la ganancia en bruto
bankruptcy	la bancarrota		
bond	el bono	guarantee	la garantía
bond trader	el/la comerciante de bonos	income	el ingreso, los ingresos, la renta
boom	el boom, el auge	income tax	el impuesto sobre la renta
branch (*business*)	la sucursal		
broker	el/la agente	installment plan	la venta a plazos
budget	el presupuesto	insurance broker	el/la agente de seguros
capital	el capital	interest	el interés
capital expenditure	los gastos de inversión	interest rate	el tipo de interés
capitalism	el capitalismo	investment	la inversión
cash	el dinero efectivo	investment banker	el banquero / la banquera de inversiones
cash register	la cajera		
chamber of commerce	la cámara de comercio		
		investor	el/la inversionista
check	el cheque	invoice	la factura
collateral	la garantía	loan	el préstamo
competition	la competencia	market	el mercado
consumer	el consumidor / la consumidora	market economy	la economía de mercado
		marketing	el marketing, la comercialización
consumer goods	los bienes de consumo		
consumer spending	los gastos de consumo	merger	la fusión
costs	los costes	mortgage	la hipoteca
credit	el crédito, el activo	national debt	la deuda nacional
credit card	la tarjeta de crédito	net income	la renta neta
currency	la divisa, la moneda	net loss	la pérdida neta
cuts (*in spending*)	los recortes presupuestarios	net profit	el beneficio neto, la ganancia neta
debit	el debe, el pasivo	overdraft	el descubierto, el sobregiro
debit card	la tarjeta de débito		
debt	la deuda	pawn shop	la casa de empeños

price	el precio	statistics	las estadísticas
private sector	el sector privado	stock exchange	la bolsa de valores
profit	la ganancia, el beneficio	stock turnover	el movimiento de existencias
profit and loss	las ganancias y pérdidas		
public sector	el sector público	stockbroker	el/la agente de bolsa
quota	la cuota	stocks and bonds	los valores y bonos
recession	la recesión	subsidy	el subsidio
repayment	el reembolso	supply and demand	la oferta y la demanda
retail	la venta al por menor	supply costs	los costos de suministro
retail sales	las ventas al por menor		
sales	las ventas	takeover	la adquisición
sales tax	el impuesto sobre las ventas	takeover bid	la oferta pública de adquisición
savings	los ahorros	tax increase	el incremento de los impuestos
share	la acción		
share index	el índice de la bolsa	taxation	la imposición
shareholder	el/la accionista	trader	el/la comerciante
slump	la recesión	traveler's checks	los cheques de viaje
speculator	el especulador / la especuladora		

Los verbos (Verbs)

to afford	permitirse	to go up (*increase in value*)	subir
to bank	poner dinero en el banco		
		to invest (in)	invertir (e > ie) (en)
to be broke	estar sin plata, estar sin un cuarto	to lend	prestar
		to make change	hacer cambio
to be overdrawn	tener un descubierto, estar sobregirado	to mortgage	hipotecar
		to open (an account)	abrir (una cuenta)
to borrow	pedir (e > i) prestado	to overbid	ofrecer demasiado
to cash a check	cobrar un cheque	to pay in cash	pagar en efectivo
to change (*money*)	cambiar	to privatize	privatizar
to close (an account)	cerrar (e > ie) (una cuenta)	to save (*money*)	ahorrar
		to subsidize	subvencionar
to deposit	depositar	to tax	cobrar un impuesto (por)
to dump a stock	hacer dúmping un valor		
to get a mortgage	obtener una hipoteca	to withdraw	retirar
to go bankrupt	hacer bancarrota	to write a check	extender (e > ie) un cheque, hacer un cheque
to go down (*decrease in value*)	bajar		

Los adjetivos y las frases (Adjectives and phrases)

bankrupt	insolvente	profitable	lucrativo
economic	económico	prosperous	próspero, floreciente
in cash	en efectivo	retail	al por menor
in the black	solvente, en números negros	stagnant	estancado
		wholesale	al por mayor
in the red	descubierto, en números rojos		

Para traducir

1. *I need to write a check, but I'm overdrawn. What should I do?*

   _____

2. *Can you lend me fifty cents? I want to invest in this lemonade stand* (el puesto).

   _____

3. *I never pay for anything in cash, because I'm broke; therefore, I use my credit card. Where does the money come from?*

   _____

   _____

4. *In order to get a mortgage, you need a down payment, in cash, of at least ten percent. If you have less than that, the banker is going to tell you that he can't meet with you today.*

   _____

   _____

5. *I keep* (guardar) *all the documents for my stocks and bonds under my mattress. Every night I count all my money. I wonder why so many people think that I'm nuts.*

   _____

   _____

6. *It's true that you can save money in those enormous stores, but there isn't a single soul anywhere in management. They're all vultures* (el buitre).

   _____

   _____

7. *Linda is going to marry a stockbroker. She lives in Las Vegas and she loves to gamble.*

   _____

8. *After paying our employees and all the taxes that we owe to the government, we are going to have a net income of zero dollars and zero cents. I love retail almost as much as I love a bullet in the head.*

   _____

   _____

   _____

9. *I can't afford those things. If I buy them, I'm going to be in the red.*

   _____

10. *A stagnant economy means the loss of many jobs.*

    _____

La astrología

Muchas personas no creen ningún aspecto de la astrología, y si no eres creyente puedes ignorar esta sección completamente. Pero si tienes alguna mota de interés en este tópico (y no tienes miedo de las estrellas y sus poderes), aquí es el lugar para aprender lo que dicen las estrellas de tu vida.

Primero necesitas saber tu signo. Probablemente ya lo sabes, pero si vives en una cueva u otro sitio donde no se publican los horóscopos, aquí tienes la lista de los doce signos. La única cosa que necesitas saber es la fecha de tu nacimiento.

(Otra razón por estudiar esta sección con gran atención es porque "¿Cuál es tu signo?" es la línea perfecta cuando quieres hacerse amigos románticos con otra persona—¡te sirve cada vez!)

Los doce signos del zodíaco

Aries   de 21 marzo–19 abril   Símbolo: el carnero
Eres valiente, iniciativo e impaciente, y tu natura eléctrica te hace irresistible y emocionante. Puedes ser impulsivo y combativo, pero ciertamente eres jefe del equipo—en los deportes, negocios o simplemente con amigos y familia.

Tauro   de 20 abril–21 mayo   Símbolo: el toro
Eres terco, pero muy estable, y esto te hace alguien en que dependen los otros. También eres sensualista y te encantan la buena comida, la afectación física, el romance y bienes materiales—¡solamente lo mejor de todo!

Géminis   de 22 mayo–21 junio   Símbolo: los gemelos
Eres flexible, coquetón e ingenioso. Por ser inteligente al extremo, tu idea de un buenísimo tiempo es una conversación animada—o mejor, un debate amistoso. Te encanta la vida de la mente. Por la influencia de los Gemelos, a veces te sientes dividido, dirigiéndote en dos direcciones y ¡no sabes lo que hacer!

Cáncer   de 22 junio–23 julio   Símbolo: el cangrejo
Eres muy emocional e intuitivo, y la primera preocupación es la familia. Tu lugar favorito en el mundo es la casa, y usualmente prefieres quedarse en casa que viajar. Puedes estar melancólico con una tendencia de retirarse si la situación cercana está demasiado intensa.

Leo   de 24 julio–23 agosto   Símbolo: el león
Eres terco y impulsivo. También eres dramático, ostentoso y a veces vano. Tienes una conducta feliz y adora estar en el centro de la atención de todos, especialmente de los que te aman. Muchos actores nacen bajo el signo de Leo.

Virgo   24 agosto–23 septiembre   Símbolo: la virgen
Eres flexible pero práctico. Te encantan la organización y cualquier cosa que demanda la mente analítica. ¡Cuidado! Muchos Virgos sufren del perfeccionismo. Los Virgos se sienten y operan mejores cuando pueden ayudar a los otros.

Libra   de 24 septiembre–23 octubre   Símbolo: la balanza
Eres romántico pero particular, diplomático pero indeciso—de hecho, la cosa más difícil para ti es declarar una decisión en absoluto. Últimamente, estás más feliz cuando estás enamorado. No te gusta estar solo. Detestas el conflicto y tienes un sentido bien desarrollado de la objetividad y la resolución de conflicto.

Escorpio   de 24 octubre–22 noviembre   **Símbolo: el escorpión**
Eres intenso y perspicaz emocionalmente. Lees bien "el idioma del cuerpo". Eres profundo, misterioso y atractivo como un magneto. Tienes antojo por la intimidad emocional, pero si alguien te hiere los sentimientos, es como una picadura del Escorpio al corazón—¡y no perdonas a otros fácilmente!

Sagitario   de 23 noviembre–21 diciembre   **Símbolo: el arquero**
Eres impulsivo y inquisitivo, y necesitas constantemente el viajar y el expuesto a cosas nuevas—comida, personas, ideas, paisajes y actividades. El cambio es de gran importancia para ti. Buscas la verdad y, cuando necesario, vas "al fin del mundo" para descubrir respuestas.

Capricornio   de 22 diciembre–20 enero   **Símbolo: el cabrón**
Eres motivado, determinado y práctico. Nunca quieres tomar riesgos innecesarios. Para ti, la carrera es muy importante, y te gustan elevarse y también recibir el reconocimiento por tus esfuerzas. Eres ambicioso y fuerte, pero al mismo tiempo algo conservativo.

Acuario   de 21 enero–19 febrero   **Símbolo: el aguador**
Posees un intelecto rápido y una mente expansiva, y te encanta la innovación y el pensamiento progresivo. Eres rebelde pero también necesitas mucha gente cercana. Tienes muchos amigos, pero tienes propensión a no ser muy íntimo con una persona en particular.

Piscis   de 20 febrero–20 marzo   **Símbolo: el pez**
Tienes mucha empatía, eres intuitivo y posees un corazón grande y abierto. Tienes más confianza en los instintos que en los hechos o el lógico, y experiencias la vida casi completamente subjetivamente. Súper creativo, con una tendencia a los ensueños, prefieres "ir con el flujo", en vez de luchar contra el corriente.

EJERCICIO
10·13

Responde en español a las siguientes preguntas.

1. ¿Cuál es tu signo? _____

2. ¿Qué signo tiene el cangrejo por su símbolo? _____

3. ¿Qué signo tiene el carnero por su símbolo? _____

4. ¿Qué signo tiene la balanza por su símbolo? _____

5. ¿Cuál es el signo de los gastrónomos? _____

6. ¿Cuál es el signo de los actores? _____

7. ¿Cuál es el signo de la inteligencia? _____

8. ¿Cuál es el signo de la intensidad? _____

9. ¿Bajo qué signo nace Jesús Cristo? _____

10. ¿Cuál es el signo de San Patricio? _____

And now . . . the final section of the book. Unless you go through life, love, and academia on a hydroplane, reaching this point means you have spent an enormous amount of time and effort studying Spanish, this utterly beautiful language. Congratulations!

And because this is the final section, we simply must celebrate with party words!

VOCABULARIO

La vida social (*Social life*)

Los sustantivos (Nouns)

affair (*event*)	el asunto	guest of honor	el invitado / la invitada de honra
affair (*romantic*)	el lío amoroso		
appointment book	la agenda	handshake	el apretón de manos
ball	el baile	hangover	la resaca
banquet	el banquete	host	el anfitrión / la anfitriona
bow (*gesture*)	la reverencia		
caterers	los abastecedores	hug	el abrazo
celebration	la celebración	invitation	la invitación
champagne	la champaña	open house	la casa abierta
club	el club	overnight guest	el invitado / la invitada, el/la huésped
costume party	la fiesta de disfraz		
curtsy	la reverencia		
dance	el baile	party	la fiesta
date, appointment	la cita	reception	la recepción
debut	la entrada en (la) sociedad	R.S.V.P.	responda por favor
		séance	la sesión de espiritismo
debutante	la debutante	season (*social*)	la temporada
décolletage	el escote	snob	el/la esnob
entrance	la entrada	social life	la vida social
goblet	la copa	surprise	la sorpresa
guest	el invitado / la invitada, el/la huésped	surprise party	la fiesta de sorpresa
		toast (*drink*)	el brindis
		visit	la visita

Los verbos (Verbs)

to accept an invitation	aceptar una invitación	to have fun	divertirse (e > ie)
to amuse oneself	festejarse	to hug, embrace	abrazar
to be at home	estar en casa	to introduce oneself	presentarse
to be available, be free	estar libre	to invite (someone)	invitar (a alguien)
to be busy	estar ocupado	to (air) kiss	besar (al aire)
to brag	fanfarronear, jactarse	to make a fool of oneself	ponerse en ridículo
to brag about	alardear de		
to brag of one's riches	escupir doblones	to make one's debut	debutar, entrar en sociedad
to celebrate	celebrar		
to congratulate	felicitar	to mingle	mezclarse
to dance	bailar	to shake hands (with)	estrecharse la mano (con)
to dread	temer		
to entertain	festejar	to snub	dar un sofión a
to excuse oneself	excusarse	to socialize	socializar
to flirt	flirtear, coquetear, mariposear	to surprise	sorprender
		to toast (someone)	brindar (por alguien)
to get together with	encontrarse (o > ue) con	to visit	visitar
to greet	saludar, recibir	to wink	guiñar

Unas frases selectivas (A few choice phrases)

Absolutely not!	**¡De ninguna manera!**	Here's to _____!	**¡Vaya por _____!**
Bon voyage!	**¡Buen viaje!**	I'm sorry!	**¡Lo siento!**
Cheers!	**¡Salud!**	No way!	**¡Ni hablar!**
Come on in!	**¡Pase!**	Of course!	**¡Por supuesto!,**
Congratulations!	**¡Felicidades!**		**¡Claro que sí!**
Bless you! /	**¡Salud!**	Oh, my God!	**¡Dios mío!**
Gesundheit!		Well done!	**¡Bravo!**
Forget it!	**¡No importa!,**	What a shame!	**¡Qué lástima!**
	¡No te preocupes!	You're kidding!	**¡No me digas!**

EJERCICIO 10·14

Escoge la mejor respuesta de las selecciones dadas.

1. _____ Después de estornudar, con frecuencia los amigos del estornudador le grita

   _____.
   a. ¡Bravo!
   b. ¡Felicidades!
   c. ¡Salud!

2. _____ La anfitriona quiere saludar a los invitados, pero tiene un montón de maquillaje
   aplastada a la cara. Ni estrecharse la mano ni decirles simplemente "¡Pase!" es
   suficiente. Su mejor opción es _____.
   a. besarles al aire
   b. ignorarles completamente
   c. decirles que no puede tocar a nadie porque tiene la lepra

3. _____ Típicamente se brindan a los recién casados con _____.
   a. una malteada
   b. cerveza doméstica
   c. champaña

4. _____ ¿Qué debes hacer para ser buen invitado?
   a. Darles a los anfitriones una buena botella de vino, llegar a la hora y mezclarse
   con los otros invitados.
   b. Fumar un cigarro barato sobre la comida.
   c. Flirtear excesivamente con el esposo de la anfitriona.

5. _____ Cuando eres un huésped en una casa, cada mañana debes _____.
   a. matar un animal pequeño para la cena
   b. hacer la cama en tu dormitorio
   c. criticar a la anfitriona por sus varios errores en la decoración interior

6. _____ Un error que muchos hombres cometen en la busca de una mujer es _____.
   a. quitarse la sortija de boda
   b. escupir doblones y abrazar a cada mujer en la vista
   c. no pagar por nada
   d. hablar solamente de cosas que le interesan
   e. aplicarse demasiado agua de colonia
   f. a, b, c, d y e

La fiesta del siglo

Muchas personas hablan de "la fiesta del año", pero, tristemente, se olvida la mayoría de estos asuntos antes de curarse de la resaca el día siguiente. Una fiesta, sin embargo, que nunca se va a olvidar en el mundo de la vida social es El baile en blanco y negro (*The Black and White Ball*) dado por el autor Truman Capote en honra de su buena amiga Katherine Graham, la (entonces) publicadora del periódico estadounidense *The Washington Post*. Este asunto toma lugar el veintiocho de noviembre, 1966, en el Hotel Plaza en Nueva York.

Truman Capote es el escritor de varios libros e historias, pero ninguno es más famoso que su libro *A sangre fría*. Capote decide a tener esta fiesta cuando acaba de terminar el libro—el último de su carrera.

Se considera "el asunto social de la temporada". Hay quinientos invitados—todos en *la Lista A*—incluso el cantante Frank Sinatra con su (entonces) esposa Mia Farrow; los escritores Norman Mailer, Philip Roth y Tennessee Williams; el artista Andy Warhol; el fotógrafo de la revista *Life* Gordon Parks; Douglas Fairbanks, Jr.; Sammy Davis, Jr.; varios miembros de las familias Rockefeller, Vanderbilt y Rothschild; Richard Burton y Elizabeth Taylor y más, muchas, muchas más personas. Capote dice que en preparar la lista de invitados, él hace "quinientos amigos y quince mil enemigos" (por no ser invitados).

Se llama El baile en blanco y negro porque los invitados reciben instrucciones absolutas que tienen que llevar solamente los colores blanco y negro y una máscara para disfrazar la cara. Seguramente todos los invitados vienen—políticos, artistas, personas en la industria del cine, escritores, personas famosas simplemente por ser ricas y otras famosas simplemente por ser hermosas.

Los abastecedores predicen que cada persona va a tomar media botella de champaña (además de los cócteles). ¡Qué error! Los invitados toman más de cuatrocientas botellas de champaña de Taittinger (una marca bien costosa). La fiesta cuesta un total de dieciséis mil dólares (una ganga hoy, pero una fortuna en ese año).

Esta fiesta—¡qué obra extravagante y fantástica!—hoy parece curiosa. El anfitrión y la invitada de honra están muertos, también casi todos los invitados. El precio de dieciséis mil dólares hoy no paga por una boda regular en un pueblo pequeño. El Plaza ya no es un hotel (es un edificio de condominios). Aún el nombre—El baile en blanco y negro—ya no es único. (Oprah Winfrey copia la idea en 2005—la diferencia principal es que en vez de los manteles rojos para excitación en el Plaza, Oprah lleva un vestido rojo.)

Una cosa nunca cambia: A todo el mundo le encanta una fiesta. Se puede conocer a nuevos amigos, reconectar con los viejos, practicar los pasos del baile, flirtear, comer y beber demasiado, reírse, llevar ropa fabulosa y por una noche sentirse glamoroso, brillante y fascinante y olvidar los problemas del mundo y de la vida privada. Es una ilusión en gran parte, pero seguramente una parte importante del círculo de la vida.

EJERCICIO
10·15

Responde en español a las siguientes preguntas.

1. ¿Cómo se llama el anfitrión del Baile en blanco y negro de 1966?

   _____

2. ¿Cómo se llama la anfitriona del Baile en blanco y negro de 2005?

   _____

3. ¿Cómo se llama la invitada de honra en 1966? _____

4. ¿Dónde toma lugar el baile famoso? _____

5. ¿Qué marca de champaña se sirve? _____

6. ¿Cuánto cuesta el baile? _____

7. ¿Cómo se llama la esposa de Frank Sinatra en 1966? _____

8. ¿Cuál es el título del libro más famoso del anfitrión? _____

9. ¿Cuántos invitados hay? _____

10. ¿Qué llevan en la cara? _____

Answer key

Preliminary matters

P·1
1. los barcos
2. las uñas
3. los bocones
4. las pinturas
5. los brazos
6. las cruces
7. los relojes
8. los fantasmas
9. las nueces
10. los dientes

P·2
1. 3.000
2. 9.050
3. 83.000.000
4. 2.000.000.000
5. 17.000.000.000.000
6. $50,00
7. $5.000,00
8. $10,07
9. $3.000.000,00
10. $27,02

P·3
1. agent
2. tremendous
3. carpenter
4. serious
5. to refresh
6. train
7. maniac
8. mayonnaise
9. efficient
10. to vend, sell
11. pharmacy
12. probably
13. dynamite
14. flower
15. vomit
16. virility
17. to certify
18. optimist
19. actress
20. to naturalize

P·4

1. J	6. A
2. H	7. F
3. I	8. E
4. G	9. D
5. B	10. C

P·5

1. ¡Hola, Sapo! | ¡Hola, Rana! ¿Cómo estás? | Bien, gracias. ¿Cómo estás? | Más o menos. / Así así. | ¿Qué tal? / ¿Qué pasa? | Nada mucho. | Hasta luego. Adiós. | Adiosito.

2. Buenos días. | Buenas tardes. | Me llamo Delilah. Cómo se llama? | Me llamo Rosa. | ¿Cómo está? | Bien, gracias. ¿Cómo está? | Bien, gracias. Adiós. | Adiós.

P·6

1. el sábado
2. el viernes
3. el jueves
4. el martes
5. el domingo
6. el miércoles
7. el lunes

P·7

1. octubre
2. mayo
3. diciembre
4. julio
5. abril
6. noviembre
7. agosto
8. febrero
9. septiembre
10. enero

P·8

1. J	7. D
2. F	8. E
3. I	9. C
4. B	10. G
5. A	11. H
6. K	

P·9

1. C	6. A
2. E	7. J
3. F	8. B
4. G	9. D
5. I	10. H

P·10

1. c	5. c
2. c	6. b
3. d	7. c
4. a	8. c

P·11

1. siete
2. trece
3. veintiocho
4. dieciocho
5. siete
6. trescientos sesenta y cinco
7. cero
8. dos
9. cero cero siete
10. mil cuatrocientos noventa y dos

1 The basics

1·1
1. el
2. la
3. el
4. la
5. el
6. la
7. el
8. la
9. los
10. las
11. los
12. las
13. los
14. las
15. los
16. las

1·2
1. Yo soy Homer Simpson.
2. Yo soy Opie Taylor.
3. Yo soy Maria Shriver.
4. Yo soy Brad Pitt.
5. Yo soy William (Bill) Clinton.
6. Yo soy Becky Thatcher.
7. Yo soy Queen Elizabeth.
8. Yo soy Lisa Marie Presley.
9. Yo soy George Washington.
10. Yo soy Jerry Seinfeld.

1·3
1. un
2. una
3. un
4. una
5. un
6. unos
7. unas
8. unos
9. unas
10. unos
11. una
12. un
13. un
14. una
15. un
16. unas
17. unos
18. unos
19. unas
20. unos

1·4
1. el chico
2. un chico
3. los chicos
4. unos chicos
5. la madre
6. el padre
7. una chica
8. un gato
9. unos perros
10. la prima
11. la tía
12. un tío
13. unos tigres
14. unos vecinos
15. las vecinas
16. las hermanas
17. unos hermanos
18. los amigos
19. unas abuelas
20. un abuelo

1·5
1. el pulpo
2. la araña
3. la mariposa
4. la oveja
5. el toro
6. la ballena
7. la tortuga
8. la rata o la cucaracha
9. el gallo
10. la pulga o la garrapata

1·6
1. Me llamo Nemo.
2. Me llamo Lassie.
3. Me llamo Beaver Cleaver.
4. Me llamo Babar.
5. Me llamo Tweety Bird.
6. Me llamo Little Red Riding Hood (La Caperucita Roja).
7. Me llamo Wilbur.
8. Me llamo Mickey Mouse.

1·7
1. Sí, yo tengo un sótano. / No, yo no tengo un sótano.
2. Sí, yo tengo un desván. / No, yo no tengo un desván.
3. Sí, yo tengo una despensa. / No, yo no tengo una despensa.
4. Sí, yo quiero una casa en España. / No, yo no quiero una casa en España.
5. Sí, yo quiero una trascocina. / No, yo no quiero una trascocina.
6. Sí, yo tengo un gato. / No, yo no tengo un gato.
7. Sí, yo quiero un perro en la casa. / No, yo no quiero un perro en la casa.
8. Sí, yo tengo un despacho en la cocina. / No, yo no tengo un despacho en la cocina.
9. Sí, yo quiero un teléfono en la sala. / No, yo no quiero un teléfono en la sala.
10. Sí, yo quiero un baño en el garaje. / No, yo no quiero un baño en el garaje.

1·8
1. Yo tengo _____ sobrino(s).
2. Yo tengo _____ hermana(s).
3. Yo tengo _____ primo(s).
4. Yo tengo _____ sobrina(s).
5. Yo tengo _____ nieto(s) y _____ nieta(s).
6. Yo tengo _____ hija(s).
7. Yo tengo _____ cuñado(s) y _____ cuñada(s).
8. Yo tengo _____ abuelas.
9. Yo tengo _____ tío(s) y _____ tía(s).
10. Yo tengo _____ bisabuela(s).

1·9		
	1. V	6. V
	2. V	7. V
	3. F	8. V
	4. V	9. F
	5. F	10. V

1·10
1. Quebec está en Canadá.
2. Las Vegas está en Nevada, Estados Unidos.
3. El Louvre está en París, Francia.
4. Disneylandia está en Orlando, Florida, Estados Unidos.
5. El Coliseo está en Roma, Italia.
6. La Torre Sears está en Chicago, Illinois, Estados Unidos.
7. Moscú está en Rusia.
8. Madrid está en España.
9. Melbourne está en Australia.
10. Beijing está en China.
11. Bombay está en India.
12. Dublín está en Irlanda.

1·11
1. Mi mofeta está en la cocina.
2. Un cerdo está en el pasillo.
3. Un gallo no está lejos de mi garaje.
4. La cucaracha no está en la despensa.
5. Tu hermano está cerca de la ballena.
6. Las Vegas no está en California.
7. Un pájaro está abajo con el pato.
8. Tu suegra no está en el sótano.
9. Mi vecino no está arriba.
10. La chica está a la derecha de la jirafa.

1·12		
	1. F	5. V
	2. V	6. F
	3. V	7. V
	4. V	8. V

1·13
1. Hay
2. No hay
3. Hay
4. No hay
5. Hay
6. No hay
7. Hay
8. No hay

1·14
1. Hay un pasillo a la izquierda de la cocina.
2. No hay un sótano en el edificio.
3. Hay pulgas en el perro.
4. Yo tengo un geomís debajo de mi condominio.
5. Yo no quiero un pájaro en mi casa.
6. ¿Tienes tú un mantel para la mesa?
7. Yo quiero sábanas y fundas de Italia.
8. ¿Hay ventanas en los dormitorios?
9. Tu nieto está en el desván.
10. Mi madrastra está cerca de la puerta principal.

1·15   1. Se llama Eeyore.
2. Se llama Owl.
3. Se llama Tigger.
4. Se llama Christopher Robin.
5. Se llama Winnie the Pooh.
6. Se llama Piglet.
7. Se llama Rabbit.
8. Se llama Heffalump.
9. Se llaman Kanga y Roo.
10. Se llama A. A. Milne.

1·16   1. la mesita
2. el espejito
3. la camita
4. el perrito
5. el hermanito
6. la hermanita
7. el pajarito
8. el hornito

1·17   1. la señorita
2. la estrellita
3. el patito
4. el corralito
5. el caballito
6. el pollito
7. la cucharita
8. el abuelito
9. la abuelita

1·18   1. la chiquita
2. el mosquito
3. la hormiguita
4. el traguito
5. el pedacito
6. el barquito
7. el borreguito
8. Paquito
9. la boquita
10. el mocito

1·19   1. el (*palace*)
2. el (*killer, matador*)
3. la (*crowd, multitude*)
4. la (*lamp*)
5. el o la (*artist*)
6. el (*dress*)
7. la (*velocity, speed*)
8. el (*keg*)
9. el (*car, coach*)
10. la (*butter*)
11. la (*appendicitis*)
12. el (*large snake*)
13. la (*film library*)
14. el (*taste, flavor*)
15. el (*priest*)
16. la (*hypnosis*)
17. el (*violin*)
18. el (*native of Japan*)
19. la (*actress*)
20. la (*little bee*)

2 Regular verbs

2·1   1. tú
      2. usted
      3. ustedes
      4. vosotros
      5. ustedes
      6. tú
      7. usted
      8. vosotros
      9. vosotros
      10. vosotras

2·2   1. yo grit**o**
      2. tú grit**as**
      3. él grit**a**
      4. nosotros grit**amos**
      5. vosotros grit**áis**
      6. ellos grit**an**
      7. I scream
      8. you scream
      9. he screams
      10. we scream
      11. you (all) scream
      12. they scream

2·3   1. o
      2. as
      3. a
      4. amos
      5. áis
      6. an
      7. a
      8. amos
      9. áis
      10. an

2·4   1. Yo
      2. Nosotros/Nosotras
      3. Vosotros/Vosotras
      4. Él/Ella/Usted
      5. Tú
      6. Ellos/Ellas/Ustedes
      7. Él/Ella/Usted
      8. Nosotros/Nosotras
      9. Yo
      10. Ellos/Ellas/Ustedes
      11. Nosotros/Nosotras
      12. Tú

2·5   1. Yo hablo con Jorge en la escuela.
      2. Tú compras unas sillas en la tienda.
      3. Él trabaja en un banco con mi suegro.
      4. Nosotros escuchamos los pájaros en la viña.
      5. Vosotros compráis muebles en la zona comercial.
      6. Ellos/Ellas hablan inglés y español en la iglesia.
      7. Yo nado en la piscina/alberca y mi amigo trabaja en la fundición.
      8. Los siete amigos de Snow White trabajan y cantan en una mina.
      9. Nosotras estudiamos en la biblioteca de la universidad.
      10. Yo trabajo en la granja con caballos, vacas, gansos, pollos, cerdos y patos.

2·6
1. Albert Einstein
2. Russell Crowe
3. Julio Gallo
4. Justin Timberlake

2·7
1. tocan el violoncelo
2. toca el clavicordio
3. tocan el saxofón
4. tocan la trompeta
5. tocan el piano
6. tocan el violín
7. tocan la guitarra
8. tocan el tambor / los tambores

2·8
1. Hablo.
2. Llegas.
3. Trabajamos.
4. Bailáis.
5. Practico.
6. Caminamos.
7. Nadas.
8. Estudiáis.
9. Necesito.
10. Pagamos.
11. Cantas.
12. Trabajo.
13. Camináis.
14. Miramos.

2·9
1. E
2. J
3. A
4. H
5. D
6. C
7. I
8. F
9. B
10. G

2·10
1. yo com**o**
2. tú com**es**
3. él com**e**
4. nosotros com**emos**
5. vosotros com**éis**
6. ellos com**en**

2·11
1. Aprendo mucho en la universidad.
2. Bebes vino en el restaurante.
3. Él come tortillas en el comedor.
4. Comprendemos el programa.
5. No comprendo el problema.
6. Leéis mucho en la biblioteca.
7. No creo que comes los mapaches.
8. Ellos/Ellas corren cerca de la escuela.
9. Ella esconde la guitarra al lado de la silla.
10. Lees los programas en la oficina.

2·12
1. V
2. V
3. F
4. V
5. F
6. V
7. F
8. V
9. V
10. F

2·13
1. V
2. F
3. V
4. F
5. F
6. V
7. V
8. V
9. F
10. V

2·14
1. Preparo una ensalada con lechuga, tomates, pepinos, pimiento rojo, rábano y alcachofa.
2. El cerdo come el maíz, los caballos comen la avena, el ciervo come las bayas y el conejo come las zanahorias y el apio.
3. Debo cincuenta dólares a la tienda porque compro leche, soda, cidra, cinco toronjas, un melocotón, siete ciruelas, fresas y mandarinas.
4. Leo aquí que necesitamos frutas, verduras, nueces, granos y mucha agua cada día.
5. En un burrito hay habas, queso, pollo (o carne de vaca o carne de cerdo) y, a veces, cebollas o ajo.

2·15
1. no
2. sí
3. no
4. no
5. no
6. sí
7. sí
8. no

2·16
1. el pimiento rojo
2. la baya roja
3. los pimientos rojos
4. las fresas rojas
5. la carne roja
6. los arándanos rojos
7. las remolachas rojas
8. los vinos rojos
9. el rábano rojo

2·17
1. morada
2. rojas
3. rojo
4. amarilla o rosada
5. anaranjadas
6. verdes o moradas
7. verde
8. verdes
9. anaranjados
10. blancas

2·18
1. la ballena azul
2. la casa blanca
3. un calamar negro
4. unas berenjenas moradas
5. un baño azul
6. unas tiendas amarillas
7. la escuela café
8. los bancos blancos
9. una biblioteca gris
10. las cocinas rosadas

2·19
1. D
2. J
3. A
4. F
5. G
6. E
7. B
8. H
9. I
10. C

2·20
1. yo vivo
2. tú vives
3. él vive
4. nosotros vivimos
5. vosotros vivís
6. ellos viven

2·21

1. a	5. a
2. c	6. c
3. b	7. a
4. b	8. c

2·22

1. Escribo una carta larga a mi amigo.
2. Existes en una escalera oscura.
3. Ella describe el libro rosado.
4. Decidimos que estudiamos en el laboratorio.
5. Cubrís los escritorios amarillos.
6. Ellos/Ellas sufren mucho en la oficina del principal.
7. Abro la puerta grande a la cafetería.
8. Él escribe cartas cortas a mi suegra.
9. Ellos/Ellas no permiten libros sucios en la casa elegante.
10. Cubrimos el sofá limpio con una colcha verde.

2·23

1. la química
2. la filosofía
3. la literatura
4. la ley
5. la educación física
6. la biología
7. la psicología
8. los negocios
9. la música
10. la medicina

2·24

1. Necesito tinta.
2. Necesito un borrador.
3. Necesito tijeras.
4. Necesito un lapicero.
5. Necesito una mochila.
6. Necesito un atlas.
7. Necesito una silla giratoria (o una silla nueva).
8. Necesito cinta (o pegamento nuevo).
9. Necesito una cinta métrica.
10. Necesito un escritorio.

2·25

1. V	6. V
2. F	7. V
3. F	8. F
4. V	9. V
5. F	10. V

2·26

1. paper store, stationery shop
2. milk/dairy store
3. bookstore
4. watch shop
5. wineshop
6. fish market
7. clothing store
8. hat shop
9. fruit store/stand
10. butcher shop

2·27
1. la tabaquería
2. la carnicería
3. la cafetería
4. la droguería
5. la ropería
6. la frutería
7. la lechería
8. la librería
9. la floristería
10. la dulcería
11. la relojería
12. la pastelería, la panadería

3 Asking questions

3·1
1. ¿Estudias (tú)?
2. ¿Hablas español?
3. ¿Comes pizza?
4. ¿Bebes leche?
5. ¿Trabaja él en un banco?
6. ¿Vive ella en la Casa Blanca?
7. ¿Venden ellos/ellas libros en la biblioteca?
8. ¿Gritan ellos/ellas mucho?
9. ¿Compráis libros en una librería?
10. ¿Comen ustedes tacos con salsa?

3·2
1. Sí.
2. No.
3. Sí.
4. Sí.
5. No.
6. Sí.
7. No.
8. Sí.
9. No.
10. Sí.

3·3
1. No, (yo) no llevo el saco con pantalones cortos.
2. No, (yo) no escondo los calzoncillos en el refrigerador.
3. No, (yo) no compro una bufanda en la floristería.
4. No, no hay un pañuelo sucio en mi tarea.
5. No, (yo) no compro la ropa en una ferretería.
6. No, (yo) no leo un libro nuevo cada día.
7. No, mi suegra no lleva un bikini en la iglesia.
8. No, (yo) no llevo un yérsey dentro de la blusa.
9. No, (yo) no fumo cigarrillos en el hospital.
10. No, Bloomingdale's no vende el atún.

3·4
1. Abraham Lincoln
2. Tin Man (el Hombre de Estaño)

3·5
1. ¿Dónde vives?
2. ¿Qué comes en el restaurante?
3. ¿Cuándo estudias?
4. ¿Dónde tocan ellos/ellas el violín?
5. ¿Quién escribe los libros largos?
6. ¿Dónde está mi pájaro bonito?
7. ¿Por qué está el cerdo viejo en la sala?
8. ¿Cómo canta el pájaro?
9. ¿Dónde está la chimenea en la casa nueva?
10. ¿Por qué bebes leche?

3·6	1. C	6. B
	2. F	7. A
	3. H	8. I
	4. E	9. G
	5. D	10. J

3·7
1. Mr. Rogers lleva una rebeca.
2. Su madre hace los suéteres.
3. Los suéteres están en el clóset.
4. Hay una cremallera en el suéter.
5. No, el programa es para todos.
6. Se llama Carolyn Rogers.
7. La canción se llama "Es un día hermoso en el vecindario".
8. La rebeca en la Institución Smithsonian es roja.

3·8
1. ¿No estudias?
2. ¿No habla ella español?
3. ¿No hablan ellos/ellas inglés?
4. ¿No venden ustedes ropa aquí?
5. ¿No bebe él agua?
6. ¿No corre el perro?
7. ¿Qué no necesita él?
8. ¿Quién no come el chocolate?
9. ¿Quién no aprende en la escuela nueva?
10. ¿Qué no existe en el mundo?
11. ¿Qué no comprenden ellos/ellas?
12. ¿Cuándo no sufrimos?

3·9
1. Una catedral es una iglesia grande y una capilla es una iglesia pequeña.
2. La reina de la Inglaterra vive en un palacio.
3. Muchas personas cantan en la sala de conciertos y en el teatro de la ópera.
4. El convento está cerca de la iglesia y la abadía.
5. Muchos pulpos nadan en el acuario.
6. Mi hotel está cerca de la Torre de Londres.
7. ¿Dónde está el teatro?
8. ¿Hay muchas pinturas en el museo?
9. ¿Hay una biblioteca en el templo?
10. El ayuntamiento está lejos de la galería de arte.

3·10
1. Miro ____ horas cada día. / No miro la televisión.
2. Necesito ____ dólares por una camiseta.
3. Mi ropería favorita es ____.
4. Bebo ____ vasos de leche cada día. / No bebo la leche.
5. Normalmente, uso los zapatos ____ (negros, blancos, azules, etc.) cuando trabajo.
6. Leo ____ libros cada mes.
7. El Louvre en París, Francia, posee la pintura la *Mona Lisa*.
8. Liberace y Vladimir Horowitz tocan el piano.
9. Hay entre seis y siete billones personas en el mundo.
10. Hay quinientos sombreros en la cabeza de Bartolomé Cubbins.

3·11	1. F	6. C
	2. B	7. J
	3. A	8. D
	4. E	9. I
	5. H	10. G

3·12
1. ¿Qué tienes en el cementerio?
2. ¿Dónde está el puente?
3. ¿Por qué trabaja ella tanto en Washington?
4. ¿Por qué comes tantos tacos?
5. ¿Quién necesita tanto dinero?
6. ¿Cuándo llegamos a las catacumbas?
7. ¿Dónde esconden ellos/ellas el dinero?
8. ¿Cómo come ella tantos huevos?
9. ¿Cuándo suben los gatos a los árboles?
10. ¿Cuánto dinero ganas cada año?

3·13
1. Benecio **of the** Bull
2. Delores **of the** River
3. **Of the** sea, California
4. St. Francis **of the** Gold, Mexico
5. Andrea **of the** Rosary
6. Kate **of the** Castle
7. Gail **of the** Yard
8. The Crime **of (the)** Father Amaro
9. The Godmother **of the** Devil
10. **Of the** King Books

3·14
1. No bebo agua del río.
2. Una vaca grande no corre del toro.
3. Caminamos del castillo viejo al castillo nuevo.
4. ¿Recibes cartas del diablo?
5. Venus entra del mar.
6. Ferdinand el toro camina al árbol.
7. ¿Por qué corréis al garaje?
8. Ella trabaja del cerebro, pero vive del corazón.
9. ¿Quién bebe del lago verde?
10. ¿Por qué no corres del monstruo?

3·15

1. G.	6. D
2. H	7. F
3. A	8. B
4. E	9. J
5. C	10. I

3·16
1. al norte
2. al sur
3. al sureste
4. al noroeste
5. al oeste
6. al este
7. al suroeste
8. al noreste

3·17

1. H	9. G
2. D	10. E
3. J	11. F
4. L	12. O
5. I	13. B
6. M	14. K
7. A	15. C
8. N	

3·18
    1. la zapatera
    2. la juguetera
    3. la cervecera
    4. la carnicera
    5. la verdulera
    6. la frutera
    7. la platera / la joyera
    8. la droguera
    9. la librera
   10. la jabonera

3·19
    1. Richard Nixon
    2. Fidel Castro

4   Irregular verbs

4·1
    1. Doy.
    2. Oímos.
    3. Ella quiere.
    4. Veo.
    5. Tú dices. / Usted dice. / Vosotros decís. / Ustedes dicen.
    6. Vamos.
    7. Hago.
    8. Ellos juegan. / Ellas juegan.
    9. Salgo de la casa.
   10. Ellos vienen a la fiesta. / Ellas vienen a la fiesta.
   11. Podemos.
   12. Ella pone los libros en el garaje.
   13. Ellos tienen la cidra. / Ellas tienen la cidra.
   14. Ves la araña. / Ve la araña. / Veis la araña. / Ven la araña.
   15. Oigo la música.
   16. ¿Qué haces/hace/hacéis/hacen en la mañana?
   17. ¿Dónde ponemos la ropa?
   18. ¿Quién tiene el violín?
   19. Pruebo el café.
   20. ¿Hueles una rata? / ¿Huele usted una rata? / ¿Oléis una rata? / ¿Huelen ustedes una rata?

4·2
    1. el béisbol
    2. el hockey
    3. el tiro con arco
    4. el automovilismo / las carreras de coches
    5. el esquí alpino
    6. el patinaje sobre hielo
    7. el baloncesto / el básquetbol
    8. la lucha libre
    9. el ciclismo
   10. el tenis
   11. el polo
   12. la gimnástica
   13. el fútbol
   14. la navegación
   15. el fútbol americano, el ping-pong, el jogging
   16. el esquí nórdico
   17. los ejercicios aeróbicos
   18. el boxeo

4·3
1. Jugamos al béisbol en el estadio.
2. Juegas al básquetbol en el gimnasio.
3. Ella toma/bebe cerveza y juega al billar en la taberna cada viernes.
4. Andy y Opie juegan a las damas cada martes y jueves.
5. Annette juega al voleibol en la playa en junio, julio y agosto con sus amigos.
6. Juega al ajedrez tu robot?
7. En junio ellos/ellas juegan al tenis afuera, y en noviembre juegan al tenis adentro.
8. ¿Por qué jugáis al golf cada sábado?
9. ¿Por qué juegas a un juego durante la fiesta?
10. Él no juega a los naipes porque es contra su religión.

4·4
1. V
2. F
3. V
4. V
5. F
6. F
7. V
8. V
9. V
10. V

4·5
1. Puedo correr.
2. Puedes saltar.
3. Ella no puede leer el libro.
4. No podemos mirar la película.
5. Podéis vender manzanas en la tienda.
6. Ellos/Ellas no pueden comprender por qué quiero tocar la tuba.
7. No quiero comprar una tina (de baño) nueva.
8. No puedes trabajar con tantos niños.
9. Él quiere cantar con los monos en el zoológico.
10. No queremos buscar las mofetas.

4·6
1. V
2. V
3. F
4. V
5. F
6. V
7. V
8. V
9. F
10. V

4·7
1. Quiero comer/cenar en un restaurante elegante.
2. Puedo comer cualquier cosa porque soy el dueño / la dueña del restaurante.
3. Ella no puede ir a la fiesta porque tiene que estudiar para el examen.
4. Si quieres esquiar, necesitas esquías, bastones (de esquí) y una montaña.
5. En la clase de español aprendemos a conjugar los verbos. ¡Ay caramba!
6. Ella piensa en robar una joyería porque quiere llevar un anillo.
7. Él espera recibir un paquete del dueño del equipo mañana.
8. Superhombre no puede ver por tu ropa.
9. ¿Quieres ganar o no? Tengo que tener una respuesta ahora.
10. No podemos comer el filete porque hay gusanos adentro.

4·8
1. V
2. V
3. F
4. V
5. V
6. V
7. V
8. F
9. F
10. V

4·9
1. Tengo cuarenta y nueve años.
2. Tienes diecisiete años.
3. Creo que ella tiene setenta y cinco años.
4. ¿Tienes cincuenta o sesenta años?
5. ¿Quién aquí tiene veintisiete años?
6. ¿Crees que ella tiene treinta y nueve años?
7. ¿Tienen ellos/ellas ochenta o noventa años?
8. ¿Cuántos años tenéis?
9. Tenemos cuarenta años.
10. Metusalén tiene novecientos noventa y nueve años.

4·10	1. V	6. F
	2. F	7. V
	3. F	8. V
	4. F	9. F
	5. V	10. V

4·11
1. Tengo que trabajar mañana.
2. Tienes que comprar comida para la fiesta.
3. Ella tiene que mirar la película y escribir un reportaje.
4. Tenemos que jugar al golf con Tiger Woods.
5. Tenéis que salir ahora.
6. Ellos/Ellas tienen que jugar al ajedrez.
7. ¿Tienes que vender tu casa?
8. ¿Por qué tenemos que estudiar tanto?
9. ¿Quién tiene que comer las zanahorias?
10. ¿Qué tienes que hacer cada mañana?

4·12
1. mi flecha
2. tu casco
3. su tabla de surf
4. nuestro bate / nuestra maza/paleta
5. nuestra bicicleta
6. vuestra red
7. vuestros esquís
8. sus guantes de boxeo
9. su disco/puck
10. mis prismáticos
11. tu gerente
12. su equipo
13. nuestros patines de hielo
14. sus bastones de esquí
15. sus jugadores
16. mi entrenador

4·13
1. Mi amigo tiene un bastón de hockey.
2. Tu tío puede bailar bien.
3. Su entrenador quiere jugar al fútbol mañana.
4. Nuestro árbitro no puede ver la pelota.
5. Vuestro equipo no puede ganar el juego.
6. Sus compañeros de equipo viven en un apartamento.
7. Mis compañeros de equipo juegan al baloncesto en el gimnasio.
8. ¿Dónde vive tu entrenador/entrenadora?
9. No puedo leer mis libros porque no tengo mis anteojos/lentes.
10. Nuestros primos no quieren jugar al fútbol americano.

4·14	1. V	6. V
	2. F	7. F
	3. V	8. F
	4. V	9. V
	5. V	

4·15	1. —	6. —
	2. X	7. —
	3. X	8. —
	4. X	9. X
	5. —	10. —

4·16
1. Cada año hacemos un viaje.
2. Siempre hago mi maleta en la mañana.
3. Necesito hacer una pregunta, pero nadie está aquí.
4. Él no hace caso de la televisión.
5. Clark Gable hace el papel de Rhett Butler.
6. Debes hacer una visita a tu tía Debra.
7. El elefante en la sala hace daño a los muebles.
8. No puedo ver mi maleta cuando haces el baúl.
9. ¿Porqué haces caso del árbitro?
10. Quiero hacer un viaje con mis amigos, pero no con sus animales.

4·17
1. Hace calor. / Hace sol. / No llueve. / No está lloviendo. / Hace mal tiempo. / Está seco.
2. Hace mucho calor. / Hace sol. / Hace buen tiempo.
3. Hace mucho frío. / Está nevando. / Nieve. / Hace mal tiempo.
4. Hace mucho/muchísimo frío.
5. Está lloviendo. / Está lloviznando.
6. Hace mal tiempo. / Está lloviendo. / Está nevando. / Hace mucho viento.
7. Está muy húmedo. / Hace mucho sol. / Hace mucho calor. / No hace frío.

4·18
1. b	5. a
2. a	6. e
3. c	7. c
4. b	8. a

4·19
1. Hace frío. / Hace viento. / Hace mal tiempo.
2. Está lluvioso. / Está lloviendo. / Está nublado. / Hace fresco.
3. Hace calor. / Hace mucho sol. / Está húmedo.
4. Hace mucho calor. / Está seco. / Hace mal tiempo.
5. Hace calor. / Hace sol. / Hace buen tiempo.
6. Está nevando. / Nieva. / Hace frío. / Hace mucho viento. / Hace mal tiempo.
7. Hace mucho calor. / Hace sol. / Hace mal tiempo.
8. Está nublado. / Está húmedo. / Posiblemente hace viento.
9. Hace calor. / Probablemente hace sol.
10. Está lloviendo mucho. / Hace mucho viento. / Llueve mucho.

4·20
1. Oigo.
2. Huelo.
3. Pruebas.
4. Ella ve.
5. Olemos.
6. Ellos oyen. / Ellas oyen.
7. Veo.
8. Tocas.
9. Ellos huelen. / Ellas huelen.
10. Pruebo.
11. Oyes.
12. Ellos prueban. / Ellas prueban.
13. Ella oye.
14. Oímos.
15. Vemos.
16. Veis.
17. Oís.
18. Él huele.
19. Él oye.
20. Él prueba.

4·21
1. Te veo.
2. Me ves.
3. Ella te oye.
4. Lo oyes.
5. No te vemos.
6. Los vemos.
7. Ellos nos oyen. / Ellas nos oyen.
8. Me veis.
9. Ellos las ven. / Ellas las ven.
10. No lo oímos.
11. Lo huelo.
12. Las hueles.
13. Ellos lo prueban. / Ellas lo prueban.
14. Ustedes los prueban.
15. La tocamos.
16. Ella me toca.
17. Os toco.
18. Ellos nos tocan. / Ellas nos tocan.
19. No lo olemos.
20. Ella no nos ve.

4·22
1. a. Tengo un periódico.   b. Lo tengo.
2. a. Lees la novela.   b. La lees.
3. a. Ellos ven unas revistas. / Ellas ven unas revistas.   b. Ellos las ven. / Ellas las ven.
4. a. Ella toca las cartas.   b. Ella las toca.
5. a. Compráis el periodicucho.   b. Lo compráis.
6. a. Escuchamos los poemas.   b. Los escuchamos.
7. a. Él escribe sus memorias.   b. Las escribe.
8. a. Carlos estudia el manual.   b. Carlos lo estudia.
9. a. Homero escribe el poema épico.   b. Homero lo escribe.
10. a. Margo busca el tesoro léxico.   b. Margo lo busca.

4·23
1. V
2. F
3. V
4. F (Él vive en Francia.)
5. F (El *Washington Post* descubre y dice al mundo del escándalo Watergate.)
6. F
7. V
8. V
9. F
10. V

4·24
1. H.L. Mencken vive en Baltimore, Maryland.
2. Escribe por el *Baltimore Sun*.
3. Escribe tres memorias.
4. Toca el piano.
5. Se llama *El Mercurio Americano* (The American Mercury).
6. Tiene cincuenta años cuando se casa.
7. Tiene setenta y cinco años cuando muere.
8. No. Escribe también sobre el idioma inglés americano, la música, las mujeres y una variedad de otros tópicos.
9. Se llama Sara Haardt.
10. Se llama *El idioma americano* (The American Language).

4·25
1. V
2. F
3. V
4. V
5. V
6. F (probablemente)
7. V
8. F
9. V
10. F

4·26
1. Ricky ama a Lucy, y Lucy ama a Ricky.
2. Comprendo al poeta, pero no comprendo al traductor.
3. Podemos ver al dramaturgo en el teatro.
4. ¿Oyes al comentador?
5. ¿Cuándo visitas a tus abuelos?
6. ¿A quién oyen ellos/ellas?
7. No escucho a mis maestros porque hablan en código.
8. No veo a mis amigos y ellos no me ven.
9. ¿Puedes oír a mi perro?
10. Debemos visitar a mis primos más a menudo.

4·27
1. a
2. X (The personal **a** is not used with the verb **tener**.)
3. a
4. X (The personal **a** is not used with vermin.)
5. A
6. X (The direct object is **discos**, which is not a person.)
7. a (In this case, you contract **a** + **el** to form **al**.)
8. X (The personal **a** is not used with nonexistent ("fantasy") persons.)
9. X (The personal **a** is not used with **hay**.)
10. X, X, X (The personal **a** is not used with the verb **ser**.)

4·28
1. El escritor escribe un libro y lo leo.
2. El taxista me lleva al teatro.
3. El mesero pone la cuenta en la mesa y la pago.
4. El director de pompas fúnebres entierra al agente de bienes raíces en su tierra.
5. El militar escribe cartas a su esposa cada día y ella las lee.
6. La estrella de cine cree que todo el mundo la ama.
7. La recepcionista odia el teléfono porque todo el mundo lo usa todo el día.
8. El camionero ve cada parte del país.
9. El taxista oye todo y ve aún más.
10. Muchos tenderos y meseros odian a sus clientes.

4·29
1. La pongo en el clóset.
2. Los pongo en mi dormitorio / en el estante.
3. La pongo en el refrigerador.
4. Las pongo en una florera.
5. La pongo en la lavadora.
6. La pongo en mi oficina.
7. La pongo en el garaje.
8. Las pongo en el baúl.

4·30
1. Cuando una persona está en el hospital, ella recibe las comidas en una bandeja.
2. Necesitamos poner una cesta/papelera en cada cuarto de la casa.
3. Hay un basurero / cubo de basura atrás de la casa y uno dentro del garaje.
4. ¿Por qué pones tantas plantas en el alféizar? No puedo ver nada.
5. ¡El baño huele terrible! Tienes que limpiar el inodoro.
6. No debes poner un tenedor o un cuchillo en un enchufe.
7. ¿Quién pone Vaselina en el puño/tirador de puerta? No lo toco.
8. Puedes usar la escalera o el ascensor, pero tienes que salir del edificio ahora.
9. Te veo por el ojo de la cerradura. Soy James Bond.
10. El alambrado en el edificio va del sótano al desván.

4·31
1. V		6. V	
2. F		7. F	
3. F		8. F	
4. F		9. F	
5. V		10. V	

4·32
1. Él me da el libro.
2. Le doy el libro.
3. Te damos la historia / el cuento.
4. Ellos le dan el poema. / Ellas le dan el poema.
5. Le digo la historia / el cuento.
6. Él me dice el poema.
7. No os decimos la verdad.
8. Ella me dice una mentira.
9. Ellos le envían los alcachofes. / Ellas le envían los alcachofes.
10. Te enviamos la ropa.

4·33
1. Él le compra los muebles y ella le sopla un beso del dormitorio.
2. Ella me canta la canción.
3. Les escribimos una carta cada Navidad.
4. Su agente de bolsa le envía una carta cada Hanukkah.
5. ¿Cuánto dinero le pagan cada semana?
6. ¿Por qué les compras tanto? Ellos nunca te dan nada.
7. Él les paga cincuenta dólares cada ves que le dicen la verdad.
8. El sacerdote le envía una bendición cada vez que ella peca.
9. Mi cirujano me da mucha esperanza y aún más cuentas.
10. El veterinario nos envía las cenizas de Fido.

4·34
1. ensaladera
2. ratonera
3. ponchera
4. cartera

4·35
1. lapicero
2. basurero
3. pastillero
4. paragüero

5 The verbs ser and estar (to be)

5·1
1. ser, origin
2. estar, emotional state
3. ser, possession
4. ser, day
5. ser, personality description
6. estar, emotional state
7. estar, deviation from the norm
8. ser, relationship
9. estar, current action
10. estar, particular (vs. the general)
11. ser, identification
12. ser, nationality
13. ser, general, sweeping statement
14. estar, location
15. ser, time

5·2
1. I
2. G, J, L
3. E, F, K
4. J, L
5. H, I, N
6. B, O
7. H, I
8. F, M, O
9. A, F
10. C
11. O
12. D
13. F, K, M
14. B, E, K
15. G, L

5·3	1. Estoy orgulloso/orgullosa de Garfield.
	2. Ella está feliz/alegre porque estás feliz/alegre.
	3. Él está frustrado porque no estudiamos.
	4. Estamos sorprendidos porque ellos/ellas tocan el piano muy bien.
	5. Ellos/Ellas están tristes porque no estás aquí.
	6. Estáis felices/alegres porque tengo una casa nueva.
	7. Él está celoso porque ella toca el piano bien.
	8. Estoy nervioso/nerviosa porque tengo un examen grande hoy.
	9. Ella está asustada porque hay un monstruo en el clóset.

5·4
1. V
2. F
3. V
4. V
5. F
6. V
7. V
8. F
9. V
10. V

5·5
1. G
2. H
3. E
4. J
5. I
6. D
7. C
8. B
9. A
10. F

5·6
1. V
2. F
3. V
4. V
5. F
6. V
7. V
8. V
9. F
10. V

5·7
1. V
2. V
3. F
4. V
5. F
6. V
7. F
8. V
9. V
10. F

5·8
1. Estoy cantando y estás bailando.
2. Ella está trabajando y él está preparando la cena.
3. ¿Por qué está él comiendo un taco cuando estamos comiendo nachos?
4. Ellos/Ellas están escribiendo una carta al presidente de México.
5. Ustedes están tomando drogas del farmacéutico.
6. Ella está sufriendo porque el profesor esta hablando y hablando y hablando.
7. El sadista está feliz porque el masoquista está sufriendo.
8. El ladrón está buscando joyas y dinero.
9. Nadie está comiendo porque la comida que ella está preparando está grotesca.
10. Mi vecino está gritando porque mis perros están ladrando día y noche.

5·9
1. Donald Trump
2. Barbara Bush

5·10
1. están completas
2. estoy sentado/sentada
3. está rota
4. está muerto
5. está reparado
6. estoy de rodillas
7. estoy de pie
8. está fría
9. está quemada/caliente
10. está plantado

5·11   1. Cuando mi comida está mohosa, no la como. Las ratas en el sótano la comen.
       2. Las calles de San Francisco están muy torcidas.
       3. Mi novia me dice que mi coche está demasiado oxidado y que quiere ir a la fiesta en un taxi.
       4. No quiero tocar el pan porque está demasiado caliente.
       5. Las sábanas están arrugadas. No puedo dormir. ¿No las planchas?
       6. Su ropa está mojada porque la secadora está rota. Nada está seco. Voy a llorar.
       7. Ella pone sus pantalones en el río y entonces cree que están lavados y limpias. ¡Está loca!
       8. Su casa está limpia porque (él) nunca está allí.
       9. Tu casa está sucia. ¿Tienes que tener tantos gatos? Y verdaderamente ¿necesitan dormir contigo?
      10. Muchas personas creen que el mundo está llano. También creen que Elvis Presley está vivo.

5·12   1. V   6. V
       2. V   7. V
       3. F   8. F
       4. V   9. V
       5. V   10. V

5·13   1. este pan
       2. esta leche
       3. estos cacahuetes
       4. estas peras
       5. ese apio
       6. esa ciruela
       7. esos limones
       8. esas zanahorias
       9. aquel plátano / aquella banana
      10. aquella fresa
      11. aquellos pulpos
      12. aquellas manzanas

5·14   1. Este diamante está feo.
       2. Esta manzana está negra.
       3. Estos chocolates no están sabrosos.
       4. Estas pasas están enormes.
       5. Estos guisantes no están redondos.
       6. Ese ajo está dulce.
       7. Esa berenjena está azul.
       8. Esas cebollas están repugnantes.
       9. Esos calabacines están muy pequeños.
      10. Esos perros calientes están especiados.

5·15   1. Este pan está mohoso. No lo como.
       2. Esos coches están oxidados. ¿Los conduces?
       3. Estas cucarachas están muertas. ¿Las guardas?
       4. Esa mujer está sentada. ¿Está cansada?
       5. Aquella lechuga está café. No podemos comer comida vieja.
       6. Esas anchoas están terribles. Están demasiado salobres.
       7. Ese pavo está delicioso/sabroso. ¿Quién lo prepara hoy?
       8. Aquellos pepinos están enormes. ¿Cuánto fertilizante usas?
       9. Esta hamburguesa está roja. ¿La comemos descocida?
      10. Aquel limón está arrugado.

5·16   1. F   6. F (probablemente)
       2. F   7. F
       3. V   8. V
       4. V   9. F
       5. F   10. V

5·17 1. Estoy en el coche.
2. Estás con un cerdo grande.
3. Ella está arriba y él está abajo.
4. Estamos cerca de la biblioteca.
5. Ellos/Ellas están debajo de la cama.
6. Creo que ella está con mi esposo.
7. ¿Estás lejos de la zapatería?
8. ¿Están los pájaros encima del garaje o atrás?
9. ¿Por qué estás detrás de la librería?
10. ¿Por qué está la cervecería al lado de la iglesia?

5·18

1.	J	6.	F
2.	C	7.	G
3.	A	8.	D
4.	H	9.	B
5.	E	10.	I

5·19

1.	C	9.	G
2.	L	10.	H
3.	E	11.	N
4.	I	12.	M
5.	B	13.	F
6.	K	14.	O
7.	A	15.	J
8.	D		

5·20

1.	V	6.	F
2.	F	7.	V
3.	F	8.	V
4.	V	9.	F
5.	V	10.	F

5·21 1. Miro las noticias en la televisión a la(s) _____.
2. Tomo el café (o el té) a la(s) _____ de la mañana.
3. Tengo la clase de español a la(s) _____.
4. Normalmente, leo el periódico a la(s) _____.
5. Normalmente, hago la cama a la(s) _____.
6. Salgo para el trabajo a la(s) _____.
7. Normalmente, preparo la cena a la(s) _____ cada noche.
8. Normalmente, voy a la iglesia (o sinagoga o mezquita) a la(s) _____.
9. Típicamente, hago ejercicios a la(s) _____.
10. Prefiero ir al cine a la(s) _____.

5·22 1. ¿Qué hora es? No quiero estar tarde.
2. Son las dos y media de la tarde. ¿Por qué no puedes llegar a la hora?
3. Ella siempre está tarde. Si un programa comienza a las siete de la noche, ella llega a las siete y cuarto.
4. Es el mediodía, y puedes comer los/tus chocolates dos a la vez.
5. Por última vez, necesitas estar/llegar aquí para las diez de la mañana.
6. ¿Puedes llegar para la medianoche?
7. El programa va a durar hasta las once y veinte. Son las diez menos veinte ahora. ¿Estás aburrido/aburrida?
8. Siempre le compro un reloj de cuco para su cumpleaños. Ella los odia. Personalmente me hacen loco/loca también.
9. Si llegas tarde, no puedes tener comida. Necesitas llegar aquí para las siete menos cuarto.
10. Una y otra vez él me llama después de la medianoche. Siempre le digo que no puedo hablar con él porque es demasiado tarde.

5·23
1. lunes/martes/miércoles/jueves/viernes/sábado/domingo
2. lunes/martes/miércoles/jueves/viernes/sábado/domingo
3. *tu elección*
4. el domingo
5. los martes
6. los domingos, los sábados
7. el sábado
8. viernes
9. Martes
10. el lunes / los lunes

5·24
1. Voy a jugar al fútbol esta tarde.
2. Vamos a tener una fiesta mañana por la noche.
3. No tengo una rutina diaria; tengo sirvientes que mantienen mi casa.
4. Marcel escribe en su diario cada día.
5. Vamos a comprar un sofá nuevo esta mañana.
6. Mañana por la mañana ella no va a escuchar la radio.
7. Cada fin de semana cenamos en un restaurante nuevo.
8. Mi horario no me permite dormir la siesta.
9. ¿Qué vas a hacer esta noche?
10. ¿Qué quieres hacer la semana que viene?

5·25
1. el cinco de mayo
2. el quince de enero
3. el catorce de julio
4. el veintitrés de marzo
5. el primero de noviembre
6. el once de febrero
7. el treinta y uno de octubre / el último día de octubre
8. el treinta de abril / el último día de abril
9. el once de junio
10. el once de agosto
11. el veintidós de diciembre
12. el veintiséis de septiembre

5·26
1.	V	6.	F
2.	F	7.	V
3.	V	8.	V
4.	V	9.	F
5.	V	10.	V

5·27
1. El libro es mío.
2. Los libros son míos.
3. Los tenedores son tuyos.
4. Unas plumas son tuyas y unas son mías.
5. Los regalos son nuestros.
6. Tres de los árboles son suyos.
7. Una de las camisas es nuestra.
8. Los niños son tuyos, míos, y nuestros.
9. Él cree que la comida mohosa es mía, pero es suya.
10. Nada aquí es vuestro.

5·28
1. Cher
2. John Grisham
3. Amelia Earhart
4. Romeo Montague

5·29
1. Ella no es mi amiga. Ella no es mi amante. Ella no es mi colega. Ella es una conocida, y no quiero más preguntas sobre / acerca de ella.
2. En el programa popular de la televisión, *El grupo Brady,* Miguel (un viudo) y Carol (una viuda) se casan. Los tres hijos y las tres hijas ahora son hermanastros.
3. Los recién casados están en Ámsterdam para su luna de miel. Él quiere montar en bicicletas y ella quiere visitar los museos de arte. Él quiere estudiar la arquitectura y ella quiere aprender a hablar holandés. ¿Puede perdurar este matrimonio?
4. Después de treinta y cinco años de matrimonio, doce hijos, cinco casas, siete perros y una piscina, ella quiere un divorcio de su esposo porque él tiene una amante.
5. Muchos estudiantes tienen amigos por correspondencia de otros países. Unos les escriben cada día, los otros les escriben de vez en cuando. Tengo una amiga de correspondencia que es la única hija de una pareja que vive en Japón. Quiero visitar a esta chica un día; sin embargo, ya es una íntima mía.
6. No quiero tener una boda grande. Unas personas quieren invitar a cada miembro de su árbol genealógico. Yo quiero invitar a mis íntimos y a mis parientes cercanos. Absolutamente no quiero invitar a mis siete ex-esposos.

5·30
1. V	5. F
2. F	6. F
3. F	7. V
4. V	8. F

5·31
1. Ella es más interesante que Marilyn Monroe.
2. Su hermanastra está más triste que yo.
3. Este libro es más serio que el diccionario.
4. El Castillo Hearst es más pequeño que el Palacio Buckingham.
5. Nadie está más aburrido que él.
6. El *Titánico* es más famoso que nada.
7. Ella es más honrada que Abraham Lincoln.
8. Él es más trabajador que nadie.
9. Yo estoy más feliz que una almeja.
10. Somos más sociables que ellos/ellas.

5·32
1. Un gato es mejor que un perro. / Un perro es mejor que un gato.
2. Una nevasca es peor que un tornado. / Un tornado es peor que una nevasca.
3. Un libro es mejor que una película. / Una película es mejor que un libro.
4. La verdad brutal es peor que una mentira. / Una mentira es peor que la verdad brutal.
5. Los dramas de Shakespeare son mejores que los de Eugene O'Neill. / Los dramas de Eugene O'Neill son mejores que los de Shakespeare.
6. Las películas de Quentin Tarantino son peores que las de Steven Spielberg. / Las películas de Steven Spielberg son peores que las de Quentin Tarantino.
7. Mi madre es mayor que mi padre. / Mi padre es mayor que mi madre.
8. Pinocho es menor que Gepetto.
9. El príncipe Carlos es mayor que la princesa Diana.
10. Cinderella es menor que su mala madrastra.

5·33
1. V	6. V
2. F	7. F
3. V	8. V
4. V	9. V
5. V	10. F

5·34
1. es bueno / es malo
2. es bueno / es malo
3. son buenos / son malos
4. es buena / es mala
5. son buenas / son malas
6. es buena / es mala
7. son buenas / son malas
8. son buenos / son malos
9. son buenos / son malos
10. es buena / es mala

5·35
1. Éste es un sombrero.
2. Ésta es una falda.
3. Éste es tu árbol.
4. Éstos son tus zapatos.
5. Éstas son tus culebras.
6. Éstas con nuestras sillas.
7. Ése es un Porsche.
8. Ésa es una toalla.
9. Ése es su tenedor.
10. Ésos son mis calcetines.
11. Ésas son mis mochilas.
12. Ésas son sus camisetas.
13. Aquello es mi jardín.
14. Aquélla es su casa.
15. Aquéllos son sus perritos.
16. Aquéllas son nuestros aparatos.

5·36
1. Esto es agradable.
2. Esto es terrible.
3. Esto es de pacotilla.
4. Éstos son extraños.
5. Éstos son ridículos.
6. Éstos son trágicos.
7. Eso es vil.
8. Eso es lo mejor.
9. Eso es lo peor.
10. Ésos son absurdos.
11. Ésos son espantosos.
12. Ésos son fáciles.
13. Aquello es pavoroso.
14. Aquello es excelente.
15. Aquello es extraordinario.
16. Aquéllos son interesantes.
17. Aquéllos son desgraciados.
18. Aquéllos son repugnantes/asquerosos.

5·37
1. es francés
2. es inglés
3. son canadienses
4. es polaco
5. es neoyorquino/americano/estadounidense
6. es israelita
7. es sueco
8. es cubano
9. son mexicanos
10. es italiano

5·38
1. Paul Revere
2. Luciano Pavarotti
3. Julia Child

6 Saber and conocer

6·1
1. Sé los resultados de las pruebas.
2. ¿Sabes las mediciones para estas platinas?
3. Ella sabe cuántos ingredientes hay en esta solución.
4. No sé por qué quieres analizar esta teoría.
5. ¿Sabes por qué hay tantos tubos de ensayo en este laboratorio?
6. Ellos/Ellas no saben lo que está en el frasco.
7. ¿Sabéis el nombre de este proceso?
8. Si lo observas bien, puedes saber los resultados esta tarde.
9. ¿Sabes quién va a calentar las pipetas?
10. No podemos saber nada acerca de los experimentos hasta mañana.

6·2

1. V	6. V
2. F	7. V
3. V	8. V
4. V	9. F
5. F	10. F

6·3
1. Sé que para sobrevivir, necesitamos respirar.
2. Sabemos que somos miembros de la especie humana.
3. ¿Sabes que hay un virus en tu computadora?
4. Él no sabe que la decadencia es una parte natural de la vida.
5. Necesito saber que vas a estar aquí mañana.
6. ¿Saben ellos/ellas que el corazón es un músculo?
7. No sé si el virus es malo o no.
8. ¿Sabes que tienes que alimentar a tu bebé cada tres horas?

6·4
1. Sé echar las soluciones químicas en la jícara.
2. ¿Sabes analizar estos datos?
3. Ellos/Ellas no saben balancear esta ecuación.
4. Sabemos mezclar los productos químicos.
5. Ella sabe preparar las platinas para el microscopio.
6. Sabéis resolver estos problemas.
7. No sé trabajar con estos datos porque no puedo respirar cerca de estos productos químicos.
8. ¿Quién sabe controlar los aspectos físicos de este experimento?

6·5
1. V
2. F (hay tres)
3. F (la primera ley trata de la inercia)
4. V
5. V
6. V
7. F (es de la primera ley)
8. V
9. F (cree que Newton es genio)
10. V

6·6
1. F (vive también en Pennsylvania)
2. V
3. F (Franklin es autodidáctico)
4. V
5. F (Franklin estudia cinco idiomas)
6. V
7. F (hay varios almanaques en ese tiempo)
8. V
9. F (su almanaque tiene mucho humor y caricaturas políticas)
10. V

6·7
1. Conozco muchas obras de arte en este museo.
2. Conocemos los épicos de Homer.
3. No los/las conozco. ¿Los/Las conoces?
4. Ella conoce la poesía mística de William Blake.
5. ¿Conoces las tragedias de Shakespeare?
6. Cada cultura tiene gestos obscenos. ¿Los conoces?
7. No conozco su punto de vista, pero mis amigos siempre me dicen que es demasiado pesimista.
8. ¿Conoces La Hada Azul en *Pinocho*? Ella es preciosa.
9. Ellos/Ellas no te conocen porque eres misterioso/misteriosa.
10. ¿Conoces la película *El código de Da Vinci*? Mi amigo me dice que varias conversaciones son prolijas.

6·8
1. Se llama Julia Warhola.
2. Dos: Se llaman John y Paul.
3. Andy Warhol nace en Pittsburgh (Pennsylvania) en 1928.
4. Su verdadero apellido es Warhola.
5. No, Andy es el menor.
6. Andy Warhol representa el postmodernismo.
7. Ellas llevan las máscaras antigás.
8. Julia Warhola pinta los gatos y los ángeles.
9. Son litografías.
10. Las chimeneas de Pittsburgh durante la noche inspiran a Andy Warhol.

6·9
1. Muchos artistas viven en sus estudios.
2. Albrecht Dürer graba al aguafuerte muchas escenas religiosas.
3. La tienda Pottery Barn no vende mucha cerámica.
4. Puedes ver ejemplos maravillosos de los frescos de Giotto en la Basílica de San Francisco en Assisi, Italia.
5. J.M.W. Turner (el pintor inglés) es famoso por sus paisajes marinos.
6. Muchas personas no saben que el verdadero apellido de Pablo Picasso es Ruiz. Picasso es el apellido de su madre.
7. La escultura griega *Nike* ("Victoria") está en el Louvre en París, Francia. La *Mona Lisa* de Leonardo da Vinci también está allí.
8. La estatua de Moisés, por Michelangelo, está en los Museos Vaticanos.

6·10
1. Hay tres mujeres en el grupo. ¿Quieres conocerlas?
2. Ella no conoce a ese autor de canciones, pero quiere conocerlo.
3. Este drama es largo. Tenemos que ensayarlo cada día.
4. Mi diapasón está cerca de la cama. ¿Puedes verlo?
5. Si quieres usar mi estudio de grabación, tienes que pagarme dos mil dólares.
6. Si quieres tocar un instrumento de cuerda, necesitas aprender a entonarlo/afinarlo.
7. El director de la banda no puede hallar su batuta. Vamos a buscarla. ¿Puedes ayudarnos?
8. La acústica en este auditorio está terrible. ¿Puedes oírme? No puedo oírte.
9. No sé por qué ésta es una canción de éxito. Me hace enfermo/enferma cada vez que tengo que escucharla.
10. En nuestro dueto, Carlota toca la clave de sol y yo toco la clave de fa. Debemos estar de gira con los Rolling Stones. Entonces nuestros aficionados pueden conocernos.

6·11
1. Prince
2. Leonard Bernstein

6·12
1. F		6. F
2. V		7. F
3. F		8. V
4. V		9. F
5. F		10. V

6·13
1. Le pido al acomodador una butaca buena en el teatro / en el cine.
2. Él me pide el guión.
3. Ellos/Ellas le piden al iluminista más bombillas.
4. El mimo me pide direcciones con las manos.
5. Los operadores de cámara le piden al director un descanso.
6. En la taquilla le pedimos a la recepcionista boletos a la función de tarde.
7. Le pides a la estrella del cine su autógrafo.
8. Los productores piden champaña para todos en el estreno.

6·14
1. El cinéfilo me pregunta si quiero ir al cine con él.
2. El doble me pregunta si tengo miedo al público.
3. Le pregunto al crítico por qué esta película está doblado en Urdu.
4. Ella le pregunta al narcisista por qué siempre quiere estar en el candelero.
5. Les preguntamos si quieren efectos especiales.
6. Le pregunto por qué ella está filmando una película muda en el siglo veintiuno.
7. Le pregunto a la persona en la taquilla cuánto cuesta un boleto para el estreno y ella me dice que si tengo que hacer la pregunta, no tengo bastante dinero. Le digo que está grosera.
8. Le preguntamos a la acomodadora dónde están nuestras butacas y nos dice que están en la fila ZZZ. Le digo que el planeta Neptuno está más cerca al escenario. Ella me mira y regresa al vestíbulo.

6·15
1. F	6. V
2. V	7. V
3. V	8. V
4. V	9. F
5. F	10. V

6·16
1. No puedes sacar agua de una roca / una piedra.
2. No debes tomar el sol entre las once de la mañana y las dos de la tarde.
3. Quiero sacar una foto de tu estudio de televisión.
4. Necesitamos tomar en cuenta todas nuestra opciones.
5. El drama *Romeo y Julieta* toma lugar en Verona, Italia.
6. Si quieres tomar parte en el programa, tienes que estar aquí a las siete y media mañana por la mañana.
7. Después de nevar, mi vecino quita la nieve enfrente de mi casa y atrás de mi casa.
8. Él nunca quita el polvo, y su casa está puerca.
9. Antes de pintar el garaje, necesitas quitar la pintura vieja.
10. Vamos a tomar una comida con la nueva presentadora.

6·17
1. F	5. V
2. V	6. V
3. F	7. F
4. V	8. V

6·18
1. X	6. —
2. —	7. X
3. —	8. X
4. X	9. X
5. X	10. —

6·19
1. Para echar una carta, necesitas caminar al buzón, abrirlo, y decir, "Adiós, carta".
2. Para enviar un paquete, necesitas entrar en la oficina de correos, tomar un número, esperar en una línea, escuchar Muzak, poner el paquete en el mostrador, decidir si quieres enviarlo primera clase o no y comprar los sellos.
3. Para mandar un fax, necesitas empujar muchos botones y poner el documento en el fax.
4. Para hablar con una persona que trabaja para la compañía de teléfono, necesitas tener mucha paciencia porque vas a estar en espera por mucho tiempo.
5. Para hablar con otra persona por teléfono, necesitas descolgar el auricular, escuchar el tono, marcar el teléfono, oír la palabra "Bueno" y entonces puedes hablar.
6. Nadie tiene un amigo de correspondencia en la luna.
7. Cuando estoy en espera, usualmente lavo los platos, hago las camas, limpio el baño o tomo un café. Unas personas fuman cigarrillos cuando están en espera.
8. Cuando Juan marca un número equivocado, él le llama a esa persona por lo menos veinte veces más ese día si la persona que lo contesta no está amable.

6·20
1. V	6. V
2. F	7. F
3. F	8. V
4. V	9. F
5. V	10. V

6·21	1. V	6. F
	2. F	7. V
	3. F	8. V
	4. V	9. V
	5. V	

6·22	1. V	6. V
	2. F	7. F (no de fútbol americano)
	3. F	8. V
	4. V	9. V
	5. V	10. V

6·23
1. el salvavidas
2. el sacacorchos
3. los limpiaparabrisas
4. el guardacoches
5. el quitamanchas
6. el tomavistas
7. el portaobjetos
8. el cortaúñas
9. el abrelatas
10. el guardajoyas

7   Stem-changing verbs

7·1
1. cuento
2. mueves
3. vuelve
4. mordemos
5. probáis
6. mueren
7. recuerdo
8. ruega
9. movéis
10. vuelan
11. aprueban
12. tuesta
13. cuelgas
14. almuerzo
15. duermen
16. devuelvo
17. mostramos
18. resuelve
19. encuentro
20. envuelves

7·2	1. F	5. F
	2. F	6. V
	3. V	7. V
	4. V	8. V

7·3	1. F	6. F
	2. V	7. V
	3. V	8. F
	4. V	9. V
	5. V	10. V

7·4	1. a	5. a
	2. a	6. b
	3. b	7. b
	4. a	8. b

7·5	1. a	5. a
	2. b	6. a
	3. a	7. a
	4. b	8. a

7·6

1. pienso
2. enciendes
3. miente
4. fregamos
5. hervís
6. aciertan
7. prefiere
8. adviertes
9. pierdo
10. cerráis
11. advierte
12. consiente
13. entienden
14. empiezo
15. negamos
16. comienzas
17. fregáis
18. confieso
19. convierte
20. defiendo

7·7	1. V	6. V
	2. F	7. F
	3. F	8. F
	4. V	9. V
	5. V	10. F

7·8

1. Sé que el gobernador va a vetar esta proposición.
2. El presidente nos promete que va a reducir los impuestos, pero no lo creo porque él no cumple la palabra.
3. Mi tío me dice que la mayoría de los políticos les mienten a sus constituyentes.
4. Si los políticos quieren reducir el crimen en esta ciudad, van a tener que pensar en lo que ocurre dentro de la mente del criminal. Esto debe ser fácil para ellos.
5. El alcalde comienza el día con una taza de café y lo termina con un cóctel o dos.
6. Cierro las puertas de la Cámara a las nueve de la noche.
7. Los senadores creen que van a aprobar la proposición hoy. Ellos no tienen razón.
8. La clase obrera va a participar en la manifestación porque no creen nada que el gobernador les dice.
9. ¿Por qué quieres derrocar su gobierno?
10. A veces creo que los políticos redactan una proposición porque quieren la publicidad.

7·9
1. frío
2. impides
3. gime
4. reímos
5. servís
6. miden
7. bendices
8. compite
9. corrigen
10. consigo
11. decimos
12. despiden
13. elijo
14. maldice
15. mide
16. pedís
17. repites
18. siguen
19. sirve
20. mides

7·10
1. V
2. F (es cuatro años)
3. V
4. F (es el vicepresidente)
5. F (la primera es Madeleine Albright, que comienza la posición en 1997)
6. V
7. F (es martes)
8. F (durante el mes de noviembre)
9. V
10. V

7·11
1. Si nuestro candidato pierde esta elección, voy a pedir un recuento.
2. El chef de la Casa Blanca fríe el pescado en aceite de oliva y lo sirve en platos de papel.
3. Los sondeos de opinión nos dicen que el senador no va a repetir su cargo.
4. Ella pierde cada elección porque maldice todo el tiempo.
5. Unas personas creen que el portavoz de la Casa Blanca nos miente cada vez que habla.
6. Nosotros, el pueblo, elegimos al presidente pero no podemos despedirlo.
7. Yo te sirvo y tú me sirves. Eso es justo.
8. El líder del conventículo me dice que el presidente de la Cámara no quiere celebrar una elección este año.
9. En Inglaterra, y en Canadá también, el primer ministro es el líder del país.
10. En una democracia, el político elegido debe ser la voz de los constituyentes.

7·12

1. V		6. F
2. F		7. V
3. F		8. F
4. V		9. V
5. V		10. V

7·13
1. Cuando voy de compras siempre pago al contado.
2. No podemos ir de compras contigo en la zona comercial porque está cerrada.
3. Si pagas por tarjeta de crédito, la transacción está más lenta que cuando pagas al contado.
4. ¿Hay una caja electrónica por aquí?
5. Estas joyas no son genuinas. Son falsas. ¿Por qué las vendes en esta joyería elegante?
6. Cuando entras, el letrero dice "TIRA". Cuando sales, dice "EMPUJA".
7. Esta tienda nunca está abierta. ¿Cómo pueden ganar dinero?
8. No podemos tomar la escalera mecánica porque está rota. El ascensor también está roto. Tenemos que tomar la escalera.
9. Estos platos rotos son gratis. ¿Quién los quiere?
10. ¿En qué puedo servirle? ¿Qué desea usted? ¿Un perrito? Ésta es una bodega. ¿Por qué está aquí? ¿Está loco?

7·14	1. V	6. V
	2. V	7. F
	3. V	8. F
	4. F	9. V
	5. V	10. V

7·15
1. dieciséis
2. dos mil
3. mil
4. doce
5. tres
6. cien
7. cien
8. cinco mil doscientos ochenta
9. un millón

7·16
1. V
2. F
3. V (un galón de leche pesa aproximadamente 8,5 libras, un galón de gasolina, aproximadamente 6 libras)
4. F (¡pregunta de pega!)
5. V
6. V
7. V
8. V
9. V
10. F

7·17
1. ¿Cuánto pesas? Sé que no peso más que él.
2. ¿Cuánto mide el diámetro? Pues, mide dos veces más largo que el radio.
3. ¿Qué tamaño tiene tu zapato? Es tamaño Veinte EEE. Trabajo en el circo.
4. ¿Qué anchura tiene su boca? Ella siempre está hablando. Quiero poner un calcetín dentro de su boca.
5. ¿Qué altura tiene este edificio? No puedo ver el cobertizo porque está en las nubes.
6. ¿Cuánto mide Michael Jordan? Él mide seis pies, seis pulgadas.
7. ¿Sabes que un elefante recién nacido pesa entre doscientas cincuenta y trescientas cincuenta libras?
8. ¿Qué anchura tiene esta superficie? Mide dos metros.
9. ¿Qué altura tiene la barra nueva? Mide exactamente tres pies.
10. ¿Qué tamaño tiene esos pantalones? Quiero comprarlos.

7·18
1. el cuadrado
2. el pentágono
3. el círculo
4. el cubo
5. el triángulo
6. el rectángulo
7. el diamante / el rombo
8. el octágono
9. el cilindro

7·19
1. Tengo casi veinte galones de helado en el congelador. ¿Quieres comerlo conmigo?
2. Ella trabaja alrededor de cincuenta horas por semana.
3. Ellos/Ellas tienen por lo menos / al menos dos mil dólares en el banco.
4. ¿Tienes suficiente/bastante dinero? No, mi billetera está vacía / cartero está vacío. Estoy sin plata.
5. Su cabeza está llena de ideas locas.
6. ¿Quieres más vino? Gracias, no. Todavía tengo un poco.
7. Él tiene casi veinte billones de dólares. Es casi tan rico como yo.
8. Él todavía no tiene tantos amigos como yo.
9. ¿Conoces tantas personas como ella?
10. Unas personas creen que una persona no puede ser demasiado rica ni demasiado delgada.
    ¿Qué piensas tú?

7·20
1. en el tubo
2. en la caja
3. en el saco
4. en la taza
5. en la botella
6. en el jarro o en la caja
7. en la copa
8. en el cántaro o en el jarro
9. en la bolsa
10. en el bolsillo

7·21
1. V	6. V
2. V	7. V
3. F	8. V
4. V	9. F
5. F	10. V

8 Reflexive verbs

8·1
1. me baño, te bañas, se baña, nos bañamos, os bañáis, se bañan
2. me duermo, te duermes, se duerme, nos dormimos, os dormís, se duermen
3. me ducho, te duchas, se ducha, nos duchamos, os ducháis, se duchan
4. me veo, te ves, se ve, nos vemos, os veis, se ven

8·2
1. F	6. F
2. V	7. V
3. V	8. F
4. V	9. V
5. V	10. F

8·3
1. Me llamo _____.
2. Se llama _____.
3. Se llaman _____ y _____.
4. Típicamente me despierto a las _____.
5. Me cepillo los dientes _____ veces al día.
6. Usualmente me ducho / me baño.
7. Usualmente me acuesto a las _____.
8. Sí, me afeito cada día. / No, no me afeito cada día.

8·4
1. Me lavo la cara pero no lavo la ropa.
2. Él se quiebra un hueso cada vez que esquía.
3. Él se afeita la barbilla pero no afeita a su perro.
4. Ella se ducha en la mañana.
5. Nos despertamos a las siete de la mañana.
6. Os cepilláis el pelo enfrente del espejo.
7. Ellos/Ellas nunca se duchan; siempre se bañan.
8. Él se rasca las axilas a la mesa.

8·5
1. los pies
2. la cabeza
3. las uñas (del dedo o del dedo del pie)
4. el corazón
5. los ojos
6. los labios
7. el pelo
8. las orejas
9. la muñeca
10. el cuello
11. los intestinos
12. las axilas
13. los huesos
14. el pene

8·6	1. V	6. F
	2. V	7. V
	3. F	8. V
	4. V	9. F
	5. V	10. V

8·7
1. me pongo
2. te vuelves
3. se hacen
4. se convierte en
5. se convierten en
6. se pone
7. nos convertimos en
8. me hago
9. te vuelves
10. llega a ser

8·8
1. F (Es el líder de la iglesia católica.)
2. V
3. V
4. V
5. F
6. V
7. F
8. V
9. V
10. V

8·9
1. San
2. Santa
3. Santo
4. San
5. Santa
6. Santo
7. San
8. Santa
9. San
10. Santo

8·10
1. V
2. V
3. F (Se santiguan antes y después de orar.)
4. V
5. V
6. F (Es de los musulmanes.)
7. V
8. V
9. V
10. F

8·11
1. Mahoma
2. cinco
3. cinco
4. Mecca
5. Allah
6. el Jihad
7. dos
8. el cielo y el infierno
9. Mecca
10. el muecín

8·12	1. V	6. V
	2. V	7. V
	3. F	8. F
	4. V	9. V
	5. V	10. V

8·13	1. a	5. b
	2. b	6. a
	3. c	7. c
	4. c	8. a

8·14	1. V	6. V
	2. V	7. F
	3. V	8. V
	4. F	9. V
	5. F	10. V

8·15
1. Me gusta la salsa picante.
2. Me gustan las tortillas fritas.
3. Me gusta la cerveza fuerte.
4. Me gusta el pan mohoso.
5. Me gustan los tomates estofados.
6. Me gusta la fruta fresca.
7. Me gustan las carnes saladas.
8. Me gustan los aditivos en esta comida.

8·16
1. Me gustan los gatos.
2. Me gusta masticar el tabaco.
3. No me llevo bien con mi jefe.
4. Amo a mis hijas.
5. No me gusta el pescado ahumado.
6. La abuela les dice a sus nietos, "Os amo".
7. Me llevo bien con mis amigas Stacia y Niki.
8. Liza me dice, "Quiero un divorcio porque ya no lo quiero".
9. Ya no me gustan estos pantalones.
10. Los meseros ya no se llevan bien con el cocinero.

8·17
1. Me gustan los libros.
2. Te gusta la casa.
3. A ella le gusta el garaje.
4. A él le gustan los árboles.
5. Al rey Enrique le gusta la Iglesia Anglicana.
6. Nos gusta la leche fresca.
7. Os gustan las zanahorias crudas.
8. A ellos/ellas les gusta la parrilla nueva.
9. A Bob y a Carol les gusta nadar.
10. A Ted y a Alicia les gustan dormir y leer.

8·18	1. V	6. F
	2. F	7. V
	3. F	8. F
	4. V	9. V
	5. F	10. V

8·19
1. Me molesta el calor.
2. Nos basta esta tontería.
3. A él le encantan las mujeres con las uñas largas.
4. ¿Te interesa este libro?
5. ¿Te importa?
6. Las arañas me disgustan.
7. Esta jaqueca me duele mucho. / Me duele mucho esta jaqueca.
8. A él le falta un dedo.
9. ¿Qué te gusta hacer en la tarde?
10. Ellos/Ellas no votan porque (a ellos/ellas) todos los candidatos les parecen horribles.
11. Me disgusta ese restaurante.
12. Nos sobran mucho vino y comida. ¿Debemos tener otra fiesta?

8·20
1. Me duele el diente.
2. Te duele el cuello.
3. A él le duele el dedo.
4. A ella le duelen las piernas.
5. Nos duelen los codos.
6. Os duelen las encías.
7. A ellos/ellas les duelen las mandíbulas.
8. Me duele el dedo índice.
9. ¿Te duele el tobillo?
10. Me duele el cuerpo.

8·21
1. Sí.	6. Sí.
2. Sí.	7. No.
3. Sí.	8. Sí.
4. No.	9. Sí.
5. Sí.	10. No.

8·22
1. V	6. F
2. F	7. V
3. F	8. V
4. V	9. V
5. V	10. V

8·23
1. c	5. b
2. b	6. c
3. a	7. a
4. c	8. c

8·24
1. la alergista
2. la cirujana estética
3. la psiquiatra
4. la otolaringóloga
5. la ginecóloga
6. la oncóloga
7. la cardióloga
8. la oftalmóloga
9. la patóloga
10. la dermatóloga
11. la nefróloga
12. la radióloga
13. la hematóloga
14. la neurocirujana
15. la pedíatra

8·25
1. F	6. V
2. V	7. V
3. V	8. V
4. V	9. F
5. F	10. V

8·26   1. Hipócrates
        2. Dr. Christiaan Barnard
        3. Dr. Seuss

9   Para and por

9·1   1. Salimos para Miami a las cinco y media de la mañana.
       2. Este billete es para mañana, no hoy.
       3. Esta ropa es para tu maleta grande.
       4. El billete de ida y vuelta es para ti y el billete de ida es para tu suegra.
       5. Esta bolsa pequeña / bolsilla es para el mareo.
       6. Voy a dejar los documentos para ellos/ellas en la taquilla.
       7. Necesitamos coger un tren para Ámsterdam temprano en la mañana.
       8. Esta entrada es para los servicios.
       9. Estos libros son para la oficina de objetos perdidos.
      10. La tarifa reducida es para ti si llegas a tiempo.

9·2   1. V   6. V
       2. F   7. V
       3. V   8. V
       4. V   9. F
       5. V   10. V

9·3   1. a   5. c
       2. c   6. b
       3. b   7. c
       4. a   8. a

9·4   1. F   6. V
       2. V   7. F
       3. V   8. V
       4. F   9. V
       5. V   10. F

9·5   1. Estos billetes son para el jueves, no el viernes.
       2. Tenemos que cambiar trenes para las cuatro.
       3. El conductor va a perforar tu billete para las cinco y media.
       4. Este horario es solamente para el verano, no (para) el invierno.
       5. Ella tiene un billete de ida para el martes.
       6. Si quieres viajar por ferrocarril, tienes que salir para el miércoles.
       7. Los asientos reservados son para mañana por la mañana.
       8. Ellos/Ellas necesitan estar en la plataforma para el mediodía.
       9. Si quieres almorzar, tienes que estar en el vagón restaurante para las once de la mañana.
      10. Si quieres un compartimiento de no fumadores, debes / tienes que reservarlo para la medianoche.

9·6   1. Es confortable para una butaca de cubierta.
       2. Es pequeño para un yate, pero grande para un barco de vela.
       3. Necesitamos entrar a bordo para las ocho y quince.
       4. Para estar mareado, comes mucho.
       5. El capitán está a estribor (a la derecha) y su novia está a babor (a la izquierda).
       6. Sé que ella va a dejar su equipaje en el muelle.
       7. El cantante en la sala es terrible. Eso es por qué todos beben tanto en este crucero.
       8. El astillero no es un buen lugar para una fiesta.
       9. El *Titánico* no tiene bastante botes de salvamento, y va a hundirse.
      10. Jack y Rosa están en la cubierta superior vomitando por la borda.

9·7
1. Se llama Capitán Stubing.
2. Se llaman Eva y Zsa Zsa.
3. Comienza en 1977.
4. Hay varios puertos de escala.
5. Se llama Burl "Geomís" Smith.
6. No.
7. Se llama la cabina.
8. Estás a babor.
9. Estás a estribor.
10. Él necesita un chaleco salvavidas.

9·8
1. F	6. F
2. V	7. V
3. V	8. F
4. V	9. V
5. F	10. F (probablemente)

9·9
1. V	6. F
2. F	7. V
3. F	8. V
4. F	9. F
5. V	10. V

9·10
1. c	5. a
2. b	6. c
3. b	7. b
4. c	8. c

9·11
1. Para aprender a hablar un idioma extranjero, tienes que pagar por lo menos cincuenta dólares por cada clase en esta escuela.
2. Si quieres enseñar el lenguaje de señas aquí, tienes que pagar por tus propios libros.
3. Nadie quiere pagar mil dólares por un libro basado en la vida de un nativo del Mercurio.
4. Voy a enseñar la lingüística por el señor Chomsky porque él quiere estudiar los idiomas secundarios de Asia.
5. Ella va a hablar por mí esta noche porque no quiero trabajar en mi cumpleaños.
6. Estas palabras son adoptadas del latín y esas son del griego, y todas son españoles. El español es un idioma vivo.
7. Muchas personas creen que el latín es un idioma muerto y que el griego está vivo.
8. Muchas personas en Los Estados Unidos son monolingües. Es una lástima porque la mayoría del resto del mundo por lo menos es bilingüe: Un español puede hablar por un francés, y un alemán puede hablar por un japonés.
9. El idioma oficial de Guatemala es español; sin embargo, hay muchos dialectos indios hablados en ese país.
10. Muchos sordos / Muchas personas sordas aprenden el lenguaje de señas cuando son muy jóvenes.

9·12
1. V	6. F
2. V	7. V
3. F	8. V
4. V	9. F
5. F	10. F

9·13
1. Nace en 1874.
2. Se llama Clementine Hozier.
3. Tiene un hijo y cuatro hijos, un total de cinco.
4. Es pintor.
5. Él muere de un ataque cerebral.
6. Muere en 1965.
7. Es conservador.
8. Sí.
9. Sí.
10. Es muy popular.

9·14

1.	b	5.	c
2.	d	6.	a
3.	c	7.	b
4.	b	8.	a

9·15

1. para
2. por
3. por
4. para
5. para
6. para, por
7. por
8. por

9·16

1. Por estudiar tanto, él recibe notas altas.
2. Estos diplomas son para los licenciados.
3. Ella tiene mucha esperanza por una buena carrera en el campo de medicina.
4. Una buena profesora tiene mucho respeto por sus estudiantes.
5. Es imposible tener admiración por una persona cuando su perro defeca en tu hierba y el cretino lo deja y se va.
6. Ella va a recibir una nota baja por siempre entregar tarde las tareas.
7. Para evaluar tu progreso, vamos a darte un examen. Tú vas a presentarte al examen y luego mi aprendiz va a calificarlo.
8. Por tus esfuerzas sobresalientes y notas en la escuela secundaria, vas a recibir una beca completa.
9. Para muchos escolares, el examen oral es más difícil que el escrito.
10. Su amor por él depende de sus esfuerzas y notas y cuántos regalos él compra para ella / le compra.

9·17

1. un epistolario
2. un diario
3. un anuario
4. un calendario
5. un cuestionario
6. un horario
7. un abecedario
8. un confesionario
9. un diccionario
10. un devocionario

9·18

1.	V	6.	F
2.	V	7.	F
3.	F	8.	V
4.	V	9.	V
5.	V	10.	F

9·19

1.	b	5.	b
2.	a	6.	a
3.	c	7.	c
4.	c	8.	c

9·20

1. Nos amamos.
2. Se odian.
3. Ellos/Ellas se miran cuidadosamente.
4. Os tocáis demasiado. ¡Qué vergüenza!
5. ¿Os escribís por el año?
6. Necesitáis escucharos más.
7. Ella quiere un divorcio porque ella y su esposo se disgustan.
8. En la boda, nos bailamos. ¿Puedes creer que la Macarena todavía está popular?
9. Él y su amante se visitan cinco veces la semana. El resto del tiempo él se mira / se ve en el espejo.

9·21
1. ¿Por qué os amenazáis?
2. Ellos/Ellas se provocan todo el tiempo.
3. Nos herimos en las trincheras.
4. Ellos/Ellas se resisten porque tienen miedo de / temen una guerra sangrienta.
5. Nos contaminamos con nuestras mentiras.
6. Ellos/Ellas se atacan con sus palabras sucias.
7. Debéis defenderos porque, se rumorea que, sois amigos.
8. Podemos amarnos o podemos destruirnos. Es nuestra decisión.
9. Ellos/Ellas se hacen explotar en otra guerra atómica.
10. Nos interrogamos con preguntas dañosas y ofensivas.

9·22
1. b   5. b
2. a   6. c
3. c   7. b
4. d   8. a

9·23
1. traidores
2. espías
3. asesinos
4. arqueros
5. generales
6. francotirador
7. paracaidista
8. terrorista, secuestrador
9. prisionero de guerra, rehén
10. objetor de conciencia

9·24
1. Hawkeye Pierce, Alan Alda
2. el Padre Francis Mulcahy
3. Ottumwa, Iowa (Estados Unidos)
4. Radar, Labios Calientes
5. H. Richard Hornberger (Richard Hooker), Robert Altman
6. la guerra Coreana
7. Allan Arbus
8. once, tres
9. Se viste en ropa femenil.
10. nada, absolutamente nada

10 The passive voice and negatives

10·1
1. V   6. F
2. F   7. V
3. F   8. F
4. V   9. V
5. V   10. V

10·2
1. Se asalta una persona en este parque cada cinco minutos.
2. Se dice que hay muchas pandillas/bandas en ese bario.
3. Se trafican cocaína y heroína y hachís en esa esquina.
4. Por el incremento en la seguridad, ya no se secuestran los aviones.
5. Si no se sabe que violar a una mujer es la perversión total, no se sabe nada.
6. Se dice que un policía de servicio recibe café gratis en cualquier restaurante.
7. Se falsifican cheques en esa tienda cada día de la semana.
8. No se roban las casas con alarmas antirrobos y perros guardianes.
9. Usualmente no se reconoce el policía secreto en la zona comercial.
10. ¡Socorro! Se desfalca el dinero de esta cuenta.

10·3	1. F	6. F
	2. V	7. V
	3. F	8. V
	4. F	9. F
	5. V	

10·4
1. Lance Ito
2. tres: Johnnie Cochran, Robert Shapiro y F. Lee Bailey
3. Ford Bronco
4. un poco más de tres meses
5. el 12 de junio 1994
6. solamente cuatro horas
7. 8,5 millones de dólares
8. el trofeo Heisman
9. los Buffalo Bills
10. Los Ángeles (California)

10·5
1. No tengo nada.
2. No sé nada.
3. No conozco a nadie aquí.
4. No tengo ni tiempo ni dinero para ellos/ellas.
5. No puedo encontrarlo en ninguna parte / en ningún lugar.
6. No hay ninguna persona aquí con un diploma.
7. Ya no puedo verte.
8. No hay arañas en ninguna parte / en ningún lugar de esta casa.
9. ¿No puedes ver a nadie? ¿Eres ciego?
10. ¿No puedes oír nada? ¿Eres sordo?

10·6	1. V	6. V
	2. V	7. F
	3. V	8. F
	4. V	9. V
	5. F	10. V

10·7
1. Nada veo.
2. Nadie vive aquí.
3. Ninguna persona cuerda come en ese restaurante.
4. Ningunas cucarachas están en mi casa hermosa.
5. Ningún salario/sueldo es suficiente para sus necesidades. Es un abismo.
6. Ningunos árboles pueden sobrevivir en este clima.
7. Nunca como chocolate.
8. Nunca miento.
9. Marta nunca duerme.
10. Nadie puede entenderte/comprenderte.

10·8	1. b	5. c
	2. a	6. b
	3. c	7. a
	4. b	8. c

10·9	1. V	6. F
	2. F	7. F
	3. V	8. V
	4. F	9. V
	5. V	10. F

10·10
1. el rastrillo
2. la bomba
3. el herbicida
4. la carretilla
5. el martillo
6. el destornillador
7. las tijeras podaderas / las tijeras de jardín
8. el barrenieves / la pala de nieve
9. la pala
10. la sierra

10·11
1. Nadie puede ganarse la vida por vender agua sucia.
2. Si vendemos estas cosas al costo, no vamos a ganar dinero.
3. No podemos negociar tu sueldo/salario porque no vamos a emplearte porque la policía nos dice que cultivas la marihuana en el sótano.
4. Muchos países en África exportan café, y Brasil exporta mucho azúcar.
5. No es una buena idea usar toda la baja/licencia por enfermedad durante el primer mes del año; como último recurso, otro empleado puede fichar la entrada por ti.
6. Si incrementamos los precios demasiado, no vamos a vender nada.
7. Se incrementa el nivel de vida cuando la gente está sana y feliz.
8. Tu aumento depende de la fiabilidad de tu currículo.
9. Nunca debes negociar nada con un carácter sospechoso.
10. Se aumenta el coste de la vida cinco por ciento cada año.

10·12
1. Necesito hacer un cheque, pero tengo la cuenta en descubierto. ¿Qué debo hacer?
2. ¿Puedes prestarme cincuenta centavos? Quiero invertir en este puesto de limonada.
3. Nunca pago por nada en efectivo porque estoy sin plata; por eso, uso mi tarjeta de crédito. ¿De dónde viene el dinero?
4. Para obtener una hipoteca, necesitas un desembolso inicial, en efectivo, de por lo menos diez por ciento. Si tienes menos de eso, el banquero va a decirte que no puede encontrarse/reunirse contigo hoy.
5. Guardo todos los documentos de mis valores y bonos debajo de mi colchón. Cada noche cuento todo mi dinero. Me pregunto por qué tantas personas creen que estoy loco/loca.
6. Es verdad que puedes ahorrar dinero en esas tiendas enormes, pero no hay ninguna alma en ninguna parte de la gerencia. Todos son buitres.
7. Linda va a casarse con un agente de bolsa. Ella vive en Las Vegas y le encanta / le gusta mucho jugar.
8. Después de pagar a nuestros empleados y todos los impuestos que debemos al gobierno, vamos a tener una renta neta de cero dólares y cero centavos. Me encanta la venta casi tanto como me encanta una bala en la cabeza.
9. No puedo permitirme esas cosas. Si las compro, voy a estar en números rojos.
10. Una economía estancada significa la pérdida de muchos puestos.

10·13
1. *Tú lo sabes.*
2. Cáncer
3. Aries
4. Libra
5. Tauro
6. Leo
7. Géminis
8. Escorpio
9. Capricornio
10. Piscis

10·14
1. c
2. a
3. c
4. a
5. b
6. f

10·15
1. Truman Capote
2. Oprah Winfrey
3. Katherine Graham
4. en el Hotel Plaza, Nueva York
5. Taittinger
6. dieciséis mil dólares
7. Mia Farrow
8. *A Sangre Fría*
9. quinientos
10. una máscara de disfraz

Subject and vocabulary index

Italic entries indicate vocabulary lists.

A

a, personal, 122–23
acabar (de), 224
accent marks, 3–4
-aco/-aca suffix, 189
addiction, 271–72
addresses, 87
adjectives
    cognate, 59
    common qualitative, 58
    demonstrative, 154–55
    possessive, 107
    qualitative, 56–57
-ado/-ada suffix, 263–64
adverbs, 228–30
    descriptive, 229–30
    formation of, 228
    of location, 28, 157
    of time, 228–29
advertising, 180
age, 103
al contraction, 85–86
alphabet, 2–3
animal kingdom, 22–23
anniversaries, wedding, 169
-ano/-ana suffix, 186–87
appearance, physical, 147
-ar verbs
    common, 44
    conjugation, 42–43
-ario suffix, 340
art class, 208
art styles and movements, 206
articles. *See* definite articles, indefinite articles
arts, the, 204–5
"ask" (verb), 217
astrology, 383–84

B

banking, 380–81
basic words, 26
"become" (verb), 274–75

biology, 195
boat travel, 320
body, human, 269–70
books, types of, 118
buildings, 81
business, 378. *See also* economy

C

camping, 325–26
character description, 175–76
chemistry, 197, 201
clock, the, 162–63
clock time, 158–59, 160, 161
clothing, 72, 79
cognate adjectives, 59
cognates, 8–9
colors, 57
communication, verbs of, 132
communications, 222–23
comparisons, 177–78
completar, 224
"complete" (verb), 224
compound words, 231–32
computers, 226–27
conjugation
    of **-ar** verbs, 42–43
    of **-er** verbs, 50
    of **-ir** verbs, 60
    of irregular verbs, 93–94. *See also individual verbs*
conocer, 192, 203, 210
containers, 262, 263–64
contractions: **al, del**, 85–86
convertirse, 274
cooking, 87, 285–86
crime, 358–60
cumplir, 224

D

dar, 131
dates of the year
    significant, 168
    stating, 167
days of the week, 13, 164

433